U0457307

《列国志》编辑委员会

主　任　　陈佳贵

副主任　　黄浩涛　武　寅

委　员　　（以姓氏笔画为序）

　　　　　于　沛　　王立强　　王延中　　王缉思

　　　　　邢广程　　江时学　　孙士海　　李正乐

　　　　　李向阳　　李静杰　　杨　光　　张　森

　　　　　张蕴岭　　周　弘　　赵国忠　　蒋立峰

　　　　　温伯友　　谢寿光

秘书长　　王延中（兼）　　谢寿光（兼）

中国社会科学院重大课题

国家"十五"重点出版项目

列国志

GUIDE TO THE WORLD STATES

中国社会科学院《列国志》编辑委员会

莫桑比克

⦿ 张宝增 编著

社会科学文献出版社

SOCIAL SCIENCES ACADEMIC PRESS (CHINA)

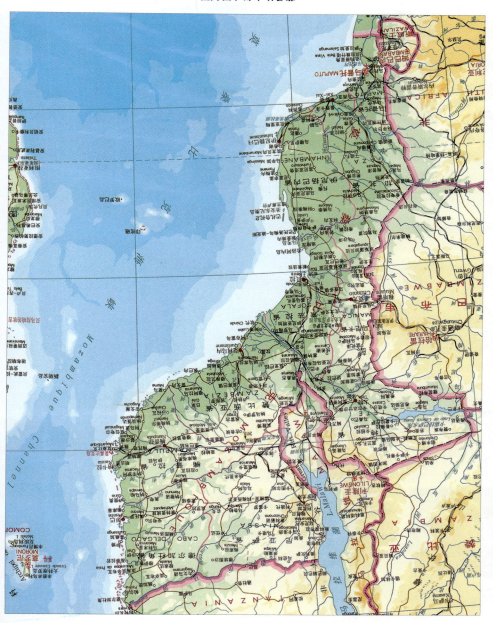

莫桑比克行政区划图

莫桑比克国旗

莫桑比克国徽

美丽的莫桑比克岛

莫桑比克一处旅游景点

莫桑比克首都马普托

旅游业是莫桑比克重要创汇产业

渔民捕鱼

马普托火车站

莫桑比克的百年火车站——马普托火车站

马普托海滩

莫桑比克——世界腰果之乡

莫桑比克腰果

向日葵

莫桑比克岛

天堂般的莫桑比克

莫桑比克海峡

莫桑比克妇女

莫桑比克的中心市场

莫桑比克国家稳定

莫桑比克儿童

莫桑比克舞蹈

欢乐的儿童

前　　言

　　自 1840 年前后中国被迫开关、步入世界以来，对外国舆地政情的了解即应时而起。还在第一次鸦片战争期间，受林则徐之托，1842 年魏源编辑刊刻了近代中国首部介绍当时世界主要国家舆地政情的大型志书《海国图志》。林、魏之目的是为长期生活在闭关锁国之中、对外部世界知之甚少的国人"睁眼看世界"，提供一部基本的参考资料，尤其是让当时中国的各级统治者知道"天朝上国"之外的天地，学习西方的科学技术，"师夷之长技以制夷"。这部著作，在当时乃至其后相当长一段时间内，产生过巨大影响，对国人了解外部世界起到了积极的作用。

　　自那时起中国认识世界、融入世界的步伐就再也没有停止过。中华人民共和国成立以后，尤其是 1978 年改革开放以来，中国更以主动的自信自强的积极姿态，加速融入世界的步伐。与之相适应，不同时期先后出版过相当数量的不同层次的有关国际问题、列国政情、异域风俗等方面的著作，数量之多，可谓汗牛充栋。它们

对时人了解外部世界起到了积极的作用。

当今世界，资本与现代科技正以前所未有的速度与广度在国际间流动和传播，"全球化"浪潮席卷世界各地，极大地影响着世界历史进程，对中国的发展也产生极其深刻的影响。面临不同以往的"大变局"，中国已经并将继续以更开放的姿态、更快的步伐全面步入世界，迎接时代的挑战。不同的是，我们所面临的已不是林则徐、魏源时代要不要"睁眼看世界"、要不要"开放"问题，而是在新的历史条件下，在新的世界发展大势下，如何更好地步入世界，如何在融入世界的进程中更好地维护民族国家的主权与独立，积极参与国际事务，为维护世界和平，促进世界与人类共同发展做出贡献。这就要求我们对外部世界有比以往更深切、全面的了解，我们只有更全面、更深入地了解世界，才能在更高的层次上融入世界，也才能在融入世界的进程中不迷失方向，保持自我。

与此时代要求相比，已有的种种有关介绍、论述各国史地政情的著述，无论就规模还是内容来看，已远远不能适应我们了解外部世界的要求。人们期盼有更新、更系统、更权威的著作问世。

中国社会科学院作为国家哲学社会科学的最高研究机构和国际问题综合研究中心，有 11 个专门研究国际问题和外国问题的研究所，学科门类齐全，研究力量雄厚，有能力也有责任担当这一重任。早在20世纪90年代初，中国社会科学院的领导和中国社会科学出版社就提出编撰"简明国际百科全书"的设想。1993年3月11日，时任中国社会科学院院长的胡绳先生在科研局的一份报告上批示："我想，国际片各所可考虑出一套列国志，体例类似几年前出的《简明中国百科全书》，以一国（美、日、英、法等）或几个国家（北欧各国、印支各国）为一册，请考虑可行否。"

中国社会科学院科研局根据胡绳院长的批示，在调查研究的基础上，于1994年2月28日发出《关于编纂〈简明国际百科全书〉和〈列国志〉立项的通报》。《列国志》和《简明国际百科全书》一起被列为中国社会科学院重点项目。按照当时的计划，首先编写《简明国际百科全书》，待这一项目完成后，再着手编写《列国志》。

1998年，率先完成《简明国际百科全书》有关卷编写任务的研究所开始了《列国志》的编写工作。随后，其他研究所也陆续启动这一项目。为了保证《列国志》这套大型丛书的高质量，科研局和社会科学文献出版社于1999年1月27日召开国际学科片各研究所及世界历史研究所负责人会议，讨论了这套大型丛书的编写大纲及基本要求。根据会议精神，科研局随后印发了《关于〈列国志〉编写工作有关事项的通知》，陆续为启动项目

拨付研究经费。

为了加强对《列国志》项目编撰出版工作的组织协调，根据时任中国社会科学院院长的李铁映同志的提议，2002 年 8 月，成立了由分管国际学科片的陈佳贵副院长为主任的《列国志》编辑委员会。编委会成员包括国际片各研究所、科研局、研究生院及社会科学文献出版社等部门的主要领导及有关同志。科研局和社会科学文献出版社组成《列国志》项目工作组，社会科学文献出版社成立了《列国志》工作室。同年，《列国志》项目被批准为中国社会科学院重大课题，新闻出版总署将《列国志》项目列入国家重点图书出版计划。

在《列国志》编辑委员会的领导下，《列国志》各承担单位尤其是各位学者加快了编撰进度。作为一项大型研究项目和大型丛书，编委会对《列国志》提出的基本要求是：资料翔实、准确、最新，文笔流畅，学术性和可读性兼备。《列国志》之所以强调学术性，是因为这套丛书不是一般的"手册"、"概览"，而是在尽可能吸收前人成果的基础上，体现专家学者们的研究所得和个人见解。正因为如此，《列国志》在强调基本要求的同时，本着文责自负的原则，没有对各卷的具体内容及学术观点强行统一。应当指出，参加这一浩繁工程的，除了中国社会科学院的专业科研人员以外，还有院外的一些在该领域颇有研究的专家学者。

　　现在凝聚着数百位专家学者心血，共计 141 卷，涵盖了当今世界 151 个国家和地区以及数十个主要国际组织的《列国志》丛书，将陆续出版与广大读者见面。我们希望这样一套大型丛书，能为各级干部了解、认识当代世界各国及主要国际组织的情况，了解世界发展趋势，把握时代发展脉络，提供有益的帮助；希望它能成为我国外交外事工作者、国际经贸企业及日渐增多的广大出国公民和旅游者走向世界的忠实"向导"，引领其步入更广阔的世界；希望它在帮助中国人民认识世界的同时，也能够架起世界各国人民认识中国的一座"桥梁"，一座中国走向世界、世界走向中国的"桥梁"。

《列国志》编辑委员会

2003 年 6 月

CONTENTS

目 录

CONTENTS

目 录

CONTENTS

目　录

CONTENTS

目　录

9

CONTENTS

目　录

CONTENTS

目 录

CONTENTS

目　录

CONTENTS

目　录

13

CONTENTS

目　录

序　言

　　莫桑比克（Moçambique）是非洲的一颗明珠。早在 13～17 世纪，在现莫桑比克一带先后出现过莫诺莫塔帕王国（Reino Monomatapa）和马拉维联邦等重要国家。这些国家曾创造了高度的非洲文明。莫桑比克由于受到欧洲殖民主义者尤其是葡萄牙殖民主义者长期的残暴入侵和奴役，其近现代历史完全成为饱受葡萄牙殖民主义欺压和剥削的历史。第二次世界大战以后，随着殖民地民族主义的复兴和民族独立运动的兴起，莫桑比克民族解放组织在 20 世纪 60 年代初开始登上历史舞台，并逐步发展壮大，最终于 1975 年获得国家独立，建立了莫桑比克人民共和国。莫桑比克在独立以后很快受到南部非洲白人种族主义的敌视和武装干涉，陷入了长期的内战。1992 年，莫桑比克内战结束，实现了民族和解和民主过渡。

　　由于历史上长期受到宗主国葡萄牙的残酷压榨，并遭受 16 年内战的破坏，莫桑比克建国后的社会经济发展基础薄弱，基本处于停滞甚至倒退的状态。内战结束后，莫桑比克政府推行重建经济与社会计划，致力于发展社会经济。但由于发展的起点低，经济体制滞后，以及难以抵御的自然灾害等不利因素的影响，社会经济的全面发展受到严重制约。目前，莫桑比克仍然是联合国确定的世界最不发达国家之一。

1

就地理位置而言，莫桑比克位于非洲的东南端，扼守莫桑比克海峡，是印度洋通往大西洋的咽喉要道，具有战略意义。就其非洲大陆的地理位置而言，莫桑比克南北狭长，是南部非洲几个内陆国家甚至南非北部地区的主要出海通道，成为进入南部非洲地区的一个重要门户。

在经济全球化的今天，莫桑比克的社会经济发展正在迅速同世界的发展潮流交织在一起。作为列国志的一个组成部分，我希望通过对莫桑比克的系统介绍，能够对有兴趣了解莫桑比克的读者有所助益。

书稿的修订得到北京大学亚非研究所特约研究员王成安先生的大力支持，我对他付出的辛勤劳动和补充的最新资料深表敬意。书稿由杨立华研究员和王成安特约研究员审读鉴定，最后由课题组负责人温伯友研究员修改定稿，对此深表谢意。对促成本书出版的各位师友、同仁和出版社责任编辑一并感谢。

由于本书已成稿多年，肯定存在不足之处，敬请读者不吝指正。

作　者
2010 年 12 月

第一章

国土与人民

第一节　自然地理

一　地理位置

莫桑比克位于非洲大陆的东南部，北邻坦桑尼亚，西接马拉维、赞比亚和津巴布韦，西南面是南非和斯威士兰，东濒印度洋，隔莫桑比克海峡与马达加斯加相望。地理区域位于南纬 10°27′到 26°52′，东经 32°12′到 40°51′之间。

领土面积为 801600 平方公里，其中 13000 平方公里的内陆水域面积，主要是马拉维湖（Malawi），又称尼亚萨湖（Niassa），该湖莫桑比克部分的面积占马拉维湖总面积的 1/3。

全国陆地边界线总长 4571 公里，其中，与相邻的国家共有边界长度分别是马拉维 1569 公里、南非 491 公里、斯威士兰 105 公里、坦赞尼亚 756 公里、赞比亚 419 公里、津巴布韦 1231 公里。

海岸线长为 2630 公里，沿岸多为沙滩和珊瑚礁。海岸线最南端起自首都马普托所在地德拉果阿湾（Baia Delagoa），国土的最北端和东北角是岩石高耸林立的德尔加杜角（Cabo Delgado）。莫桑比克的领海主权包括 200 海里的专署经济区和 12 海里的领海。

二 行政区划

莫桑比克全国分 10 个省和 1 个直辖市：尼亚萨省（Niassa）、德尔加杜角省（Cabo Delgado）、楠普拉省（Nampula）、赞比西亚省（Zambézia）、太特省（Tete）、马尼卡省（Manica）、索法拉省（Sofala）、伊尼扬巴内省（Inhanbane）、加扎省（Gaza）、马普托省（Maputo）和首都马普托市。省下设县、区（乡镇）、村。全国有 128 个县。首都马普托市位于马普托省内，但由于其规模和重要性而具有独立的省级地位。全国共有 23 个市级城市，主要城市按大小顺序分别有马普托、贝拉（Beira）、楠普拉和纳卡拉（Nacala）。马普托市拥有全国最大的现代化海港，人口约 250 万。贝拉港是全国第二大海港。

三 地形特点

莫桑比克的国土形状是南北向狭长，总长达 1750 公里，东西向北宽南窄，北部最宽处达 1100 公里，[①] 而南部最窄处仅几十公里。全国 40% 左右的面积处于海拔 200 米以下，海拔高于 200 米的高原、山地约占全国面积的 3/5。

莫桑比克的地势从西北向东南倾斜，大致可分三级台阶：沿海地区大多为低地和平原；西北地区为高原和高山；介于这两种地形之间的是高地或台地。

莫桑比克西北部地区是宽广的高原和巍峨的山地，尤其是临近赞比亚、马拉维和津巴布韦边界地区多高山。这种地形占全国国土面积的 31%，平均海拔 500～1000 米。总的来说，赞比西（Zambezi）河北岸的地表比南岸更加突兀崎岖。莫桑比克北部内陆的大部分地区属于莫桑比克高原和马孔德（Makonde）高原，

---

① http：//www.fao.org/nr/water/aquastat/countries/mozambique/index.stm

为东非高地的组成部分。其他的高地还有戈龙戈萨高地（Gorongosa）和太特高地。在众多的高原高地之中，处于最内陆的西部山区的海拔在 1000～2000 米，占全国土地面积的 13%。马拉维湖一带地势较高，群峰耸立。位于马尼卡省与津巴布韦交界的宾加山（Binga），海拔高度为 2436 米，是全国最高山峰。其他超过海拔 2000 米的山脉还有，马尼卡省境内海拔 2176 米的梅苏卢塞罗山（Messurussero），赞比西亚省境内海拔 2419 米的纳穆利山（Namuli）、海拔 2054 米的齐派罗内山脉（Chiperone），太特省境内海拔 2095 米的多姆山（Domue）。这些山脉向莫桑比克北方延伸，一直到马拉维境内构成了希雷高原（Shire）的组成部分。另外，纳穆利山实际上是东非大裂谷南端的东沿。[①]

莫桑比克中部为台地，海拔在 500～200 米。台地占国土面积的 29%。这种地形包括赞比西河较低的河谷地区和萨韦河（Save）以南直到南非境内的地区，其中包括尼扬贾台地（Nyanja）。该台地以上的地区就是全国最高峰宾加山所在地。尼扬贾台地北部是戈龙戈萨高地，海拔 1856 米，是赞比西河与萨韦河的分水岭。在这种地形区域也有一些著名的山脉和山峰，如林波波山脉（Limpopo）和齐马尼马尼山脉（Chimanimani），等等。

东南部沿海为宽阔的平原，占国土面积的 40%，平均海拔在 100 米，是非洲最大的平原之一。全国从北到南的沿海平原北窄南宽，从北方比较狭窄处 10 多公里，扩展到南方的 300 多公里。其面积之大，在赤道以南的非洲是很少见的。在这个宽广的平原上，许多河流奔腾而过，并在一些地段形成湖沼。在赞比西河以南的沿海地区还形成了若干沙丘。全国的大型城镇几乎全部

---

① 资料来源：莫桑比克国家统计局（INE），1997。

位于沿海地势平缓的平原上。

莫桑比克东部海岸线约 2470 公里，沿海多岛屿、沙滩与海礁围成的潟湖、浅滩和呈带状的海岸岛礁。总的来讲，在莫桑比克城以北，海岸线较平直，多浅滩和小岛，多岩石且陡峭，少海湾，船舶难以停靠；但在莫桑比克城以南，沿岸低平曲折，多港湾，多湖沼之地，建有马普托、贝拉、纳卡拉和门巴（Memba）等天然良港。

在众多的沿海岛屿中，不少岛屿吸引着历史学家和旅游者。德尔加杜角省沿海的基利姆巴群岛（Quirimba），由 15 个大小岛屿组成，其中最重要的是伊博岛（Ibo）。往南在楠普拉省沿海，有莫桑比克岛和安戈谢群岛（Angoche）。在索法拉省南部海湾有希洛阿内岛（Chiloane）。在伊尼扬巴内省沿海有巴扎鲁托群岛（Bazaruto），这里的旅游业发展迅速。在马普托海湾南部有伊尼亚卡岛（Inhaca）和塞菲纳群岛（Xefina）。

四　河流与湖泊

莫桑比克水利资源丰富。全国的河流和湖泊面积约占全国总面积的 13% 左右。全国西高东低的地形与地势特征决定了该国的河流全部由西向东流入印度洋。莫桑比克位于南部非洲几条主要的国际河流的下游。与莫桑比克相邻的内陆国家的河流都通过这些河流汇入印度洋。全国水系密集，共有 100 多条大小河流，分别在入海口形成大小不等的海湾。其中较为重要的河流有 25 条，大多发源于邻国。

这些重要的河流从北向南分别是：鲁伍马河（Rovuma）、梅萨洛河（Messalo）、卢里奥河（Lúrio）、利孔戈河（Licongo）、赞比西河（Zambezi）、蓬圭河（Púngoè）、布济河（Bûzi）、萨韦河（Save）、林波波河（Limpopo）、恩科马蒂河（Incomáti）、乌姆贝卢济河（Umbeluzi）和马普托河。除梅萨洛河、卢里奥河和

利孔戈河以外，这些河流均流经邻国。其中，主要河流在莫桑比克境内的长度分别是赞比西河820公里、鲁伍马河650公里、卢里奥河605公里、梅萨洛河530公里、利坎戈河336公里、萨韦河330公里、蓬圭河332公里、布济河320公里、马普托河150公里。另外，卢任达河（Lugenda）、利戈尼亚河（ligonha）、因科马蒂河和尚加内河（Changane）也是莫桑比克境内的重要河流。这些河流中最重要的是赞比西河、鲁伍马河、萨韦河和林波波河。鲁伍马河是莫桑比克和坦桑尼亚的界河。赞比西河位于莫桑比克的中部，是境内流量最大和在历史上最具影响的河流，途中汇集了卢安瓜河（Luangua）、马拉维河、希雷河（Shire）等多条重要支流。赞比西河全长2640公里，穿越8个国家，为非洲第四大河流。该河在莫桑比克境内长度为820公旦，其中从太特市到河口大型船只可航行的河段有460公里。历史上，赞比西河曾是从非洲东海岸进入非洲内陆地区的主要通道之一，最远可达安哥拉东部地区。萨韦河和林波波河则位于莫桑比克的南部地区。马普托河也是较为重要的一条河流，构成了莫桑比克与南非的部分边界，在莫桑比克境内的长度为150公里。此外，尼亚萨湖通往外界的唯一河流希雷河（Shire）构成了莫桑比克同马拉维的一段边境后在莫桑比克境内注入赞比西河。

大多数河流的流量同季节变化密切相关，一些河流在旱季流量锐减，有的甚至断流。但不少河流在奔向印度洋的流程中，汇集了众多的支流，水量丰富，汹涌澎湃。这些河流在穿越高地与平原之间的断崖时水流湍急，咆哮轰鸣而下，形成了一道道飞流直下的壮丽景观。从北方马拉维湖附近的科布埃瀑布（Cobue）到南方临近莫桑比克与斯威士兰边界的纳马阿沙（Namaacha）附近的尹帕马普托瀑布（Impamaputo）之间，也存在着不少景观壮丽的瀑布。由于境内多暴雨，为了蓄水截流，莫桑比克境内建有不少的水坝。这在萨韦河以南降雨相对稀少的地区更为普遍。

全国大约有 1300 个湖泊和水库，其中主要的有卡奥拉巴萨水库（Cahora Bassa）、马拉维湖（亦称尼亚萨湖）和奇尔瓦湖（Chirua）。其中，后两个湖泊是马拉维和莫桑比克的界湖。在宾加山附近靠近津巴布韦边境处，是奥利维拉—萨拉扎湖（António de Oliweiira Salazar）。许多水鸟在其宽阔的沼岸繁衍生息。马拉维湖位于莫桑比克北部，与马拉维和坦桑尼亚毗湖相邻。该湖也是东非大裂谷范围内大湖区的最南端的大湖，其最深的部分位于东岸莫桑比克境内。湖内生活着多种热带淡水鱼类。

莫桑比克在众多的河流上，修建了一系列的水坝和水库。按照 2005 年联合国粮农组织的数字，莫桑比克全国 27 座大型水库的蓄水能力为 64.5 立方千米。在 1971 年登记在册的小型水库有 583 座，总蓄水量为 6000 万立方米，其中的 90% 用于灌溉和生活用水。但在战争期间，大多数小型水库被破坏了，所以通过抽取地下水弥补工农业用水和生活用水的不足，约占提水总量的 12%。2000 年，全国提取用水总量为 6.35 亿立方米，其中，农业用水占 87%、市政用水占 11%、工业用水占 2%。[①]

五　气候

莫桑比克气候宜人，土地肥沃，降雨丰沛。但某些年份也会发生水灾，如 1997 年和 2000 年的洪水都造成了严重的灾害。该国南部地区有定期的干旱季节，但有时也会出现长期的干旱。

全国主要气候类型为热带气候，尤其是以热带草原气候和亚热带气候为主。但若更为详细地划分，全国气候有可分为北部的热带季风气候区，中部沿海的热带气候区和南部的亚热带气候区。尽管全国各地的气候类型存在着差异，但全国干湿季节比较

---

① http：//www.fao.org/ag/aglw/aquastat/mozambi.htm，2005

分明：4～9月为旱季，气温较低；10至第二年3月为雨季，气温较高。雨季的月平均气温为27℃～30℃，而同处雨季的内陆高原地区的气温要低。旱季的最高气温在每年的6～7月，平均气温在18℃～20℃。年平均气温南方为22℃，北方为26℃，月均气温在26.7℃～29.4℃。但在最炎热的仲夏，马普托、太特省和德尔加杜角省的圣诞节期间，气温可高达40℃或更高。马普托年平均最低气温18.3℃，最高27.4℃，6～7月的平均气温是18.3℃～20℃。[①]

全国范围内的年降雨量在750～1500毫米，雨量由北向南减少。降雨季节正好也是气温高的3～11月，但某些省份在7～9月仍有降雨。气候的异常变化常常带来灾难性的影响，受厄尔尼诺现象影响较为明显。20世纪80年代初期、中期以及90年代初期的干旱，以及1997年和2000年雨季的连续暴雨所造成的严重水害，都给莫桑比克造成了深刻的社会经济影响。危害莫桑比克的自然灾害有毁灭性的风暴，中部和南部的省份发生干旱与和洪灾。

不规律的降雨严重影响着农业生产。北部地区有时遭受热带风暴的袭击，农作物深受其害。莫桑比克的农业生产季节分为11月至第二年1月的种植季节和5月、6月的收获季节。气候和地貌差异决定了各地区经济发展的不同状况。在人口最为稠密的中部和北部地区，降雨更为丰富，规律较明显。与此形成鲜明对比的是，南方地区更为平坦，也较容易遭受干旱。

1998年，全国的降雨充足，预测中的厄尔尼诺现象没有发生，但在某些省份发生了洪灾。农业生产略微增长，有助于农业地区的人口在长期内战之后的稳定和经济恢复与发展。但2000

---

① 资料来源：莫桑比克国家气象研究所（Instituto Nacional de Meteorologia — CIR），1996年。

年 2~3 月则爆发了历史上罕见的洪水灾害，对全国的社会经济发展造成了全面性的破坏。

第二节 自然资源

莫桑比克是一个自然资源十分丰富的国家。根据莫桑比克 1991 年宪法，位于莫桑比克主权领域内的所有自然资源，归国家所有。莫桑比克的自然资源包括水电资源、能源资源和根据相应法律确定的其他资源财富。为了有计划地充分开发与利用这些自然资源，莫桑比克目前正在根据宪法原则，积极开展各种资源的普查和规划工作。与此同时，在某些自然资源的开发利用方面，已经初步打开了局面。

一　矿物资源

莫桑比克的地质构造复杂多变，主要是前寒武纪的地质构造。这种地质构造保存着从太古代到元古代的大量岩石。这在莫桑比克的南部最为明显，那里遍布着从侏罗纪一直到第三纪时期的岩石。大多数的宝石、黄金、贱金属和碳酸盐类合成矿物等就蕴藏于这种古老的前寒武纪的地质构造中。在较年轻的地层中则蕴藏着煤炭、钻石和重金属矿砂等工业矿藏。

据初步统计的资料来看，目前莫桑比克全国蕴藏丰富的矿藏有石棉、铁矾土、膨润土（皂土）、黄金、宝石、煤炭、高级花岗岩、陶土、长石、石墨（铅粉）、石膏（硫酸钙）、石灰岩、镍矿、铜矿、铁矿石、瓷土（高岭土）、大理石、云母、钽矿石、萤石、硅藻土、绿宝石、磷灰石、电气石、珍珠岩、硅土（氧化硅）、伟晶岩、铂合金矿、钽铁矿、钛矿石、钴矿石、铬矿石、铝矾土以及天然气等。

莫桑比克最主要的矿藏是煤矿。煤蕴藏量超过 100 亿吨。20

世纪90年代初估计的煤储量为58亿吨，已探明的储量为22.8亿吨。在探明储量中，18亿吨为优质的低硫烟煤。[1] 莫桑比克已经探明的煤储量大多位于太特省境内，包括莫阿蒂泽矿区（Moatize）、敏柔瓦矿区（Minjova）、穆卡尼亚—乌齐矿区（Mucanha-Vuzi）和马尼安巴矿区（Maniamba）。从20世纪90年代后期开始，莫桑比克政府采取措施，加大煤矿开采的力度。煤的出口从1999年的20502吨增加到2000年的29010吨。[2]

莫桑比克钛矿有几个大的矿区正在勘察和开发过程中，根据南非杰恩科（Gencor）公司1997年勘察，赞比西亚省的莫埃巴塞矿区（Moebase）的钛矿砂储量超过10亿吨，钛矿含量达2200万吨，楠普拉省的莫马—孔戈罗内矿区（Moma-Congolone）的钛矿砂储量超过10亿吨，钛矿含量约3500万吨，如果将附近的库印加矿区（Quinga）较低品位的矿砂计算在内的话，这两个相邻矿区共有钛矿砂超过20亿吨，钛矿含量超过5000万吨，此外，重要的钛矿矿区还有纳马洛佩—图普伊托—特巴蒂矿区（Namalope-Tupuito-Tebati）、皮利维利矿区（Pilivili）、马普托南200公里处的走廊矿砂区以及紧邻赛赛（Xai-Xai）北方的林波波河三角洲矿区。[3]

根据莫桑比克矿业资源与能源部的数字，铁矿储量达2.45

① Ruffini, Antonio, 1998, Mozambique country focus-Rehabilitating Mozambique's coal sector: African Minging, V. 3, No. 1, January-February, pp. 47 − 48; U. S. Geological Survey Minerals Yearbook 1998 & 2000, http://minerals. usgs. gov/minerals/pubs/country.

② Ruffini, Antonio, 1998, Mozambique country focus-Rehabilitating Mozambique's coal sector: African Minging, V. 3, No. 1, January-February, pp. 47 − 48; U. S. Geological Survey Minerals Yearbook 1998 & 2000, http://minerals. usgs. gov/minerals/pubs/country.

③ U. S. Geological Survey Minerals Yearbook 1998; http://minerals. usgs. gov/minerals/pubs/country.

亿吨，[1] 主要矿区有纳马佩（Namape）、洪德等；铜矿储量约10万吨，矿区有埃德蒙迪恩、伦罗等，还有阿尔普—利戈尼亚矿区的复合矿（包括铯、铌、钽等稀有金属）。此外，赞比西亚省具有世界最大储量的钽铁矿，这是制造核反应堆和飞机零部件所必需的物质。20世纪80年代初，莫桑比克还是世界上第二大绿宝石生产国，这也是世界上稀缺的战略矿产资源。[2]

莫桑比克还拥有丰富的天然气资源，外国投资已经开始在该领域投资以开发和出口天然气。目前正在开发的最大的天然气项目在伊尼扬巴内省的潘德（Pande）地区。陆上天然气主要分布在潘德、特马内（Temane）和布济（Buzi）三个油气田中。潘德天然气田的储量多达700亿立方米。[3]

莫桑比克的矿产资源开发条件比较差。在殖民地时期，仅对赞比西河谷的煤矿进行了成功的开采，金矿只是在山区得到了少量开采。但至今，这些矿藏的开发利用有限，越来越多的外国公司看好在这方面的投资。该国的铝矾土矿迟至20世纪90年代才开始得到大量的开采。

二　植物资源

莫桑比克不同的地理条件、气候类型和土壤类型决定了全国各地不同的植被类型。全国大体上可分为3种植被类型：浓郁的森林、稀疏的林地草原和热带草原。

① Mozambique Ministry of Mineral Resources and Energy, 1995, Mineral Resources Development and Investment Opportunities: Mozambique Ministry of Mineral Resources and Energy, p. 22；另外，国内可见的另一数字为7亿吨，请见《万国博览·非洲卷》（莫桑比克），新华出版社，1998，第740页。

② Isaacman, Allen and Isaacman, Barbara, Mozambique from Colonialism to Revolution 1900 – 1982, Westview Press, 1983, p. 1.

③ Africa Energy and Mining, 1999, Mozambique Sasol Back on Pande: Africa Energy and Mining, No. 240, November 18, p. 2.

　　莫桑比克北部为典型的稀树热带草原，杂草丛生，在旱季较为荒凉。鲁伍马河与赞比西河之间生长着米奥姆博树，是生产纸浆和纤维素的上等材料。赞比西河以南地区是"莫纳内型"的稀树草原，植被由许多豆科植物和金合欢科阔叶树木组成。在空旷的热带草原上，星星点点地分布着一些铁木和乌木树丛，而最常见的景观还有树干粗大枝繁叶茂的猴面包树。这种树树冠不高，但横向伸展很广，枝干密集交错，结满了猴子喜爱的果子。

　　莫桑比克低地地带的植被主要是稀疏的林地和草原，但沿海的滩涂地带生长着红树林，在海滩则生长着大量的棕榈属植物。自然植被从常绿林至落叶林、从山林至低地林、廊林和红树林、从森林至草地等多种多样。森林中大多数是稀疏阔叶林，其中以李叶苏木（短盖豆树）为最常见，特别是在该国北部和中部。郁闭阔叶林主要是山林或山丘林、河边林和红树林。该国还有较大面积的稀树草原和灌木丛林地。

　　在历史上，赞比西河三角洲南岸地区分布着热带雨林，但目前几乎已了无踪迹。沿海岸边的棕榈属椰子树随处可见，在赞比西河三角洲地区更是稠密。椰枣树也在沿海地区和珊瑚岛上生长。长有棕黄色叶子的杏树、竹子、纸草和剑草在靠近河流的地方郁郁葱葱。水生风信子在水流中形成一个个的岛丛。在赞比西河三角洲地区随处可见的树种还有高大的扭松，苍劲的枝干盘扭在一起努力向上生长。这种松树在当地被称作利文斯通松（Pandanus Livingstonianus）（属露兜树科），为纪念苏格兰传教士大卫·利文斯通（David Livingstone）在 19 世纪 50 年代在赞比西河流域探险传教而得名。沿海岛屿上生长着许多棕榈属植物，还有一些木麻黄属的常绿乔木。许多岛屿上的植物由于受到印度洋东南信风的影响，都朝向非洲大陆方向生长。

　　茂密的森林分布在北部海拔较高的地区或河流的上游地带，尤其是在与津巴布韦交界的地区。在这里参天大树耸立在浓郁的热带雨林之上。莫桑比克生长着多种珍贵的树种，如乌木、铁木和花梨木，等等。蔓延的藤蔓植物紫藤绵延盘腾，茂密的枝叶织成了厚厚的天棚，形成了暗暗的绿荫，置身其中宛入幽室。

三　动物资源

桑比克是热带动物的乐园。非洲大陆的大部分热带、亚热带动物均可在莫桑比克找到各自生活的天堂。在萨韦河附近的开阔的动物保护区内，包括大象、长颈鹿、水牛、黑犀牛和黑斑羚等在这里繁衍生息，成群的斑马和各种羚羊在草原上游荡。白犀牛以前曾在莫桑比克零星见到，但现在几乎已经绝迹。各种猴子、狒狒、野猪生活在草原上的丛林中。在热带草原上还生活着蒙哥狐猴、胡狼、野狗、土狼（鬣狗）、狮子、豹子、薮猫和麝猫等肉食动物。这些大型热带动物在马尼卡省靠近津巴布韦边境的塞希尔—考普狩猎公园的数量极多极为丰富。

在莫桑比克的河流下游，生活着大大小小的水生动物。它们就像漂浮的原木一样在河流中游荡。最大的水生动物是河马。它们往往潜伏在水底，觅食各种水草。一般情况下，如果没有受到惊吓和伤害，河马总是离人远远的，不会进攻人类。有的河马一次可在水底潜伏长达 1 小时。小型的水生动物是鳄鱼。这里的鳄鱼长度在 2～5 米，牙齿锋利，每年会伤害几百个莫桑比克平民。

其他的爬行动物包括剧毒的眼镜蛇、喷射毒液的猪鼻毒蛇和蝰蛇等。最大的蛇类是非洲巨蟒，这种巨蟒可长达 4 米，有成年人胳膊那么粗。它们潜伏在树枝上、荒凉的枯井旁或废弃的建筑物附近，通常捕食鸟类和小型动物。巨蟒在捕到猎物后，将其紧紧盘起直至将猎物绞死为止。在一般情况下，巨蟒不会袭击人。

在莫桑比克北方的楠普拉地区，生活着成群的火烈鸟。其他

种类的水鸟，例如朱鹭、苍鹭、鹤、鹈鹕、野鸭、埃及天鹅和鹬鸻等，生活在马拉维湖和其他的河流地区。鹰、乌鸦、兀鹰和苍鹰等在草原上空盘旋逡巡。小型的鸟类，如野鸡、鹌鹑和鹧鸪等在森林边沿浓密的灌木丛中结巢繁衍。

由于人类活动的侵蚀和长期战争的破坏，莫桑比克境内大多数野生动物的天然栖息地已不复存在。葡萄牙人建立的禁猎保护区和狩猎公园在 20 世纪 80 年代内战期间几乎被破坏殆尽。为了从野生动物身上获取食物或珍贵的器官，包括象牙、鳄鱼皮和犀牛角等，当地人无计划地滥捕乱杀。为了开垦荒地种植粮食，或扩大城市建设规模，大片的森林和草场在不断消失，野生动物的活动空间越来越小。

目前，莫桑比克政府严禁捕猎大型动物，正在同邻国合作打击非法越境偷猎行为。莫桑比克政府为了有效地保护当地的各种野生动物资源，在全国范围内设立了一系列的禁猎区、动物保护区或国家公园等。尼亚萨省北部的尼亚萨保护区，因大象的数量众多而闻名。在加扎省的班希内国家公园（Banhine National Park）位于林波波河与尚加纳河之间，野生动物资源丰富，是莫桑比克境内得到保护的重要地区之一。赞比西亚省的基莱禁猎保护区拥有种类丰富的哺乳类动物和各种热带鸟类。在索法拉省，有两个正在不断发展壮大的野生动物保护区，一个是著名的戈龙戈萨国家公园，距贝拉 150 公里，另一个是马鲁梅阿野牛保护区，位于索法拉省的北部地区。在伊尼扬巴内省，则有基纳韦国家公园（Zinave）和巴扎鲁托国家公园（Bazaruto），都是重要的野生动物保护区。戈龙戈萨国家公园面积为 5690 平方公里，包括山脉、热带雨林、草原和沼泽。这是非洲大陆最完善和管理最好的国家公园之一。这个国家公园同南非的克鲁格国家公园相连，国家公园内的动物群体可以自由地在两国之间往返迁移。两国同意彼此保护对方的野生动物。

根据联合国在非洲的区域一体信息网（IRIN）[①] 2001 年 12 月 19 日报道，莫桑比克已经批准在其东部的印度洋沿岸的整个巴扎鲁托群岛（Bazaruto）地区建立国家公园。这个新建的海洋保护区将保护那里的珊瑚礁和赖以生存的海洋野生动物。这个保护区的面积为 1400 平方公里，将是东非地区最大的海洋保护区之一。该群岛包括威兰库罗市（Vilaneulo）与伊尼雅索罗市（Inhassoro）之间的 5 个岛屿。这些岛屿及其珊瑚礁水域是种类繁多的鱼类繁殖区域，可能也是东非海岸唯一可以见到的成群海象栖息生活的区域。世界野生动物基金会在这里开展活动已有十多年的历史，资助了一系列的保护项目。珊瑚礁专家指出，这个保护区的设立对保护当地的海洋生态环境、发展旅游业、摆脱贫困发挥重要作用。在未来的年代里，为了凸显旅游业尤其是自然野生公园的发展势头，莫桑比克政府还将不断增加设立新的自然保护区和野生动物保护区。

第三节　居民与宗教

一　人口

19 75 年独立以后，莫桑比克在 1980 年进行了历史上第一次全国人口普查。当时公布的全国人口总数为 1213 万，年人口增长率为 2.7%。但由于受内战和自然灾害的影响，20 世纪 80 年代后半期的人口增长缓慢。1992 年和平协议签署以后，全国人口增长速度明显加快。此外，在内战结束以后，

---

① 区域一体信息网（Integrated Regional Information Networks，IRIN）隶属于联合国人道主义事务协调部（OCHA），因应 1994 年非洲中部大湖区危机而成立的。其网址为：http：//www. irinnewsorg。

全国还有上百万的难民回国定居。

根据莫桑比克国家统计局在 1999 年 10 月 12 日公布的 1997 年人口普查统计的最终结果，人口普查中，实际清点人数为 15278334 人。随后进行的"随机调查"发现遗漏登记率为 5.1%，也就是说，人口统计的准确率为 94.9%，按照联合国的标准，该准确率为"好"。① 所以根据这个遗漏率计算出，截止到 1997 年 8 月 1 日，莫桑比克的总人口为 16099246 人。②

统计结果显示，莫桑比克人口结构年轻化：44.8% 的人在 14 岁（含 14 岁）以下，52.6% 的人口年龄在 15~64 岁之间，只有 2.8% 的人口年龄在 65 岁（含 65 岁）以上。另外，女性人口在总人口中所占比例为 52%。在种族构成方面，全国约 99% 的人口是黑人，0.45% 的人口是混血种人口，0.08% 是白人。

莫桑比克平均预期寿命为 42.3 岁，男性为 40.6 岁，而女性为 44 岁。与世界上大多数国家相比，这个数字相当低。但与 1980 年第一次人口普查的 38.7 岁人均寿命相比，已经取得了显著改善。莫桑比克的婴儿死亡率是相当高的，在 1000 名新生婴儿中，有 145.7 人在出生 1 年之内死亡，比 1980 年略有降低。

在出生率方面，莫桑比克妇女的平均生育率是 5.9 个孩子，与 1980 年人口普查得出的平均生育率 6.8 个孩子相比下降了 13%。人口普查结果表明，总出生率为 44.4‰，总死亡率为 21.2‰。人口年增长率预计为 23‰。但很难准确地根据这个增长率预测人口的增长情况，因为艾滋病和其他致命疾病对人口变化的影响很大。

城市地区和农村地区的生育率具有显著差异。农村地区妇女

---

① 按照联合国人口统计准确率的标准，遗漏率小于 4% 为"非常好"，5%~8% 为"好"，8%~10% 为"一般"，10% 以上则"糟糕"。

② Mozambique New Agency AIM Reports, No. 167, 18th October, 1999.

一生的平均生育率是 6.2 个子女，而城市地区妇女则为 5.2 个。各省之间也存在着极大差异。西北部的尼亚萨省妇女的生育率最高，人均为 6.8 个子女；中部和北部所有省份妇女的生育率超过 5.5 个子女；但在南部 3 个省份具有较好教育条件的地区，妇女的生育率明显下降：伊尼扬巴内省为 5.3 个子女，加扎省为 5 个子女，马普托省为 4.8 个子女和马普托市为 4.2 个子女。

莫桑比克全国 71.4% 的人口居住在农村地区，28.6% 的人口生活在城市或城镇地区。在 1999 年人口普查统计中，全国共有城市或城镇居住区 86 个。在职业分布方面，绝大多数人口在第一产业就业，尤其是农业部门。按统计结果，莫桑比克 15 岁以上（含 15 岁）的人口为 850 万，其中的 70% 被确认为具有经济活动能力，28.2% 的人因为从事家务、上学、伤残或退休而被划为不具备经济活动能力人口。在具有经济活动能力的人口中，80.9% 的人就业于农业、林业或渔业部门，只有 3% 的人就业于制造业部门，2% 的人就业于建筑业部门，1.2% 的人就业于交通运输业和通信部门，6.9% 的人就业于商业和金融业部门和 2.7% 的人就业于行政管理部门。

按性别来看，在农业生产中妇女占农业就业人口的绝大多数。在具有经济活动能力人口中，妇女为 303 万人，男性为 283 万人。但其中，91.3% 的妇女从事农业、林业和渔业生产，而男性的这一比例为 69.6%。

人口普查也调查了人们的职业，即在人口普查的那一周人们实际上在做什么工作。普查的结果是绝大多数人是在耕种土地：在 15 岁以上（含 15 岁）的就业人口中，79.4% 的人被划归为农民。但在农民人口中，272 万人是妇女，183 万人是男性。与农民等级相对应的较高社会等级，只有 20333 人是"雇主和高级领导人"，其中的 3/4 是男性。

在教育方面，1997 年人口普查结果表明，大多数莫桑比克

人是文盲。人口普查数据表明，在 15 岁以上（含 15 岁）的总人口中，60.5% 的人没有读写能力。在城市，19.4% 的男人和 46.2% 的女人是文盲。在农村地区，56.4% 的男人和 85.1% 的妇女是文盲。在全国 15～19 岁的年轻人中，49.6% 的人是文盲。60 岁以上的农村妇女中，96.2% 的人是文盲。

全国 78.4% 的人口从未接受过学校教育或没有完成小学教育，而女性中的这个数字为 86%。18.4% 的成年人完成了小学教育，但没有继续接受中学教育。全国仅有 2.6% 的人口接受过中学、技校或高等教育。

从 1997 年的人口普查统计结果来看，莫桑比克的人口发展具有以下明显的特点：首先，莫桑比克总人口数变化明显，增加很快。全国的人口总数逐年增长：1950 年为 650 万人，1960 年为 760 万，1970 年为 940 万，1980 年为 1210 万，1997 年则增长到近 1610 万。据莫桑比克国家统计局 1999 年估计，莫桑比克人口年增长率基本稳定在 2.3% 左右。男女比例失调进一步改善。在总人口的男女比例变化中，男性从 1980 年的 43% 增加到 1997 年的 47%，女性的比例则相应的从 57% 下降到 53%。

其次，从总的发展趋势来看，农业人口在全国人口中的比例在加速减少。1960 年，莫桑比克 4% 的人口生活在城镇地区。据 1980 年的人口统计数字，全国参加经济活动人口总数中，85.3% 就业于农业部门。在农业部门参加经济活动总人口中，52.3% 的妇女从事家庭农业部门的生产劳动。据联合国开发计划署 1991 年的一项研究估计，莫桑比克全国 70% 的总人口是农民，处于自给自足的自然经济状态。到 1992 年，生活在城市和城镇的人口在全国总人口中的比例为 30%，到 2000 年增加到 41%。[①]

① Iain Christie, Mozambique: Land of Peace and People, Published by Bureau de Informacao Publica, 1996. p. 25.

再次，人口分布不均的状况多年来一直没有发生大的变化。按照1997年的人口统计，全国平均人口密度为每平方公里19.7人。人口最多和人口密度最大的省份是赞比西亚省、楠普拉省和马普托市。南部马普托市地区、北部沿海地区和赞比西河流域人口稠密；地处内陆地区的林波波河中游地区、尼亚萨高原、马尼卡和索法拉山地因气候干燥和生活条件艰难而人烟稀少。

值得注意的是，在预计莫桑比克每年的人口变化时，要精确地估算全国的人口，就要考虑艾滋病的泛滥而导致的高死亡率这一因素。因为艾滋病的影响，预期寿命会缩短，婴儿死亡率和总人口的死亡率也会升高，因而造成人口增长率降低，进而造成实际人口在年龄和性别方面的分布状况与预期结果产生出入。

根据莫桑比克国家统计局的数据，2006年全国总人口为19888701人。其中，男性9603031人，女性10285670人。2007年该国人口已达到2050万；其中，女性1070万人，男性980万人。2009年人口达到2240万人。

二　民　族

莫桑比克是个多民族国家，全国有60多个族体。在语言学上，所有非洲族体大多具有各自的族体语言，均属尼日尔—科尔多凡语系尼日尔—刚果语族贝努埃—刚果语支，即一般而言的班图语系。目前主要有居于赞比西河以北的马夸人（Makua）各族、马孔德人（Makonde）和尧人（Yao）；萨韦河以南有聪加人各族，他们是南非矿工的主要来源；在萨韦河与赞比西河之间的地区居住着绍纳人（Shona）各族。

关于莫桑比克境内非洲人的婚姻形态，除了传统社会普遍实行一夫多妻制以外，赞比西河以北的各族非洲人——斯瓦希里人除外——大多按母系续谱、居住和继承财产，而赞比西河以南的非洲人和斯瓦希里人则按父系续谱和继承财产，但婚居传统各

异。在人类学上，除斯瓦希里人外，所有的非洲人都属于班图尼格罗人（Bantu）种。此外还有葡萄牙移民后裔2万多人，印巴移民后裔约有3万人。另有一些欧、非混血种人，华裔仅有2000人。大体上，南方的族体往往比其他地区的族体享有更多的受教育机会。虽然官方语言为葡萄牙语，但各大部族都有自己的语言。

马夸人（Makua）　亦称"瓦马夸人"、"马夸—隆韦人"、"瓦夸人"、"马科阿人"、"马科内人"，族体主体在莫桑比克，为境内第一大族体。1985年人口约520万，占全国总人口的52%；1993年约936万人，占全国总人口的60%。主要分布在北部的卢仁达河以南至赞比西河下游之间广大地区。该族于公元5~9世纪从北方迁至现在的地区，包括马夸本支、隆韦人（Lomwe）、楚瓦博人（Chuwabo）（亦称奇瓦博）、洛洛人（Lolo）、马托人（Mato）等支系。其中，隆韦人最多，聚居在卢里奥河以南地区。该族体操马夸语、隆韦语和楚瓦博语等。沿海居民多信伊斯兰教（属逊尼派）或天主教。内地居民多保持传统信仰，崇拜祖灵和自然神灵，信巫医巫术。生产活动主要以农业为主，种植玉米、高粱、薯类和豆类作物，经济作物有腰果、茶叶、甘蔗、剑麻和椰子等。此外，内陆的马夸人还从事畜牧业和制陶业，沿海地区的也从事渔业、手工业和贸易活动。手工艺术发达，以银质首饰加工、木刻、椰纤维编织而著称。不少人在种植场和工矿区做季节工，人口流动性颇大。

聪加人（Tsonga）　亦称"巴聪加人"、"尚加纳—通加人"和"通加人"等。族体集中分布在萨韦河以南地区，于公元前10世纪前后从西方迁来，是第二大族体，1985年人口约310万，占全国人口的23.6%；1993年约368万人，占23.6%。该族体包括聪加人本支、比拉人（Bila）、琼加人（Jongε）、隆加人（Ronga）（亦译为巴隆加人）、乔皮人（Chopi）、茨瓦人（Tswa）、

赫瓜隆古人（Ngualungu）等支系，另一特殊支系"尚加人（Shanga）"居住在南非共和国境内。所操语言有聪加语、茨瓦语、隆加语和乔皮语等。聪加人与绍纳人的社会文化相近，多保持传统信仰，约1/3居民信仰基督教。传统社会还行服役婚，多从父居或甥舅同居。主要从事农业，种植玉米、高粱、薯类，亦从事畜牧业和渔业，饲养牛羊和家禽。手工艺术发达，以木刻、编制黑红色席子而著称。有不少人在南非种植场和工矿企业做工谋生。

马拉维人（Malawi） 亦称马拉维—尼扬贾人，族体主体聚居于马拉维，但也是莫桑比克境内的第三大族体。1985年莫桑比克境内该族人口170万，约占全国人口的12.1%；1993年约187万人，占12%，主要分布在与马拉维、赞比亚交界的接近马拉维湖的西北部地区。该族于公元9世纪以前从北方迁来，有尼扬贾人（Nyanja）、孔达人（Kunda）（奇孔达人）、切瓦人（Chewa）、塞纳人（Sena）等支系。该族操奇尼扬贾语、塞纳语和恩仰圭语（Nyungwe）。部分人保持万物有灵的传统信仰，部分人信天主教或基督新教，一些支系如切瓦人则信伊斯兰教。主要从事农业，种植玉米、高粱、木薯、花生、烟草和棉花，也有人从事畜牧业和渔业。不少人到赞比亚和津巴布韦的矿区做季节工，或到种植场和城市做工谋生。手工艺术发达，以木雕、编织闻名。

绍纳人（Shona） 族体主体居住在津巴布韦，亦称"马绍纳人"、"绍纳—卡兰加人"，在莫桑比克境内主要分布在赞比西河与萨韦河之间地区，为国内第四大族体，1985年有人口150万，约占全国人口的5.8%左右。绍纳人与聪加人的血缘和文化相近，除本支外还有卡兰加人（Karanga）、卡朗加人（Kalanga）、泽祖鲁人（Zezulu）、科雷科雷人（Kokola）、塔瓦拉人（Tawara）、马尼卡人（Manika）、恩达乌人（Ndau）等支系。莫桑比克境内的绍纳人以卡兰加人为核心，处于融合过程之中。南部非洲地区的各支绍纳人具有相同的历史。"绍纳"一词是 19 世纪 20 年代进入绍纳人地区的马塔贝莱人对当地族群的称谓。此前绍纳人各部族都操绍纳语，但没有统一的"绍纳人"这一称谓。所操绍纳语、恩达乌语和塔瓦拉语，均属东南班图语群。另外，多数绍纳人会讲尚加语，不少人还使用葡萄牙语。生产生活方式与绍纳人主体相同，但由于土地缺乏和连年干旱，迫使多数绍纳人到种植场做工，也有不少人到津巴布韦和南非工矿企业做季节工以弥补其收入不足。婚姻习俗是一夫多妻制，从妻居。在宗教信仰方面，大部分人保持万物有灵的传统信仰，部分人信仰基督教。绍纳人手工艺技术发达，以铁铜加工、皮革制作、木刻而为世人所知，拥有丰富的音乐、舞蹈和口头文学。

尧人（Yao） 亦称"瓦尧人"、"阿查瓦人"、"阿贾瓦人"、"穆贾诺人"，族体主体居住在马拉维境内，但也是莫桑比克境内第五大族体。莫桑比克境内尧人 1985 年人口为 54 万，占全国人口的 3.7%；1993 年约 57 万人，占 3.7%。主要分布在马拉维湖东部及卢达仁河上游与坦桑尼亚和马拉维毗邻的人口稀少地区。该族体还有阿马卡勒人（Makale）、马萨金加人（Massaninga）、曼琼吉人（Machinga）等支系。该族于公元 10 世纪以前从北方迁来，组成大村落定居。尧语为其通用语言，部分人会斯瓦希里语。多信逊尼派伊斯兰教，一部分人信基督教或崇拜祖先神灵等传统宗教信仰。男子多行割礼。主要从事农业和肉牛饲养业，也从事渔业。中世纪曾参与奴隶贸易，为莫桑比克北部地区的主要掠奴者，也是内陆与沿海地区的奴隶贸易的中介人。20 世纪初至 60 年代曾受法、英、葡殖民者的分割与统治。擅长贸易，所在地区贸易发达，且不少人从事长途贸易业。有些人在种植场或城市做工。手工艺术亦发达，以铁加工和椰纤维编织品而著称。

斯瓦希里人（Swahili） 自称"瓦斯瓦希里人"，东非沿海及大湖地区内陆地区的跨界族体之一。莫桑比克境内的斯瓦希里人1985年人口为11万，占全国人口的0.8%；1993年约12万人，占0.8%。该族体的族源成分十分复杂，主要是由长期参与该地区贸易的族群杂合而成，属黑白混血种的埃塞俄比亚人种。"斯瓦希里"，系阿拉伯语词汇，意即"沿岸居民"，是12世纪前后形成的共同称谓。其共同语言为"基斯瓦希里"，为班图语群的东北分支，是目前东非地区的通用语言。斯瓦希里人受阿拉伯文化影响甚深，多信逊尼派伊斯兰教。男子行割礼。主要从事农业，渔业亦发达，过去的经济活动主要是海上贸易。手工艺术发达，以石刻、木刻和象牙雕刻、金银首饰加工而著称。近代以来，莫桑比克的不少斯瓦希里人定居城市，从事手工业和经商，在城市经济中占有一定地位。

马孔德人（Makonde） 亦称"瓦马孔德人"、"孔德人"、"瓦孔德人"，族体的主体在坦桑尼亚东南部地区，在莫桑比克境内主要分布在东北部与坦桑尼亚交界的地区。1985年，莫桑比克境内的马孔德人有8万人，约占全国人口的0.6%；1993年约9万人，占0.6%。该族体还有马坦布韦人（Mtambwe）和马维亚人等支系。操马孔德语，无文字，还通用斯瓦希里语。宗教方面大多保持传统信仰，部分人信基督教或伊斯兰教。主要从事农业，种植玉米、高粱和木薯，善于种植剑麻。不少人在剑麻种植场和沿海城市做工。在反对葡萄牙殖民统治斗争中，从20世纪60年代开始，积极参加"莫桑比克解放阵线"领导的民族解放游击战争。马孔德人能歌善舞，精于手工艺术，其乌木雕刻艺术闻名于世。

恩戈尼人（Ngoni） 族体主体主要分布在马拉维。在莫桑比克境内主要生活在西北部与马拉维接壤的高原山丘地区，1985年人口5万，不到全国人口的0.4%；1993年约6万人，约占

0.4%。19世纪初自瓦尔河谷北部迁移至此。生产和生活主要以高原山丘地带牧牛为主，也少事农业。受马拉维人文化影响已失去自己的语言，多操切瓦语（Chewa）或奇尼扬贾语（Cinyanja）。大多保持传统信仰，部分人信天主教。在婚嫁中，习惯以牛作聘礼。

斯威士人（Swazi） 族体主体居住在斯威士兰。在莫桑比克境内主要分布在与斯威士兰交界地区。1985年，莫桑比克境内该族仅有5000人，占全国人口的0.1%；1993年约1.5万人，占0.1%。主要从事农牧混合经济。操斯威士语（Swati）。大多数保持传统的万物有灵的信仰。

祖鲁人（Zulu） 自称"阿马祖鲁人"，主体在南非境内，只有极少部分布于莫桑比克与南非和斯威士兰三国交界地区。莫桑比克境内的祖鲁人1985年仅有5000人，占全国人口的0.1%。

非洲印巴人（índio-Africano） 亦称"非洲印度人"，是东南非洲地区在殖民地时期主要以劳工形式移入的族体。莫桑比克境内的印巴人1985年有2万人，占全国人口的0.2%；1993年约3万人，占0.2%。多居住在沿海城市和港口，以经商为主，少数在种植场做技术工作。讲葡萄牙语或英语，也说当地语言。多信仰伊斯兰教或印度教。

葡萄牙人（Português） 主要是葡萄牙殖民者的后裔，据1985年统计有2万人，占全国人口的0.2%。主要分布在沿海城市，以马普托市人数最多，从事工矿企业管理或经商。操葡萄牙语，多信仰天主教，生活和婚姻习俗与欧洲的葡萄牙人相同。这里的葡萄牙人是从16世纪开始陆续前来定居的葡萄牙人后裔，主要构成传教士、殖民地管理和商人阶层。在莫桑比克独立前夕，人口最多时曾达28万，但在莫桑比克独立前后，绝大多数迁往他国。

其他 1985 年莫桑比克有 5000 名阿拉伯人。此外，还有 2000 多名华侨和华裔，主要在马普托、贝拉等沿海城市和港口从事小本生意或开饭馆。南部沿海各城市的华人多由南非迁入，北部的则由印度洋各岛国迁移而来，大多会讲英语或葡萄牙语，多信佛教。

三 语言

19 91 年宪法明确规定，莫桑比克共和国的官方语言为葡萄牙语；国家承认各民族语言的重要作用，并将推动民族语言的发展，不断发挥其在日常生活及教育中的作用。莫桑比克目前共有 33 种语言。

目前，葡萄牙语作为官方语言，在城市地区的使用较为广泛。直到不久前，葡萄牙语一直是国办学校唯一的教学语言。但按照莫桑比克新闻社 1999 年公布国家统计局整理的 1997 年人口普查结果表明，只有 6.5% 的莫桑比克人口将葡萄牙语作为自己的母语。50 岁以上的人口中，只有 2.1% 的人将葡萄牙语作为自己的母语，而 20～49 岁人口中的这个比例为 5.5%，5～19 岁的人口中的这个比例为 8.5%。在 5 岁以上（含 5 岁）的莫桑比克人口中，仅有 488 万人能说葡萄牙语，其他的 746 万人则不会讲葡语。

在城市和城镇，大多数人承认葡萄牙语是自己的工作语言：269 万人认为自己的工作语言是葡语，但 103 万人不懂葡语。在农村地区，葡萄牙语并不常用，懂葡语的人为 219 万人，不懂葡语的人为 643 万，二者比例是 1∶3。① 近几年，随着莫桑比克加入英联邦，英语在学校教育和行政管理中的地位和作用日

---

① Mozambique Peace Process Bulletin, Issue 23 – 28, October 1999, http：//www. mozambique. mz/awepa/awepa23/awepa23. htm, 2002/3/13 下载。

益重要。许多同津巴布韦和南非等英语国家做生意的人会讲英语。

全国有 13 种主要的非洲人语言及其若干方言盛行于农村地区。这 13 种主要非洲人语言是：马夸语（Emakhuwa）、聪加语（Xitsonga）、尧语（Ciyao）、塞纳语（Cisena）、绍纳语（Cishona）、楚瓦博语（Echuwabo）、齐尼扬贾语（Cinyanja）、隆加语（Xironga）、马孔德语（Shimaconde）、恩仰圭语（Cinyungue）、乔皮语（Cicopi）、通加语（Bitonga）和斯瓦希里语（Kiswahili）。

从语言学角度来看，莫桑比克的非洲人语言均属于尼日尔—科尔多凡语系尼日尔—刚果语族贝努埃—刚果语支。但各种语言分布极不规律，十分零散，而且没有一种语言在全国占优势的地位。最主要的几种非洲语言包括：马夸语是全国最大的非洲语言，大多使用者居住在赞比西河以北的北方地区，另外与该语言接近的当地语言还有隆韦语和楚瓦博语；第二大非洲语言是聪加语，亦称尚加纳语，是萨韦河以南的南方地区的通用语言，但将其作为自己母语的人主要居住在加扎省（Gaza）和马普托省，与该语言接近的是当地的茨瓦语、隆加语和乔皮语；在中部地区，以恩达乌语为主的绍纳语是萨韦河以北到赞比西河流域以南地区的通用语言，而赞比西河流域以塞纳语和恩仰圭语为主；在北部沿海和尧人地区，斯瓦希里语也是重要的语言。这些语言均采用拉丁字母。

四　宗教信仰

莫桑比克的宗教政策在独立以后发生了巨大的变化。虽然 1975 年宪法保证公民拥有宗教信仰自由的权利，但在建国初期，由于莫桑比克新政府认为宗教是葡萄牙维持殖民统治的得力工具，并且没有支持莫桑比克的独立解放运动，所

以，在推行"非葡萄牙化"和"反教化"政策的同时，对宗教采取了限制甚至取缔的政策。新政府关闭了天主教会，在全国范围内驱逐天主教会中的外国传教士，并取消了许多宗教信仰自由。此外，在实行国有化政策期间，莫桑比克政府还对教会拥有的各种教产、学校、医院等实行了国有化。到1976年年底，莫桑比克9个天主教教区中的7个主教是本国人，政府停止了与天主教和新教的对话。但是，教会仍是最有影响力的民间机构。在70年代末莫桑比克政府与"莫抵运"的内战高潮时，教会基本上已经被排挤出国家的政治生活。但全国尤其是在南部地区，仍有16%的居民继续到天主教堂参加宗教活动。①

20世纪80年代初，莫桑比克政府采取措施缓和与教会的关系，教会也开始在和平进程中发挥越来越重要的作用。1982年，萨莫拉总统向教会采取了某些和好性的举措，邀请他们在社会大变革中以人道主义者角色发挥作用或在社会伦理教育中发挥作用。在经历了政府8年的打压排挤政策之后，教会最终得到了政府的认可。从此以后，教会在调解内战过程中，担当起和平使者的角色。

经过1978年8月和1986年7月两次修订的宪法规定："莫桑比克人民共和国是一个世俗国家。在本国，国家和宗教组织完全分离。在莫桑比克人民共和国，宗教团体的一切活动都必须服从国家法律。"公民不得因宗教问题遭受歧视，"国家保证公民有信奉宗教和不信仰宗教的自由"。1988年8月，政府通过了一项新的法规，重申了宗教信仰自由，并宣布归还1975年以来充公和没收的教堂和教会财产。

由于莫桑比克教会在启动国内和平谈判和实现国内和解的过

---

① James, R S., Major World Nations: Mozambique, Chelsea House Publishers, Philadelphia, 1999. p. 65.

程中发挥了不可或缺的作用，莫桑比克政府完全放弃了在建国初期所采取的打压政策。1991 年宪法规定："莫桑比克共和国是一个世俗国家。宗教团体的活动要遵从国家法律。国家承认并重视各教派在促成一种相互理解和宽容的社会风气和巩固国家团结方面的作用。"在公民的宗教权利方面，新宪法规定，"所有公民自由决定信仰或不信仰宗教。各教派可自由遵行其宗教目标，并且为了实现这些目标可以拥有或取得教产"。

目前，通行全国的宗教有原始的传统宗教、基督教（包括天主教和各种新教等）、伊斯兰教和印度教。在 20 世纪后期，可见到的莫桑比克对宗教人口的统计数字差别较大。[①] 按照莫桑比克新闻社 1999 年公布国家统计局整理的 1997 年人口普查结果，多数莫桑比克公民将自己视为基督教信徒，但信奉在葡萄牙殖民统治时期推广的罗马天主教者不占多数。在此次人口普查中，公民只简单地被问及"你的宗教或教派是什么？"但没有给出一个选择性的名单。普查结果如下：在 5 岁以上（含 5 岁）的总人口中，罗马天主教占 23.8%，其他基督教教派共占 28.9%。在其他的基督教教派中，17.5% 为锡安复兴派教会，属众多的非洲独立教派；新教或福音教派占 7.8%，为莫桑比克新教主流教派，与南非新教教派联系密切；其他的基督教教派占 3.6%。因而，信仰基督教的人口占总人口的 52.7%。此前人们预测，莫桑比克有近一半的人口是穆斯林，但人口普查的结果表明，只有 17.8% 的人登记为穆斯林。[②] 不信宗教者占 23.1%，其他的宗教信徒或宗教不详者占 6.4%。

---

① 20 世纪 90 年代有关莫桑比克宗教统计有两组差别较大的结果：一种统计数字为：65.6% 的人信奉传统宗教，约 25% 的人信奉基督教，约 10% 的人信奉伊斯兰教，此外还有几千人信奉印度教；另外的一种统计数字为：约 46% 的居民信奉基督教，约 32% 信奉原始宗教，约 20% 信奉伊斯兰教。

② Mozambique News Agency AIM Reports, No. 167, October 18th, 1999.

尽管 23.1% 的莫桑比克人自报为"不信宗教",但莫桑比克国家统计局发表的小册子承认如下事实:那些"不信宗教"者可能只是简单地遵守传统信仰。这本小册子指出,可能其中的一些人遵循无组织的宗教信仰,诸如万物有灵信仰等。莫桑比克新闻社指出,这些"不信宗教"者大体上是在 1991 年的一次调查中选择了"传统非洲宗教"的那些人。1991 年的调查给出了一个选择性的名单,有 31.9% 的人选择了"非洲传统宗教"一项。① 由于祖先崇拜及其仪式并不是原本意义上的宗教,所以,尽管许多人对神灵的信仰根深蒂固,但他们还是把自己归入不信仰宗教类。只有 2.1% 的人确认自己是"万物有灵信仰者"。

伊斯兰教在莫桑比克的历史久远。早在公元 9 世纪之前,阿拉伯人和波斯人就在莫桑比克北部沿海地区经商。他们带来了早期的伊斯兰教。到 15 世纪葡萄牙人到来以前,北部沿海地区已经受到桑给巴尔的穆斯林苏丹的控制。从 16 世纪初期开始,葡萄牙殖民者逐步征服了莫桑比克北部地区的穆斯林。目前,莫桑比克的穆斯林主要分布在北部和西北部地区,以斯瓦希里人、马夸人和尧人等为主,居住在马拉维湖以东地区的尧人已有 80% 以上的人口皈依伊斯兰教。北部的马孔德人中有近半数的人口信奉伊斯兰教(约占 43%)。马夸人中有许多人皈依伊斯兰教(约占 18%)。在首都马普托和沿海的城镇中,部分的印度、巴基斯坦侨民也是伊斯兰教信徒,他们与南非德班地区的穆斯林同属一个集团,属于逊尼派的沙菲仪教法学派(Schafiit)。

随着 16 世纪葡萄牙殖民者的入侵,天主教多明我会(拉丁

---

① Mozambique Peace Process Bulletin, Issue 23 – 28, October 1999, http://www. mozambique. mz/awepa/awepa23/awepa23. htm, 2002/3/13.

语：Ordo Dominicanorum），教士进入莫桑比克的赞比西河口地区，在葡萄牙的军事据点周围定居下来，并开始向附近的居民传教。1560年，耶稣会进入莫桑比克地区。在此后的150年间，同属天主教的多明我会、耶稣会和奥古斯汀会在赞比西河流域的南部地区积极传教，成果显著，但在以后就发展缓慢。居住在西北部的尧人直到1930年才开始接触天主教传教士。在此前的葡萄牙殖民统治中，天主教会是殖民当局的有效组成部分，在教区内经营大片的土地，收取人头税，有时甚至从事奴隶贸易。

在1975年莫桑比克赢得独立以前，全国的天主教在教义和教礼方面，以及在教会的组织方式和活动方式方面完全照搬葡萄牙的教会模式。莫桑比克主教会议是莫桑比克天主教会的最高权力机构，是非洲和马达加斯加主教会议特别会议的成员组织。莫桑比克男性宗教机构联合会成立于1965年。葡萄牙全国女性宗教机构联合会莫桑比克分会成立于1968年。1976年，这两个组织合并为莫桑比克神甫和教职人员联盟。

在获得独立以后，莫桑比克天主教于1976年在贝拉召开了全国代表大会。这就是莫桑比克宗教史上重要的"贝拉会议"。这次会议制定了若干决议，其中之一就是接受政府对教会的医院和学校实施的国有化措施，并号召在这些机构服务的原有工作人员继续留在自己的岗位工作。会议的第二个决议是要求教会各阶层首先是主教团必须精诚团结，使革命胜利后的莫桑比克天主教会焕发出新的活力。

现在莫桑比克马普托主教区下设9个教区。现任马普托总主教是桑托斯枢机主教。目前在莫桑比克开展活动的主要天主教组织除了上述的莫桑比克神甫和教职人员联盟以外，天主教信徒协会也很活跃，圣母军是非洲籍信徒的组织，基督教教义班是欧洲籍信徒的组织，势力较弱。

第四节　民俗与节日

一　生活习俗

莫桑比克班图语系的非洲人多实行一夫多妻制。在当地的非洲人中，反映男人的能力和地位，主要视其生育能力，而不仅仅看其拥有的财富。班图人把自己的女儿视为"财产"，因而在新娘出嫁时，新郎必须向新娘的父亲提供一定数量的彩礼。如果新郎方拿不出足够的彩礼，新郎可到岳父家做工抵偿。由此可见，当地人的一夫多妻制得以维系与发展既有经济方面的原因，也有传统信仰和生理因素。班图人注重女性的贞节，新娘应是处女。男女之间的通奸行为是犯罪，甚至不准男女之间的亲吻。女婿不得与岳母有任何接触。寡妇只能由丈夫的大弟弟继承。

赞比西河以北的各族体大体拥有某些相近的文化特征。其中之一就是按母系续谱，也就是通过母亲的家族而不是父亲的家族追溯族源和祖先。许多家庭没几年就要从原来的居所迁移到土地更肥沃的新地界。因而定期迁移居所也是其生活规律之一。由于他们一直居住在遥远偏僻的地区，远离大城市，因而并不像南方居民那样深受葡萄牙文化的影响。与北方地区相反，赞比西河以南的居民由于在历史上曾直接受到葡萄牙人的统治，受葡萄牙文化影响较大。那里的人们在接受欧洲服装、语言和宗教等方面远比北方人普遍。赞比西河以南的各族体大多按父系续谱，即可通过父亲的家族追溯族源和祖先。

班图人的禁忌较多。比如在晚上人们不能扫地，否则会有厄运来临；女人晚上不能照镜子，否则认为其所生养的孩子将是白皮肤的；女孩子不能吃鸡蛋，否则认为她在将来分娩时有死亡的

危险。

　　大体而言，全国的居住条件比较落后。农村地区大多数居民的住所是传统茅屋，没有电、自来水和卫生设备。根据 1997 年的人口统计结果，全国有 354 万所住宅，其中茅屋为 304 万所，占住宅总数的 85.88%。用砖建造的现代住宅只占住宅总数的 10.08%。莫桑比克使用电力的住宅只占总数的 5%，装有自来水管的住宅占 8.5%（在住宅内或院子内）。全国 6.8% 的人口能够使用公用自来水，但 66.5% 的家庭使用井水或臾水，还有 18.2% 的家庭饮用水条件最差，使用河水、湖水和"其他水源"维持生活。34% 的住宅有厕所。收音机仍然是莫桑比克家庭的奢侈品，全国 69.3% 的家庭没有收音机。

　　在建筑风格上，莫桑比克建筑呈现了丰富多彩的内容。莫桑比克的城市建筑现代化，有高层建筑，也有设计美观的五六层的楼房，楼前有小花园，或设有游泳池，这些房子通常都被刷成白色。莫桑比克的族体很多，但各族体的建筑都各具特色，绝无雷同之感。非洲人的建筑物，除茅草房外，还有土坯房和砖房。但在广大的农村地区，绝大多数人居住在零散分布的农舍，或规模不大的村庄里。村庄的周围一般建有用顶部削尖的木桩围成的护栏，以防狮子和其他动物在夜间侵入。农村的传统家居建筑是圆形的草屋，墙壁是由木杆和泥巴构成，屋顶是用棕榈叶编成的。目前，用水泥砖建成的锡板屋顶的四方形小屋越来越普及。

　　按照传统的农村建筑布局，在村庄的中央地区建有牲畜圈栏或村社建筑，如学校或农业培训中心等。村庄周围的土地，按照传统，不属于个人，而属于村社公有。

　　在服饰方面，莫桑比克也接受了几种文化的影响。在城市和城镇地区，男人们经常穿着西装。所有的政府工作人员一般都身着西装，且多为深颜色的。在城镇的街道或商店里，妇女们往往穿戴用色彩艳丽的非洲花纹布料按西式裁剪的服装。许多妇女喜

爱穿戴传统的非洲服饰，尤其是在农村地区。她们用一块长布料，将一条肩膀及胳膊以下的身体包裹起来，多数人还穿戴头巾、披肩或包头布，等等。

大多数男人已经放弃传统的缠腰布而改穿短裤，配以西式T恤衫或非洲图案的上衣，即称作达饰基思（dashikis）的宽松、色彩鲜亮的套头棉质衬衫。只要买得起，男人们往往戴太阳镜。除了最贫穷的孩子以外，所有的孩子现在穿西装。不过许多旧西装是教会或国际捐助组织提供的。

北方的男女穆斯林穿戴白色的长袍、头巾和面纱。沿海城市的亚裔男性一般穿两件套的白色套服，配以高领夹克衫。亚裔女性则穿着黑色或色彩艳丽的丝织服装。在城镇或城市的街道上，可以看到不同种族的人们五颜六色的服饰。但多数莫桑比克人至今还不赞成服饰习惯的西方化，包括蓝色牛仔裤、披肩发和短裙，等等。

历史上，马孔德人妇女有文身的习俗。在十多岁的时候，这些女子每年要在面部、胳膊和后背上接受几百道 Z 形的割口，然后把炭、泥巴或草药涂抹在割口上，年复一年，这些割口形成了一道道隆起的暗黑色的疤痕组织。过去，马孔德人认为这种图案是妇女最美丽的标志，但今天这种习俗已经逐渐消失。马孔德人的另一个习俗是以扁平的圆盘撑大嘴唇。历史学家推测，这两个习俗起自几百年前奴隶贸易盛行时期。这样做的目的是避免成为掠奴者的目标。现在政府的卫生官员劝阻文身和撑大嘴唇的做法，认为那样做容易导致感染。

在饮食方面，莫桑比克继承了非洲人、阿拉伯人和葡萄牙人三种饮食风格。莫桑比克北方以玉米、木薯为主食，南方多吃大米。就全国农村来讲，木薯是最普遍的日常食品。木薯的非洲语含义是"一切都够了"。营养丰富的木薯块茎可以像土豆那样烤食、可以磨成粉、可以像水果那样晾干、还可以磨成浆并做成

粥。一般的农村家庭准备一顿标准的饭食按如下程序完成：主妇先用木碗和木杵将玉米和木薯捣成粗面粉，然后加入类似菠菜的木薯叶，并用水和成黄色面团。食用时，用干葫芦瓢盛放这种面食，配以一些炒熟的坚果，并以一种称作塞玛（shema）的清淡棕榈酒佐餐。肉食类最普遍的是牛肉、羊肉和鸡肉，猪肉很少。海鱼、海虾、大对虾是人们喜爱的食物，人们不习惯吃河里的鱼虾。莫桑比克海产食品的特殊风味包括一些葡萄牙式的小吃，如烧烤的贝类肉串（macaza）、腌鳕鱼拌蔬菜（bacalhau）和油焖墨鱼（choco）。沿海地区的居民能吃到更多的米食和水果。在全国范围内，人们普遍使用胡椒、葱和椰子油调制食品。

莫桑比克的蔬菜种类齐全，但人们没有多吃蔬菜的习惯。而且吃法也很单一。平常吃得较多的是西红柿、生菜沙拉、豆角、青椒。在农村，人们习惯用手抓饭，城里人则用刀叉、盘子。莫桑比克人吃饭需就水或其他软饮料，常见的有橘子汁、木瓜汁、矿泉水、啤酒或腰果梨汁。逢年过节，人们也饮白酒。进口的红葡萄酒、白葡萄酒、威士忌、马丁尼也为人们所喜爱。

莫桑比克的礼仪形式多样。在莫桑比克，两个男性朋友见面，一般是握手问候，久别重逢时，则相互拥抱。妇女之间的问候方式是亲吻对方的面颊。男女初次见面时，一般是握手，但比较亲近的同事或朋友之间则习惯互吻两腮。莫桑比克人很重视礼仪，在正式场合，无论天气多么炎热，男人也要穿上西装，打上领带，没有条件的就穿上最好的衣服，女子也穿上最漂亮、颜色最艳丽的衣服，带上各式各样的金属饰物。在外交场合采用国际通用的称谓。莫桑比克人们之间的交往淳朴自然。人们很少称呼对方的名字，而是称呼其姓。如果知道对方的头衔、职务的话，就应该称呼他们的职称。

目前，在莫桑比克的某些土著族体中还通行着传统的成人仪式。马孔德人在这方面具有代表性。马孔德人生活在交通不便、

道路崎岖艰险的北部地区。这里几乎与世隔绝，外人很少造访。他们生活在一个封闭的、自给自足的状态中。

按照马孔德人的传统，每年年初都要为孩子们举行历时两个月的成人仪式。每年1月份对于将成为成人的孩子们来说，都是庄严的时刻。教父教母们把少男少女带到森林中的某个秘密地方，教导他们如何开始新的成人生活。这种训练通常要延续两个月，禁止父母探望自己的孩子，只有仪式的主办者才可以给孩子们送去食物。

仪式之始，参加舞蹈的人们从顶楼上取出玛皮克面具戴在头上，随心所欲地跳起毫无节拍的舞蹈。面具代表着各个历史阶段的马孔德人，有殖民时期的，也有独立以后的，有本部落的，也有敌方的。玛皮克们的舞蹈时而夸张豪放，时而神秘释然。

成人仪式上备有丰盛的食品和饮料，漫长的庆典使马孔德人几乎忘记了他们身处艰辛的生活环境。在马孔德这样一个居无定所、生活艰苦的部落里，孩子能长大成人并不是一件容易的事情。他们要进入森林，学习成人应该具备的生活能力。

初到林中时，教父要为男孩子们割去包皮，并精心护理他们的伤口。对于小马孔德人来说，这是成人的重要转折点。此后他们将改名换姓，穿上新衣服，并受到人们的尊重。这是告别童年走向成人的重要一步。与此同时，在村落的小路上，时常可以看见一群群妇女载歌载舞。她们家中都有孩子去参加成人仪式，她们用舞姿表达自己的思念之情。在这期间，马孔德人不停地饮用一种叫"束拉"的混合饮料。成人仪式最隆重的节日是在即将结束时的星期天，从早上6点起人们就开始击鼓，喝"束拉"饮料，越来越多的妇女加入跳舞的行列。她们借此表达对分离了两个月的子女们的思念之情。当孩子们从森林里返回时，教父把他们领到庆祝活动场所附近的一间茅草屋中，让他们在那里洗澡和换上新衣服。

自从莫桑比克 1975 年独立以来，这个历史悠久的传统由于长期受到内战的影响以及其他原因，已经濒于消逝。马孔德人正在逐步放弃他们的传统，他们不再文身，也许过不了多久，那些神秘的马孔德舞蹈者也将消失。

二　主要节日与重要日期

在殖民地时期，一切政治、经济活动在复活节和圣诞节等基督教节日停止活动。但莫桑比克在独立以后废止了这些宗教节日，设立了一套全新的节日体系。在如下的主要节日里，政府和商业活动会停止。此外，莫桑比克继承了殖民地时期实施的午休的传统。学校、商店、政府机构等在午饭之后下午最热的时间里，人们往往为了睡午觉而关门几个小时，等到天气较凉爽的傍晚时分再开始工作和营业。

（一）主要节日

新年：1 月 1 日。

英雄日（Dia dos Heróis）：2 月 3 日，莫解阵第一任主席蒙德拉纳被害纪念日。

莫桑比克妇女节（Dia da Mulher Moçambicana）：4 月 7 日。

劳动节：5 月 1 日。

独立日（Dia de Independência）：6 月 25 日。

胜利日（Dia da Vitória）（卢萨卡协议签署日）：9 月 7 日。

争取民族解放纪念日（Aniversário da Luta de Libertação Nacional）和莫桑比克军队节：9 月 25 日。

和平与民族和解日（Dia da Paz e da Reconciliação Nacional）（纪念 1992 年为结束内战签署的罗马协议）：10 月 4 日。

家庭节日/圣诞节：12 月 25 日。

（二）重要日期

莫桑比克解放阵线成立日（dia do aniversário da fundação da

Frente de Libertação de Moçambique）为 1962 年 6 月 25 日。

独立战争日（Dia da Guerra de Independência）为 1964 年 9 月 25 日。

摆脱葡萄牙殖民统治赢得独立的日期是 1975 年 6 月 25 日。

莫桑比克共和国的第一部宪法于 1975 年生效。

独立以后的第一次选举在 1977 年进行。

莫桑比克第二部宪法于 1990 年生效。

第一次多党选举于 1994 年进行。

第二章

历　史

第一节　殖民者到来以前的历史

一　科伊桑人社会

据人类学家考证，至今可知的最早类人猿在 200 万年前就在现莫桑比克一带土地上生活，早期人类在莫桑比克已经生活了至少 10 万年时间。有据可考，最早在莫桑比克境内生活的现代人类是石器时代广泛分布在南部非洲地区的原初居民科伊桑人（Khoi/San）。他们生活的年代最早可追溯到距今 2 万年以前。最早的科伊桑人以石器为工具从事采集和狩猎的经济生活。这些科伊桑人在几千年的独立生活环境中形成了自己独特的社会组织。他们的语言独特，发音中含有"嗒嗒"声的辅音。他们身材矮小，皮肤也没有后来迁入的班图语人种那么黑。在早期的非洲学著述中据此将科伊桑人划分为不同于班图人的种族，但现在的非洲学学者基本否定了这一观点，认为南部非洲地区的所有非洲人都有紧密的联系，拥有共同的基因库，他们之间的体态特征差异是由各自所处的地理环境的影响和彼此之间相互接触的疏密程度决定的。

科伊桑人的生计以采集植物、浆果和贝类以及渔猎为主。采

集活动主要是妇女的工作，她们为狩猎采集部落提供 80% 的食物。男人从事打猎，用木头和骨头制造武器和工具，利用兽皮缝制衣服，还能制造各种乐器，等等。广泛分布在南部非洲地区的岩画，既反映了当地科伊桑人的狩猎技巧、宗教信仰和审美观，又能说明在从事狩猎采集的部落之间存在着大量的交流。

科伊桑人的主要社会单位是核心家庭。由众多的科伊桑人家庭组成的狩猎采集队大约有 20～50 人。男人和妇女在生产、生活中地位平等。虽然在科伊桑人的社会中没有产生等级制度，但在决策过程中，主要家庭的男性头领往往负有领导责任。这些科伊桑人在旷野逐食物而居，他们很少过定居生活。他们往往在食物丰富的地区居住很长的时间，而当食物稀少时，他们就分路迁移，或与其他的狩猎采集队合并。由于科伊桑人对周围环境的索求不多，他们在几千年的时间里，在这片富饶的土地上繁衍生息，与周围的环境和谐相处，但他们的人口数量一直比较少。

另外一部分科伊桑人从事畜牧业。这部分科伊桑人的身材较高一些，在水草丰富地区过着游牧生活。但总的来讲，科伊桑人的职业会因条件环境的变化而变化：从事狩猎采集的科伊桑人在迁移到降雨丰沛和土地肥沃的地区时可以通过贸易获得牲畜，定居下来，过上相对稳定的游牧生活。但当干旱和其他的自然灾害发生时，他们就再从事打猎和采集生活。从事游牧生活的科伊桑人随着季节的变化在高地、山谷和高山之间逐水草流动。这部分科伊桑人族体的规模要比从事狩猎采集活动的族体要大，因而形成了相对发达的政治等级体制。他们基本上接受某一富人的领导，但该"富人"不是独裁者，只能在咨询其他老年人的意见之后才可以行使自己的权力。从事牧业生活的科伊桑人以自己的牛羊产品同从事狩猎采集生活的科伊桑人交换猎物和兽皮。莫桑比克境内的科伊桑人创造了有名的"斯蒂尔贝文化"，在布姆巴山区保留至今的岩画反映了他们的文化遗迹。

二　班图人社会

莫　桑比克现代文明起源于非洲历史上的人口大迁移时期。大约从公元初开始经过三四百年时间（约为公元 1～4 世纪），来自非洲中北部地区操班图语的族体开始陆续迁入现莫桑比克一带的赞比西河流域西部的高地和山谷，然后逐渐移居到现莫桑比克一带的高原和沿海地区。与当地的原初居民科伊桑人相比，他们身材较高，皮肤黝黑。这些操班图语的人们使用铁制工具和武器，将先进的生产技术带到了莫桑比克地区。他们知道如何炼铁，如何打制枪矛，并使用铁器从事农耕和畜牧生产。他们的到来，标志着莫桑比克历史上石器时代的结束和铁器时代的开始。新迁来的班图人赶走或同化当地的科伊桑人，取而代之成为这片土地的主人。

自公元 4 世纪以来，莫桑比克的班图人在高地和河谷间放牧牛羊，采掘金矿和锡矿，猎取象牙，种植黍子和高粱，制造各种陶器。他们在起伏的山峦上兴建石头城堡，供国王家庭居住。但普通百姓和奴隶则居住在城堡之外。在早期班图人的经济生活中，当地的和地区性的贸易就已经发挥了重要作用。

到公元 10 世纪时，各班图部落已经普遍地在莫桑比克境内定居下来。这些班图人能够制造简单的铁制工具和武器。他们按照血缘关系结成稳定的群体，组成基本的社会和生产单位。他们在多数年景下可以生产的农产品有剩余，并用这些剩余产品同周围的居民进行有效的易货贸易。此外，他们用铁质工具、武器和装饰品同居住在南非的科伊桑人交换羊和牛。莫桑比克沿海地区的居民还向南非内地的科伊桑人输入了大麻及其种植技术。铁制工具的出现和应用以及其他工具的改进，再加上农产品剩余的出现使过着定居生活的班图人在生产、职业方面出现了越来越明显的分工。在这一时期的班图人中，出现了季节性或全

职的手工艺者、铁匠、采矿者、商人、渔民、世袭的政治领袖和宗教领袖，等等。这些职业的出现说明了班图人社会越来越复杂化了。

在 15 世纪以前，大多数班图人结成各自独立的部族或部落，以酋长为统治者。这些酋长们除了担任行政领袖外，一般还是宗教权威。这些酋长一般是部落创建者或征服者的直系后代。他们对下属具有绝对的裁决权，还有权对农产品或劳动力征收年税。因而他们实际上最终成了自己领地上的所有者和保护者。按照这种风俗，酋长将某块土地的使用权分给部落成员，分到土地使用权的人们可以在自己分得的土地上进行耕种、采集树上的果实或打猎，但他们及其后代无权出售或转让土地使用权。在他们放弃或迁移到其他地方时，土地的使用权自然转归酋长，等待将来再次分配。此外，酋长们作为自己领地所有者的象征还可以收受各种礼物。其中最重要的一种礼物就是死在自己领地范围内的大象的象牙。这一时期存在的征税、服劳役和象征性的礼物说明，在葡萄牙人到来以前的莫桑比克班图人社会中明显存在着社会差异。

帮助酋长治理部落的是长老会议，由村落的头人和祭司们组成。头人们是部落的各村落内有威望的长者。祭司们可以同酋长家室一起，举行各种仪式，抚慰祖先的灵魂和各种神灵，祈雨求安。如果部落的领地十分广大的话，部落酋长就会从下属的亲属中或在德高望重的地方长老中任命几名地方酋长帮助维持统治。

在葡萄牙殖民者到达以前，班图人创造了光辉灿烂的文明。甚至直到 17 世纪的时候，莫桑比克中部的大部分地区还受到两个班图人国家的控制。其中最重要的一个就是莫诺莫塔帕王国（又译作穆塔帕王国）。

公元 13 世纪，马绍纳人在现津巴布韦和莫桑比克一带曾经征服当地的各部落，建立起一个疆域广大的莫诺莫塔帕王国。14

世纪，伊尼扬巴内以西的地区是当时这个国家的一部分。该国以高超的石头建筑闻名于世。到 15 世纪时，莫桑比克的居民已经掌握了冶炼和开采金属矿的技术。15 世纪以后，尤其是在 16 世纪鼎盛时期，莫桑比克赞比西河南岸到萨韦河之间的地区是莫诺莫塔帕王国的疆土。其国土范围及其影响从津巴布韦高地一直到印度洋，成为当时中部和南部非洲地区面积最大和实力最强的国家。首都城内居住着几千人。国王和贵族们控制着国家的经济。他们控制着一系列金矿，大型的金矿有几千名矿工在里面工作，征收属民的部分农产品，还通过阿拉伯人和斯瓦希里人完全垄断着各类贸易。在经济繁荣时期，农业、采矿业、冶炼业和商业都很发达，而且先后出口大量黄金和象牙，赞比西河是这些物资的主要入海口。阿拉伯人和斯瓦希里人是莫诺莫塔帕王国对外贸易的中转商人。但自 16 世纪起，王国开始衰落。

　　另一个曾经控制过莫桑比克中部和北部大部分地区的班图人国家是位于莫诺莫塔帕王国西北部的马拉维联邦。到 1600 年左右，经过 100 多年的扩张，这个国家控制了马拉维湖（又称尼亚萨湖）与赞比西河北岸之间，从今赞比亚的卢安瓜峡谷（Luangwa）到印度洋之间的广大地区。[①] 这里的贵族们也通过垄断对外贸易确立了其统治地位。不过，该国对外贸易的主要商品是象牙。

　　三　早期贸易活动和阿拉伯人的影响

莫桑比克沿海地区的历史发展则与海外贸易和海外交往紧密联系在一起。莫桑比克沿海地区对外贸易发展很

---

① 史学界的另一种观点认为，马拉维国家形成的年代要更晚一些，大约在 16 世纪后期到 17 世纪中期之间。

早，在其沿海曾发现的公元 3 ~ 4 世纪的罗马铸币就是很好的证明。由此可见，海洋贸易和海外交往也是早期莫桑比克社会和文化发展的核心组成部分之一。阿拉伯人在公元 7 世纪到达东非海岸。在 7 ~ 9 世纪，莫桑比克沿海港口和一些岛屿上先后出现了一些贸易港，阿拉伯人在这些港口的影响相当强大。这一时期阿拉伯商人的经商范围最远到达莫桑比克中部的索法拉地区。他们在经商过程中同当地非洲妇女通婚，逐渐在莫桑比克沿海地区形成了阿拉伯人同非洲人的混血种族——斯瓦希里人。斯瓦希里人逐渐发展为独特的文化和族体。他们的语言逐渐成为东非沿海地区的商业语言。这样逐渐地在莫桑比克的沿海地区形成了一些斯瓦希里人和阿拉伯人定居的商业城邦。

莫桑比克的这些早期贸易港已经同中东和印度建立了贸易关系。考古学家发现，莫桑比克贸易港口同中东的贸易往来至少可以追溯到公元 600 年以前甚至更早的时期。此外，这些贸易港在强盛时期各自成立了相对独立的伊斯兰城邦，同内地的非洲酋长们建立了密切的贸易关系。

在莫诺莫塔帕王国和马拉维联邦内进行贸易的主要是阿拉伯商人和斯瓦希里商人。在 11 世纪至 15 世纪中期，阿拉伯商人和斯瓦希里商人已经从最北方的莫桑比克岛和安戈谢（Angoche）群岛到最南方的索法拉之间的沿海港口和岛屿建立了一系列的商业点和伊斯兰酋长国，并借此控制了莫桑比克的沿海地区和对外贸易活动。在斯瓦希里仆人和非洲奴隶的扶持下，阿拉伯的酋长们生活在用珊瑚建成的宫殿中。这些沿海商人构成了从中东地区到亚洲之间商业网络的重要一环，在莫桑比克主要从事黄金和象牙贸易，然后运到中东和亚洲出售赚取丰厚的利润。索法拉是斯瓦希里商人通往内地金矿和通往莫诺莫塔帕王国市场的主要通道。直到 15 世纪后期，阿拉伯人酋长统治着莫桑比克岛和许多其他的岛屿。

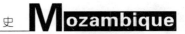

第二节　葡萄牙早期殖民统治

一　早期探险和武力征讨

14 98 年，葡萄牙探险家瓦斯科·达伽玛（Vasco da Gama）率领的葡萄牙探险船队首次到达莫桑比克，先后在林波波河①河口附近的赞达梅拉地区、赞比西河三角洲地区和北方的莫桑比克岛登陆。在莫桑比克岛，当地阿拉伯人不仅友好地款待了他，还送给他斯瓦希里人领海员。达伽玛来到莫桑比克的目的是为葡萄牙探索通往印度的新航路，并建立中途供应点。他对当时莫桑比克岛的贸易繁荣的港口印象极深。但此时，阿拉伯商人控制这些贸易港口已经有几个世纪的时间了。黄金和象牙贸易是吸引阿拉伯商人和斯瓦希里商人的主要商品，但很快也成为葡萄牙人的争夺目标。达伽玛这时认识到，莫桑比克的社会分成两部分：南部沿海以及北部内陆地区的非洲部族社会，中部和北部沿海地区阿拉伯人和斯瓦希里人的商业社会。但他从当地阿拉伯人的富裕状况断定，莫桑比克内陆蕴藏着巨大的财富。达伽玛时代有关在莫桑比克热带雨林地区隐藏着繁荣的黄金国和黄金城的传说，在葡萄牙国内产生很大影响。许多的探险家和冒险家受其激励，到莫桑比克寻宝。因而，葡萄牙人与当地阿拉伯商人和斯瓦希里商人之间为争夺莫桑比克，发生冲突不可避免。

16 世纪初期，葡萄牙航海家和探险者再次到达索法拉地区的沿海港口以及德拉果阿湾。他们了解到附近内地的主要势力是莫诺莫塔帕王国。此时的莫诺莫塔帕王国统治着津巴布韦高原北

---

① 由于达伽玛在林波波河看到了许多蛇在游动，他称该河为眼镜蛇河。

部和东部地区，以及赞比西河流域从卡里巴峡谷（Kariba）到印度洋的大部分地区。后来的一些王朝政权相继统治过从津巴布韦高地到印度洋海岸之间的地区。

为了在莫桑比克建立一个稳固的基地以控制印度洋海岸的贸易以及开普敦航线，从16世纪初开始，葡萄牙殖民者开始向莫桑比克内陆扩张。葡萄牙先后几次出兵征讨和进攻当时实力强大的莫诺莫塔帕王国，但没有取得彻底的成功。

1505年，葡萄牙派遣弗朗西斯科·德阿尔梅达（Francisco de Almeida）率兵征讨莫桑比克。当时，他率军入侵莫桑比克的原因主要有三个：第一，控制莫桑比克港口，进而控制通往波斯湾、红海以及印度洋的海上通道；第二，掠夺莫诺莫塔帕王国的黄金和象牙，以维持葡萄牙海外扩张的财政需要；第三，从阿拉伯人和斯瓦希里人手里夺取非洲东海岸的控制权。

阿尔梅达首先在1505年占领索法拉地区，在现在的贝拉城附近建立了移民点，称之为索法拉。1507年，葡军攻占了莫桑比克岛。葡萄牙人的扩张活动与当地阿拉伯商人发生了冲突，但最终战胜了阿拉伯人。从此，葡萄牙人逐渐控制了这一地区的黄金和象牙贸易。

到16世纪30年代，葡萄牙势力沿赞比西河而上到达塞纳（Sena）和太特等地，还相继在这些地区建立了殖民点。他们在莫诺莫塔帕王国的边境地区设立一系列的内地商市，并通过收买或欺骗当地上层贵族和国王，在当地非洲人部族的经济、政治、贸易等方面攫取了很大权力，进而削弱在这里经营多年的斯瓦希里商人的贸易网络。1544年，葡萄牙军队在克利马内建立要塞，以图控制赞比西河三角洲地区的航线。

在莫桑比克内陆地区的扩张取得了初步成果以后，葡萄牙试图建立对莫诺莫塔帕王国的统治权，并直接控制其境内的金矿。葡萄牙政府首先希望通过传播基督教，使王国内居于统治地位的

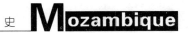

上层贵族皈依基督教而达到这个目的。1561 年，葡萄牙耶稣会传教士冈卡洛·达希尔维拉在取得莫诺莫塔帕国王信任后，试图劝说其接受洗礼成为基督徒。但受国王信任的阿拉伯商人则劝服国王吊死了该传教士。葡萄牙在这种计谋失败以后，对莫诺莫塔帕王国宣战。葡萄牙军队在 1567 年发动了大规模的军事进攻。在莫桑比克人的顽强抵抗之下，再加上受热带疾病的严重影响，葡萄牙军队被迫撤退。这在历史上是莫桑比克人民反亢葡萄牙人入侵的开始。

1569 年、1572 年、1574 年和 1575 年，葡萄牙又多次对莫诺莫塔帕王国进行军事进攻，均遭失败。此后不久，由于王国发生内乱，各派势力相互混战，再加上其他非洲部族不断发动对莫诺莫塔帕王国的进攻，王国的势力迅速衰落。

二 非洲人王国间的争夺与葡萄牙的扩张

葡萄牙虽然在军事上暂时失败了，但其扩张政策并没有停止实施。在经过 30 年的欺骗、勾结、买遍、威胁利诱和传教驯化之后，葡萄牙使节最终于 1607 年以提供武器支持为条件，说服莫诺莫塔帕国王盖特希·卢塞雷（Gatsi Rusere）将其辖区内的金矿割让给葡萄牙，实际上就是承认了葡萄牙的宗主国地位。[1]

葡萄牙人的侵入，削弱了莫诺莫塔帕王国的实力。与此同时，葡萄牙的残酷掠夺和背信弃义激起了莫诺莫塔帕王国民众的反抗。1627～1632 年，莫诺莫塔帕国王卡普朗津内率军向葡萄牙殖民者开战，但遭到了残酷的镇压。1629 年，葡萄牙人废黜了老国王，另立新国王马武拉（Mavura）取而代之。马武拉本

---

[1] Eric Axelson, Portuguese in South-East Africa, 1600 – 1700 (Witwatersrand, 1960), p. 33.

人支持葡萄牙宣布的拥有莫诺莫塔帕王国主权的声明，承认本国为葡萄牙附属国的地位。这样，葡萄牙借莫诺莫塔帕王国国力衰微之机取得了对它的统治权。该王国从此逐渐瓦解。随着莫诺莫塔帕王国内部纷争不已而导致其国力进一步衰弱，已无力抵制葡萄牙的军事控制。

17世纪的时候，在赞比西河南岸兴起了罗兹维王国（Rozwi）。他们沿江而下，迫使葡萄牙势力大幅度撤退，还迫使莫诺莫塔帕王国沦为盘踞在赞比西河下游流域的小酋长国。衰弱的莫诺莫塔帕王国一直延续到19世纪末期才最后灭亡。

在罗兹维王国从南部向莫诺莫塔帕王国发动进攻的同时，位于赞比西河北岸的马拉维人则从赞比西河北岸向莫诺莫塔帕王国和葡萄牙殖民者发动了进攻。因而，17世纪初，在不断向莫诺莫塔帕王国内部扩展殖民势力的同时，葡萄牙殖民势力向赞比西河以北的地区进行扩张肯定要遭到失败。这一时期的赞比西河以北的地区形成了强大的马拉维联邦，对外贸易发达。1608年，葡萄牙为了缓和同马拉维人的关系，以欺骗的手段同其结成军事联盟，开始向赞比西河以北的内陆地区渗透。1632年，马拉维国王姆祖拉不满葡萄牙的势力的影响，对葡萄牙人城镇科利马内发动了突袭，但被击败了。可是，马拉维人一度强大的势力使葡萄牙人向内陆扩张推迟了近一个世纪的时间，直到18世纪初马拉维联邦瓦解为止。在几个世纪里，葡萄牙不断试图建立其对莫桑比克内陆地区的控制，但由于受到当地非洲人的强烈反抗，均遭失败。

三　葡萄牙殖民统治的确立

从16世纪末开始，为了扩大葡萄牙的势力影响并巩固在当地的统治地位，葡萄牙国王按国内分封的模式在赞比西河流域、索法拉和克利姆巴群岛（Querimba）等地区册封了许多大庄园（又称巴拉佐）（Prazeros）。这些大庄园的特许状都有固定的期限。葡萄牙国王希望这些大庄园能够成为白人移民社区的基地，在大庄园中定居的白人移民要为国王提供服务、缴纳税款、定期服役、遵守大庄园内的所有法律并率领自己的奴隶武装征讨附近的非洲人。这些分封的大地产成了国中之国，在其设立之初显然为葡萄牙早期的殖民扩张发挥了作用，使葡萄牙在莫桑比克的统治在 17 世纪前 50 年达到了早期的鼎盛阶段。但由于各个大庄园互不统属，各自为政，甚至相互为敌，因而在 17 世纪后半期以后，这些大庄园实际上严重阻碍了葡萄牙在莫桑比克建立和推行政令合一的殖民统治秩序。更为严重的是，许多的大庄园主日益非洲化，同非洲人联姻或联盟。他们拥有自己的军队，挑动非洲人之间进行混战，并拒绝承认葡萄牙匡王的权力。在同一时期，非洲人反抗葡萄牙势力的斗争风起云涌，相继取得了胜利。安戈谢岛的伊斯兰城邦获得了独立，赞比西河南方的巴鲁埃人发动了起义，从自己的领土上驱逐了葡萄牙人。马拉维国王终止了同葡萄牙的军事联盟。索法拉地区的乔皮人和通加人（为聪加人的两个分支）酋长，以及临近莫桑比克岛的马夸人也拒绝接受葡萄牙人的宗主权。莫诺莫塔帕王国与罗兹维王国结盟在 1692 年武装反抗葡萄牙人的统治，将葡萄牙人从津巴布韦高地和赞比西河流域内地驱逐出去。

　　虽然事实上并没有对莫桑比克各地实施有效的统治，但葡萄牙于 1700 年宣布莫桑比克地区为自己的"保护国"。实际上，此时的葡萄牙正集中力量在亚洲、巴西和安哥拉进行殖民扩张，无力顾及莫桑比克。所以，莫桑比克一直归葡属印度（果阿）管辖。到 1752 年，为了扭转其在莫桑比克长期统治不力的局面并巩固其通往亚洲航线的中转站地位，里斯本承认莫桑比克的自治殖民地地位，不再归印度总督控制，而由新设置的葡属总督直接统治。当时莫桑比克被称为"葡属东非洲"。

四 早期葡属莫桑比克的贸易

实际上在这一时期，斯瓦希里人乘葡萄牙人遭到当地各族驱逐的机会，重新恢复了以往的贸易网络。此外，来自印度的商人利用葡萄牙势力衰落的时机，以向定居者赊销布料和饰珠等产品赢得了立足点。那些定居者用从印度商人手中赊购的布料和饰珠换取内陆地区的黄金、象牙和热带产品。在17世纪中期以后，来自北部沿海岛屿的印度商人开始组织自己的商队深入到位于内陆的马夸人地区进行贸易。到1750年的时候，印度商人已经建立并控制了南方远至克利马内和赞比西河流域的庞大贸易网络。

黄金和象牙是早期商人们贸易的主要目标，也是葡萄牙对莫桑比克的早期殖民统治进行掠夺的主要产品。整个16世纪和17世纪的大部分时间里，来自莫诺莫塔帕王国的黄金是莫桑比克贸易的主要出口商品。据不完全统计，每年仅从克利马内就出口6万两黄金。但到了18世纪莫诺莫塔帕王国衰亡以后，莫桑比克的黄金产量已经微乎其微了，但该国北部地区的象牙就成了主要的出口产品。这是因为印度商人对象牙的需求量很大，而尧人猎象者和商人愿意从马夸人中间商人那里购买优质的印度布料，所以尧人猎象队和商人为了获取象牙深入莫桑比克中部地区以及位于现在赞比亚境内的卢安瓜峡谷（Luangwa）。据不完全的记载，经索法拉出口的象牙1758年为23500公斤；1762年为141000～164500公斤；1806年为47000公斤。

如果说18世纪是莫桑比克的象牙贸易世纪的话，那么从19世纪开始，莫桑比克就开始变成了国际劳工储存地，奴隶贸易就成了主要的贸易商品了。实际上，莫桑比克的奴隶贸易最早是由阿拉伯商人在几个世纪以前开始的。此时，葡萄牙人夺取了奴隶

贸易的垄断权，并迅速将奴隶贸易扩大了。马拉维湖东岸的尧人从阿拉伯人和葡萄牙人那里获得枪支，成为莫桑比克北方主要的猎奴者。

　　五　奴隶贸易

18 世纪 60 年代，印度洋上一些岛屿的甘蔗种植园扩大种植规模，需要大批的奴隶劳动力。印度商人、法国商人和莫桑比克当地的葡萄牙商人开始积极为这些种植园提供廉价的非洲人奴隶。由于莫桑比克的奴隶价格低廉，来自巴西、美国和加勒比海地区的奴隶贩子们也来到莫桑比克从事奴隶贸易。莫桑比克历史上的两个主要港口莫桑比克岛和克利马内（Quelimane）成为奴隶贸易的集散地。各国的奴隶贩子们也在南方的城镇伊尼扬巴内和洛伦索—马贵斯（Luorenço Marques），以及北方的克利姆巴群岛购入少量的奴隶。在 1700～1850 年期间的奴隶贸易高峰期，人们至今还无法明确估算到底有多少莫桑比克人被强行贩卖为奴隶。到 19 世纪早期，每年大约有 1 万名的奴隶从莫桑比克岛和克利马内非法运出国外。考虑到莫桑比克漫长的海岸线，实际输出奴隶的数目肯定远远大于这个数字。1817～1843 年期间，莫桑比克仅输往巴西一个国家的奴隶数目就多达 10 万人，而在同一时期，输入古巴的 30% 的奴隶来自莫桑比克。[①] 1836 年，以英国为首的欧洲国家禁止南部非洲地区的奴隶贸易，并在 1856 年废除了国内的奴隶制。但莫桑比克的非法奴隶贸易在禁令颁行之后仍然我行我素。到 19 世纪中期，奴隶贸易依旧是葡萄牙人获取巨额利润的主要贸易项目。因而，即便按照保守数字估计，仅在 19 世纪，莫桑比克被掠卖为奴隶的人数

---

① Allen Isaacman and Barbara Isaacman, Mozambique from Colonialism to Revolution, 1900 – 1982, Westview Press, 1983. p. 16.

超过 100 万。① 在禁止国际奴隶贸易后，奴隶贩子们虽然在莫桑比克国不再进行奴隶贸易了，但当地的那些大地产主们继续袭击当地的非洲人族体，强迫战俘在其种植园中无偿服役、运送象牙、采集橡胶。这种做法一直持续到 19 世纪结束的时候。

进入 19 世纪，北方尧人的象牙生意仍然很兴盛。但由于需要的奴隶数量巨大，他们在继续维持象牙贸易的同时，在 19 世纪前半期开始深入尼亚萨湖并在 1850 年之后进入莫桑比克中部希雷峡谷（Shire）以及楚瓦人（Chowa）地区开发新的奴隶供应地。马夸人统治者也掠夺内地的非洲人，将其作为奴隶出售。东非沿海地区的斯瓦希里人则促成了莫桑比克奴隶贸易的激烈竞争。由于奴隶贸易竞争激烈，奴隶贸易的方式也从 19 世纪 60 年代以前主要通过当地头人同外来的奴隶贩子进行谈判为主，转变为此后的暴力掠夺和武力征服为主的方式。

由于葡萄牙殖民者掠夺大量的非洲人尤其是青壮年劳力并贩卖为奴，严重破坏莫桑比克的自然资源和人力资源，造成莫桑比克北部沿海及赞比西河流域人烟稀少、土地荒芜，结果是莫桑比克从一个粮食出口国变成了粮食短缺的国家。在全世界废除奴隶贸易以后，尤其是进入 20 世纪以后，殖民者又转而向南非和南罗得西亚（独立时改称津巴布韦）强制输出非洲人劳工，从中盘剥莫桑比克劳工。这使莫桑比克经济成为严重依赖劳工输出的经济，破坏了本地区的自然经济结构和发展规律。

六　非洲人的反抗和列强对莫桑比克的争夺

进入 19 世纪以后，葡萄牙在名义上已经对莫桑比克进行了 300 多年的统治，但实际上其统治地位非常脆

---

①　Allen Isaacman and Barbara Isaacman, Mozambique from Colonialism to Revolution, 1900 - 1982, Westview Press, 1983. p. 17.

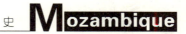

弱。到欧洲列强群起瓜分非洲的时候，葡萄牙的实际统治范围仍然只局限在沿海的少数几个殖民点。在基桑加卫所和索法拉要塞等地，葡萄牙只派驻象征性的少量部队，代表了葡萄牙在历史上对该地区的领主权。在一些重要的行政中心，诸如克利马内、伊尼扬巴内和洛伦索—马贵斯，虽然葡萄牙的军队和居民数量比较多，但训练无素，纪律松散，各自只专注自身的势力扩张。因而，葡萄牙除了能够直接对这些城镇进行管理以外，对莫桑比克其他广大地区难以行使主权。当时的一位殖民地官员甚至承认，葡萄牙的行政权力甚至无法推行到首府洛伦索—马贵斯 3.2 公里以外的地区。

赞比西河流域表面上是葡萄牙能够行使行政权力的唯一内陆地区，给人的假象是这里存在殖民统治。实际上，在塞纳、太特和赞博（Zumbo）等要塞的葡驻军兵员匮乏，根本无法与那些装备精良人数众多的巴鲁埃人（Barue）、莫诺莫塔帕人和加扎—恩古尼人（Gaza-Nguní）相比。随着热带疾病造成兵力进一步减少，这些葡萄牙士兵甚至难以防守逐日萎缩的营地。

非洲人传统社会坚决捍卫自己的独立自主，一直不屈不挠地抗击着任何损害其独立地位的侵犯。这不仅使葡萄牙对莫桑比克的主权宣示无法实现，甚至使巩固其在莫桑比克的统治地位的措施都难以奏效。例如在莫桑比克北部，葡萄牙殖民军曾于 1853 年被非洲人击败，10 年以后又在安戈谢再次被击败。在南方，葡萄牙军队进攻加扎—恩古尼人不仅遭到失败，甚至当地的殖民官员被迫将该地区的行政首府从索法拉迁移到希洛阿内岛，将大陆地区拱手让给加扎—恩古尼人。葡萄牙人在赞比西河流域更是遭到惨败，1867～1875 年，为了控制这一战略区域，葡萄牙军队对统治马桑加诺（Massangano）地区不服从葡萄牙政令的大地产主伯恩加（Bonga）发动了 5 次进攻，连遭失败。在失败最惨的一次战役中，葡军 1000 名士兵只有 107

人生还。①

在这一时期,日益增长的其他国家的势力,尤其是英国势力,不断向莫桑比克地区渗透,对本来就脆弱的葡萄牙殖民统治构成了严重的威胁。到19世纪70年代,英国建立了商业定居点,从此可以深入尼亚萨湖地区。英国在莫桑比克中部的希雷峡谷的活动越来越频繁,与此同时,南非的阿非利坎人和德国人也试图进入马尼卡高地的肥沃地区定居。在莫桑比克南部,英国投资者不断扩大在首府洛伦索—马贵斯的经济影响,攫取对该港口的控制权。

进入19世纪后半期以后,欧洲列强加紧对非洲的掠夺。英国、德国、比利时和葡萄牙等国为争夺东部非洲进行了激烈斗争。为解决在非洲争夺殖民地的问题,欧洲列强在1884~1885年召开了柏林会议。此时的葡萄牙在莫桑比克的控制范围局限于几个沿海定居点。在这些定居点以外的地区,葡萄牙根本无法行使任何行政权力。柏林会议期间,欧洲列强拒绝承认葡萄牙宣称的在历史上对莫桑比克拥有所有权,但规定,与土著人达成的合约和有效控制是承认各国殖民地范围的先决条件。尽管柏林会议承认了葡萄牙对莫桑比克的控制权,但由于"欧洲病夫"葡萄牙本身力量虚弱,英德两国甚至达成了分割葡属莫桑比克领地的秘密协议。

在这种历史背景下,为了实现对莫桑比克的有效控制,葡萄牙在1885~1896年期间向莫桑比克发动了新一轮军事攻势。葡萄牙人推行"大棒加胡萝卜政策",一方面进行军事威胁和军事进攻,另一方面用尽哄骗利诱的手段,骗取当地的贵族承认其对莫桑比克的统治权。然而,葡萄牙的政策基本上失败了。内陆地

---

① Allen Isaacman and Barbara Isaacman, Mozambique from Colonialism to Revolution, 1900 – 1982, Westview Press, 1983. p. 19.

区的非洲人一直抵制葡萄牙殖民统治，坚持维护主权独立的斗
争。

1891年，英国人强占了希雷峡谷和马尼卡高地（Manica）
大部分土地肥沃的地区后，同葡萄牙签署了瓜分赞比西河流域的
条约，划定莫桑比克与现津巴布韦的边界，从而在名义上葡萄牙
对莫桑比克的绝对统治权得到了国际社会的承认。同年，德国占
领了葡萄牙垂涎已久的鲁伍马河以北的地区，并于1894年迫使
葡萄牙签订协议，割占了鲁伍马河以南的地方。

"大棒加胡萝卜政策"的失败以及英国和德国不断侵蚀政
策，促使葡萄牙政府采取更为强硬的军事进攻政策。可以说，从
柏林会议开始一直到1902年最后摧毁马桑加诺地区的大地产主
的抵抗，葡军几乎没有一年不开战。在莫桑比克中部地区的赞比
西河流域，葡萄牙的军事进攻也遭到激烈抵抗。葡萄牙在开始的
时候希望通过财政补贴、加封、提供先进武器和默认现存的奴隶
贸易特权等手段，收买当地的大地产主的效忠。但这种政策的实
际结果是增强了这些大地产主对抗葡萄牙殖民统治的实力，增加
了其同葡萄牙进行对抗的资本。为了根除大地产主与葡萄牙进行
对抗的基础，1880年，葡萄牙政府宣布取消大地产主的土地特
许权，其领地归葡萄牙国王所有。这项政策引起了莫桑比克大地
产主的强烈反抗。马桑加诺的大地产主伯恩加就是其中的一个显
著例子，直到1886年去世，他都没有放弃自己的主权地位。此
后，葡军一直同其继任者进行战争，葡军最多时曾达7000人。
1888年，葡军5000人在重型大炮的支持下，击溃了马桑加诺军
队。但其残余部队仍然坚持战斗，直到1902年参加邻近的巴鲁
埃人争取独立的斗争。

在赞比西河流域北方，从1896年开始，葡萄牙军队向马夸
人发动了大规模的进攻。但马夸人同临近的反对葡萄牙统治的安
贡谢人（Angoche）、奎坦霍纳人（Quitanghona）以及马拉维人

苏丹酋长国联合，共同击败了葡军。在此后的 10 年里断断续续
的交战中，葡军一直处于守势。1910 年，葡萄牙派出 4600 多人
的军队，配备重型大炮，同时向马夸人及其盟友安贡谢发动进
攻。马夸人不敌葡军的优势火力，在年底投降。第二年，葡军又
攻占了奎坦霍纳。至此，葡萄牙在北方基本上恢复了统治，但尧
人地区除外。1912 年，葡萄牙发兵 3000 人，配备精良装备，最
终摧毁了尧人的反抗。

为了取得对赞比西河南岸的控制权，葡萄牙政府长期对居住
在这里但不承认其宗主权的巴鲁埃人（Barue）进行颠覆破坏活
动。19 世纪 70 年代，葡萄牙公开地支持来自果阿的大地产主戈
乌维阿利用同巴鲁埃人王族联姻的手段篡夺了王位，并作为葡萄
牙控制该地区的傀儡。但汗加领导王室中反对葡萄牙的成员在
1891 年废黜了戈乌维阿，并号召居住在莫桑比克和邻近的南罗
得西亚地区的人们组成赞比西亚人民多种族联合阵线，将葡萄牙
和英国殖民者驱逐出境。到 1902 年时，汗加领导的军队人数超
过了 1 万人，其中一半的士兵配有枪支。他组建了当地的兵工
厂，可以生产来复枪、火药和为缴获的大炮制造配件，筑建了规
模庞大的堡垒网络，组织良好的谍报信息网。所有这些都大大提
升了巴鲁埃人军队的实力。葡萄牙于 1902 年从深陷北方战争的
军队中调动大约 2000 人的部队，配备大炮，开始向巴鲁埃人及
其盟友发动进攻。由于在武器方面占有明显的优势，葡军很快就
击溃了土著军队的抵抗。

在葡萄牙集中力量向莫桑比克北方和赞比西河流域展开进攻
的时候，在南方面临着强大的加扎—恩古尼人的威胁。由于深陷
北方的战争，葡萄牙不仅希望避免同加扎—恩古尼人开战，而且
希望通过甜言蜜语哄骗加扎国王根根加纳（Gungunyane）与其
达成合作关系，向他施压，使他放弃自己的独立主权要求。但根
根加纳有自己雄心勃勃的打算。他要镇压乔皮人的反叛。他同英

国人代表塞西尔·罗德斯（Cecil Rhodes）达成协议，得到1000支来复枪和2万发子弹。他还同邻近的斯威士人和恩德贝莱人（Ndebele）进行了秘密的军事合作谈判。与此同时，他也向葡萄牙人作出了一系列象征性的举措和让步，希望以此能够阻止葡萄牙人的进攻。但表面上的关系和缓无法最终解决双方的战略利益冲突。1894年，几个隆加人酋长因葡萄牙政府的税率太高和葡萄牙殖民官员干涉土著首领的继承问题而联合起义，向洛伦索—马贵斯发动进攻。在进攻失败以后，隆加人反叛的领导人马哈祖尔和马蒂贝亚纳逃到根根加纳的王庭避难。这为双方发生直接的冲突提供了导火线。葡萄牙官员向根根加纳发出最后通牒：要么交出反叛头领，要么交战。由于隆加人在名义上是自己的属民，加扎—恩古尼人面对葡萄牙人以最后通牒侵犯自己的主权，用英勇的战斗予以回击。

1896年9月8日，双方在马古尔（Maghul）展开决定性的第一战，加扎军队几乎彻底击溃葡军，但最终失利。两个月后，加扎军队又在库雷拉（Coolela）湖战役失败。根根加纳通过这两次战役认识到，难以抵御葡军的进攻。他于12月向葡军投降，最后在流放地阿佐雷斯去世。但葡军的胜利并没有击垮加扎人的反抗意志，两年以后，加扎人在其军事首领马贵瓜内（Maguiguane）的领导下又举行起义，再次惨遭镇压。

莫桑比克西北部人民反对葡萄牙殖民统治的斗争一直坚持到1912年。在莫桑比克历史上反抗葡萄牙殖民统治的最后的部族起义是马孔德人于1917年发动的，他们居住在比较封闭的内陆高原地区，马孔德武士进行激烈的反抗，最后被残酷镇压。至此，葡萄牙才实际上控制了整个莫桑比克。

在早期的殖民扩张历史上，葡萄牙政权专注于同印度和远东地区的赢利丰厚的贸易，以及巴西的殖民地化。所以，在名义上对莫桑比克进行长达几百年的殖民统治期间，尽管葡萄牙在莫桑

比克的影响逐步扩大，但其影响力是有限的，而且主要通过那些
被葡萄牙政府赋予了广泛自治权利的殖民定居者个人和传教士得
到实施。在奴隶贸易衰落的最初几十年间，葡萄牙人在莫桑比克
建立了一系列的甘蔗种植园和棉花种植园，并发展了当地的纺织
业和制糖业。可是这些经济活动没有取得显著的成功，莫桑比克
的经济不久就变得依赖移民劳工从国外汇回的外汇和为内陆国家
提供源自印度洋贸易的中转运输。葡萄牙政府长期推行的政策是
着眼于欧洲定居者和母国的利益，无视莫桑比克人的福祉。这种
政策的结果造成莫桑比克长期发展缓慢。

第三节　20 世纪的葡萄牙殖民统治
与莫桑比克民族独立

在 20 世纪开始的时候，葡萄牙已经在具有战略意义的
莫桑比克南半部分巩固了统治地位，并且在第一个
10 年期间，葡萄牙殖民军队通过残酷的暴力镇压和屠戮，也基
本上平定了赞比西河以北地区非洲人的反抗。这时葡萄牙实际上
已经控制了整个莫桑比克殖民地。从这一时期开始，葡萄牙对莫
桑比克进行直接的殖民统治，在根本上逐渐改变了莫桑比克的社
会结构。普遍怀有文化优越感和种族歧视习惯的殖民统治者，在
推行新型的强制劳役制时武断暴虐，在征收苛捐杂税时横征暴
敛，给莫桑比克民众带来了深重灾难，也激起了莫桑比克人民的
英勇反抗。独立解放运动就是在这样的背景下迅速发展壮大并最
终取得胜利的。

一　葡萄牙的殖民统治

从 20 世纪初，葡萄牙在莫桑比克全境建立殖民统治，
至 1975 年莫桑比克独立大约 3/4 世纪的时间里，莫

桑比克的历史大体上可分为三个阶段。

第一阶段：1900～1926 年。这一阶段的统治特征有三：其一是殖民政府的统治既权力分散又缺乏有效组织，在各级政府中腐败盛行，行政效率低下；其二是白人移民社会中的特殊利益集团和外国特许租借公司肆虐为患，引发政治危机；其三是经济上开始依附于邻国南非和罗得西亚。因葡萄牙没有发达的工业经济体系，无法对莫桑比克进行大规模的工业投资，因而莫桑比克殖民政府维持统治的主要财源有二：第一，靠向南非和南罗得西亚输出大量劳动力，殖民当局靠垄断劳工工资和汇款牟利；第二，靠向南非和南罗得西亚提供港口运输服务。

为了有效地进行殖民统治，葡萄牙统治当局首先在莫桑比克建立了系统的行政体系。早在葡军尚未平定边远地区反抗斗争的1907 年，莫桑比克的各级行政区划的边界就已经牢固地确立了。在那些没有租借给欧洲公司的地区，莫桑比克总督之下的行政区划分三个级别：最高的一级是地区总督，通常为里斯本指任的地区级军事长官。每个地区划分为欧洲人区和非欧洲人区。欧洲人的城镇由议会管理，享有有限的自治权。到20 世纪20 年代的时候，只有15000 名欧洲人在莫桑比克定居，主要聚居在首府洛伦索—马贵斯和贝拉城，从事商业、手工艺和轻工业生产。非洲人绝大部分生活在农村地区。为了管理上方便，非洲人区又划分为多个居民点，葡萄牙官员管理每个分区和居民点。

虽然殖民地的各级葡萄牙人官吏大多没有接受过多少教育和训练，但是都拥有绝对的权力指控、逮捕、审判并判决其辖民。他们往往无恶不作，却享受豁免权。所以，为了有效地维持行政体系的运转，殖民地当局不得不利用非洲人合作者和雇佣兵。当地的王族家庭成员就成了领取政府俸禄、维持行政管理运转的官员。他们一般被免除赋税和劳役，负责收税、解决民间的小争端、征召劳役和维持公共秩序。另外，他们还享受种种特权，有

权迫使被征召的农民工耕种自己的土地，以较高的价格出售自己的经济作物，以及获得那些用于"鼓励"非洲人从事生产活动的奖品——"自行车和布料"等。那些不愿意或不能胜任这些特定工作的人就会被王族家庭中更有能力者或其他合作者取代。但在莫桑比克，一些当地的非洲人，例如马孔德人，在历史上就生活在没有首领的社会，殖民地官员就要人为地指定酋长，并精心地挑选忠于殖民地政权的人出任。

殖民地的警察构成了殖民地统治的另一个国家机器。其来源最初是从殖民地的士兵和忠于殖民地统治的王族中招募。后来，形形色色的前武士、猎奴者和雇佣兵成为警察队伍的重要来源。他们驻扎在殖民地各级政府的所在地，帮助征税、征召劳工、传送行政官员的命令和逮捕反叛者。只要能够令葡萄牙官员满意，他们就被默许胡作非为，肆意横行。

殖民地政权还建立了独立的司法体系，分别适用于"文明的"欧洲人和"不开化的"土著人。欧洲人区域的法律仿行葡萄牙本土的法律法规，维持移民社会内部的和谐关系，确保移民社会的种族和阶级地位，保护葡萄牙人和外资的利益。除了极少数已被同化者外，大多数非洲土著人口作为"不开化者"继续遵循其"传统的"的法律体系。殖民地官员在当地酋长的帮助下对非洲土著人的传统法律作出解释和执行。但为了符合殖民地资本主义体制的运转，葡萄牙人对某些土著习惯法规进行了必要的调整和修改。

莫桑比克作为葡萄牙的殖民地，其正规的法律系统完全照搬宗主国本土的法律体系。在多数情况下，莫桑比克省议会肯定会通过里斯本制定的立法，即使有所变动也很小。虽然99%的非洲人被排除在正规的葡萄牙法律系统之外，但令广大的非洲土著苦不堪言的是，殖民地当局却利用税收法律和劳工法规完全改变了他们的生活，在多数情况下改变了他们的生存状况。殖民地的

这种立法主要是为了在莫桑比克创立一个提供无限廉价劳动力的供应地。

从正式建立殖民地统治之时开始，葡萄牙当局就着手将莫桑比克变成廉价劳动力的供应地。早在 1899 年，葡萄牙政府的一个委员会对莫桑比克的开发前景做了全面的调查分析，得出的结论就是只有将莫桑比克变成一个提供廉价劳动力的供应地，才能有利于葡萄牙经济和莫桑比克本身的发展。提高非洲人的税率是殖民地政府当局有计划地推行该政策的一个工具。殖民地政府希望通过繁重的税率和降低农产品的价格扼杀非洲人的传统种植业，迫使其到葡萄牙人的种植园、工厂、基础设施建设工地或矿山劳作谋生。但由于葡萄牙人在莫桑比克种植园、工厂和矿山的工资远远低于南非和罗得西亚的白人所提供的工资，大量的莫桑比克劳工流向了南非和罗得西亚。例如，到 1912 年时，莫桑比克人仅在南非金矿做工的合法劳工就多达 91000 人，只有 5300 名莫桑比克人在洛伦索—马贵斯就业。[①] 这样，进入 20 世纪以后不久，莫桑比克南部地区在经济上由于大量的劳工到南非打工谋生而形成了对南非经济的依赖关系。

由于莫桑比克的葡萄牙经济部门缺乏吸引力，大量的非洲人宁可到遥远的南非或罗得西亚工作，也不愿意进入葡萄牙人的企业。所以，进入 20 世纪以后，殖民地政府强制推行在 1899 年颁行的土著劳工法规。殖民地的地方官员有权确认哪些非洲土著是"懒惰者"，可以按照土著劳工法规强制其服劳役。同时，几乎所有的地方官员通过向欧洲人的种植园主、商人、工厂主和农场主提供大量的强制劳工而得到丰厚的回扣和贿赂。莫桑比克境内的许多茶园、甘蔗种植园、棉花种植园、西沙尔麻种植园和椰子

① Allen Isaacman and Barbara Isaacman, Mozambique from Colonialism to Revolution, 1900 – 1982, Westview Press, 1983. p. 33.

种植园等的生产活动，许多港口、公路和铁路建设工程，许多公共性的和白人私人享用的服务，都是在这个法律法规的名义下实施的。许多非洲人在一生中被迫强制劳动许多次，甚至按照该法规应免除强制劳役的妇女也难逃厄运。

殖民地政府为了增加财政收入来源，还设法盘剥到南非打工的莫桑比克人。1901 年，莫桑比克殖民地政府同南非的采矿业的官方代表威特沃特斯兰德土著劳工协会签署了一分正式协议，该协议奠定了莫桑比克 20 世纪在经济上严重依赖南非的基础。首先，该协议规定，莫桑比克政府向每名矿工征收 13 先令的征募费用，而超过最初 1 年合同期的工人每月外加 6 便士费用；此外，工人工资的一半以黄金按略低于市场黄金价格的固定汇率直接支付给殖民地政府。这样，殖民地政府就可以通过在世界市场上以市价出售黄金获取大量利润。在整个殖民地时期，莫桑比克殖民地政府通过向南非输出劳工的征募费用，以及出售劳工工资额一半的黄金所得，构成了其财政收入的主要来源，致使莫桑比克在经济上长期依赖南非。其次，根据该协议，为了补偿莫桑比克向南非输出廉价劳工，南非将德兰士瓦省（Transvaal）一定比例的进出口货物转由洛伦索—马贵斯运输。在 1917 年的时候，莫桑比克就从南非的转口关税和中转运输收费中每年得到 70 万美元的收入，几乎占国家财政收入的 1/3，成为殖民地最大的单笔收入来源。莫桑比克依靠南非过境运输获取收入的情况越来越严重。11 年以后，双方对协议作了新的补充，将德兰士瓦省的进出口货物比例提高到 47.5%，并且如果这个比例没有实现的话，南非方面同意向莫桑比克港口铁路局支付收入的差额。[①]

同样的原因，莫桑比克中部地区形成了对南罗得西亚的依赖关系。1914 年，莫桑比克同南罗得西亚签署了《太特协议》。莫

---

① James Duffy, A Question of Slavery, Oxford, 1967. pp. 137 – 188.

桑比克同意每年为南罗得西亚征召 25000 名劳工。另外，贝拉港同样也成为地处内陆的南罗得西亚（今赞比亚）通往海外世界的港口。虽然南罗得西亚的过境运输量小于南非的货运量，但到 1913 年的时候，莫桑比克从南罗得西亚的过境运输所得到的财政收入也将近 25 万美元。[①]

葡萄牙本国资金匮乏，经济凋敝，无力在莫桑比克等殖民地兴办工业，但为了掠夺性地开发莫桑比克北方和内陆地区的自然资源，葡萄牙政府同一系列的公司签订了租借合同，将这些地区的直接管理权和开发特权交给外国租借公司。很快，莫桑比克殖民地政府将萨韦河以北占莫桑比克面积 2/3 的土地租借给英、法、德等国的特许公司。著名的大租借公司有莫桑比克公司、赞比西公司和尼亚萨公司。这些外国租借公司按照协议，要在莫桑比克总督的监督下有效管理自己的领地，开发大规模的农业项目和工业项目。但由于本身资金不足，这些公司根本就不想如实地履行租借协议。相反，这些公司利用其操控的警察特权向生活在领地内的非洲人征收高税、压低收购农产品的价格并向附近的殖民地输出非洲劳工。在这些租借公司中，规模最大的是建于 1888 年的"莫桑比克公司"，它是最早的特许租借公司。该公司的最初目标是开采马尼卡和索法拉等中部地区的丰富的矿产资源。虽然葡萄牙政府想尽办法，鼓励本国人在该公司的投资，但该公司很快受到英、法股份的控制。该公司根本无意于本地区的开发活动，却从股票投机、征税、强制非洲人在自己的橡胶种植园和椰子种植园义务劳动、强制非洲妇女种植并以低价收购其生产的棉花和向邻近的种植园和白人移民庄园输出义务劳工而大发横财。该公司从葡萄牙人手中取得了在莫桑比克的垄断贸易权，

---

① P. R. Warhurst, "The Tete Agreement," Rhodesian History 7, 1970. pp. 32 – 42.

还有矿山开采权、捕鱼权、修筑道路和港口权，等等。该公司按照租借协定，修筑了从乌姆塔利到贝拉的铁路，并修建了贝拉港口。其中大部分的铁路建筑都是以义务劳工的形式强制非洲人建设的。正是由于强制劳役的推行，在莫桑比克公司领地内激起了1902年和1917年的两次非洲人起义。

20世纪初期葡萄牙殖民当局在莫桑比克建立起系统的殖民统治后，加紧经济掠夺，使殖民地与宗主国的矛盾不断加剧。莫桑比克城乡人民反对强迫劳动、强迫种植和增加赋税的斗争此起彼伏。最典型的是1917～1921年巴鲁埃王室后裔领导中部7个部族农民的武装起义，先后共1.5万人参加斗争，起义军在两个月之内摧毁赞比西河以南的殖民统治网。1918～1921年，洛伦索—马贵斯码头工人先后举行7次罢工。

到20年代初期，莫桑比克已经面临严重的政治危机和经济危机。通货膨胀失去控制、莫桑比克货币贬值严重和农产品价格猛跌共同加剧了莫桑比克经济形势的恶化。与此同时，南非为了在经济上保持和扩大对莫桑比克的经济垄断优势，设法阻止英国为莫桑比克提供贷款。莫桑比克的政治危机根源于20多年的管理不善、各级官僚的腐败以及各个特权集团在财政上的私揽独占。

为了扭转莫桑比克的局势，1920年葡萄牙政府向莫桑比克委派了高级专员曼努埃尔·布里托·卡马修，取代总督负责改革莫桑比克的政治、经济政策。但他提出的不少正确的改革措施，均遭到南非的激烈反对，也没有得到葡萄牙本土的支持。直到1926年5月28日，葡萄牙的保守势力发动政变，接着1928年，经济学教授安东尼奥·萨拉查（Salazar）出任财政部长。他在此后的4年时间里巩固了独裁权力以后，开始了在葡萄牙40多年法西斯统治的历史。莫桑比克历史进入了新时代。

第二阶段：1928～1962年，为萨拉查独裁统治时期。他采取了不同于以往甚至完全相反的殖民地统治政策。这一阶段葡萄

牙在莫桑比克的统治政策主要包括以下几个相互依存的组成部分。

（1）葡萄牙中央政府在殖民地强制推行高度集权化的独裁统治，加强对莫桑比克的控制，殖民地的一切重大决策均由葡萄牙海外部作出。

（2）废除上述外国公司的土地租借权，推行新商业政策，允许政府直接干涉各级经济领域的活动，制定新的劳工法规以使强制劳役体制合法化，因而，葡萄牙人要更有效和更直接地开发掠夺莫桑比克的人力、物力资源，以利于母国和母国国内新生的资产阶级，特别是曾帮助他攫取葡萄牙政权的新兴资产阶级，而不是外国资本。

（3）制定种族主义的同化政策和移民政策。所谓同化政策是由殖民政府同天主教会结盟去同化非洲人，其使命就是将基督教文明和葡萄牙文明带给非洲人中99%的"不文明者"并"同化"他们，以便在非洲和葡萄牙帝国之间结成牢固的纽带。所谓移民政策是大力鼓励葡萄牙人移民莫桑比克，但收效不大。至20世纪50年代中，莫桑比克白人只有4.8万人。

（4）实行所谓"民族主义"经济政策，变莫桑比克为原料供应地和商品市场。1938年，葡萄牙宣布在莫桑比克推行强制种植棉花，1942年又宣布在莫桑比克强制种植稻米。葡萄牙规定对这两种产品低价收购，然后全部运去葡萄牙本土，防止莫桑比克建立和发展纺织业，使之成为宗主国工业的原料产地。

所有这些政策集中体现在该时期殖民地政府反复宣扬的口号中："一个国家，一个种族，一个信仰和一个文化。"这些指导原则被萨拉查本人写入了《1930年殖民地法案》，并于1933年一字不差地写入了《1933年葡萄牙宪法》。

萨拉查掌握政权以后，立刻开始扩大政府的权力。1928年结束了尼亚萨公司到期的合同，两年以后废除了盛行几百年的大

地产制，使葡萄牙的直接控制范围超过了莫桑比克总面积的1/3。与此同时，里斯本政权强制推行高度集权的统一行政法规。到1941年，最后一个公司的特许租借合同到期为止，莫桑比克首次真正建成一个中央集权的经济和行政管理体系。

1951年，葡萄牙政府把莫桑比克改为其"海外省"。不像当时大多数其他的殖民地政权，莫桑比克殖民地政权宣布永远抵制非殖民化。为响应这一声明，当时的殖民主义者在首都洛伦索—马贵斯市政大厅外的大道上以黑白相间的纹饰镶刻上了葡萄牙语短句——"这里就是葡萄牙"。为了顺应当时南部非洲其他白人种族主义政权的政策，葡萄牙莫桑比克政权也按照种族界限实施了种族隔离政策。严格的评定标准只能保证不到1%的非洲人成为完全合格的莫桑比克公民。

在社会政策方面，萨拉查政府一上台就开始系统实施土著人制度，以便将大多数的非洲土著人"合法"地固结在一个从属的种族、阶级和文化的地位。按照该制度，非洲人和黑白混血种人的大多数分成两个集团。极少数可以读写葡萄牙语的人已经摆脱了"部落"习俗，在资本主义经济中通过就业谋生的人，被划归为归化者。原则上，他们享有葡萄牙公民所应享有的所有权力和义务。其他绝大多数非洲人和混血种人则不能满足这些条件，必须随身携带身份卡，满足严格的劳工标准，生活在欧洲人区域以外的地区。这些人被称作土著人，并不被看做公民，要遵从习惯法。尽管在理论上所有的非洲人和混血种人可以改变其身份，但殖民地社会一系列残酷的社会现实构成了一道道难以逾越的鸿沟。直到1961年，莫桑比克全国只有不到1%的非洲人符合归化者的法律标准。

在萨拉查统治时期，莫桑比克总督又取代了葡萄牙派驻莫桑比克的高级专员。但此时的莫桑比克总督只能执行由葡萄牙海外部制定的政策。莫桑比克的地方政府和省议会成了葡萄牙维持殖

民统治的橡皮图章。甚至白人移民社会在葡萄牙第一共和国时期享有的相对自治权利到了萨拉查统治时期也被取消了。

为了确保社团主义预想的社会和谐与稳定，莫桑比克政府如同在葡萄牙所做的那样，设立了一系列的镇压机制：审查制度、密探、秘密警察、警察、军队和法院系统。不论是黑人还是白人的反抗，只要一有苗头就严格予以镇压。尽管莫桑比克的社团主义理念从未像葡萄牙本土那样根深蒂固，但莫桑比克白人的独立工会早在 1937 年就被强行解散了，而代之以政府严格控制的社团辛迪加。这种情况直到 50 年代也没有改变。但秘密警察的恐怖王朝一直延续到 90 年代初莫桑比克内战的结束为止。

萨拉查执政以后，葡萄牙殖民政府在莫桑比克推行的政策目标是将其变为母国的原料供应地和母国制造业的商品市场。为了追求这个目标，莫桑比克殖民统治当局并不想建立一个工产体系，而是希望鼓励中部地区存在的大种植园最大限度地增加产量，鼓励本国居民移居到莫桑比克南部地区，在全国特别是在北部地区强制推行种植并以极低的价格收购棉花和稻米等。

由于莫桑比克殖民地的经济政策继续依赖于向南非输送廉价劳工，殖民地政府建立了更集中的管理机制，通过人口统计、征税和更严厉地实施劳工法律等，达到更有效和更堂而皇之地征召和剥削输往南非的廉价劳工。1928 年，葡萄牙政府在越来越大的国际压力之下颁布了新的劳工法规，表面上废除了强制性的义务劳工制度，但惩罚性的劳动改造和必要的公共工程除外。1930年，葡萄牙又通过了新的立法，要求绝大多数非洲人男性劳动力为了支付他们的各种税款，每年必须作为合同工为私营雇主或国家部门工作 6 个月。为了便于该法规的实施，每个成年男性必须随身携带记录其最后就业和纳税期限的通行证。1941 年，莫桑比克总督发布新的命令，18～55 岁的所有非洲人男性劳动力，只要在过去 6 个月里不曾得到南非或南罗得西亚工作合同，或没有在欧洲人公司或国家部门就业，或没有种植棉花或稻米的，就是"懒惰者"，就符合合同工的条件。那些拒绝和逃避服役合同工的人，要么本人遭受毒打，要么家人遭受折磨。由于莫桑比克的农业公司的劳工征募者、种植园主、农场主完全依赖非洲人劳工，而地方行政长官十分愿意满足这些人在劳工方面的要求以获得回扣。如果征召合同工的数目以和平手段无法实现的话，地方官员就派警察到附近的村庄以莫须有的罪名将男性劳动力拘禁起来，将其重新确认为合同工。血腥的合同工制度为莫桑比克非洲人带来深重的灾难。到 50 年代，据莫桑比克政府估计的数字，全国的合同工和强制义务工的人数超过了 10 万人。[1]

葡萄牙政府利用莫桑比克廉价劳工的优势，鼓励国内农民移民莫桑比克。此外，从葡萄牙移居莫桑比克的人还可以获得土地、现金补贴、牲畜、低息贷款和大量的技术援助，等等。1937 ~ 1959 年间，每年移民莫桑比克的数字从 1900 人增加到 1 万人。到 20 世纪 60 年代，3000 名白人种植园主和农场主控制的土地超过了 150 万非洲农民拥有的土地。每个白人家庭占有的土地平均为 562 公顷，而每家非洲人的平均数仅为 1.4 公顷。[2] 在莫桑比克居住的以葡萄牙人为主的白人从 1930 年的 1.7 万人增加到 1950 年的 4.5 万人。[3]

萨拉查政府的劳工政策，再加上大萧条年代结束以后世界农产品市场的迅速扩大，促进了莫桑比克种植园经济的复苏和膨胀。主要位于中部和南部的甘蔗、西沙尔麻、椰子种植园蒸蒸日

---

① United States Department of State, AE - 5: "Annual Labor Report for 1960," William H. Taft, U. S. consul in Mozambique, May 11, 1961; and Harris, Portugal's African "Wards".

② Allen Isaacman and Barbara Isaacman, Mozambique from Colonialism to Revolution, 1900 - 1982, Westview Press, 1983. p. 43.

③ R. S. James, Mozambique, Chelsea House Publishers, 1999. p. 46.

上，葡萄牙移民和外资开发的茶园以赞比西亚省古鲁埃地区为中心迅速发展起来。到 1960 年的时候，上述农产品的出口总值已经占莫桑比克出口总值的 60%。

萨拉查政府将莫桑比克变为葡萄牙原料产地的政策在棉花生产方面取得了明显的成功，从 1938 年开始，葡萄牙政府在莫桑比克强制推行棉花种植，4 年以后又强制推行水稻种植。1945 年以后，莫桑比克北方 100 多万农民被强迫种植棉花，棉花成了莫桑比克主要的出口产品。但棉花种植业的巨大发展是以剥削压榨非洲人为前提的。棉花的种植和销售都受到殖民地政府严格的管理和控制。殖民地政府向 12 家葡萄牙公司颁发了特许执照，每家特许公司负责某一地区棉花的垄断收购和加工。每个地区的政府官员规定每户人家必须种植棉花的最少土地面积、种植时间表和每日劳动计划，还要监督农民定期进行除草、制定棉花产量配额和监督内地的棉花收购。殖民地当局以极低廉的价格收购农民的棉花。1939 年，收购农民的一级棉花的平均价格是每公斤 2 美分，还不够农民支付税款。经过一系列改革后的 1957 年，北方农民辛辛苦苦劳作一年种植棉花的收入所得为 11 美元，仅仅能够支付国家的税款，在歉收地区，农民的棉花年收入还不足 4 美元。[①] 由于种植棉花的收入很少，农民不愿意种植，政府就通过强制手段。如果农民拒绝种植棉花，就会被押送到遥远的种植园或国外服苦役，或被投入监狱。葡萄牙政府大力鼓励莫桑比克种植棉花的同时，禁止殖民地兴建纺织工业，所有的棉花都要运回母国加工生产。

萨拉查政府推行的经济战略就是将莫桑比克生产的所有农业

---

① Allen Isaacman, Michael Stephen, et al., "Cotton Is the Mother of Poverty-Peasant Resistance to Fored Cotton Production in Mozambique, 1938 – 1961," International Journal of Africn Historical Studies 13 (1980): 581 – 615.

原材料运往葡萄牙，并阻止当地兴办农产品加工产业，与此同时，在殖民地实行保护性的高关税，最终确保莫桑比克成为葡萄牙相对落后和低效的工业部门的主要销售市场。这种政策的结果是，1928~1962年，莫桑比克所能生产的几种工业产品主要是满足葡萄牙移民社团日益增长的消费需要，如香烟、啤酒、水泥、陶瓷和面粉等。到1961年的时候，莫桑比克全国只有81家工业企业，总资产只有15万多美元。所有制造业产品的总产值仅有1400万美元。①

在这一时期，由于莫桑比克为南非和南罗得西亚输送劳工的收入仍占殖民地财政收入很大的比例，所以，尽管莫桑比克的农场主、种植园主和殖民地官员不断抱怨劳动力缺乏，但葡萄牙政府还是同南非的矿业公司重新签署了劳工合同协议，并允许大量的劳工到南罗得西亚打工。在该时期，莫桑比克每年在南非矿井合法工作的人数约10万人左右，另外每年还有10万人到南罗得西亚合法打工。50年代后期，莫桑比克殖民地官员估计每年有19万人偷越边境到南非和南罗得西亚寻找工作。② 由此可见，经过萨拉查几十年的统治，莫桑比克作为南非和南罗得西亚廉价劳动力供应地的地位没有丝毫的改变。

葡萄牙政府除了剥削压榨殖民地以外，也不会投入财政资源用于发展教育基础设施。葡萄牙政府对莫桑比克教育实施的政策是，让极少数的归化人口和忠于殖民地统治的人口可以接受初等教育以上的较高水平的教育，一方面让这部分非洲人作为葡萄牙文化的招牌，另一方面，让他们掌握最基本的读写技能以便更有效地充当文书、低级管理者、产业工人和技工。1930年，莫桑

① United Nations, General Assembly, A/Ac. 109/1. 388/Add. 2: "Territories Under Portuguese Control," April 21, 1967. p. 21.

② United States, Department of State, AE－5: "Annual Labor Report for 1960," William H. Taft, U. S. consul in Mozambique, May 11, 1960.

比克颁布了第一个重要的教育立法，号称"土著教育将逐渐引导非洲人从野蛮走向文明生活，使他们对社会和对自己更有价值"。为了减少政府在教育方面的投入，萨拉查政府将莫桑比克绝大多数土著人的教育完全委托给天主教会。1941 年颁行的《传教法案》标志着葡萄牙政府同教会在殖民地教育方面结成了正式的联盟。但天主教会接管教育的一个显著特征是严格限制新教学校的建立和发展。到 1955 年，在莫桑比克 2040 所小学中，2000 所是天主教会直接负责监督的学校。此外，为了鼓励天主教会发展教育，葡萄牙政府给予莫桑比克的天主教会大量的实惠，包括教会免缴所有的财产税和向教士支付高级官员的薪俸等。由于殖民地政府的教育政策是剥削压榨殖民地的一部分，只为极少数人服务，所以到 1960 年，在大约 300 万学龄人口中，只有 40 万人进入学校学习，其中 90% 以上的人就读三年级以前的课程，只有 1% 的学生升入高中学习。由于教育条件极差、殖民地剥削性的劳工政策和税收政策、严格的升学标准等，莫桑比克的教育状况改进缓慢。到 1958 年时，莫桑比克政府承认几乎98% 的人口仍然是文盲。[1]

长期推行殖民地经济政策的结果是莫桑比克在经济上形成了典型的殖民地经济。农业是建立在小规模农业生产和为数不多的一些大型农业种植园的基础上的。全国农业生产尤其是商品性的大农场主要为葡萄牙供应廉价原料。全国工业基础薄弱，工业品主要靠进口。国民经济中唯一的现代化部门是港口和铁路运输业，主要为邻国服务。整个国民经济严重依赖南非和宗主国葡萄牙。工业企业、商业农场以及主要的经济机构都操纵在葡萄牙人手中，甚至连技术工人和半技术工人都是葡萄牙人。经济上的剥

---

① Allen Isaacman and Barbara Isaacman, Mozambique from Colonialism to Revolution, 1900－1982, Westview Press, 1983. p. 51.

削是莫桑比克人民争取民族独立斗争的根源。

在社会领域，殖民地政策日益走向反动，引起当地非洲人民的强烈不满。这为莫桑比克民族解放斗争的兴起准备了条件。到1962年时，总人口中只有2.5%的人（主要是欧洲人、亚洲人、混血种人和某些非洲人）居住在沿海几个大城市和几个省会；3.5%的人，几乎全部是非洲人居住在上述城镇的郊区；其余的94%生活在农村地区。[①]即使在城市地区和在日常生活中，种族和阶级界限严格而分明。到60年代以后，莫桑比克严厉实施种族隔离制度，禁止非洲人进入"白人"的餐馆、剧院和浴室。天黑以后，不经明确的允许，非洲人不得在城市街道上逗留。如果归化者没有携带证明其"特权"身份的身份卡，在晚间也会受到警察的拘禁和拷打。此外，非洲人在就业方面备受歧视，殖民地法律禁止非洲人工人组织自己的工会。殖民地政府通过工作保留制度使非洲人大多只能从事卑微的下等工作。到60年代初，白人工人的工资是非洲人工人工资的20倍，黑白混血种工人是非洲人工人的14倍。[②]另一项引起严重社会后果的政策是合同工政策。为了逃避无穷无尽的强制性劳役，成千上万的莫桑比克人常年流亡在外，或被迫到南非和南罗得西亚打工，有家不得归。大约在50年代，超过10万莫桑比克人长期流亡在南罗得西亚，小部分流落在尼亚萨兰（Nyasaland，今马拉维）、坦噶尼喀或肯尼亚。在莫桑比克南方，自1920年以来平均每年有10万左右的人合法流入南非，但官方估计每年秘密进入南非的人要远远大于这一数字。[③]莫桑比克南方几乎所有20~40岁的强壮劳动

---

① Allen Isaacman and Barbara Isaacman, Mozambique from Colonialism to Revolution, 1900 – 1982, Westview Press, 1983. p. 57.

② Mondlane, Struggle for Mozambique. p. 44.

③ Allen Isaacman and Barbara Isaacman, Mozambique from Colonialism to Revolution, 1900 – 1982, Westview Press, 1983. p. 53.

力都为了逃避劳役到南非打工。由于大批的劳动力流失，导致了
广大农村人口赖以生存的粮食产量的下降。这在葡萄牙强制种植
棉花和稻米以后更为严重，因为农民们——多数是留在家里的妇
女们——没有精力照看自己土地上的粮食作物。此外，合同工的
工资收入微乎其微，几乎不够支付沉重的税款，更无力购买食物
和其他的基本生活用品。1951 年，北方农业合同工的月收入在
1.73～3.46 美元，到 1962 年，增加到 15 美元，但却仅为干同
样工作的白人合同工的 10%。① 所有这些殖民掠夺政策给莫桑比
克人民带来了深重的灾难，同时也孕育着反抗暗潮。

在莫桑比克国内，为了争取自身的权利，在 20 年代就出现
了第一批政治组织。1920 年，在里斯本留学的莫桑比克学生成
立了"非洲人联盟"。不久，在莫桑比克国内出现了反殖民主义
的激进组织"非洲人同业公会"，后来改称"非洲人联合会"。
30 年代初，国内还建立了"莫桑比克出生者同盟"，其成员多数
是非洲人，也有混血种人参加。1949 年创建于洛伦素—马贵斯
的莫桑比克高中学生中心就是一个早期的民族主义组织，这是由
接受过葡萄牙文化教育的新一代人建立的。该组织之所以重要不
仅仅是因为其坦诚的民族主义立场，还因为该组织培育了后半个
世纪莫桑比克最重要的一些政治家。他们包括 1964 年开始领导
独立运动的爱德华多·蒙德拉纳（Eduardo Modlane），1986 年成
为莫桑比克总统的诺阿金·希萨诺（Joaqim Alberto Chissano），
以及前任总理帕斯科亚尔·曼努埃尔·莫昆比（Pascoal Manuel
Mocumbi）。建立统一独立的莫桑比克的梦想在少数知识分子中
诞生了，到 50 年代，激进的民族主义运动在知识分子范围内发
展起来。

---

① Moçambique, Anuário Estatístico, 1966 (Lourenço Marques, 1967). pp. 284 -
285.

第二次世界大战以后，在非洲民族解放运动高潮的推动下，莫桑比克人民反对葡萄牙殖民统治的民族解放运动空前高涨。50年代末60年代初，流亡在国外的莫桑比克侨民相继成立了一些民族解放组织。其中影响最大的三个：1960年成立的莫桑比克全国民主联盟（União Dmocrática Nacional de Moçambique，UDENAMO）、1961年1月成立的莫桑比克—马孔德人联盟（Mozambique-Makonde Union，MANU）和后来成立的争取莫桑比克独立非洲人联盟（União Nacional Africana para Moçambique Independente）。但这些组织自建立之时起就具有比较狭隘的区域和部族特征，家长制盛行。例如，莫桑比克—马孔德人联盟就是由马孔德人的一些自助与文化协会组成的，其最初的支持者主要来自旅居肯尼亚和坦桑尼亚的码头工人和种植园工人，许多人已经在国外生活了十多年；莫桑比克全国民主联盟的支持者完全来自莫桑比克南部地区，总部设在远离莫桑比克边境的南罗得西亚的西南部城市布拉瓦约；争取莫桑比克独立非洲人联盟总部设在马拉维南部省首府布兰太尔（Blantyre），是旅居马拉维的莫桑比克侨民的核心组织，其成员几乎全部来自太特省。这三个组织都远离本国，同其号称代表的人民很少建立联系。但这些民族解放组织的建立，为即将到来的民族解放运动的到来准备了领导基础。

在国内的城市地区，工人的罢工斗争也动摇着殖民统治的基础。1933年，基嫩塔（Quinhenta）的工人为了反对港口官员和装卸公司大幅度削减工资举行罢工，曾一度使港口瘫痪。但殖民地当局调动大批的警察，强行驱赶罢工工人恢复工作，以暴力威胁强行压制了这次罢工。此后，萨拉查政府加紧对工人的控制和镇压，但到40年代末和50年代，有关罢工事件的报道从未间断。1947年发生在洛伦索—马贵斯港口的罢工扩展到附近的种植园，甚至引发了第二年的起义。1950年码头工人再次举行罢工，使港口运输陷于瘫痪。殖民地政府最后动用军队强行恢复秩序。此后，罢工活动还扩展到北方的港口城市贝拉。这一时期，城市工人的罢工斗争虽然规模不断扩大，斗争性不断增强，但多为地方性的和自发的，很快就被统治当局镇压下去了。

在农村地区，反对强制劳役制和强制种植制度的斗争不断涌现。农民的反抗往往采取逃避或迁移等手段进行，但有时也会激化为公开的请愿示威。1947 年，布济地区的 7000 名妇女组织起来，拒绝接受行政官员分发的棉花种子，因为她们的丈夫被迫到附近的甘蔗种植园服役，自己没有时间和能力既种植棉花同时又种植赖以维生的粮食作物。当地的官员作出了象征性的妥协，允许孕妇和多于 4 个孩子的妇女免种棉花。此外，为了抗议殖民地当局低价收购农产品，各地农民也不断进行各种形式的抗争。但殖民地政府经常动用警察和军队，采取了残暴的屠杀手段镇压手无寸铁的抗议者。1961 年 6 月，莫桑比克—马孔德人联盟的支持者在莫桑比克东北部葡萄牙官员驻地姆埃达举行和平请愿，要求改革强制性种植制度，但葡萄牙殖民官员命令军队向手无寸铁的请愿群众开枪射击，当场就屠杀了 500 多人。葡萄牙殖民统治的血腥镇压政策，震惊了北方的莫桑比克民众。许多人认识到，只有拿起武器才能保卫自己的生存和安全。莫桑比克的民族解放运动很快就到来了。

第三阶段：1962 ～ 1974 年，为莫桑比克民族独立战争时期。适值非洲民族解放运动高潮，莫桑比克和安哥拉先后爆发武装斗争，葡萄牙因经济与军事实力空虚，被迫对西方国家的投资开放国门，借以换取其他西方国家及种族主义邻国的支持。与此同时，莫桑比克新形势的发展迫使萨拉查及其继任者马赛罗·卡埃塔诺（Marcello Caetano）采取某些象征性的改革措施，在国际上制造在殖民地进行改革的假象。他们改变某些统治手法并在一定程度上放松对莫桑比克行政和财政的控制，终止了那些最具掠夺性和剥削性的赤裸裸的措施，废除了上文论及的强制性种植制度，开始打起多种族文化的招牌。

二 民族独立战争

20 世纪 60 年代初期，许多西欧国家相继承认了其非洲殖民地国家的独立地位，但葡萄牙政府无视世界潮流，仍顽固地认为莫桑比克和其他的领地是葡萄牙母国的海外省，并迅速大批地向这些殖民地移民，致使莫桑比克独立之时葡萄牙人已经达到 25 万人。此时，莫桑比克人民反对葡萄牙的殖民统治，建立自己的国家的斗争迎来了新时期。

在邻国建立并开展活动的莫桑比克民族解放组织为创建一个全国性的激进民族主义组织作出了不懈的努力。1962 年，莫桑比克人的 3 个影响较大的主要流亡组织莫桑比克全国民主联盟、莫桑比克—马孔德人联盟和争取莫桑比克独立非洲人联盟为了建立相互信任和加强合作，在坦桑尼亚总统尼雷尔的邀请下，都把总部迁到了达累斯萨拉姆。在那里，这三个流亡组织于 1962 年 6 月 25 日合并组成了莫桑比克解放阵线（Frente de Libertação de Moçambique，FRELIMO），简称"莫解阵"。这是莫桑比克人民首次为反对殖民统治而建立的联合组织。莫解阵努力团结全国各派爱国力量，统一协调国内各地的斗争，为完成民族解放和民族独立的任务开创了新的局面。莫解阵的成立标志着莫桑比克民族解放斗争进入新阶段。

1962 年 9 月莫解阵举行第一次全国代表大会，宣布可以使用一切斗争手段争取民族独立，直到葡萄牙同意谈判独立问题。莫解阵是一个带有马克思主义倾向的民族独立运动政党。在此次代表大会上，爱德华·蒙德拉纳（Eduardo Modlane）当选为主席。由于蒙德拉纳主张尽可能广泛地建立反抗殖民地统治的联合阵线，莫解阵在建立初期接纳了各种各样的思想流派和政治派

别。这种情况也导致了主张同葡萄牙当局进行对话和向联合国申诉的少数派从莫解阵中分离出去。由于葡萄牙秘密警察的渗透、缺乏战略物资以及北约国家作为葡萄牙的盟友公开敌视莫解阵，莫解阵在初期的发展异常艰难。与此同时，葡萄牙当局在莫桑比克国内加紧监视和镇压活动，北方具有反抗殖民统治传统的德尔加杜角省和尼亚萨省的人民的不满情绪日益高涨，莫解阵利用这种条件首先在这里建立了全新的农村网络，为开展武装斗争准备了条件。

1964 年 9 月 25 日，以坦桑尼亚为基地的莫解阵，在当地人民的支援下，一举摧毁了葡萄牙殖民者在德尔加杜角省沙伊（Chai）的行政点。蒙德拉纳领导的争取民族解放的武装斗争正式打响了。莫解阵游击队利用游击战术，发动丛林战摧毁殖民地的通信和铁路交通线。莫解阵在弹药运输和重要物质供应方面得到了当地农民的大力支援，逐渐在德尔加杜角省和尼亚萨省建立了解放区。到 1968 年，游击队已经控制了全国 20% ~ 25% 的国土面积，而且在具有重要战略意义的中西部省份太特省开辟了第三条战线。这给葡萄牙殖民者以沉重的精神打击，引起了葡萄牙和南部非洲地区的殖民主义统治者的极大恐慌。

莫解阵领导的推翻殖民政权的武装斗争，得到了激进的非洲和阿拉伯国家、东欧社会主义国家和中国的支持和援助。莫解阵战士先后在阿尔及利亚和坦桑尼亚等国家进行军事训练或建立军事基地。莫解阵也从中国、苏联和其他的社会主义国家得到大量的武器援助。

随着军事斗争的不断取得胜利和解放区的不断扩大，莫解阵开始面临一系列新问题需要解决：在摧毁了殖民统治的政府机构和剥削制度以后，在政治、经济、文化与卫生事业等方面如何建设解放区以及在解放区建立什么样的政府的问题；如何解决农民与革命的关系问题；如何处理传统权力机制问题；如何解决妇女

75

解放问题；在解放斗争中，如何解决种族问题，谁是革命对象的问题；以及开展武装斗争的最好策略问题；等等。围绕这些问题，莫解阵内部也经历了激烈的政治路线斗争，到 1968 年中期分裂成以蒙德拉纳为首的多数派和以莫解阵副主席乌利亚·西芒戈（Uria Simango）为首的少数派。1968 年 7 月，莫解阵在尼亚萨省解放区召开第二次全国代表大会。以蒙德拉纳为首的多数派所坚持的革命路线取得了胜利。蒙德拉纳再次当选为莫解阵主席。几周以后，部分少数派在莫解阵前商业部主任兼莫解阵德尔加杜角省书记拉扎罗·恩卡万达梅的领导下召开分裂会议。1969 年 1 月 3 日，他因策划谋害莫解阵高级领导人被中央委员会免职。一个月以后，蒙德拉纳在达累斯萨拉姆的办公室中被邮包炸弹杀害。

蒙德拉纳的去世为莫解阵武装斗争带来了重大挫折，他的去世曾引发了莫解阵领导层内部的短期分歧和斗争，直到莫解阵军事司令萨莫拉·马谢尔在 1970 年 5 月被中央委员会选为莫解阵主席。他迅速巩固了对莫解阵党的领导权，使该党的军事斗争水平不断提高。在萨莫拉的领导下，莫解阵认真总结了解放区的实践经验和规则，排除部族传统权力机制的影响，加大力度解放妇女，发展卫生教育事业。在军事领域，莫解阵游击队扩大在太特省的战果，并从 1972 年开始突入莫桑比克南部地区。1973 年底，莫解阵部队已经深入马尼卡省和索法拉省的腹地，游击队前锋推进到萨韦河流域距马普托仅 640 公里的地区开展活动，已经对贝拉城构成了军事威胁，严重威胁葡萄牙殖民统治。经过 10 年的战斗，莫解阵武装力量已发展到 2 万人，已经解放了北方的大部分地区，控制了全国 1/3 的国土。在解放区内，莫解阵普遍摧毁了殖民机构，建立了民族民主政权，其成员由民众自己选举产生；实行一系列新型的社会经济制度和措施，设立了"人民商店"网络。

在最初的军事方面，葡萄牙政权试图将战线控制在最北部的

边境地区，尤其是那些最没有经济价值、人口最稀少和白人人口最少的地区，进而将其同大多数非洲人口隔离开来。殖民当局强行将农民迁移到"战略村落"定居，并在莫桑比克与马拉维边境和坦桑尼亚边境沿线建立了警戒所。殖民地当局建立战略村落的目的是切断莫解阵同农民的联系，减少农民对莫解阵的支持，甚至可以在战略村落中组建"民兵"并使之成为殖民地的第一道防线，或借以帮助控制当地居民。

随着莫解阵进攻的不断加强，葡萄牙政府从1965年开始在德尔加杜角省靠近坦桑尼亚的边境地区实行"焦土政策"，同时将成千上万的农民驱赶到围以铁丝网的村庄。当地的不少农民称这些战略村为"死亡营"或"集中营"。1966年，殖民地政府将战略村的做法推广到尼亚萨省，两年后又推广到太特省。到70年代初，战略村落在莫桑比克北部大部分地区得到实施。到1971年时，殖民地政权甚至开始在中部地区的马尼卡省和索法拉省以及洛伦索—马贵斯地区也实施这种政策。

殖民政府的这种策略失败了，这些战略村的建立并没有阻止住莫解阵从非洲人那里获取粮食、兵员和战略情报。葡萄牙殖民政府在这一时期企图在赞比西河流域建立以白人为主的半军事性移民定居点网络的战略也破产了。到1973年，只有几百个葡萄牙移民家庭来到这里定居，但迁出比率又超过了1/4。① 葡萄牙政府对付莫解阵的另一个策略是利用种族关系，挑起不同种族和不同部族之间的不满和对抗，以便从中渔利。

随着战争的不断升级，葡萄牙殖民军迅速增加。1961年时，驻扎在殖民地的军队只有4000人，大体上分别驻扎在各省的省

---

① Jundanian, "Resettlement Programs," pp. 12 – 20; Allen Isaacman and Barbara Isaacman, Mozambique from Colonialism to Revolution, 1900 – 1982, Westview Press, 1983. p. 101.

会。到 1966 年，葡萄牙驻军人数已经翻了一番，到 70 年代初的时候，驻军战斗人员总数则超过了 7 万人。由于葡萄牙本国兵源有限，从 1966 年开始殖民地军队实施当地化运动。到 70 年代初，在莫桑比克北方参加战斗的军队中，黑人士兵有 1 万 ~ 2 万人，其中包括 4000 人的志愿兵精英旅。[①] 在政治方面，葡萄牙殖民政权加紧镇压莫桑比克国内的各种不满和反抗情绪，任何罢工、抗议性文章和公共集会都被严厉镇压，秘密警察不断搜捕黑人和白人异己分子。一个葡萄牙著名律师估计，在 1967 ~ 1973 年期间，莫桑比克至少有 1 万名反对殖民统治的人士遭到逮捕。[②] 秘密警察为了搜集莫解阵的信息，对被捕的异己人士严刑拷打，刑讯逼供，许多人被折磨致死。

为了摧毁莫解阵武装力量，将其从解放区驱赶出去，葡萄牙殖民政权于 1970 年 6 月发动了莫桑比克殖民历史上最大的反攻战役。葡萄牙军队在优势空军的掩护之下，调派 1 万兵力，对马孔德高地和尼亚萨省东北部地区的解放区发动大规模的进攻，使用燃烧弹，实行焦土政策。在这个战役期间，葡萄牙军队用法西斯手段对待战区的农民，大部分人被强行驱赶到受严格控制的战略村落。1972 年 12 月，葡萄牙突击队在进攻太特市南部的村庄委瑞亚姆（Wiriyamu）时屠杀了 400 名平民。尽管在战役开始阶段取得了胜利，但葡军不久就陷入了持久战和消耗战的泥潭。

在外交领域，葡萄牙政权利用各种手段争取北约盟国在外交、军事和经济方面的援助。葡萄牙对外宣称，自从 1961 年实施改革以来，莫桑比克等葡属非洲已成为"多种族"的乐园，

---

① United Nations, General Assembly, A/AC. 109/L. 919, February 8, 1974; Henriksen, Mozambique, pp. 197 – 198; F. X. Maier, Revolution and Terrorism, New York, 1974, p. 28 – 30.

② United Nations, General Assembly, A. AC. 109/L. 919: February 8, 1974, p. 12.

成为葡萄牙合理合法的海外省。如果受苏联支持的莫解阵取得胜利的话，在东西方冷战中最终受益的将是苏联。这些对外宣传在解放战争初期为葡萄牙赢得了盟国的广泛支持。为了巩固北约盟国的支持并加强葡萄牙进行战争的财政能力，1965 年，葡萄牙首次允许西方资本独自在莫桑比克进行投资。葡萄牙政府希望通过这种开发战略与西方国家形成密切的经济利益关系，以便支持其对莫解阵事业的镇压。西方国家十分欢迎葡萄牙的这种开放政策，对开发莫桑比克的石油、煤炭、铁矿和其他稀有金属等热衷一时。卡奥拉巴萨大坝（Cahora Bassa）就是从这时开始筹划的最大的一个多国投资项目，最初参加开发活动的有英国、美国、南非、法国、联邦德国和意大利资本。建立这个大坝，也是葡萄牙殖民者企图把南非势力引入莫桑比克独立战争的战略组成部分。建立这个大坝，既能在经济上加强同南非的关系，又能通过引入南非的强大势力在赞比西河和卡奥拉巴萨水库地区建立一个阻挡莫解阵前进的缓冲区。

尽管西方国家在口头上支持民族自决，但美国领导的北约盟国不断加强对葡萄牙非洲政策的支持。在武装斗争开始以前，北约盟国就着手为葡萄牙军队提供大批先进武器，使其军队实现了全面现代化。美国为葡萄牙提供战斗机、轰炸机、直升机、喷气运输机和化学落叶剂，还为葡萄牙训练了 2000 多名军事人员。德国向葡萄牙提供的军事援助可能是最多的，包括 200 多架喷气机和大量的燃烧弹。法国为其提供装甲车、直升机、战舰和弹药。在解放战争期间，西方国家还向葡萄牙提供了大量急需的经济援助和贷款。但对于莫解阵向西方国家提出的人道援助和军事援助的要求，却遭到了北约国家的一致拒绝。

在国际上，萨拉查政权一直得到北约国家的支持。在联合国和其他的国际场合，西方国家代表多次反驳对葡萄牙的"有害的批评"，希望国际社会多给葡萄牙一些时间以推行其改革政策。从 1964 年开始，联合国的西方国家代表一直拒绝支持关于葡萄牙殖民地自决权的任何决议。

尽管葡萄牙得到了西方国家强有力的支持，但到 1973 年年底，葡萄牙国内反战势力发展起来，他们厌恶在莫桑比克等殖民地继续进行毫无希望的战争。正当莫解阵在赞比西亚省发动大规模进攻之时，葡萄牙国内的军官们在 1974 年 4 月 24 日至 25 日夜发动了军事政变，推翻了里斯本法西斯政权，这为包括莫桑比克在内的葡属非洲殖民地获得独立扫清了障碍。

三　葡萄牙 1974 年军事政变与莫桑比克的独立

20 世纪 60～70 年代，葡属殖民地战争长期陷入僵局，葡萄牙国内的反战情绪在不断高涨。那些卷入殖民战争的葡军事人员，由于长期背井离乡和服役期不断延长，厌战情绪日益蔓延，士气低落。在殖民地作战的那些白人军官，尤其是那些指挥黑人部队的白人军官，不少人往往憎恶白人移民对待非洲人的态度和做法，反而对非洲人争取自由的斗争持同情态度。葡萄牙国内的反战情绪日益膨胀，越来越多的人逃避和拒绝服兵役。征召来的厌战士兵和充任低级军官的大学毕业生越来越普遍地躲避打仗。在这种情况下，葡军内部出身社会下层的许多低级军官成了葡萄牙国内反战活动的激进分子。

1973 年夏天，190 名年轻军官签名请愿，批评政府的现行政策。最初主要是为了表达对自己职业不满的低级军官组织很快发展为"尉官运动"。1973 年 11 月，尉官运动发展成了"武装部队运动"。这时，该运动本身已经发展为一个持不同政见者的完善的组织，其秘密成员来自不同的政治领域。除了职业地位受到威胁以外，军官们还对工资低和在国外艰苦环境下的长期驻军生活不满。

葡军高级军官对政府的殖民地战争政策的不满分成两个集

团。右翼集团以葡军前莫桑比克总司令考扎·德阿利亚加
（Kaúlza de Arriaga）将军为首，主张在非洲推行军事解决的战争
政策。但温和派高级军官以总参谋长弗兰西斯科·达科斯塔·戈
麦斯（Francisco da Costa Gomes）将军和副总参谋长安东尼奥·
斯皮诺拉（António Spínola）将军为首，主张同非洲独立解放运
动进行谈判。斯皮诺拉将军在 1974 年 2 月 22 日出版了其著名的
《葡萄牙与未来》（*Portugal e o Futuro*）一书。他在书中主张，
应该同非洲殖民地建立一种松散的联盟，因为葡萄牙根本不可能
取得完全的军事胜利。他的这一理论促使越来越激进的"武装
部队运动"密谋者们采取果断措施。

　　1974 年 3 月，葡萄牙总理卡埃塔诺（Marcelo Caetano）以斯
皮诺拉和科斯塔·戈麦斯不支持政府现行非洲政策为由解除了两
人的职务。在政府失去了军队高级领导人支持的情况下，4 月 24
日至 25 日夜，"武装部队运动"发动政变，没有受到忠于政府
部队的抵抗，废黜了萨拉查指任的卡埃塔诺政府。

　　"武装部队运动"迅速组成了以斯皮诺拉将军为首的七人军
官委员会——民族拯救军官团，立即呼吁在一年之内举行公民投
票以决定葡萄牙的政治体制和同非洲殖民地的关系。军方政府承
诺在国民自由选举立宪机构以后，就将政权转交给新政府，并结
束所有的殖民地战争。

　　但"武装部队运动"的实际领导人和以斯皮诺拉为领导的
委员会之间在和平和非殖民地化方针问题上很快就产生了分歧。
"武装部队运动"主张立刻断绝同殖民地的关系，并撤回军队；
而斯皮诺拉支持采取逐渐解决的政策，主张为葡萄牙联邦内的殖
民地保留有限的自治权。大多数征召入伍的军官和士兵渴望停止
在非洲殖民地的厮杀，并早日平安回家。虽然斯皮诺拉享有广泛
的群众支持，但在殖民地政策方面失去了多数人的支持。

　　葡萄牙发生政变以后，莫桑比克的军队和政府陷于瘫痪，出

现了包括非洲人和白人的各种势力集团，都试图在同葡萄牙新政府的谈判中争得一席之地。但葡萄牙当局没有理会这些投机集团，在 1974 年 6 月开始同莫解阵进行双边谈判。9 月 7 日，葡萄牙同莫解阵在赞比亚首都卢萨卡签署了《卢萨卡协议》，葡萄牙新政府同意把政权交给以莫解阵为主的过渡政府手中，正式结束殖民统治。但这个协议没有涉及独立以后的财产和民权等问题，这加剧了过渡时期和独立初期的社会动荡。

不满于葡萄牙新政府的这种做法，并担心实现黑人多数统治和莫解阵的激进政策，在《卢萨卡协议》签署的第二天，洛伦索—马贵斯的一个名为"我就留在这里"的白人移民顽固派组织在当地部分军队的支持下发动了兵变，炸毁了郊区的军工厂，占领广播电台，公布了类似于南罗得西亚式的单方面独立宣言。但 3 天后，葡萄牙军队和莫解阵部队一起镇压了这次兵变。

同年 9 月 20 日，莫桑比克成立了以若阿金·希萨诺（Joaqim Alberto Chissano）为总理的过渡政府，包括 6 名莫解阵成员。

在过渡时期，莫解阵利用群众的支持在全国范围内扩大其影响和建立组织网络，并同民众建立广泛联系。许多地区尤其是南部地区的莫桑比克民众在独立战争期间根本没有同莫解阵建立联系，不了解其政治、经济政策，也没有莫解阵解放区群众民主参与决策的经历。为了让民众了解莫解阵的政策目标和动员他们参与民主决策，莫解阵组织了动员小组派往全国各地，按照在解放区的经验开展工作。这些动员小组的使命包括组织讨论莫解阵的思想理论，鼓励群众在决策过程中发表看法和参与决策，保护群众免遭蓄意破坏，结束罢工，说明合作劳动的优势，等等。此外，过渡政府也面临着长期殖民地统治遗留下来的严重社会问题。为解决这些问题，过渡政府采取措施，推行扫盲运动、卫生保健运动和提高妇女地位运动。希萨诺总理还通过公共讲话和私人会晤，

努力缓解白人社会的紧张情绪，防止大规模的白人外迁造成技术劳动力的流失，避免本已十分落后的经济陷入彻底瘫痪。

1975 年 6 月 25 日，莫桑比克正式宣布独立，成立莫桑比克人民共和国。萨莫拉·马谢尔（Samora Moisés Machel）宣誓就任莫桑比克总统。这一天成为莫桑比克的独立日。首都洛伦索—马贵斯名称改为马普托，其含义是"家乡"。

第四节　国家重建

1975 年，莫解阵接管的是一个在社会经济方面已经崩溃的国家。实际上，当时的莫桑比克只是一个支离破碎的联合体，远没有达到现代国家实体的水平。经历了葡萄牙殖民势力近 500 年的掠夺和统治[1]，莫桑比克成为世界上典型的经济落后、社会扭曲的国家。现有的基础设施极为有限，而且大多数是为了支撑殖民战争才修建的。工业基础和农业市场一直紧紧地控制在葡萄牙人手中。所有技术性工作岗位一直由葡萄牙人担任，社会失业率奇高。粮食产量很低，不能自给，每年都要从南非和南罗得西亚进口粮食。大量土地荒芜，得不到有效的开垦。工业十分落后。1957 年以后，莫桑比克的财政每年都入不敷出。到 1970 年，出口收入还不及进口支出的一半，当年的贸易赤字增加到 5000 万美元。[2]

莫解阵取得胜利后的短短三年间，葡萄牙人居民从 25 万人急剧缩减为大约 2 万人。[3] 成千上万的葡萄牙移民抛下正在建筑

---

[1]　1505 年葡萄牙人入侵莫桑比克地区。

[2]　Allen Isaacman and Barbara Isaacman, Mozambique from Colonialism to Revolution, 1900 – 1982, Westview Press, 1983. p. 145.

[3]　Allen Isaacman, A Luta Continua: Creating a New Society in Mozambique, Binghamton, N. Y., 1978. pp. 25 – 29.

中的一排一排的公寓和尚未安装的崭新的贵重机器，落荒而逃。他们蓄意破坏财产，为国家经济造成了严重破坏：大批牲畜被杀，许多新机械被捣毁，无数的财物被偷运至国外。大批管理和专业技术方面的葡萄牙人逃离出走，把全国的经济和行政管理留给了缺乏行政管理经验的莫解阵干部手中。与此同时，全国95%以上的人口是文盲，是世界上教育水平最低的国家之一。这些情况加重了国家恢复和重建的困难。

一　政治变革

在社会领域和政治领域，莫解阵在独立以后依据建设解放区的经验开始在全国范围内探索建设符合本国特色的"社会主义"政治制度。1975 年独立以后莫解阵通过的第一部宪法就是在总结解放区的执政经验并对其中某些法规进行修改后颁行的。这部宪法在 1978 年进行了修改。宪法规定，莫桑比克国家政体为共和制，国家政权属于工人、农民所有。独立以后，莫桑比克进入"人民民主革命阶段"，将致力于建设一个"没有人剥削人"的社会。宪法规定国家所有制为国民经济的基础，土地和矿产资源等重要的生产资料归国家所有；国营企业在国民经济中起主导作用；国家实行计划经济体制。在不损害人民和国家利益的情况下，宪法允许私有制经济的存在。宪法对公民的权利和义务作了明确的规定：保证享有平等而广泛的自由，包括言论、集会和结社等自由，享有参与和发展民主制度的权利，享有劳动和受教育的权利，在丧失劳动力和年老退休后享有社会保障的权利；公民人身和住宅受法律保护并不受侵犯，公民享有通信自由和书信保密权利；等等。宪法的宗旨是在莫桑比克"致力于建设社会主义社会的政治、思想、科学和物质基础"。

宪法还规定，莫解阵在莫桑比克社会和国家体制中是唯一的领导力量。莫解阵根据宪法规定的路线，领导莫桑比克独立初期的政治、经济和社会建设。为了广泛地动员民众参与莫桑比克的建设，政府继续在全国范围内大力推广动员小组的方法。通过动员小组这一过渡性的机制，在全国范围内宣扬和贯彻莫解阵的民族统一政策、妇女解放政策、文化建设政策，进一步瓦解传统社会的权力机制，在居住区和工作场所对民众进行政治思想教育以提高群众的政治觉悟，动员群众参与集体性的经济、社会和文化活动。动员小组同莫解阵系统和政府体系保持松散的联系，并得到其广泛的政治指导。通过动员小组的活动，农村地区的集体农业生产方式得到接受和推广，进而农村公社、合作社和国有农场等集体所有制形式得以发展，农业生产得到恢复；积极恢复工业生产和提高产量；在居住区，促进居民和谐共处，共同解决各种问题，实现了团结稳定。

在独立初期政治和思想混乱的情况下，莫解阵利厈在全国范围内建立起来的动员小组宣传其理论，采取措施限制其他党派和反对派的活动，确立了对民众的统治地位。与莫解阵有分歧的几位反对党领袖很快被逮捕，并押送到北部前解放区的"再教育集中营"。在农村地区普遍建立了"动员委员会"，取代传统的权力机制行使广泛的权力。城市中的"非生产性的"居民被遣送到农村接受再教育。国家公共安全部不久也建立起来。该部门拥有绝对的权力，可以拘捕那些被怀疑从事反对国家活动的人。新政府开始严格限制全国宗教组织的活动。罗马天主教会被定性为殖民地政权帮凶，是重点打击对象。另外估计还有 1 万名耶和华见证人（简称见证人、耶证；英语：Jehovah's Witnesses）也被迫接受改造。

1977 年 2 月，莫解阵第三次全国代表大会通过决议，正式宣布改名为莫桑比克解放阵线党（简称莫解阵党，现名）（Partido Frelimo），是马克思—列宁主义先锋队政党，其使命是"领导、组织、引导和教育群众，进而将人民群众运动转变为摧

毁资本主义和建设社会主义的强大武器"。会议的最后决议确定工农联盟为"人民民主权力的政治基础"。一系列的"群众民主机构"据此建立起来，以动员和确保莫解阵党对工人、妇女、青年和记者的领导与管制。莫桑比克还加强了同苏联和东欧国家的联系，并从这些国家得到了重要的政治、经济和军事支持。

为了扩大党的政治基础，建立同群众之间的牢固关系，进而有效地发挥执政党的作用，从 1978 年 2 月开始，莫解阵党在全国范围内开展了创建党支部的运动。到 1980 年，莫解阵党已经在全国范围内建立了牢固的根基。

到 70 年代末，不少地区已经建立了地方政治会议和生产委员会，接掌了动员委员会的许多职能，开始作为政府部门发挥政治和经济职能。动员委员会作为临时性的机构似乎已经完成了使命，但在城市地区，动员委员会仍然是联系居民和城市议会的中间机构，还承担着教育和动员群众等重要责任。

为了密切同群众的联系，莫解阵党在独立初期还不断加强同三大"群众民主组织"的联系。这三大群众组织是莫桑比克妇女联合会、莫桑比克青年联合会和生产委员会。这三大群众组织，不仅保证了莫解阵党的政令畅通，还在原则上确保了莫解阵党"向群众学习"的渠道，保证了全国的非党员群众能够参与国家的政治生活。莫桑比克妇女联合会起源于独立战争期间莫解阵党在解放区实施的一系列解放妇女的政策和措施。在过渡政府期间，妇女联合会开始形成并得到了过渡政府的大力支持。该机构在推动莫桑比克的妇女解放方面发挥了不可磨灭的作用。莫桑比克青年联合会运动创建于莫解阵党第三次全国代表大会之后，在促进全国青年提高政治觉悟和国家建设方面发挥了积极作用。生产委员会成立于 1976 年的马普托市，是动员劳动阶级参与工厂的生产和管理的群众组织。在莫解阵党第三次全国代表大会以后，生产委员会扩展到其他城市地区。到 1981 年时，生产委员

会已经在全国各地的主要工厂建立起来，在国家的经济恢复和发展中发挥了重要作用。

打碎殖民地时期遗留下来的旧国家机器，建立新的国家机器。1977 年 9～12 月，莫桑比克通过所有合格公民参与的民主选举，组成了各级议会。在全国的 894 个乡镇地方议会中，共有 22000 多名男女代表成为议员。各地的乡镇议会代表选举出各自的县（区）地区议会代表，组成县（区）级的地区议会；同样，县（区）级的地区议会代表再选举出省议会代表，组成各省的议会。莫解阵党中央委员会从各省议会中指任 226 名代表组成国家最高立法机构——人民议会。1977 年 12 月，各省议会均已批准了人民议会的代表。议会制度的建立以及议会代表比例的构成都实现了莫解阵党承诺的建立人民民主机构的诺言。在各级议会中，农民和工人代表占有议会的大多数席位。在人民议会中，工农代表的比例高达 60%，另外的 6% 来自群众民主团体，15% 的代表来自军队且大多数属于农民背景。[①] 长期遭受殖民统治的人民大众在莫解阵党的领导下开始参政议政，成为国家的真正主人。

除了创建各级议会以外，莫解阵党第三次全国代表大会还提出，要根据宪法和莫解阵党主张的"社会主义"原则重建司法体系。莫桑比克赢得独立时，极度缺乏律师、法官和其他专业人员，又没有新型的法典和司法机构，过渡政府和新政府只能推广在解放区实施的非正规司法体系并通过动员小组在地方发挥司法职能。到 1978 年年底，司法部才开始建成全国性的司法体制，取代已失去职能的殖民地司法体制。按照行政区划体系，新建立的人民法院系统也分成省级、县（区）级和乡（镇）级法院。

---

① Allen Isaacman and Barbara Isaacman, Mozambique from Colonialism to Revolution, 1900 - 1982, Westview Press, 1983. p. 131.

到 1981 年，全国的大多数城市中心地区，各省的一些县（地区）、镇或集体农庄（乡）已经建立了 300 多个各级法院。[①] 与法院系统相适应，莫桑比克进行了刑罚改革，废除了殖民地时期的严惩体制，建立了新型的刑罚体制。该体制强调通过教育和集体劳动来挽救罪犯。与此同时，莫桑比克逐渐关闭了备受争议的再教育集中营。到 1982 年，再教育集中营中的大部分犯人——其中的一些人是被强行收容的——已重获自由并融入莫桑比克社会。[②]

1983 年 4 月，莫解阵党第四次代表大会对党的纲领进行了修改，在分析了国内外形势的基础上，确定"保卫祖国、战胜不发达和建设社会主义"为党和国家的三大任务。为了改进党的领导和增强党内民主，党的中央委员会也从 57 人增加到 130 人，许多新委员来自各省和非国家机关的单位。

随着内战日趋激烈，莫桑比克政府在行政管理方面也不断进行改革。1986 年，为了集中精力解决内战问题，萨莫拉总统指定莫解阵党政治局 4 名主要成员负责监督政府各部的运转。当年 7 月，萨莫拉总统为了能够专心领导打击莫抵运的军事行动，任命马里奥·马顺戈（Mário Machungo）担任总理，负责国家行政部门的日常管理。

1986 年 8 月，莫桑比克开始进行本应在 1982 年完成的人民议会选举。但由于萨莫拉总统在 10 月坠机身亡和莫抵运加紧军事进攻，这次大选直到 12 月才完成。11 月，莫解阵党中央委员会任命若阿金·希萨诺为总统。选举结果是莫解阵党任命了人民议会 250 个议席中的 229 个席位，所有的政府和政治领导

---

① A. I. M. , Information Bulletin 63 (1981)：16.

② Barbara Isaacman and Allen Isaacman, A Socialist Legal Syatem In the Making：Mozambique Before and After Independence, The Politics of Informal Justice, Richard Abel, ed., New York, 1980, 2：307 - 310.

人全部获得连选连任。1987 年，莫桑比克党、政、军领导班子相继进行改组。莫桑比克政府对经济作了重大调整，提出建立符合本国历史、文化、社会和经济现状的"莫桑比克式的社会主义"。

二 经济建设

在经济建设领域，新生的莫桑比克进行了"社会主义"经济道路的探索。独立后，已有近 90% 的白人移民离境，政府接管了葡萄牙人逃离时遗弃的银行、工厂、工矿企业和大种植园，但政府推行的集中计划经济体制因技术力量和管理人员缺乏难以实现。因此，1975 ~ 1977 年是维持经济运转最为艰难的一段时间，但得到了生产领域工人委员会的支持。但在农业地区，较大的农场被荒废了，贸易网络瘫痪了。

1977 年 2 月，莫解阵党第三次全国代表大会规定，将莫桑比克建设为"社会主义"国家，实行计划经济，以国营经济为主，鼓励合作企业，并提出优先发展农业，继而发展工业的经济方针。在农业方面，自 1976 年 5 月以后的农业政策是大规模组建国有农场，并推行农业合作化政策，组建集体农庄。很快，在全国范围内组建了 1500 多个"集体农庄"。在城市地区，政府在独立以后不久就推行国有化政策。首先将主要的金融机构收归国有，后来又将城市的大房地产、医疗卫生机构、教育机构以及保险公司收归国有。少数几个产业也实现了国有化，政府还控制了所有被抛弃的企业，其中大多数是小商行和商店。经营不善的较大的公司也越来越受到政府干预：政府虽然承认这些公司是私营公司，但管理阶层由政府指派。1980 ~ 1982 年间，政府建立了 12 个国营公司，并逐步控制了工矿企业。虽然从 1980 年开始，政府控制着国家经济命脉，但在纺织、农业和银行等领域，国营企业和私营企业共同存在，相互竞争。在销售领域，1976

年，政府成立国营的销售企业，管理进出口贸易和国内大宗商品贸易。"三大"以后全国各地又建立了国营零售商业系统"人民商店"，控制了零售业。独立的最初几年，出口明显下降，但由于工业的瘫痪和在葡萄牙人大批撤离后对进口需求的急剧减少，进口也急剧萎缩。因而，1975年和1976年实现了适度的收支平衡，缓解了独立战争引发的经济危机。

1981年，莫桑比克政府制订"战胜不发达"计划，大量投资兴建大工业项目和国营农场，到1985年，国营农场和合作社的产品占市场销售量的40%以上。但独立后的社会经济遭受了国内战争、旱涝灾害、饥馑、人口流动频繁以及技术工人和外汇极度短缺等因素的毁灭性打击。另外，巨额的贸易赤字又加重了这种负担。工业大项目"既无资金，又无技术"；国营农场又大量赔本。社会和经济的发展举步维艰。1970～1979年国内生产总值年均下降8.6%，而1972～1982年的人口年均增长率为2.5%。大部分居民生活水平下降。1980年莫桑比克国内生产总值为23.6亿美元，人均国内生产总值230美元，成为世界上最不发达的国家之一。

1983年莫解阵党"四大"开始实行调整政策，强调发展使用地方原材料的小项目，并将大农场分成易于管理的小农场。然而这些措施不足以扭转经济下降趋势，粮食及日用消费品奇缺。1980～1986年间，国内生产总值下降了60%，出口减少3/4。农业收成在1981～1986年期间减少了一半。

总的来说，自独立至1986年萨莫拉总统去世，莫桑比克的社会经济建设在他的领导下取得了三个明显成就：其一是动员和组织人民反对内部的颠覆破坏与外部侵略，捍卫新国家的独立；其二是改善人民教育与卫生状况；其三是支持邻国尤其是津巴布韦人民反对白人种族主义政权的斗争。但是，由于全盘照搬苏联模式搞"社会主义"，教训也很深刻：在政治上，全盘照搬苏联模式搞"社会主义",莫解阵党实行一党专政政策,在部族结构复杂的莫桑比克过早地剥夺酋长的政治权力,因而把不少农村民众推向对立面;在经济上,推行中央计划经济体制,不顾文化落后、文盲率高达95%的现实而盲目地全面接管银行、工厂、矿山和大种植园,尤其是在全国范围的农村强制推行集体农庄制度,造成了工农业生产水平的全面下降;在外交上,莫桑比克由于支持津巴布韦解放斗争承担了重大损失,之后又向南非非洲人国民大会提供军事基地和入境通道,给南非政府支持莫桑比克全国抵抗运动(以下简称莫抵运)(Resistência Nacional Moçambicana RENAMO)提供了借口,使莫抵运发动并坚持了长达16年的内战,极大地破坏了本来就很落后的社会经济。

三 社会发展

在社会建设方面,新政府采取各种措施,打碎从殖民地时期遗留下来的各种剥削体制,代之以新的体制,大力发展教育和卫生事业,改善人民的生活水平。重视教育和医疗卫生事业是莫解阵党的重要传统。在建国初期,尽管资金非常紧张,莫桑比克政府每年支出约30%的国民预算用于教育、卫生和住房事业。

1975年7月,在独立以后不到一个月,莫桑比克政府宣布废除私有学校——主要是教会兴办的学校,并宣布对教育系统实行国有化,规定所有的莫桑比克公民都可以免费接受教育。很快,莫桑比克就建立了完善的教育体制,对所有的儿童实施义务教育。适龄儿童的入学人数从1975年的67.2万增加到1982年的13.3万。其间,四年级毕业生人数已达43万。同时,普通中学学生人数从1975年的2.3万增加到1982年的9.44万。中学校由33所增加到121所。在此期间,还培训1.02万名小学教师。与此同时，大力开展扫盲教育，自独立起已使文盲率下降了20%。①

1976 年 1 月，政府又对医疗事业实行了国有化，宣布适当的医疗保健是公民的权利，而不是某一阶级或种族的特权，发起了大规模的预防医疗运动，许多医疗队到农村地区巡回治疗。政府在对医药卫生事业实施国有化之后，公民的医疗服务完全免费。独立时，全国的医生人数从 1973 年的 500 名减少到 87 名，但到 1977 年，莫桑比克已经从世界 20 多个国家征召了 500 多名医药工作人员，并在全国范围内推动了预防医疗运动。到 1979 年，接种麻疹、破伤风和天花等免疫疫苗的人口占全国总人口的 90% 以上，被世界卫生组织誉为非洲奇迹。② 1982 年，世界卫生组织认为，莫桑比克在独立后的 3 年之内为 95% 的儿童注射了疫苗，将莫桑比克列为低收入国家改善农村卫生和教育事业的典范，并在第二年将莫桑比克的这种农村医疗模式在欠发达国家中进行推广。

在同一时期，政府对那些房主没有居住的空余住房实行国有化，安排那些在城郊贫民区的无房户入住那些在独立以前专为白人建设的高质量标准住房。③ 通过对出租住房实施国有化，到 1978 年，全国 16 万以上的人口从非标准住房或贫民窟住进了那些以前欧洲人居住的高质量住房。平均房租只占莫桑比克家庭收入的 10% ~ 20%。④

---

① 莫解阵党《四大报告》，第 50 ~ 51 页。

② World Health Organization and United Nations Children's Fund, National Decision Making for Primary Health Care, Geneva, 1981.

③ Allen Isaacman, A Luta Continua: Ccreating a New Society in Mozambique, Binghamton, N. Y., 1978, pp. 67 – 78.

④ Allen Isaacman, A Luta Continua: Ccreating a New Society in Mozambique, Binghamton, N. Y., 1978, pp. 78 – 81.

建设新社会的另一项重要措施是向国家官僚主义和腐败作风开战。1978 年，莫解阵党中央委员会解除了 4 名领导成员的职务，其中的 3 名犯有"滥用权力、道德败坏、不尊重妇女和违反纪律"等罪行和过失。[1] 1982 年，莫解阵党中央委员会第 14 号人物，加扎省省长诺奥·佩雷贝（João Pelembe）因腐败问题而被开除出中央委员会。[2] 总统夫人的一个姊妹虽然是党的高级成员之一，也因为这些问题而被免职。在津巴布韦实现独立以后，莫桑比克在国家机关、国家安全部门和警察部门又系统地组织开展这项活动。到 1982 年，400 多名警察和安全官员因滥施暴力被解职。

在宗教信仰方面，新政府特别将天主教会视为殖民政权的帮凶，许多天主教会的领导人被视为对新政权的威胁。因而，新政府关闭了天主教会，在全国范围内驱逐天主教会外国传教士，并取消了许多宗教信仰自由。大量的教会财产被国有化，包括学校、医院和神学院。

到 1976 年年底，莫桑比克 9 个天主教教区中的 7 个主教已由本国人担任。此时，政府终止了同天主教和新教的对话。虽然教会仍是最有影响力的民间机构，但在政治领域的影响力迅速衰弱。到 70 年代末期莫桑比克政府与莫抵运的内战达到高潮，此时教会基本上已经被排挤出国家的政治生活。教会对血腥的内战所作出的反映大体上是保持沉默。天主教会也断断续续向政府提交了措辞谨慎的批评性的报告，陈述了莫桑比克人民正在遭受越来越深重的灾难，但这些报告没有得到政府的反应。80 年代初，教会与政府关系得到改善。1982 年，萨莫拉总统向教会采取了

①　"A Summary of the Work of the Central Committee of FRELIMO, Elected by the 3rd Congress, Maputo, August 7 – 16, 1978," A. I. M., Informat on Bulletin Supplement 32, 1978: Supplement. p. 3.

②　Notícias, September 12, 1982.

某些和解性的举措，邀请他们在社会大变革中发挥作用或在社会伦理教育中发挥作用。此后，教会开始在莫桑比克和平进程中发挥重要的作用。

第五节　内战与和平

一　国内冲突和南非种族主义政权的威胁

在莫桑比克独立以后，新政府为了巩固政权采取了一系列过激措施，伤害了许多莫桑比克人尤其是农业地区民众的利益，并留下了难以治愈的创伤。在某些农业地区，由于行政部门管理不善，在推行政策时不能一视同仁，引发了地方不同族体之间的紧张关系。葡萄牙人放弃的那些大种植园大多改建成了国有农场，并得到政府的大量投资。农民能够在当地市场上出售的农产品迅速减少。进一步在农村人口中引起和加剧普遍不满和怨恨的是莫解阵党政府强制推行"集体农庄化"计划。尽管生活在集体农庄中的农民人口从未超过15%，但这场运动与同时开展的剥夺传统权力的运动所形成的政治氛围，为莫解阵党的反对派提供了可乘之机。随着南罗得西亚军队和国内反对派在70年代后期对政府的进攻不断升级，政府军为了反颠覆斗争的需要进一步推行集体农庄化运动。这项措施虽有助于政府在更大程度上控制和管理农村人口，但也使许多人联想起殖民地时期的可怕的军事控制定居点。这种情况反过来又加剧了农民对政府的不满和敌视，激化了国内的矛盾和冲突。莫桑比克国内实施的激进政策是激化内战的内在原因。

莫桑比克摆脱葡萄牙殖民统治，使当时的南非种族政权失去了东北部的屏障，同时也使南罗得西亚白人政权的东部地区边境完全暴露。这两个政权为了遏制民族解放运动对本国的冲击，早在莫桑比克刚独立时就伺机染指其内部事务，设法扶植反政府势力。

为了响应联合国的号召对南罗得西亚进行经济制裁，并表明支持津巴布韦人民解放斗争事业的鲜明立场，1976 年 3 月 3 日，莫桑比克政府关闭了同南罗得西亚的边界，实施葡萄牙政府一直拒绝执行的经济制裁政策。这样，南罗得西亚失去了莫桑比克的贝拉港和马普托港的海上通道，对其经济打击沉重。除了关闭边境以外，萨莫拉总统允许津巴布韦游击队员在莫桑比克西部地区建立训练营地等设施开展活动，加强了对津巴布韦民族解放军的支持。津巴布韦游击队不断从莫桑比克境内发动勇猛进攻，沉重打击了南罗得西亚白人政权。南罗得西亚军队为此不断进攻位于莫桑比克境内的津巴布韦游击队，并伺机颠覆新生的莫桑比克政权。在其关闭边境的演讲中，萨莫拉总统提到，南罗得西亚实际上自从 1975 年 8 月 5 日就已经对莫桑比克发动了军事进攻。

莫桑比克公开地支持津巴布韦和南非人民的争取民族解放的斗争，为南罗得西亚和南非插手莫桑比克国内政治斗争提供了可乘之机。南罗得西亚和南非的大力支持是莫桑比克内战不断发展和升级的决定性外部因素。

1976 年初，从莫解阵分裂出来的一批军人，加上前葡萄牙殖民地政权的一些士兵和对莫解阵不满的人士，在安德烈·马塔德·马桑盖塞（Andre Matsangaissa）的领导下成立了莫桑比克全国抵抗运动（简称"莫抵运"），并开展以"推翻共产主义政权"、建立"民主政权"为目标的武装斗争。由于在国内中部和北部有部族基础，在国外得到南罗得西亚和南非白人政权的支持，莫抵运的力量逐步得到发展。

南罗得西亚中央情报局于 1977 年开始插手莫抵运。其操纵莫抵运的最初目的是颠覆莫桑比克政府，搜集有关津巴布韦民族解放军游击队员在莫桑比克境内活动的情报。但总的来讲，莫抵

运在兴起的初期只得到了部分群众的支持，不会对莫解阵党政权构成严重的威胁。但这种情况到了80年代以后发生了变化。

1980年，津巴布韦实现独立以后，南非种族主义政权接手支持莫抵运。南非军事情报局接管了对莫抵运的控制权。在随后一年左右时间里，南非军事情报局对莫抵运的作战情况作了评估和指导，莫桑比克内战保持了相对平静。但在1981年以后，莫桑比克内战规模迅速开始升级。南非重振莫抵运的目标是促使莫桑比克取消对南非反种族隔离制度斗争的支持，并破坏新生的津巴布韦利用莫桑比克的出海口，以确保南非在南部非洲地区的经济霸主地位。在南非种族主义政权的支持和指导下，莫抵运的人数迅速从500人增加到8000人。到1982年，这支颠覆势力活跃于莫桑比克的大多数省份，构成了对政府的严重军事威胁。随着内战迅速升级和规模不断扩大，全国很多学校、医疗所、工厂、房屋、道路、桥梁和铁路等基础设施被摧毁。国家的经济和社会发展建设无法正常进行，内战造成的总体损失无法估算。

为了加强政治经济合作以及寻求津巴布韦帮助解决莫抵运问题，莫桑比克政府和津巴布韦在1980年签署了第一份内容广泛的协议。该协议允许津巴布韦直接参与保卫莫桑比克的"交通走廊"——这是津巴布韦的经济生命线。在莫抵运得到南非的充足援助和支持，并对铁路、港口和对外通信设施实施了大规模的和持续的进攻和破坏后，第一支津巴布韦军队于1982年正式部署在"贝拉走廊"。

二　调整与邻国的关系

由于在经济上严重依赖南非，在军事上不仅面临着南非军队本身随时入侵的危险而且在南非支持下莫抵运在国内的破坏活动日益升级，莫桑比克政府为了最大限度地减缓来自南非的军事压力、结束南非对莫抵运的军事支持并稳定同南非

的经济联系，被迫寻求途径改善同南非的关系。为此目的，莫桑比克总统萨莫拉同南非总统皮特·博塔于 1984 年 3 月在恩科马蒂河畔两国交界处的小镇恩科马蒂签署了《恩科马蒂互不侵犯条约》（简称恩科马蒂条约）。这为双方停止敌对状态打下了基础。条约规定，双方互相尊重主权和独立，互不干涉内政，缔约国不支持对方的反政府力量，不使各自的领土成为反对另一方的敌对分子的基地、训练中心以及隐蔽、住宿和途径的场所；拆除反对另一方政府的叛乱分子所使用的武器库、指挥所和通信联络设施；不设立反对另一方政府的电台等。该条约意味着，南非停止支持莫抵运；作为交换，莫桑比克在自己的领土上终止南非非洲人国民大会（简称非国大）的军事行动。此后，南非人为莫解阵党和莫抵运进行了一系列暂时的调解活动，但由于来自南非军方和其他集团势力的压力，这些调解活动没有取得任何结果。尽管莫桑比克履行了恩科马蒂条约的条款，但南非则阳奉阴违，暗中继续支持莫抵运的活动。

1984 年恩科马蒂条约签署以后，南非对莫抵运的支持表面上减少了，但莫抵运改变了既往的战略，继续进行武装斗争。就在该条约签署之后，南非军队公然给莫桑比克境内的莫抵运基地空投了大量的武器弹药，足够其 6 个月消耗的军事援助，并建议其采取新的颠覆策略。此后，莫抵运不再依赖位于南非的后方基地，转而依靠当地的居民提供支持，并从内战的缴获中获得补给，增加了武器弹药的储存。到 1985 年年底，该条约已经名存实亡。

作为其战略调整的一部分，莫抵运对重要的战略地区实施有限的常规战略行动，转而越来越集中在"软性的"民用目标。最为世人关注的是，为了激起并控制农村人口的恐慌，他们开始残害包括儿童在内的平民。这些残害措施有割掉耳朵、鼻子、嘴唇和性器官等。这些做法完全是其恐怖战略的一部分。此外，摧

毁交通运输网络、医疗诊所、学校和其他基础设施。

为了应付这一日益升级的危机,萨莫拉总统和津巴布韦穆加贝总统在 1985 年 6 月讨论了增加对莫桑比克的军事援助问题。穆加贝于 8 月在国会宣布,为维护津巴布韦在莫桑比克的出海口,将驻扎莫桑比克军队增加到 3 万人。这样,到 8 月底,津巴布韦部署在贝拉走廊的军队就超过了 1 万人。1987 年,津巴布韦驻莫桑比克军队已达到 2 万人。

最初,津巴布韦驻军只采取防守态势,但随着莫抵运发动了一系列的攻势,从 1985 年初期开始采取有限的进攻行动,以摧毁莫抵运的基地。这样,津巴布韦军队采取了"以攻为守"的战略。津巴布韦军队在攻占了莫抵运的基地以后就交给莫桑比克政府军防守。但后勤供应问题无法解决,莫桑比克政府军不愿意派军队防御这些孤零零的据点,因为这样做会使那些位于人口更稠密地区的驻军基地更容易遭到莫抵运的进攻。这样,津巴布韦军队攻占的莫抵运的基地往往最后又复归原主,重新被莫抵运占领。这种情况使津巴布韦清醒地认识到,莫桑比克政府军不可能与莫抵运进行长期的对抗并战胜对方。此后的津巴布韦政府虽然在军事上仍然不断加强同莫政府的合作,但主张同莫抵运进行和谈以解决莫桑比克内战问题的政策日益明朗。

莫抵运部队活动分散,采取游击战略,回避直接的冲突,而莫桑比克军队又无法控制广大的地区,军队士气日益低落。到 1986 年,莫抵运的常规部队巩固了其在莫桑比克中西部的据点后,深入赞比西亚省,彻底击败了那里装备不足的政府军。

在军事形势不断恶化的情况下,莫桑比克政府通过外交努力,得到了邻国坦桑尼亚和津巴布韦的支持,并联合两个国家向支持莫抵运的马拉维施加压力。1986 年 10 月,有关国家在卢萨卡举行紧急会议,讨论解决莫桑比克内战问题。莫桑比克的外交

努力取得了成功。马拉维在 1986 年驱逐了莫抵运在其本土上的活动势力,并确保不为莫抵运提供基地。1986 年后期,为了保护自身的经济利益,马拉维在纳卡拉交通走廊的铁路沿线部署了有限的军队。虽然这些外交努力取得了一定的成果,但来自南非政府某些机构、葡萄牙实业利益集团和某些基督教新教徒组织的援助还是源源不断地通过马拉维和肯尼亚等渠道到了莫抵运手中。

就在受马拉维政府驱逐后,莫抵运部队在赞比西河流域几个省发动了其有史以来最大的一场攻势。莫抵运一旦赢得这场战役,就有可能将莫桑比克切割成南北两部分,并在北方建立另一个独立政权。在这些进攻中,莫抵运经常突破坦桑尼亚的边境。坦桑尼亚为了本身的安全利益也派出了几支部队帮助莫桑比克政府军守卫收复的地区。这样,在坦桑尼亚和津巴布韦军队的支持下,莫桑比克政府军成功地发动了军事反攻并扭转了被动局面。在此期间,成千上万的人们逃离家园,到邻国避难,同时在伊尼扬巴内省和加扎省则发生了大规模的屠杀惨案。

三　大选进程

19 92 年 10 月莫桑比克政府同莫抵运达成停火协议,结束了长达 16 年的内战。莫桑比克此时已经实施多党政治体制的宪法条款。在签署和平协议以后,各政党着手准备参加计划在 1993 年 10 月举行的首次总统和议会选举,政治气氛活跃起来。11 月中旬,由政府、联合国和莫抵运代表组成的监督监查委员会成立,全面负责监督《总和平协议》的实施。

1994 年 4 月 11 日,希萨诺发布命令,确定进行大选的日期为 10 月 27~28 日。5 月 5 日,联合国安理会再次将联莫桑比克行动的任期延长到 11 月 15 日。6 月 1 日,大选登记工作开始进行,按计划到 8 月 15 日完成。估计选民人数约为 789 万人。在 7

月底，全国选举委员会宣布，旅居国外的莫桑比克公民人数难以统计，暂时无法参加即将举行的大选。

大选在 1994 年 10 月 27～29 日进行，在 27 日早晨大选正式开始以前的几小时，莫抵运声称确保公正和自由大选的条件还不成熟而退出了大选。在联合国、监督监查委员会、穆加贝和南非新总统纳尔逊·曼德拉等国际社会的共同压力之下，莫抵运又在 28 日凌晨放弃了对大选的抵制政策，参加大选。11 月 19 日，全国选举委员会公布了大选结果。

在全国 610 万有资格的选民中，约 80% 的人登记参加了大选。莫解阵主席希萨诺以 53.3% 选票击败对手德拉卡马（获 33.73% 选票），再次当选总统。在 250 个席位的国会选举中，莫解阵获得了 129 席，刚刚超过半数；莫抵运获得 112 席，莫桑比克民主联盟获得 9 席。莫抵运在中部和北部的省份获得了相当高的支持率，在全国 11 省中的 5 个省获得绝对多数的选票。德拉卡马在选举后接受了选举的结果，但仍然认为在选举中存在某些违规行为。联合国也承认存在某些违规行为，但认为这些现象不足以影响总体的选举结果，因而，联合国宣布莫桑比克大选是公正自由的。这个结论得到了参加监督大选活动的 2300 名国际观察员的支持。按照联合国开发计划署的统计数字，莫桑比克首次多党民主大选的总费用为 6353 万美元，其中 5900 万美元是由国际社会捐助的。

在竞选过程中，德拉卡马提出了过分要求：在大选之后，建立一个由两党组成的"民族团结政府"。作为回应，教会和几个西方国家努力帮助莫抵运与政府达成一项选前"交易"，以防莫抵运退出大选。虽然莫桑比克政府同德拉卡马在 9 月举行了两次谈判，希萨诺反对进行这种交易。不过，他又承认了德拉卡马的"反对党领袖"的身份，为其提供薪水和其他福利，包括一本外交护照。

在 1994 年整个 9 月，政府和莫抵运等 14 个政党参加国会竞选，12 个候选人参加总统竞选。尽管莫桑比克政府和莫抵运双方在竞选过程中不时出现彼此威胁的声音，甚至莫抵运进行了整整一天的抵制大选活动，但莫桑比克历史上首次多党选举，在独立的国家选举委员会的监督下，于 10 月 27 ~ 29 日安宁平静的气氛中顺利完成了。

表 2 – 1　国会选举中各党派的地区选举结果

省　份	莫解阵	莫抵运	民主联盟
北方省份	65	80	6
德尔加杜角省	15	6	1
楠普拉省	20	32	2
尼亚萨省	7	4	0
太特省	5	9	1
赞比西亚省	18	29	2
中央省份	7	27	0
马尼卡省	4	9	0
索法拉省	3	18	0
南方省份	57	5	3
加扎省	15	0	1
伊尼扬巴内省	13	3	2
马普托市	17	1	0
马普托省	12	1	0
总　　计	129	112	9

对于大选的平静气氛，不少学者认为，这是因为 1975 年独立以后人们第一次能够民主选举自己的领导人，许多人同意联合国特使阿尔多·阿杰罗的说法：总统大选的结果和新国会的构成比例反映了莫桑比克人民的意志。

第六节　改革与民主时代

一　经济改革

莫桑比克的改革实际上是从经济改革开始，逐步向政治改革过渡的。建国以后，经济发展长期处于停顿甚至倒退的境况迫使政府进行改革。到20世纪80年代中期，莫解阵政府首先考虑改变过于集中的农业政策，采取了一些改革措施。为了推动经济改革，莫桑比克政府开始在外交上向西方社会开放。1984年，莫桑比克加入了世界银行和国际货币基金组织。在同一时期，该国还制定并公布了一部新的更自由的外国投资法规。

希萨诺连任总统之后，经济改革进一步加快，推行务实开放的政策，国家经济状况有所好转。在80年代后期莫解阵政府开始进行市场经济改革，并于1987年与世界银行和国际货币基金组织签署了结构调整协议，以缩减财政赤字，将国营企业私有化，以扭转经济颓势。自1987年起，莫桑比克政府实行为期3年的"经济复兴计划"，这标志着经济体制改革运动的开始。该计划后来又增加了社会改革的内容，也就改名为《重建经济与社会计划》。市场改革、自由化和宏观经济稳定为《重建经济与社会计划》提供了整体框架。

实际上，在80年代后期，政府的政策着重于放开市场价格和外汇汇率，以加强资源的有效配置，减少预算赤字和降低通货膨胀率。国际货币基金组织对信贷最高额加以限制，以遏止国家银行体系不良贷款规模的恶化。

到80年代末，政府加快了农业政策的改革步伐。进入90年代以后，农业政策改革的重点是市场刺激和小农式农业生产。莫

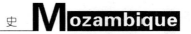

桑比克的经济改革到 90 年代中期取得了巨大的成就。有关内容，请见第四章的经济改革部分。

二　多党政治

从 1988 年开始，教会人士就国内战争问题一直建议希萨诺总统，尽早同莫抵运进行谈判。莫桑比克政府宣布返还教会在 70 年代国有化过程中没收的所有教产。政府同教会的关系全面恢复。教会开始积极参与和平调解进程，参与国家的政治生活。在 1992 年以后，莫桑比克教会在促成地方性的停火与缓和社区紧张关系方面继续发挥重要作用。

20 世纪 90 年代初，国际形势发生巨变，东西方冷战结束，南部非洲形势迅速好转，在"多党民主"风潮席卷非洲的背景下，莫解阵加快了社会政治改革的步伐。1989 年 7 月，莫解阵党召开第五次代表大会。在第五次全国代表大会上，莫解阵放弃了马克思列宁主义的纲领，放宽了其政治和经济改革的计划。大会决议同意接纳宗教人士和企业家入党。会议还发表了一份文件，列举"12 条对话原则"，作为莫解阵同莫抵运进行直接对话的先决条件。

此后，莫桑比克大刀阔斧地进行了政治改革进程。不过，其政治改革的进程基本上同和平谈判的进展息息相关，既推动了和平谈判进程，又受到和平谈判的牵制。为了推动国内和平进程，争取政治改革的主动权，并以此争取全国民意的支持，1990 年 1 月，希萨诺总统颁布新的宪法草案，广泛征求社会意见。新的宪法草案规定总统和国会代表由普选直接选举产生，实行多党民主制；莫解阵党同政府分离；莫抵运只要放弃暴力政策和承认政府的合法性，就有资格参加竞选；司法独立和承认罢工权利；计划在 1991 年 1 月举行多党大选。这部宪法草案的目的就是创造结束内战的氛围，减少政府同莫抵运之间的政见分歧。

1990年8月，莫桑比克的政治改革进程取得了新的进展。莫解阵宣布1991年举行多党参加的立法选举，将国名从莫桑比克人民共和国改为莫桑比克共和国。

1990年11月，莫桑比克立法机构人民议会批准了新宪法。新宪法于当月底生效。新宪法为实行多党政治体制、普选权、司法独立、新闻自由、罢工权利和市场经济体制奠定了基础。新宪法得到了西方援助国家的一致好评，但莫抵运由于还没有做好参与国家政治生活的准备，以及担心在和平谈判中处于被动地位，立即否决了新宪法，认为新宪法是由非选举的议会制定的，不具有代表性。因而，宪法问题成为罗马和谈的关键主题之一。

1990年12月，莫解阵和莫抵运签署了涉及莫桑比克两大主要交通要道林波波走廊和贝拉走廊的部分停火协议。尽管在1991年和1992年和平谈判的最后阶段进展缓慢，但谈判各方在选举制度、政党和谈判构架这三方面达成了共识，形成了一系列政治军事协议。

莫解阵在推动国内政治改革的过程中，开放党禁是关键步骤之一。1990年12月，莫桑比克人民议会在更改为共和国议会以后召开第一次会议。其通过的第一项法案就是政党法案，允许在国内成立新政党。该法案于1991年2月生效。国内很快出现了许多政治党派。1992年3月，莫桑比克民族联盟经过登记注册，成为莫桑比克第一个合法的反对党。该国一党专政的历史到此正式结束了。

在政治改革过程中，莫解阵党内部反对多党民主化改革的势力也是存在的。1991年6月，莫桑比克政府击败了一场政变阴谋，逮捕了在职或退休的不少官员，其中包括前政府军参谋长塞巴斯蒂奥·马伯特（Sebastião Mabote）上将。8月，内政部长迈努埃尔·诺泽·安东尼奥（Manuel José António）因牵扯到这一政变阴谋而受到调查，但由于他本人向政府通报了这个阴谋而使

政变流产，对他的指控在 1992 年 2 月被取消了，并于当年 4 月恢复了他的工作职位。9 月，最高法院取消了对马伯特的所有指控，无罪释放了他。其他的 13 名被捕人员在 10 月获得大赦而恢复自由。

如何对待工会等民众组织问题也在政治改革中取得了突破。1991 年 8 月，莫解阵党举行了第六次代表大会，重新选举希萨诺为主席，并首次通过秘密投票的方式选举了中央委员会。费利西亚诺·贡达纳被任命为总书记。12 月，国会通过了新的工会法律，允许工人根据自己的意愿组织工会、自愿参加或退出工会，工会将被建设成为自我管理和自己决策的组织，不受外来势力干涉。

为了有效地组织大选，按照和平协议成立全国选举委员会是重要条件之一。1993 年 3 月，政府公布了选举法草案，提议建立由 21 名成员组成的全国选举委员会来组织和监督大选的进行，其主席由最高法院的法官担任。4 月底举行多党会议，讨论修改选举法案，但由于与会的 12 个政党代表抗议政府不提供食宿和财政支持而使会议半途而废。此后，12 个政党提出在大选期间组建联合过渡政府的提议，遭到政府的断然拒绝。7 月底，政府允诺在 1994 年为各政党提供资金，多党会议得以重新召开。但在这次会议上，莫抵运以该选举法草案违背和平协议而予以抵制。为了解决选举法等政治问题的分歧，希萨诺和德拉卡马于 1993 年 8 月首次在本国国土上会晤。这次会晤略微缓解了政治紧张局面，但不久以后新问题又出现了。其中的一个难题就是莫抵运坚持莫桑比克政府要为其组建为一个政党提供资助。面对莫抵运不断设置新的障碍，联合国秘书长加利在 10 月访问莫桑比克，劝说双方化解僵局。他的这次访问使双方就选举法问题以及相关军队的驻兵营地和非军事化问题达成了协议。这样，经过几个月的争吵后，多党会议最终确定了全国选举委员会的组成人员

分配比例：10 名成员来自政府，7 名成员来自莫抵运，3 名成员来自其他党派，1 名主席为独立人士。1994 年 2 月初，全国选举委员会根据这一原则成立。

1994 年 8 月，莫抵运正式登记为政党，并与国家民主党（Partido Nacional Democrático）、莫桑比克国家党（Partido Nacional de Moçambique）和莫桑比克民主自由党（Partido Livre Democratico de Moçambique PLDM）在同月组成了竞选联盟——民主联盟（União Democrático UD）。竞选活动从 1994 年 9 月开始。但莫抵运很快将联合国提供的 1160 万美元的经费用完，并于当月发表声明，要求得到更多的经费，否则就退出竞选进程。美国此后为莫抵运的竞选运动提供了 100 万美元的资金援助。

三　和平实现与战后重建

1994 年 11 月中旬，联合国安理会又一次延长联合国莫桑比克行动的使命期限，到莫桑比克新政府就任为止。联合国莫桑比克行动部队和警察部队在 1995 年 1 月 31 日以前全部从莫桑比克撤离。联合国莫桑比克行动最后一批军事官员于 1995 年 3 月全部撤离莫桑比克。

1994 年 12 月，停火委员会发表了最后报告：在联合国莫桑比克行动中登记注册的政府军和莫抵运士兵的总人数为 91691 人，其中 11579 人注册加入新国防军。这与预计的国防军数字相去甚远。

莫桑比克比较顺利地实现了和平过渡，对后来的国家重建产生了积极的影响。莫桑比克内战延续了 16 年，全国人民生命财产损失惨重：10 万人丧生、300 万人离乡背井、170 万难民流落周边邻国；内战极大地破坏了本来就很落后的莫桑比克经济，1992 年人均国民生产总值降至 60 美元，被列为世界最贫穷的国家之一。莫桑比克国际关系高级研究所所长估计，这场内战使莫桑比克损失 640 亿美元、约需 50 年才能恢复。

1994 年大选的投票情况对于莫桑比克的和解前景而言是令人鼓舞的。就全国范围而言，两大政党之间相对的势均力敌本身可以加强全国范围的政治稳定。但各地方的投票情况表明，长期以来莫解阵和莫抵运在各族体和各地区之间形成的影响将在莫桑比克政治中长期发挥重要作用。在大选中，某些选区的社区和教会领导人呼吁选民进行有策略的投票。这直接影响了这些选区的大选结果。因为人们普遍渴望和解，所以在投票时，许多人受到社区和教会领导人的影响，投票支持希萨诺当选总统，同时支持莫抵运进入国会。

莫桑比克和平的巩固主要取决于如何解决巨大的社会差距、政治分歧和贫困等亟待解决的问题。大多数农民远离大城市和经济中心，处于绝对贫困地位，很少享受到和平的收益，因而社会经济重建要满足他们的生存需要尤为重要。重新安置大约数百万流离失所的人口和难民仍然是一个令人忧虑的问题，并将使土地争端加剧。

为应付内战结束以后的这些亟待解决的难题，争取国外援助是莫桑比克政府优先考虑和采取措施的重点。随着大批的国际援助机构涌入莫桑比克并为其重建带来助益，但国际债务则严重妨碍了社会经济重建。1997 年，外国援助约占政府开支、主要卫生和教育开支的 60%，许多莫桑比克人依赖这些援助。在莫桑比克急于四处延揽更多的国际资金时，这些援助潜在的不利代价却一直没有引起足够重视。人们没有充分认识到莫桑比克经济是否能够吸收这样多的国际援助。一些开发机构的援助甚至参与了地方不同派系的政治活动，削弱了政府的立法权和行政权威。目前，莫桑比克在社会经济重建方面严重依赖外援的状况已经引起了国际社会的关注，因为，如果政府行政、社会经济重建和政治稳定过分依赖外援，人们普遍怀疑，当国际援助枯竭之时，重建

进程能否顺利进行。

持久的和平取决于能否实现人们普遍渴望获得美好生活的愿望，也在很大程度上依赖于莫解阵和莫抵运的相互关系。从1992年以来，两党关系一直在合作和冲突之中摆动，政府不断推迟地方选举，这在某种程度上反映和加剧了双方业已存在的互不信任。总的来说，民主选举制的确立为新的政治时代开辟了一条道路。但是，在政党竞争激烈的政治生活中，莫桑比克的政局稳定更多要取决于两大政党领导人能否在这一框架之内不断进行调整。

第七节　著名历史人物

　德华多·蒙德拉纳（Eduardo Modlane）

他是莫桑比克解放阵线的创建者和莫桑比克民族团结的奠基人。他是莫解阵的首任主席，为莫桑比克民族解放运动最著名的领导人之一。

1920年6月20日出生于加扎省曼雅卡泽地区名为恩瓦德雅哈内（Nwadjahane）的聪加人村庄，其父恩瓦德雅哈内·姆森加内·蒙德拉纳（Nwadjahane Mussengane Modlane）是当地部族的领导人，在蒙德拉纳2岁时去世。在12岁以前，他像许多其他非洲人的孩子一样放牧羊群。但在少年时期，他深受其祖辈和父辈在19世纪末反抗葡萄牙殖民统治的英勇事迹和传说的影响，也深受其母亲玛昆古·姆扎穆塞·姆贝姆贝勒（Makungu Muzamusse Mbembele）忍辱负重精神的熏陶。为了学习文化知识，他的母亲鼓励他求学接受教育。他渴望获得教育，他也成了本家族中接受教育的第一人。

他最初在自己村庄附近的一个教会学校接受教育，然后辗转在莫桑比克南部和南非的几所小学接受教育。在瑞士传教士的帮助下，他来到当时的洛伦索—马贵斯继续学习，在克服重重困难后，于 1936 年完成小学教育。当时，非洲人的孩子很难再继续接受更高的教育了。因为白人统治者为了阻止非白人渗透到殖民统治体系中来，为非白人的教育设置了重重障碍，所以他无法在当时国内的学校继续深造。因而，蒙德拉纳继续接受教育的愿望在当地受阻。出于无奈的选择，他到伊尼扬巴内省的卡姆柏内（Khambine）卫理公会教会学校学习了 2 年的农业课程。

1945 年，他得到了教会提供的一项奖学金，到位于南非德兰士瓦省北部勒马纳（Lemana）的道格拉斯·拉·史密斯中学（Douglas Laing Smith Secondary School）注册入学。3 年后，他以优异成绩转入约翰内斯堡简·哈·霍夫梅尔社会科学学院继续深造。然后，他又以优异的成绩获得奖学金，于 1949 年进入约翰内斯堡威特沃特斯兰德大学（Witwatersrand University）学习社会科学。

直接经历的殖民统治体制的压迫和不公正待遇使年轻的蒙德拉纳认识到，必须要为改善莫桑比克人民的现状作斗争。这种民族意识的觉醒，促使他在南非开始接触并投身于反对种族隔离制度的斗争。这时的南非马兰政府为了实施种族隔离，加紧镇压抗议活动。他因参加政治活动，在参加第二年考试时被遣返。

返回莫桑比克以后，1949 年他在洛伦索—马贵斯帮助创建了莫桑比克学生组织——莫桑比克高中学生中心，并成为领导人。他对葡萄牙殖民主义政策的批判，以及他对莫桑比克文化和历史价值的热情颂扬，深深地影响了比他年轻的整整一代莫桑比克青年学生，其中的许多人后来成为莫桑比克民族解放运动和国家建设的主要领导人。

他的活动遭到秘密警察的拘捕、监视、审问和骚扰。不久，美国菲尔普斯·思都克斯基金为他提供了另一个奖学金。他因此

得以于 1950 年到葡萄牙里斯本大学（Universidade de Lisboa）继续接受教育。在里斯本，他遇到了一些富有斗争精神的非洲学生。他们广受泛非主义、泛黑人思潮、马克思主义和反法西斯思想的影响，共同探讨，形成严密的反殖民主义思想体系。在这些非洲人学生中，有后来分别领导几内亚比绍和安哥拉独立解放运动的阿米尔卡·卡布拉尔（Amilcar Cabral）和阿戈斯蒂纽·内图（Agostinho Neto），还有后来成为葡萄牙殖民地民族主义者组织联盟秘书长和莫解阵缔造者及领导人的马塞利诺·多斯桑托斯（Marcilino dos Santos）。

由于受到秘密警察的严密监视和骚扰，蒙德拉纳逃离葡萄牙，到美国继续接受教育，并最终在美国获得大学文凭：欧柏林学院的文科学士学位和西北大学文学硕士学位（1953 年）和哲学博士学位（1960 年），所学专业是社会学和人类学。他成为莫桑比克历史上第一个博士。他毕业后曾在美国加尔瓦尔德大学和纽约的锡拉丘兹大学教人类学课程。

1951 年，他结识白人姑娘珍妮特·瑞尔·约翰逊（Janet Rae Johnson）。两人结婚后育有 3 个子女。珍妮特后来同蒙德拉纳一起参加莫桑比克的民族解放斗争。

1957～1961 年，他作为研究坦噶尼喀（坦桑尼亚）、西南非洲（纳米比亚）和喀麦隆的学者，受邀在联合国秘书处托管处工作。他作为联合国的公务人员，尽可能多地接触莫桑比克事务。1961 年，他为了能够亲身体察莫桑比克的实情并与国内亲属建立直接联系，作为联合国的官员回到莫桑比克度长假。此时，他已成为莫桑比克的民族英雄。在洛伦索—马贵斯郊区的贫民区，在自己的家乡加扎农村，他秘密会见了反对葡萄牙殖民统治的人士。这些人士向他详细介绍了殖民地当局不断加强镇压莫桑比克人民的情况，并敦请他组建一个民族组织。殖民地官员也热情地接待了他，并以高官厚禄引诱他在殖民政府中任职，但遭

到断然拒绝。他认识到了人民大众渴望摆脱殖民统治的感受和心愿。他在离开莫桑比克时坚决表示，要为莫桑比克的独立进行战斗。在莫桑比克之行后，他坚信组建全国性的民族解放运动既有必要又有可能。为了能够回到非洲，他辞去了在联合国的工作。

在联合国工作期间，蒙德拉纳认识了朱利叶斯·尼雷尔博士。尼雷尔对蒙德拉纳创建一个解放莫桑比克统一组织的活动给予了巨大支持。蒙德拉纳为了创建这样的解放组织，同流亡在诸邻国的各种团体组织建立了联系，但拒绝参加其中的任何一个机构，反而向他们反复说明为战胜殖民主义而建立统一组织的绝对必要性。

1962 年，莫桑比克的民族解放组织莫桑比克—马孔德人联盟、莫桑比克全国民主联盟和争取莫桑比克独立非洲人联盟在达累斯萨拉姆举行联合会议，一致同意组建统一的组织莫桑比克解放阵线，并共同推选蒙德拉纳为主席。当年，蒙德拉纳来到达累斯萨拉姆，担起莫解阵主席的重任。

蒙德拉纳主持莫解阵工作的首要目标是建立一个反对葡萄牙殖民统治的广泛的联合阵线，并有效地向葡萄牙殖民地政权发动进攻。为此，他将联合目标不仅仅局限于组成莫解阵的三个党派，还努力团结和吸收近期内逃离莫桑比克的战斗者和其他反对葡萄牙殖民统治的人士，也吸引葡萄牙人培训的具有马克思主义倾向的更年轻的知识分子。因而，他主张建立的联合阵线意味着将所有的莫桑比克人吸引进来，不管他们属于什么阶级或处于什么社会地位，不管是农民、工人、商人、艺术家还是酋长，只要他们支持反对葡萄牙殖民统治的斗争。因此，从目标和组成上看，早期莫解阵是一个典型的追求民主解放的民族主义者联合阵线，是在爱国主义和反对外国统治的基础上联合具有不同思想意识的各种集团组成的。但这种泛联合主义的倾向和主张也使得莫解阵初期的团结问题面临巨大的挑战。正是各个集团的思想意识

没有统一的基础，造成了莫解阵内部团结相当脆弱。

蒙德拉纳在组织莫解阵早期活动期间，反对该组织内部存在的要同殖民地当局进行谈判并向联合国申诉的主张，支持近期从莫桑比克国内流亡国外并富于战斗精神的年青一代和其他激进主义者的主张。蒙德拉纳和另一位莫解阵的创始人多斯桑多斯认为，改革主义者的战略是富于幻想的，是自我毁灭性的，强调莫桑比克的社会和经济关系需要的不仅是改革，而且要通过革命手段予以重建。蒙德拉纳的主张在莫解阵执行委员会中居于主导地位，但少数派为此从莫解阵中分离出去，成立了一系列的小团体，但从未对莫解阵主导地位构成挑战。

莫解阵内部思想统一过程完成以后，莫解阵开始了武装斗争的进程。1964 年 9 月 25 日深夜，莫解阵游击队袭击了葡萄牙殖民地当局在德尔加杜角省沙伊（Chai）镇，打响了武装推翻葡萄牙殖民统治的第一枪。

在蒙德拉纳的领导下，莫解阵在莫桑比克国内建立了第一个解放区，开始实施新的政治、经济和社会建设体制。在这种背景下，莫解阵内部存在的根本矛盾开始浮现。莫解阵内部此时基本分为两派观点：一派认为争取独立并取代白人殖民定居者的统治地位是莫解阵的奋斗目标，但另一派主张不仅要争取莫桑比克的独立还要取消剥削制度。蒙德拉纳是后一派的主要代言人之一，支持民族团结，支持莫解阵内部进行反对种族主义、部族主义和地方主义的政策，支持妇女解放。

在民族解放运动顺利发展初期的理论论争中，莫解阵内部对以下三个问题发生争执和分歧：谁是敌人？发动武装斗争的最好策略是什么？在解放区应该建立什么样的社会？蒙德拉纳和莫解阵执行委员会的多数成员从经济和社会联系层面而不是按照肤色来确认敌人，认为莫解阵的敌人就是葡萄牙殖民主义。莫解阵在其宣布的原则中明确宣布，莫解阵的斗争是为反对"法西斯主义的殖民统治"，并"祈佑葡萄牙人民珍贵的民主传统"而战，莫解阵要寻求葡萄牙人民的支持。与狭隘的民族主义观点不同，以蒙德拉纳为主的莫解阵多数派欢迎同情莫解阵的白人和混血种人加入到解放运动中来，并主张被俘虏的葡萄牙士兵要得到人道的对待，因为他们大多出身于农民背景，他们同样遭受萨拉查独裁统治之苦。

面对西方国家积极地支持葡萄牙殖民主义政策，莫解阵则越来越明显地表明了反对帝国主义的立场。蒙德拉纳早于 1964 年在意大利召开的一次会议上就表明了对西方国家支持葡萄牙萨拉查政权问题的异常清醒的认识。他对听众指出："西方国家的北约集团向我们的国家倾注多少兵力无关紧要，它们向葡萄牙政权提供多少吨武器无关紧要，美国为葡萄牙军队和商业利益集团提供多少美元无关紧要，因为莫桑比克人民已经下定决心，要推翻殖民主义和经济帝国主义的压迫，并取得胜利。"[1]

蒙德拉纳及莫解阵多数派反对种族主义的思维方式，对莫解阵所要采取的斗争策略产生了直接的影响。莫解阵首先撤销了那些宣扬进行城市游击战争，并对欧洲人社区发动报复性进攻的领导人的职务。蒙德拉纳反对这样的策略。他认为，这种策略最终会被迫放弃，因为"葡萄牙人的秘密警察……在城市地区一直异常警觉，并往往用金钱收买黑人渗透到地下组织中活动"[2]。在现实的武装斗争中，蒙德拉纳支持在农村地区举行武装起义，开展武装斗争的路线。

蒙德拉纳坚决主张在莫解阵解放区实现民主体制，尽可能地教育和动员农民参加到民族解放运动中来。他认为，将农民纳入

①　Typed draft speech by Dr. Eduardo Mondlane at the Mediterranean Congress for Culture, Florence, July 25, 1964.

②　Barbara Cornwell, The Bush Rebels, London, 1973. pp. 53 – 54.

民族解放战争中来是莫解阵核心战略的之一。在农村解放区实施民主，动员农民积极参加解放运动的同时，探索建设莫桑比克未来的新型社会经济模式。因此，建立密切的军民关系是莫桑比克民族解放战争的关键。蒙德拉纳为此指出："军队领导人民，但更为重要的是军队就是人民，只有人民才是军队的源泉。"① 为了动员群众，唤醒人民的独立斗争意识，蒙德拉纳重视在解放区的教育工作。他曾指出："我们历来对教育的重要性非常重视，因为，教育首先对我们的斗争的发展具有决定意义，随着人们对形势发展了解得越多，他们就会更多地支持和参加我们的斗争；其次，未来独立的莫桑比克要获得发展将急需大量的有知识的公民。"② 为了改善根据地人民的生活，蒙德拉纳还重视莫解阵解放区医疗卫生事业的发展。此外，在解放斗争中，莫解阵一改莫桑比克传统社会歧视妇女的陋习，鼓励广大的妇女参加解放斗争，积极提高妇女在莫解阵和军队中的地位。

但由于在莫解阵内部存在思想流派、部族思潮、种族主义思想和派系争权的问题，1968 年 3 月，莫解阵内部发生了严重纷争。在美国留学的莫解阵成员拒绝回国参加解放运动，甚至策划和发动了一场谩骂诋毁蒙德拉纳的运动。他们实际上指责莫解阵的教育政策反映了蒙德拉纳的愿望，即确保其作为莫桑比克唯一博士的知识分子地位。到 1968 年年中，莫解阵内部根深蒂固的意识形态分歧再次引起了执行委员会内部激烈的争论和分歧。这时的蒙德拉纳经过几年的革命斗争已经比以前更激进化了。他同莫解阵外交事务部长马塞利诺·多斯桑多斯、武装部队司令萨莫桑比克拉·马谢尔和执行委员会主要成员若阿金·希萨诺形成了莫解阵中央委员会的多数派。按照统一战线原则，蒙德拉纳本来

---

① Eduardo Mondlane, Struggle for Mozambique. p. 149.

② Eduardo Mondlane, Struggle for Mozambique. p. 175.

热衷于维持莫解阵的团结统一，但到 1968 年，他已经认识到这种愿望已经不可避免地失败了。以蒙德拉纳—多斯桑多斯—马谢尔为首的多数派认为，打败葡萄牙殖民统治只是改造莫桑比克社会的第一步，解放区的经验已经为进一步改造莫桑比克建立了一个初步的模式，集体生产和集体所有制将是莫桑比克未来应选择的道路，由此可以更加平等地分配资源和财富。该派反对以拉扎罗·恩卡万达梅（Lazaro Nkavandame）为首的少数派提出的未来的莫桑比克将要接受一个受教育的精英集团的指导和由其瓜分社会财富的理论，严厉地批判了少数派的种族主义立场和观点，重申了农民和工人的首要地位以及阶级分析方法的重要性。

1968 年 7 月，莫解阵不顾少数派的坚决反对在尼亚萨省解放区召开第二次全国代表大会。以蒙德拉纳为首的多数派坚持其革命路线方针，得到大会的通过。蒙德拉纳再次当选为主席。此次会议明确了莫解阵的指导思想，确认莫桑比克的"解放斗争是全世界解放被压迫民族斗争的一个组成部分，其目标是完全废除殖民主义和帝国主义，并建立没有人剥削人的崭新社会"。在会议上，蒙德拉纳的理论得到萨莫桑比克拉·马谢尔、若阿金·希萨诺、马塞利诺·多斯桑多斯和阿尔贝托·若阿金·奇潘德（Alberto Joaquim Chipande）等绝大多数代表的支持。

莫解阵内部意识形态的分歧最终导致莫解阵再次分裂。1969 年 3 月，莫解阵中央委员会解除了少数派首领拉扎罗·恩卡万达梅的职务。

由于武装斗争运动发展迅速、解放区的发展蒸蒸日上和从莫解阵内部进行分化瓦解的阴谋难以得逞，葡萄牙殖民主义政权视蒙德拉纳为心腹大患，认为剪除了蒙德拉纳就可以阻止独立运动的深入发展。因而，葡萄牙秘密警察勾结莫解阵内部的异己分子，给蒙德拉纳送去了邮包炸弹。1969 年 2 月 3 日早晨，蒙德拉纳在达累斯萨拉姆的办公室里被邮包炸弹杀害。当时发现的证

据表明，拉扎罗和莫解阵其他一位高级成员在葡萄牙秘密警察的策划下卷入了这场谋杀案。此人后来回到莫桑比克国内投靠了殖民地政权，并在整个解放战争期间成为葡萄牙政权的帮凶。

蒙德拉纳的被害为莫桑比克独立解放事业造成了重大打击，但秘密警察以此破坏莫桑比克独立解放事业顺利发展的阴谋没有得逞，反而更加坚定了莫桑比克人民和莫解阵继承蒙德拉纳的遗志追求民族解放的斗志。

蒙德拉纳在生前有若干著作出版，其中阐述莫桑比克民族解放运动历史的《为莫桑比克而奋斗》一书最著名。为了纪念蒙德拉纳在解放战争中的巨大贡献，莫桑比克独立后在马普托设有蒙德拉纳大学，为全国最先进的大学。

萨莫拉·莫伊塞斯·马谢尔（Samora Moisés Machel）

他于 1933 年 9 月 29 日出生在莫桑比克南部加扎省绍奎县希莱贝内村（Chilembene），位于马普托市北方 250 公里处。他在这个尚加纳人村庄长大。

他的家族具有反对葡萄牙殖民统治的悠久历史。他的曾祖父、祖父参加了 19 世纪末抵抗葡萄牙殖民统治的斗争，他的曾祖父是 1896 年马贵瓜内（Maguiguane）起义的主要领导人之一。他的家族因生性耿直，公开抵抗殖民统治而备受熬煎。他的两个祖父都被流放到圣多美，并死于流亡地。

他的父母是贫穷的农民。由于葡萄牙殖民者强制推行种植棉花政策，他的父母被迫种植棉花而无法种植生活必需的玉米等粮食作物。因而，他在童年时期经常为此忍饥挨饿。

从很小的时候，萨莫桑比克拉就遭受葡萄牙殖民统治的剥削，因而充满了反抗和斗争精神。在教会学校上学时，他在课余时间里被迫在教会的田园里劳作，为教会种植经济作物。在他小学毕业的时候，他的老师决定送他到神学院而不是高中学习。他们希望他的反叛意识能够在神学院得到驯服。萨莫拉拒绝到神学院学习，却选择了学习护士的课程，因为当时的这个职业是对黑人开放的。然后，以自己的微薄工资通过夜校完成了高中课程的学习。在医院工作期间，他开始进行政治斗争，他抗议医院实施的白人和黑人同工不同酬的政策。这时，他对葡萄牙殖民统治的民族压迫政策也开始觉醒。他后来向记者提到这段时间的思想时指出，在免疫、医药和医疗护理方面，富裕白人的狗得到的要比为白人生产财富的黑人工人得到的多。

在 50 年代初他家世代耕种的本家田园被葡萄牙殖民地政府强行征收，并分配给了葡萄牙移民。这对他产生了很大的影响。为了糊口维生，他的长兄和其他许多亲属被迫远到南非矿井做苦力。不少亲属在他少年时代就死于南非的矿井事故。殖民主义的压迫给自己和亲人造成的苦难铸定了他的反抗意志。

1962 年，莫解阵成立的时候，萨莫拉逃离莫桑比克，参加了该组织，投身于莫桑比克独立事业。他在莫解阵内部提升得很快。1963 年，他与其他莫解阵战士一起到阿尔及利亚接受军事训练。在完成军事训练后，他于 1964 年回到坦桑尼亚，负责莫解阵的一个军事训练营。在军事斗争方面，他为筹划和组织最初的武装斗争发挥了核心作用。1964 年，他还回到国内指挥了尼亚萨省东部地区的军事战役。

自 1965 年起，他长期同战友一起，同甘共苦，积极参加莫解阵解放区民众的发动工作。1966 年，莫解阵的第一任国防部长费利佩·马盖亚（Filipe Magaia）去世后，他接任此职，兼任武装力量司令。在他被选入莫解阵中央委员会不久，莫解阵内部爆发了激烈的思想路线斗争。他同莫解阵主席蒙德拉纳和马塞利诺·多斯桑多斯结成了多数派，成为莫解阵内主张革命民族主义观点的主张者之一。1969 年蒙德拉纳被谋害以后，莫解阵在 4 月召开中央委员会，设立主席委员会，由莫解阵前主席乌利亚·西芒戈（Uria Simmango）、马塞利诺·多斯桑多斯和萨莫桑比克

拉组成。此后，领导多数派同少数派尤瑞阿·西芒戈进行论争。
1969 年，莫解阵执行委员会解除了尤瑞阿·西芒戈在主席委员
会的职务。1970 年 5 月，莫解阵中央委员会选举萨莫桑比克拉
为莫解阵主席，马塞利诺·多斯桑多斯为副主席。至此，莫解阵
内部的革命民族主义势力取得最后的胜利，为更明确地采取
"社会主义"路线准备了条件。萨莫桑比克拉对游击战争充满信
心，并确信莫解阵军队应建立在广大的农民阶级基础之上。他是
一个革命家，不仅全身心投入推翻葡萄牙殖民统治的解放事业，
而且希望迅速地推动社会变革。他曾说过，"在我们所做的所有
事情中，最为重要的——也是历史将把我们这一代人的主要贡献
记录下来的是，我们知道如何将一场武装斗争转变为一场革命，
以及我们认识到为了建立一个崭新的社会，至为重要的是要培养
一种全新的精神力量"。

在萨莫桑比克拉的领导下，莫解阵认真总结了解放区的实践
经验和教训，排除传统权力机制的影响，严防黑人中产阶级对革
命运动的渗透，加大力度解放妇女，改进卫生教育事业。在军事
领域，莫解阵游击队将战斗范围扩大在太特省，并从 1972 年开
始突入莫桑比克南部地区。1973 年底，莫解阵部队已经进入距
马普托仅 640 公里的地区开展活动。萨莫桑比克拉领导的莫解阵
民族解放运动有力地动摇了葡萄牙殖民统治的基础，促成了葡萄
牙本土的军事政变。

1974 年 4 月，葡萄牙国内发生军事政变后，他于 6 月率领
莫解阵代表团同葡萄牙新政府代表在赞比亚首都卢萨卡进行谈
判。9 月 7 日，达成了关于葡萄牙放弃殖民统治，允许莫桑比克
独立，以及建立过渡政府的协议。1975 年 6 月 25 日，莫桑比克
正式宣布独立。萨莫拉当选为莫桑比克第一任总统。1977 年，
出任莫解阵中央委员会主席，同年被授予国际"列宁奖"。

在莫抵运领导的内战爆发后，萨莫拉总统主张坚决镇压，不

予妥协。为了集中精力指挥同莫抵运的内战，他积极推动在行政体制上的改革。1986年，他任命莫解阵政治局4名主要成员负责管理政府各部的工作。同年7月，他任命马里奥·菲尔南德斯·达格拉萨·马顺戈为总理，负责政府部门的日常管理工作，以便集中精力指挥同莫抵运的军事作战。

萨莫拉总统有"非洲格瓦拉"之誉，思想一贯激进。在独立以后，他将自己的革命原则和理念迅速付诸实施。按照马克思主义的理论，他对葡萄牙殖民者的种植园和财产实施了国有化，迅速在全国各地建立了公有的学校和医疗设施，并促成莫解阵转变为高度组织性的马列主义政党。

他还积极而坚定地支持邻国非洲人民反对殖民主义和种族主义的民族解放斗争。他允许南罗得西亚（今津巴布韦）的游击队战士和南非的反种族隔离制度的斗士在莫桑比克本土活动。这种政策导致莫桑比克先后受到南罗得西亚和南非的直接进攻，并使其培植和支持莫抵运内战势力。在经济上，新生的莫桑比克先后遭到南罗得西亚和南非的封锁和扼杀。莫抵运的破坏活动对莫桑比克经济和社会建设造成了毁灭性的影响。

1986年10月12日，前线国家在马普托举行会议。根据会议决议，19日凌晨，萨莫拉总统乘坐专机前往卢萨卡参加前线国家紧急首脑会议，商讨莫桑比克的内战等问题。当晚从赞比亚首都卢萨卡返回马普托途中，他的专机偏离航线，在南非境内的纳塔尔省靠近莫桑比克、南非和斯威士兰三国边界地区失事坠毁，不幸身亡，享年53岁。他的去世在南部非洲人民中激起了极大的愤怒，人们痛感失去了这样一位伟大的领袖。南非的抗议者指责南非政府应为萨莫桑比克拉的去世负责。在津巴布韦，成千上万的青年人蜂拥到哈拉雷市中心纪念他。至今，有关他的飞机失事问题仍是不解之谜，一些人推测是当时的气候条件问题，另一些人仍然相信是南非有关部门所为。至今，作为莫桑比克的

开国总统，萨莫桑比克拉在莫桑比克人们心中的地位一直是至为尊敬和神圣不可侵犯的。

自独立至 1986 年他飞机失事罹难为止的 11 年间，在他的领导下，莫桑比克取得一系列的成就：动员和组织人民反对内部的颠覆破坏与外部侵略，捍卫新国家的独立；改善人民教育与卫生状况；支持邻国尤其是津巴布韦人民反对白人种族主义政权的斗争。但是，由于全盘照搬苏联模式的"社会主义"，教训也很深刻：在政治上，莫解阵推行一党专政，为政治异己分子进行武装反抗提供了前提；在族体结构复杂的传统社会过早过多地剥夺酋长的传统政治权力，因而把不少民众推向对立面；在经济上，推行中央计划经济体制，不顾文化落后、文盲率高达 95% 以上的现实去全面接管银行、工厂、矿山和大种植园。尤其在 1976 年 5 月通过了在全国农村强制建立合作社性质的集体农庄，造成了工农业生产水平的全面下降；外交上，在支持津巴布韦解放斗争承担了重大损失之后，又向南非非洲人国民大会提供军事基地和入境通道，给南非支持莫抵运提供了借口。

阿丰索·马卡休·马塞拉·德拉卡马（Afonso Macacho Marcela Dhlakama）

莫桑比克全国抵抗运动主席。1953 年 1 月 1 日出生于索法拉省希巴巴瓦县。1971 年在省会贝拉市学习商业会计课程。早年曾参加莫解阵游击队。1977 年，他不满莫解阵的现行政策，加入莫抵运。很快，他被莫抵运创建人安德烈·马桑盖塞（Andre Matsangaissa）确立为接班人。1979 年，马桑盖塞遇刺身亡之后，他在莫抵运内部的权力斗争中取得胜利，成为该组织的主席兼武装部队司令。德拉卡马在年轻时期接受的教育有限，在成为莫抵运主要领导人之前，从未离开过南部非洲地区。

在南非接手莫抵运的培训指导后，他领导的莫抵运使国内的内战规模和影响迅速升级和扩大。1984 年，莫桑比克同南非签署《恩科马蒂条约》时，德拉卡马被排除在外。莫抵运发动的长期内战对整个国家的社会经济发展造成了毁灭性的破坏。但自80年代中期以后，南非对莫抵运的军事援助不断减少，莫抵运维持内战的资源日益枯竭，德拉卡马开始寻求停止内战的途径。德拉卡马及其宣传机构一直宣传，莫抵运是莫桑比克国内土生土长的组织运动，而不是受南非控制的组织。由于来自农村并且没有受过高等教育，德拉卡马少有莫解阵领导人的外交能力和魅力。这些因素使德拉卡马在1992年罗马和平谈判期间采取了谨小慎微的态度和策略，致使谈判不断出现危机或搁浅。在实现了国内和平以后，他作为莫抵运的总统候选人参加了1994年10月的首次多党制大选，获33.7%的选票。1999年12月再次参加多党制大选，获47.71%的选票而再次落选。已婚，有5个子女。

第三章

政　治

第一节　国体与政体

一　政治制度的沿革

19 75 年莫桑比克独立后的第一部宪法规定，莫桑比克是一个民主制国家。莫桑比克国家名称为莫桑比克人民共和国。莫解阵是唯一合法政党，直接处理各阶层的事务，莫解阵作出的决定对所有的政府官员都具有约束力。莫解阵主席被定为共和国总统，总统为国家元首，总统任命内阁成员，召开并主持内阁会议。内阁成员和内阁会议向总统提供建议。各省省长也由总统任命。通过间接选举产生的国民议会是国家最高权力机关。

1977 年，莫桑比克在各级地方政府建立议会，其代表经直接选举产生。这是历史上的第一次地方普选。各级议会代表由下一级议会选举产生。当时实行的是等额选举。莫解阵获得了国民议会全部的 57 个席位。1983 年国民议会席位增加至 210 席，增加了正副部长、省长、每省 10 名军队代表和 10 名莫桑比克其他公民代表。本应于 1982 年举行的选举由于内战等原因，几度推迟。直到 1986 年才进行。与 1977 年不同的是，此次为差额选举，议员席位增加到 250 个。由于所有的候选人都要获得莫解阵的认可，选举实际上是由各省议会从莫解阵候选人中选举国民议会。国民议会由莫解阵中央委员会和执行委员会的 160 人、政治局 15 人，正副部长、省长、军队代表和每省代表组成。

1990 年 8 月 15 日，国民议会决定将国家名称从莫桑比克人民共和国改为莫桑比克共和国。同年，莫解阵党中央委员会同意于 1991 年举行多党选举和扩大国民议会。莫桑比克向多党民主国家转变。1990 年 11 月 30 日莫桑比克通过了新宪法。新宪法突破了旧宪法的许多根本原则，标志着莫桑比克政治制度进入新的历史时期。根据新宪法，国民议会改称共和国议会（简称国会）。

1991 年 1 月，通过立法建立了政党合法化标准，从此，结束了一党统治的历史，开始实行多党民主与自由。1992 年 10 月 4 日，莫桑比克政府和莫抵运在罗马签署了《总和平协议》，从而结束了长达 16 年之久的内战。《总和平协议》中关于国家选举制度规定，通过比例代表制进行议会的选举；同时，由国际观察员监督立法与总统选举；国家选举委员会中 1/3 成员由莫抵运任命。莫桑比克政府帮助莫抵运在各省省会建立分支机构。

1993 年 12 月，国会通过了选举法。1994 年 10 月，莫桑比克顺利进行首次多党制的国会和总统选举。这也是莫桑比克历史上的第一次总统直选。

1994 年总统选举有 12 名候选人参加竞选。在总统选举中，在任总统希萨诺以获得 53.30% 的选票得以连任，居于第二名的是莫抵运主席德拉卡马，得票率为 33.73%。总统选举的投票率达 87.87%，联合国裁定这次选举是自由公正的。

莫抵运等参选政党均表示接受大选结果。大选后政局基本稳定，进入和平建设新时期。1995 年，莫桑比克政府制定五年施政纲领。其优先目标是：巩固国内和平与稳定，加强民族和解，

发展生产，减轻绝对贫困程度，扩大就业，改善人民生活，发展教育、卫生事业。新政府以国家重建为中心任务，经济建设不断取得进步。但失业人员增加，犯罪率有所上升。国会制定并通过了多项法律，国家的民主和法制逐步健全。

在1999年的第二次和2004年第三次全国民主大选中，莫解阵党再次赢得大选，时任莫解阵党主席的若阿金·希萨诺和时任莫解阵党总书记的阿曼多·埃米里奥·格布扎先后当选为总统。

二 共和国宪法

莫桑比克在1975年6月25日独立时颁行了第一部宪法，1978年进行修改。1990年11月30日，莫桑比克以新宪法取代了1975年宪法。这部新宪法于1996年增加了修正法案。现行宪法于2004年11月通过，并于2005年1月生效。

1990年宪法的实施是莫桑比克政治、经济与社会生活的一个重要的转折点，奠定了现在莫桑比克新型社会制度的基础。与前宪法相比，该宪法作出了许多重大规定。

该宪法确立了主权在民和直接的普选原则：莫桑比克人民通过普遍的、直接的、秘密的和定期的普选方式选举自己的代表，通过对国家重大问题进行公民投票表决（复决权）和通过公民持之以恒地参与国家事务来行使政治权利。

确立国家新的政治制度：宪法正文的第一条就明确规定："莫桑比克共和国是一个独立的、主权完整的、统一的和民主的社会公正国家。"宪法规定的共和国的基本使命之一就是"捍卫和促进人权以及法律面前的公民平等"以及"加强民主、自由和社会与个人的稳定"；宪法确认了多党制原则，认为"多党格局是确保民意得以形成和表达的政治多元性的体现，是公民民主参与国家治理的基本工具"，并对政党的构成、运转、使命、法律依据等都作了原则性的规定。

　　宪法确立了实行党政分开和立法、司法和行政独立的原则；删去原宪法关于莫解阵党在国家和社会中享有领导作用的保证条款，莫解阵党主席不再必然是共和国总统；共和国总统由全民直接选举产生，一切经过登记和批准的政党都可参加竞选；总统任期 5 年，只能连任两届；连续当选两任的总统可以竞选第三个任期，但必须在第二个任期结束再过 5 年以后；共和国议会是经直接选举产生的立法机构，为多党代表组成的一院制国会，议员任期为 5 年。取消原宪法中"社会主义"的提法，宪法确立了分权和相互监督的政治模式，明确规定任何人不得兼任两项或两项以上的下列职务：共和国总统、共和国国会议长、总理、最高法院院长、最高法院副院长、宪法委员会主席、行政法院院长、共和国检察院总检察长、共和国检察院副总检察长、省长和各部部长。

　　宪法确定了实行市场经济体制，实行经济自由化和市场化原则，规定莫桑比克实行国家所有制、合作所有制、国家与私人合资所有制和私营所有制等多种所有制经济成分并存的市场经济；"为了满足人民的基本需求和提高社会福祉，莫桑比克共和国的经济秩序遵循劳动价值、市场竞争机制、经济体的创新能力、各种所有制经济的共同参与、国家在规划和促进社会经济增长与发展中发挥作用等基本原则。"新宪法也为国家参与经济活动的管理作了规定，"国家应促进和协调经济活动，直接或间接采取措施以解决人民的基本问题并缩小社会和地区之间的不平等"。

　　在宪法的三个核心部分内容中，第二个核心部分对公民的基本权利、义务和自由权作了极为详尽明确的规定。新宪法确定所有的公民有权利和义务投身于巩固并扩大政府与社会所有层面的民主进程；宪法扩大了公民自由与权利，规定所有公民享有言论自由、新闻自由、知情权、在法律框架内的集会结社自由、组建或参加政党的自由、信仰或不信仰宗教的自由、从事科学技术以及文学艺术的创新自由、迁徙自由、财产权、继承权以及罢工权，享有受教育的权利和义务，享受医疗卫生的权利等等，并废除死刑。

根据宪法，共和国议会是莫桑比克的国家最高权力机关和立法机构，行使立法权。国会决议须由半数以上的与会代表通过方能生效。议员的任期为5年。国家最高行政权力机关是部长会议，由在国会中占多数席位的政党组成。总理受总统委托召集并主持部长会议。司法机构设有最高法院以及省、县、区级法院和共和国检察官。最高法院为最高司法机构，代表国家维护法制，监督国会和其他法规的执行。

2004年新宪法确保了1990年宪法的主要原则，并作了一些补充，规定：以多党制代替一党制，实行党政分离和司法独立的政治制度；总统为国家元首和政府首脑，总统和议员由选民直接选举产生，任期5年，且只能连任两届。较之1990年的宪法，新宪法进一步加强了司法的独立性。另外，新宪法最重要的新内容是，中央政府要设立国务咨询委员会，就解散国会、宣战、是否宣布国家紧急状态和举行大选等问题向总统提供决策建议。该委员会由国会议长、总理、宪法委员会主席、前国家首脑、前国会议长、1名民情调查员和7名德高望重的公民组成。同样，各省相应地要设立省务咨询委员会。

三　国家元首

莫桑比克共和国总统，经由选民不公开投票而直接普选产生，采取过半数选票制。2004年宪法规定，所有的莫桑比克公民只要满足下列所有条件就可以竞选总统：具有莫桑比克的出生国籍且不拥有他国国籍；年满35岁；拥有完整的政治权利和公民权利；至少拥有1万名支持者。

对于总统的地位和职权，莫桑比克新宪法规定：总统是国家和政府的首脑，在国内和国际上代表整个国家；是宪法的捍卫者；是国防和安全部队的总司令。总统作为国家首脑的权力有：通过发布消息和其他的渠道向全国发布讲话；每年向共和国议会通报基本国情；就修改宪法和事关国家根本利益等事务决定举行全民公决；吁请举行大选；任命最高法院院长和副院长、宪法法院院长和行政法院院长；任免和赦免莫桑比克共和国检察长和副检察长；颁行大赦和减免刑期等。

在政府行政管理方面，总统有如下一些权力：召集和主持部长会议；任免和赦免总理、部长和副部长、国立大学校长和副校长、莫桑比克银行行长和副行长、国务秘书；设立部级单位和各部委员会。

在国防和公共秩序方面，总统的权力有：宣布进入和宣布结束战争状态、遭受进攻状态和紧急状态；宣布进行总动员和部分动员；任免和赦免总参谋长、警察部队总司令和莫桑比克武装部队各军队司令，以及按照法律成立的国防和安全部队的其他官员。

在外交和国际关系方面，总统拥有如下权力：指导国家的外交政策；签署国际条约；任免和赦免莫桑比克共和国的大使和外交使节；接受其他国家的大使和外交使节的国书。

在司法方面，新宪法规定了总统具有下列权力：共和国总统有权颁行法律，并下令在《共和国公报》上公布所颁行的法律；总统在接到国会通过的法案后 30 天内颁行为法律；总统可以将某一法案退回国会予以重新审核，并向国会解释退回法案的理由；如果被总统退回国会的法案经审议得到国会 2/3 多数通过，总统要颁行该法案为法律，并在政府出版物上予以刊行。

总统候选人必须赢得超过半数的选票才能当选。如果没有总统候选人赢得必需的多数票，则得票最多的两名候选人参加第二

轮的总统选举。总统任期为 5 年，连任不得超过两届。如果连任两届的总统继续参加竞选总统职位，他必须在距其完成最后一次任期时 5 年以后才可以成为总统候选人。共和国总统必须在共和国国会议员和国家机关代表参加的由宪法委员会主席主持的公开仪式上宣誓就职。

在就职仪式上，共和国总统要宣读如下誓言："我以自己的名誉发誓：我将遵守和保证遵守宪法，我将忠诚地履行莫桑比克共和国总统的职责，我将为保卫、促进和巩固民族团结、人权、民主和莫桑比克人民的福祉尽忠职守，并为所有公民施行正义。"

在总统去世、辞职或完全不能履行总统职责的情况下，总统职能暂时由共和国议会议长代行；在总统去世、辞职或完全不能履行职责的情况下，新总统的选举应在此后 90 天内举行，但临时总统不能作为总统候选人参加竞选；新当选总统可任职到下一次正常的总统选举时为止。

总统完全失去履行职责的能力必须得到医疗委员会的证明，由最高法院予以公布。最高法院要证明总统的死亡或总统无法履行职务。在总统职位空缺期间，宪法不得改变。临时总统要保证国家机构和其他机构的正常运转，但不得行使以下的总统职能：每年向国会通报基本国情；决定就修改宪法和国家根本利益的事务举行公决；总统的一系列任免和赦免权力。

宪法规定总统行使职责的方式是总统签署法令，总统的宪法权力衍生的其他决定则要以总统令的形式予以实行，但这两种方式都要在《共和国公报》上予以刊行。

1990 年宪法规定，总统因忠于职守的行为而享受民事和刑事的豁免权。在总统任职期间，总统不得因忠于职守而受法院起诉。但 2004 年宪法则取消了总统的这一豁免权，规定：总统如果在行使其职责时犯有罪行，要接受最高法院的审判，如果不是

为行使其职责而犯有罪行，则要在其任期结束后接受普通法庭的审判；在经过 1/3 议员提议并经 2/3 议员同意后，国会有义务要求共和国总检察官对总统进行法律诉讼；如果针对总统的诉讼获得通过，总统的职权立即停止，最高法院要在 60 日内作出判决；如果法院判决总统的罪行成立，则他不可以再担任中央和地方的任何公职。

1994 年 10 月，莫桑比克举行了历史上的第一次多党民主大选，希萨诺以多数票当选为总统。在 1999 年 12 月第二次大选中，只有莫解阵党主席希萨诺和莫抵运主席德拉卡马两名候选人参加了总统竞选。希萨诺再次赢得总统大选。希萨诺于 2000年 1 月 15 日宣誓就任总统。2004 年 12 月初举行的第三次总统大选，莫解阵党候选人阿曼多·格布扎获 2/3 有效票当选总统。他于 2005 年 2 月宣誓就职，成为莫桑比克历史上第二位民选总统。

阿曼多·埃米里奥·格布扎（Armando Emilio Guebuza）**总统** 1943 年 1 月 20 日出生于北方楠普拉省的穆鲁普拉。他早年在洛伦索—马贵斯上中学时，曾担任莫桑比克非洲中学生协会主席。格布扎在 20 岁时于 1963 年就加入了莫解阵，并在 1966～1968 年间当选为莫解阵中央委员和执行委员会委员，1971 年被任命为莫解阵武装部队总政治委员。他多年从事地下工作，组织反对殖民统治的武装斗争。

1974～1977 年，格布扎在莫桑比克过渡政府和首届政府中任内政部长。此时，他已经成为莫解阵的一名重要领导人和军事将领。在担任萨莫桑比克拉政府内政部长时，曾下令强迫某些葡萄牙居民在 24 小时之内离境，其所携带行李不得超过 20公斤重。所以有"24·20"部长之称。1977 年 2 月莫解阵更名为莫桑比克解放阵线党后，他当选为中央委员、政治局委员会常委、中央监察委员会书记。1977 年 6 月，格布扎历任国防部

副部长兼武装部队总政治委员，1981 年任索法拉省省长，1983 年再次出任内政部长，1986～1994 年两次出任运输和交通部长等政府要职。

在 20 世纪 80 年代，他负责实施了一项备受争议的政策，将城市内没有工作的人口迁移至北方农村地区从事生产活动。在萨莫桑比克拉总统飞机失事后，他是负责调查该事件的委员会的一名成员，也是当时国家的 10 名主要领导人之一。

在 1990～1992 年罗马和谈期间，他担任莫桑比克政府代表团团长与莫抵运进行谈判，最终促成了内战的解决。在 1994 年的民主过渡阶段，他是《总和平协议》实施机构监督监察委员会中的政府代表。在实施私有化过程中，他成为一名成功而富有的实业家，其投资主要集中在建筑、出口和渔业领域。

在 2002 年 6 月莫解阵党的"八大"上，当选为该党总书记，同时被确立为莫解阵党参加 2004 年 12 月总统选举的候选人。

在 2004 年 12 月初举行的第三次全国多党大选中，格布扎赢得 2/3 的有效选票，当选莫桑比克历史上第二位民选总统。2005 年 2 月，格布扎宣誓就职，成为独立以来的第三位总统。当年 3 月，他在莫解阵党第九次全国代表大会上被选为主席，并兼任该党总书记，接替宣布退休的前主席希萨诺。格布扎总统已婚，有 4 个子女。

若阿金·阿尔贝托·希萨诺（Joaqim Alberto Chissano）前总统 亦名戴姆布扎（Dambuza），莫解阵党前主席。1939 年 10 月 22 日生于南部加扎省希布托县马莱伊塞村。父亲阿尔贝托·希萨诺是葡萄牙殖民地政府的公务员，母亲玛丽亚娜·姆伊安噶务农。他少年时在加扎省的莫桑比克乌吉诺·德·阿尔布克尔克小学接受初等教育，至 1952 年毕业。后到洛伦索—马贵斯的莱修·萨拉查中学接受中学教育，到 1960 年中学毕业。

希萨诺早年就投身于社会政治活动，于 1952 年参加了莫桑比克非洲人高中学生核心组织。1959～1960 年是莫桑比克人协会的成员。50 年代末创建莫桑比克全国学联并任主席。

中学毕业后于 1960 年赴葡萄牙里斯本大学学习。1960～1961 年在葡萄牙期间，他参加了位于里斯本的帝国学生活动中心的活动。

为了投身民族解放运动，1961 年他秘密从葡萄牙转赴法国普瓦捷大学学医，但仅完成了第一年的医学课程。在法国，他参加了民族解放运动。1962 年成为莫解阵的成员，并于 1963 年成为该组织的中央委员会成员。他在莫解阵内部担任重要职务，是核心领导成员之一。1963 年被任命为莫解阵首任主席蒙德拉纳的秘书，并负责教育事务到 1965 年。1963 年，他还兼任情报部门的负责人，1964 年担任安全与保卫部门的负责人。1968 年，他成为执行委员会和政治军事委员会的委员。自参加莫解阵以来，他历任莫桑比克解放阵线中央委员、执委会委员、军政委员会委员、新闻和宣传书记、安全书记、教育书记、安全与防务书记、驻坦桑尼亚和东非代表。

1964～1967 年，他在莫解阵高中学校教授物理课程。1967 年，他在坦桑尼亚的巴嘎莫尤（Bagamoyo）干部培训中心教授莫桑比克民族主义史和莫桑比克地理课程。1973～1974 年他在莫解阵兴办的纳兴维亚（Nachingwea）学校讲授莫解阵历史和莫桑比克民族主义史课程。

1974 年 7 月，协助萨莫拉主席同葡萄牙政府在卢萨卡就莫桑比克独立问题进行谈判并达成《卢萨卡协议》。同年 9 月，根据《卢萨卡协议》，他受萨莫拉委托出任过渡政府总理，主持国家管理工作，至 1975 年 6 月。1975 年 6 月 25 日莫桑比克独立后，他出任外交部长，直至 1986 年 11 月。1977 年 2 月莫解阵在第三次全国代表大会上更名为莫桑比克解放阵线党（简称莫解

阵党），他当选为中央委员会委员、政治局委员和该党对外关系书记。1977～1986 年为人民国会议员及人民国会常务委员会委员。1983 年莫解阵党四大时，当选为中央委员、政治局常委和书记处对外关系书记。1986 年 10 月 19 日萨莫桑比克拉总统因飞机失事遇难身亡后，希萨诺于 11 月 4 日被莫解阵党中央委员会选举为莫解阵党总书记及共和国总统，他于 6 日正式继任莫桑比克总统、莫解阵党主席和莫桑比克人民解放军总司令等职。1989 年 7 月 30 日，希萨诺再次被莫解阵中央委员会选举为主席。1991 年 8 月 23 日在莫解阵党第六次代表大会上，希萨诺再次当选为主席。1994 年 10 月，在首次多党民主大选中，当选为莫桑比克共和国第一任民选总统。希萨诺 1996 年 9 月起担任南部非洲发展共同体副主席，1999 年 8 月至 2000 年 8 月当选为该组织主席。他在 1999 年 12 月举行的第二次多党民主选举中再次当选为总统。2002 年，莫解阵党举行"八大"，再次蝉联党主席一职。2005 年 3 月，在莫解阵党第八届中央委员会第四次会议上，他辞去党主席职务。另外，希萨诺还是莫桑比克工人组织、莫桑比克青年组织和全国教师组织的名誉成员。

希萨诺是职业革命家，通晓尚加纳语、葡萄牙语、斯瓦希里语、英语、法语、西班牙语、意大利语和俄语等 8 种语言。

1980 年被授予少将军衔。他荣获过蒙德拉纳一级勋章、"九二五"一级勋章和民族解放斗争老战士勋章，以及英国、巴西、葡萄牙、比利时、尼加拉瓜和古巴等国的名誉勋章。他是一名技艺高超的高尔夫球业余选手，并因促进该项运动而获得过特别奖章。夫人马塞莉娜·希萨诺（Marcelina Rafael Chissano），有 4 个子女。希萨诺曾于 1983 年、1988 年、1998 年和 2004 年访华。

若阿金·希萨诺是天主教信徒。他业余爱好广泛，包括读书、欣赏音乐、参加舞会、看电视和录像、钓鱼、游泳、健身操、足球、网球、排球、篮球、高尔夫球和参加合唱，等等。

第二节　国家机构

一　中央政府

共和国总统既是国家首脑又是政府的首脑，总理和各部部长由总统任命。莫桑比克宪法明确规定，部长会议就是莫桑比克共和国政府，按照共和国总统和国会的决议履行职责，是国家最高权力的执行机关。总理受总统的委托召集并主持部长会议，但制定政府政策的部长会议应由总统主持。部长会议对其执行的内政外交政策向总统和国会负责，必须依据法律向总统和国会说明这些政策的执行情况。

按照宪法规定，部长会议要保证国家的行政管理，保证国家领土的完整，确保公民安全和公共秩序，促进经济发展，实施国家的社会计划，确立和巩固法制，实施国家的外交政策。部长会议以法令和决议的形式行使对国家的管理权，这些法令和决议经由总理签署后刊行在《政府公报》上。

宪法规定了部长会议具有如下的权力：保证公民享有自己的权利和自由；保证公共秩序和社会纪律；起草提交给国会的议案和提交总统决定的决策建议；起草国家计划和预算，并在其得到国会批准后予以实施；促进和管理经济活动以及社会部门的活动；为签署国际条约做准备工作，以及签署、批准、履行和终止国际协议；实施劳工和社会安全政策；管理国家的社会部门，尤其是教育和卫生部门的工作；制定和推行住房政策；确保和巩固公共领域和国家的其他资产；协调管理政府各部和部长会议下属的其他机构的活动；评估地方政府的业绩以及调整地方政府的组织机构和职能；确保国家机构和国有公司能够正确地发挥职能和得到调整，并根据经济需要得到发展壮大；促进合作经济的发

展，支持农民的家庭生产；鼓励和支持个人创新。

共和国总理除了由共和国总统和法律赋予的其他权力外，应在政府的行政管理方面协助总统，并向总统提供建议。具体而言，总理具有以下几方面的职能：为总统编制和提出政府工作计划；在创设新的部和部级委员会以及在任命政府成员和政府机构其他领导人方面向总统提出建议；起草政府工作计划，并递交总统审批；确保政府成员实施国家机构的决议；召集和主持部长会议，解决实施已确定的政策和其他决议的问题；协调和管理各部委和其他政府机构的活动；监督部长会议在议事程序方面的和行政管理方面的活动。在同国会的关系方面，总理拥有如下的权力：向国会提交政府计划以及政府建议的计划和预算；提交政府报告；向国会解释政府的主张。经由总理任命的部长会议成员，要协助总理完成这些任务。

在各自的职权范围之内，部长会议成员要向总统和总理说明其实施部长会议决议的情况。各部部长要经常应召出席国会及其专职委员会。由于实行分权原则，内阁成员不得在司法部门担任高级职位，内阁成员也不得出任国会议员。

本届部长会议是在 2004 年 12 月初举行第三次多党大选后于2005 年 2 月组成，共有 25 名部长。其成员有：总理路易莎·迪奥戈（女）（Luisa Diogo），外交与合作部长阿尔辛达·阿布雷乌（女）（Alcinda Abreu），国防部长托比阿斯·诺阿金·戴（Tobias Joaqim Dai），司法部长埃斯佩兰萨·马沙维拉（女）（Esperança Alfredo Machavela），总统府议会事务部长伊萨贝尔·恩卡瓦德卡（女）（Isabel Manuel Nkavadeka），总统府外交事务部长弗朗西斯科·马德拉（Francisco Madela），国家管理部长卢卡斯·绍梅拉（Lucas Chomera），财政部长埃努埃尔·郑（Manuel Cheng），内政部长诺泽·帕切科（José Pacheco），发展和计划部长阿尤巴·库埃伦西亚（Aiuba Cuerencia），教育和文化部长艾雷斯·阿里（Aires Bonifácio Ali），能源部长萨尔瓦多·南布莱特（Salvador Namburete），矿产资源部长艾斯佩兰萨·比亚斯（女）（Esperança Bias），卫生部长保罗·加里多（Paulo Ivo Garrido），农业部长托马斯·曼德拉特（Tomás Mandlate），青年与体育部长戴维·西芒戈（David Simango），公共工程与住房部长费利西奥·札卡里亚斯（Felício Zacarias），交通和通信部长安东尼奥·穆关贝（António Francisco Munguambe），工业贸易部长安东尼奥·菲尔南多（António Fernando），旅游部长小费尔南多·松巴纳（Fernando Sombana Júnior），劳工部长埃莱娜·塔伊波（女）（Helena Taipo），环境保护协调部长卢西阿诺·卡斯特罗（Luciano André de Castro），妇女及社会行动部长维吉利亚·马塔贝莱（女）（Virgília Matabele），科学与技术部长维南西奥·马辛格（Vanancio Massingue），渔业部长卡德米尔·穆腾巴（Cadmiel Muthemba），老战士事务部长费利西亚诺·贡达纳（Feliciano Salmão Gundana）。

现任总理路易莎·迪亚斯·迪奥戈，1958 年 4 月 11 日出生。早年在蒙德拉纳大学学习经济学，于 1983 年获得学士学位。她还继续求学，于 1992 年获英国伦敦大学金融经济学硕士学位。她从 1980 年起在莫桑比克财政部工作，1986 年开始担任领导职务并于 1989 年任财政部预算司司长。1993～1994 年在世界银行驻莫桑比克机构担任项目官员。她于 1994 年担任政府财政部副部长，2000 年起任部长。2004 年 2 月被任命为总理兼财政部长，接替担任总理 9 年的莫桑比克昆比。2005 年 2 月连任总理。

二 地方政府

宪法对全国的行政区划和地方政府的行政管理做了初步规定。在行政规划方面，宪法规定：莫桑比克共和国的行政区域划分为省、县、行政乡镇（区）和村庄（居民点）；

城市地区分为城市或城镇。宪法还规定，为了明确各级地方机构的性质、设立新级别的行政机构以及设立新的行政区域等问题，要制定专门的法律。

全国的 10 个省划分为 128 个县（地区），387 个乡镇（区）。在农村地区，乡镇由村庄组成。全国共有近 100 个城镇，其中有 23 个城市。

全国所有的成年人，不论男女，都有权参加选举。农村选民直接选举乡长和乡议会。城镇选民直选市长/镇长和市镇级议会代表。乡镇的议会代表选举县级的议会代表和县长。县议会和市议会的代表选举省议会代表。

关于省级地方政府，宪法有较为详细的规定：中央权力在省级政府的代表是省长；省政府是负责确保各省实施中央制定的政府政策的机构；省政府的首脑是省长；省政府的成员由中央任命。宪法还规定，省级政府要建立民主代表机构。因而，全国有 11 个省级政府的各省省长和马普托市长由总统任命，但各省级议会通过间接选举产生。莫桑比克还制定了专门的法律，规定了政府部门和省议会的组成、权力和运行机制等。

对于地方政府机构的职责，宪法规定：国家地方行政机构要组织辖区内的公民参与解决当地社区的问题，推动地方的发展；地方政府机构要促进民主事业的发展，要促成民族的统一和团结。根据新宪法，地方行政机构由代表机构和行政机构组成：代表机构是由特定区域内的选民选举公民代表组成，而行政机构根据相关法律来任命。地方代表机构的决议只在其辖区范围内有效，并且为了实施其职责，地方代表机构可以成立必要的委员会，也可以为个别的代表成员分配具体的任务。地方行政机构的职权仅限于各自的地理辖区内，其职责是按照宪法以及国会、内阁、上级国家机构的决议确保有益于其所辖区域的经济的、文化的、社会的规划和职责得到履行。地方行政机构要对地方代表机构负责。

第三节　立法与司法

莫桑比克实行党政分离，以及立法、司法和行政独立的原则。因而，作为最高立法机关的国会与司法机构之间是平行的、互不统属的关系，而内阁成员不得在立法部门和司法部门担任高级职位。国会是全国最高的立法机构。国会有权批准总统对最高法院正副院长、行政法院院长和宪法委员会主席的任命。司法机构根据国会通过的法律开展工作。全国的司法系统分为法院体系和检察院体系。就法院系统而言，全国设有最高法院及省级、县级、乡镇级法院。最高法院为全国最高司法机构。为了监督和推动法院系统的执法工作，全国还设立了检察院体系。

宪法作为莫桑比克的根本大法，是国会、法院和政府部门行使权力和正常工作的最高法律依据。为了从根本上推行宪法和监督国会、法院和政府部门的行为，新宪法规定设立宪法委员会，作为全国的宪法监督机关。宪法委员会享有以下职权：裁决立法或者国家机构制定规章行为是否符合宪法和其他法律；解决国家最高机构之间管辖方面的冲突；宣布全民投票的合法性。在特定的选区，可行使以下权力：监督选举进程；核实总统职位候选人所必须具备的条件；作为上诉机构，裁决有关选举的控告或者申诉；确认并宣布选举结果，使之生效。总统、国会议长、总理、总检察长可请求宪法委员会宣布某一事项违宪或者违法。

一　立法

（一）国会的地位

宪法规定，原国民议会改为共和国议会（简称国会），为国家最高权力机关和最高立法机关。国会通过各种法律和具有法律性质的决议对社会经济事务和国家的行政事务进行管理。

在行使最高权力的过程中，国会与政府形成了相互监督和相互制约的关系。总统为国家元首，总理领导的部长会议是最高国家权力的执行机关，负责草拟国家计划和预算，但国家计划和预算的审批权在国会。国会在每次会期的开始阶段，首先评估政府的工作方案。在国会评估的基础上，总统可以提交一个改进的方案，如果经过讨论，国会反对通过这个政府工作方案，总统可以解散国会并进行新的大选。如果新的国会再次反对政府的方案，则总统必须解散部长会议，但这种情况只能发生一次。另外，根据立法、行政和司法分权的原则，内阁成员不得担任国会议员。

如果共和国的总统不能连续工作超过 45 天，则由议长代替。在共和国总统死亡、辞职、或者不能胜任工作时，其职权由议长承担。

（二）国会的产生

宪法规定，莫桑比克国会议员人数为 250 人，其中有 3 个席位留给居住国外的莫桑比克公民（2 个席位分配给居住在非洲的，1 个分配给居住在非洲以外的世界其他地方的）。

同总统的选举一样，国会议员的选举通过实施普选权，经过选民平等的、直接的、定期的和秘密的不记名投票选举产生，任期 5 年。但总统可以在国会任期届满前解散国会。合法组成的政党可以参加国会选举。

宪法没有明确规定普选中的投票模式和根据选票分配国会席位的模式，但关于 1994 年和 1999 年大选的选举法律规定，选民按照每个党派提交的候选人名单进行选举，按照比例代表制分配国会席位。

为了顺利进行大选，莫桑比克在大选之前颁布选举法，对选区进行划分。现在的国会由 250 名代表组成，代表 11 个选区。

莫桑比克的 10 个省和马普托市分别是一个选区。每个选区根据人口数量的多少可以分别选出 11 ~ 54 名议员。根据宪法，生活在国外的莫桑比克公民有权参加在国内举行的大选。

关于国会议员的竞选办法，莫桑比克选举法规定，选举通过比例代表制实现，即政党在每一选区当选的代表人数根据该政党在该选区所占份额进行确定。如果一个政党所获得的票数低于规定的最低比例，则该政党不能在国会中获得席位。具体的最低比例由各政党进行协商确定，但不得低于 5% 和高于 20% 。目前实行的最低比例是 5% 。

选举的管理部门是国家选举委员会，它还负责受理有关选举的投诉。如不服国家选举委员会的裁决，公民可向最高法院提出上诉。

1994 年 10 月莫桑比克第一次国会普选中，莫解阵党在国会的 250 个议席中占 129 席，莫抵运占 112 席，民主联盟占 9 席。议长爱德华多·若阿金·穆伦布韦于 1994 年 12 月就职。

上届国会于 1999 年 12 月 3 ~ 5 日通过普选产生，于 2000 年 1 月 14 日组成，任期 5 年。在全部 250 个议席中，莫解阵党占 133 席，莫抵运—竞选联盟占 117 席。穆伦布韦连任议长。其他的政党和联盟都没有通过赢得全国 5% 选票的底线标准。

在 2004 年 12 月初举行的第三次民主大选中，莫解阵党赢得了总共 250 个议会席位中的 160 席，以莫抵运为首的反对党选举联盟获得 90 席。2005 年 2 月根据上述比例组成了本届国会。穆伦布韦再次连任议长。

（三）国会的组织结构

国会议长（又称国会主席）是在国会议员选举后由国家元首召集和主持的首次国会上以不记名投票的方式选举产生。当选者必须是国会议员，必须赢得参加投票代表一半以上的选票。但是，只有占至少 1/5 国会代表席位的国会党团才可以提名候选

人。当选者由宪法委员会主席主持就职。议长只对国会负责。

议长享有以下职权：召集并主持国会全体会议和国会常务委员会会议；监督国会决议的实施；签署国会批准的法案并将这些签署后的法案提交总统予以颁行；签署并命令刊行国会通过的决议，维持国会的秩序、礼仪风范和神圣不可侵犯性；在国内和国外代表国会。

在国会议长不在或不能视事的情况下，其职责由国会常务委员会成员履行；在国会议长突然辞世、辞职或长期不能视事的情况下，总统在事发两星期内召集国会特别会议，选举新的国会议长。

根据新宪法，国会开展工作的组织机构分为全体会议、国会常务委员会和工作委员会。国会全体会议在会期期间，由国会议员组成。全体会议的职责是通过新议案，进行立法审议，评估政府行为和政策。国会全体会议的会期每年分 2 月和 10 月两个会期，共 90 个工作日。

国会常务委员会作为国会的管理委员会，由国会议长和在国会全体会议第一个会期选举的议员组成。其成员是由各个国会党团按照其在国会议员中的比例指派的。国会常务委员会召开会议的法定人数是 1/3 议员到会，但只有在一半以上的议员到会的情况下才能作出决议，决议的通过必须得到与会议员简单多数的支持。国会常务委员会有权协调各工作委员会的活动，处理国会与其他国家国会相应机构之间的关系，准备和组织国会会议。

国会工作委员会又称专门委员会。这是由国会全体会议选举的 5 ~ 15 名议员组成的日常立法机构。每个国会党团按照在国会中的比例选派本党候选人。工作委员会要根据相关机构的立法建议草拟和公布有关的立法草案、动议和决议。工作委员会还要起草自己的立法草案并提交国会批准，收集整理群众的意见和建议并进行调查研究，监督公共机构的运营并验证其是否遵守法律和符合公众利益。

目前国会共设有 7 个工作委员会，分别是：计划与预算委员会，司法、人权及法制事务委员会，经济活动和劳务委员会，农业、地区发展、公共管理和地方政权委员会，防务与公安委员会，国际关系委员会，社会、妇女和环境事务委员会。

每个工作委员会设有一名主席和一名委员会报告起草人，但两者必须来自不同的国会党团。7 名工作委员会主席、7 名工作委员会报告起草人以及各工作委员会成员按各党团在国会中的比例分配名额，各党团获名额后自行决定参加各工作委员会的人选。国会中最大的党团首先选定自己最希望担任的工作委员会的主席，然后，其他党团按在国会中所占席位比例的多寡逐次选派各自的工作委员会主席。关于工作委员会的法定人数和决议程序的规则同于国会常委会。

除了工作委员会之外，国会全体会议可以通过决议，设立特别委员会和调查委员会，就某一特殊问题开展工作。

（四）国会的职权

立法权是国会最重要的权力。国会是莫桑比克的最高立法机构，对国家内政外交政策的所有基本问题拥有立法权。选举法的任何更改必须经由国会批准。宪法修正案需要经过国会 2/3 多数通过才能生效。如果修正案草案涉及了公民权利和公众权力结构的变化，这一草案在得到国会批准以后，还要提交公民复决。

监督权也是国会的另一项重要权力。国会有责任考查和批准部长会议的工作报告以及国家预算与规划报告等，包括国家计划、预算和相应的实施情况的报告。

在每次国会会期开始，首先要评估政府计划。政府根据国会的讨论结果对计划进行修改，然后再提交国会通过。如果国会经过讨论后再次否决政府修改后的计划，总统有权力解散国会并号召举行新的大选。

国会对政府的工作行使监督权，可以对政府的工作提出质询：（1）总统在国会作年度国情咨文报告时可质询总统；（2）政府成员向国会解释所提交的议案时，可质询该政府成员，国会还有权要求就议案以外的事务对其进行质询；（3）每次国会全体会议中有2天为"政府报告日"，有3天为"质询政府日"。国会各党团可在全会召开45日前，分别选定一个"政府施政情况主题"，政府需就该主题在"政府报告日"向国会作报告，国会将对此进行评估。各党团可在全会召开一周前向常务委员会提交拟质询政府的问题（多采用书面形式），每个党团在每次全会中可提5个问题，政府在"质询政府日"作出回答，国会对此进行评估。

在人事权方面，国会有权批准总统对最高法院院长和副院长、宪法委员会主席、行政法院院长人选的任命。国会有权选举国会议长、国会常委会委员长和委员；批准国会议事程序的规则以及关于议员的规章制度；设立国会委员会并规范其活动。

此外，国会还掌握着有关国计民生的一系列其他重大权力，包括划定莫桑比克共和国国界；确定地区的行政区划；批准选举法和全民公决的一般程序规则；建议就有关国家利益的问题举行全民公决；批准中止实施宪法，批准和宣布国家处于遭受进攻状态和处于紧急状态；在咨询国防与安全委员会之后确定国防与安全政策；确定税收政策的基本方针；批准和终止国际条约；批准总统到国外进行国事访问；决定大赦和特赦等。

（五）国会的工作程序

国会议案可以由总统、国会委员会、议员和部长会议向国会提出。目前大多数议案由部长会议提出。议案须于国会全会召开60日前把用官方书面语言写成的正式文本提交给议长，议长再提交给常务委员会进行审议。常务委员会决定是否将对该议案的审议列入全体会议的议程。一旦列入议程，议案副本即分发所有议员，各专门委员会需召集其委员对此议案进行审议。在各专门委员会讨论之后，再将该议案提交全体会议审议。经国会全体会议审议，该议案再度交由专门委员会作最后修改后，全会再度审议并表决。表决采用记名投票方式，除宪法外，获国会 1/2 以上议员支持即为通过。

国会通过的法案由议长签署，提交共和国总统颁布（议长也可签署或者命令公布国会的决议）。总统必须在收到法案后 30 日内，将其颁布为法律。总统也可以将法案退回国会重新审议。如果重新审议的法案获得国会 2/3 多数通过，则总统必须将其颁布为法律。国会立法法案以法律和决议的方式予以公布，在《政府公报》上予以刊行。

（六）国会的会议制度

国会会议可分为两种：定期召开的普通会议和临时召开的特别会议。国会在正常情况下每年有 2 月和 10 月两个会期，总共为 90 个工作日。根据总统、国会常务委员会或者 1/3 以上议员的要求，国会可以召开特别会议，次数不限。

为了确立国会的合法性和代表性，宪法对国会会议的法定人数作了明文规定。国会开会必须有超过半数的议员出席才能进行；任何议案的通过必须经过出席会议议员的多数同意。但唯一特殊的情况是：宪法修正案必须经 2/3 的国会议员通过才能生效。如果某些重大的修改具有深远的影响，国会通过的修正案建议则必须交由公众辩论和公民复决。

国会会议实行辩论制度。辩论的议题范围一般不受限制，由于议员受党团影响较大，议员提出的议题多代表本党团的意见。议员若要就某议题发言一般应提前申请，会议过程中议长按申请先后顺序点名要求议员发言。每次发言时间一般不超过 5 分钟，中途其他议员可打断发言，要求解释，打断时间不得超过 3 分钟。

关于国会中各政党代表如何在国会中开展活动，新宪法设定了党团制度。一个政党或政党联盟至少在国会中拥有5个席位才可以组成一个国会党团。各国会党团有权为竞争国会议长职位推举候选人，选派国会副议长，选派参加国会常委会和其他委员会的候选人，发布公告、结论性声明、选举宣言、抗议和反抗议等。目前国会有两大党团，莫桑比克解放阵线党（执政党）和莫抵运—选举联盟（反对党）。国会党团在法律上与国会外政党无任何关系，但议员表决完全受党团影响，界限分明。

为了密切国会代表同选民之间的关系，新宪法也为此做了专门的规定。国会全体会议完全公开，任何公民均可旁听，大多数专门委员会会议也向公众开放。另外，选民主要通过下列渠道向国会表达观点：在国会会议期间通过专门接待处向议员传递纸条；在休会时直接与议员交谈；向议长、秘书长、各委员会主席及报告人以及议员个人发信件或传真。

公民个人或团体均有权向国会提出请愿，请愿书应由请愿人或其代表签字，无固定格式要求。请愿书由议长交常务委员会审议。若常务委员会决定接受请愿，则交有关专门委员会审议。常务委员会在每次常务全体会议中需作关于公民请愿情况的报告。

（七）议员制度

议员作为民选代表，除了代表选民直接行使治理国家的权力之外，还享有一系列的权利保障。莫桑比克新宪法明文规定，议员如果不是在作案过程当场被抓获的话，在没有得到国会或国会常委会同意的情况下，不得予以逮捕或进行审讯。也就是说，国会议员除触犯刑律以外，不得予以逮捕。国会议员从就职至任期届满时间内，因执行议员职责而在国会内外进行的书面或口头发言和投票不受追究。但国会议员若进行诽谤和诋毁，则应承担民事或刑事责任。未经国会议长或常委会的同意，不能对国会议员

进行审讯。对国会议员的审讯应由最高法院进行。任何国会议员都可以辞职，辞职或取消资格都应按照相应的法律进行。

此外，国会议员的待遇也是比较优厚的。国会议员为全职工作，支领全职工作的工资。1999 年 11 月 5 日产生的议会，普通议员年薪为 9900 美元，参加专门委员会的议员在此基础上增加 3300 美元。国会常务委员会委员年薪为 1.6 万美元，副议长及国会党团领袖为 1.7 万美元。议员均另外享受餐饮、交通等补贴，常务委员会委员以上的议员可配备轿车。

二 司法

莫 桑比克司法体系包括最高法院及各级法院系统和共和国检察院系统。莫桑比克的司法是独立的，司法的执行不受行政权力和其他部门的制约和干扰。宪法确保司法独立原则，规定："法官在履行其职能时必须是独立的，必须只服从法律。法官应当是独立的和公正无私的。"

（一）法院

莫桑比克宪法规定，法院的职能就是确保和加强法律和法规的实施，确保法律得到遵守，保护公民的权利和自由，以及保护其他法律实体的司法利益。法院还要教育公民自愿地和有意识地遵守法律，进而建立一个公正和谐的社会环境。为了实现这些职责，法院要根据法律调解争端，还要对违法行为进行惩处。但法院执行的法律条款绝对不得违背宪法原则。所有公民和法律实体有义务遵守法院的裁决。法院的裁决优先于任何其他的政府当局的决议。

为了确保法官的独立性和公正性，莫桑比克新宪法规定，法官除了可以进行教学和研究以外，不得从事任何其他的公营或私营活动。法官在处理民事、刑事和量刑判决过程中，只在法律特定的条件下对履行职责过程中的行为负责。

　　按行政级别划分，法院系统可分为最高法院及省、县、乡镇（区）级法院。最高法院为最高司法机构，代表国家维护法制，监督国会和其他法规的执行。现任最高法院院长马里奥·曼加泽。

　　若按职能划分，莫桑比克法院系统可分成如下 7 种法院：最高法院和其他仲裁法院；行政法院；军事法院；习俗法院；财政法院；海事法院；劳工法庭。

　　莫桑比克共和国的司法权通过最高法院和依法建立的其他法院得到实施。最高法院是全国最高司法机构，在全国范围内行使司法主权。最高法院的使命就是确保法律在全国范围内按统一标准贯彻实施。

　　最高法院通过以下两种方式开展工作并履行职责：最高法院下属各法庭以初审法庭和上诉法庭行使职责，最高法院的全体会议则是裁决法律特制的某些案件的最终申诉法庭。

　　最高法院的院长和副院长由总统任命。最高法院由职业法官和选举的法官组成。最高法院的职业法官由总统在咨询法官最高委员会以后从候选人名单中任命。法官最高委员会是一个独立于国家权力之外的法律职业团体。

　　最高法院中的非职业法官由国会选举产生。35 岁以上的莫桑比克公民可以被选为最高法院法官。这些非职业法官只参加重要审判的法庭听证会。在法庭听证过程中，法律问题一般由职业法官来裁决。

　　行政法院监督检查行政部门的合法运转以及公共支出的合法实施过程。行政法院尤其具有下列职能：对行政行为及行政措施引起的法律诉讼活动进行裁决，对针对各级国家机构的决议、国家机构的长官、下属机构及其雇员的申诉进行裁决，并行使法律规定的其他权力。对于行政法院的权力、辖权范围、机构、组成和运转等，有专门的法律规定。

军事法院、习俗法院、财政法院、海事法院和劳工法庭的权力、辖权范围、组成和职能也通过专门的法律予以规定。

（二）检察院

共和国检察院的职责是监督和检查法律的履行情况，促进社会遵守法律和保护现行的法律秩序。共和国检察院的最高长官是总检察长。在总检察长不能履任或无力履行职责时，由副总检察长接任。总检察长对共和国总统负责，并向国会提交年度报告。共和国总统在咨询检察官最高委员会后对总检察长予以任命、免职或解职。现任总检察长是若阿金·马德拉。

共和国总检察长下辖各级别的检察院系统。宪法规定，各级检察官在履行职责过程中要遵守合法、客观、公正的原则以及符合法律要求的指令和命令。检察员在法院面前代表国家，提出犯罪起诉，实施对罪犯的判决，确保未成年人、缺席者和残障人士的合法权利。

（三）宪法委员会

为了解决与宪法有关的问题，莫桑比克根据宪法设立了宪法委员会。该委员会是对由宪法引起的或与宪法有关的法律问题具有特殊司法权的机构。该委员会的权力包括：对国家机构的立法和日常行政行为是否符合宪法和是否合法进行裁决，解决主权机构的辖权冲突，对全民公决的合法性进行裁决。

在事关选举这一特殊的领域，宪法委员会具有如下的权力：监督选举过程，验证竞争共和国总统候选人所需的前提条件，作为申诉机构裁决有关选举的控诉，证实和宣布大选的最后结果，等等。当事人对于宪法委员会的决议不得申诉。宪法委员会的决议要在共和国公报上公布。共和国总统、共和国议会议长、政府总理和共和国总检察长可以邀请宪法委员会裁决违宪或违法的问题。莫桑比克设有专门的法律，专门规定了宪法委员会的组成、机构和运转方式，监督检查违宪和违法行为的措施以及该委员会

的其他权力，等等。

维护司法体系的正常运转是莫桑比克政府的工作重点之一。但在改革开放过程中。尤其是在从"社会主义"体制向民主法制社会的转变过程中，由于整个社会体系和司法体制处于过渡阶段，司法体系必然会出现一定程度或一定范围的动荡，存在某些腐败现象并非大出人们的所料。令人欣慰的是，司法腐败问题引起了莫桑比克政府和司法界的高度注意，惩治司法腐败也得到了政府的支持。据 BBC 新闻广播 2002 年 3 月 7 日新闻（记者若泽·泰姆贝）报道，莫桑比克首席检察官若阿金·马德拉（Joaqium Madeira）当天在马普托向国会提交年度报告中表示，全国的法律系统腐败问题严重，包括司法部在内的所有法律系统的机构单位一直存在腐败问题。他认为低效无能、腐败和滥用权力在所有层面的司法管理机构均有存在，包括警察、检察官、法官、律师和监狱在内。他特别批评了刑侦警察的低效无能，因为不少检察官在对犯罪嫌疑人拟定适当的指控前不得不亲自进行额外的调查，结果导致不少从国家、银行或私人机构盗窃资财的案件或因涉案文件被毁或因这些文件被藏匿而成为死案。有的检察官则在拥有充足的指控证据时却不对犯罪嫌疑人提出指控。该首席检察官指出，他注意到了一个案件，一名法官判处了一个罪犯 12 个月的徒刑，但在该名罪犯的一个亲属经与该法官协商后，他的刑期减为 2 个月。针对司法腐败的问题，政府已经成立了反腐败小组作为因应对策。

此外，警察过度使用暴力的问题也不断引起国际社会的关注，犯罪嫌疑人在监禁过程中死亡的事件时有发生。比较典型的事例发生在 2000 年 11 月，警察在莫抵运组织的全国性抗议示威活动中，激化矛盾导致大规模的流血冲突，招致了国际社会的严重关注和批评。莫桑比克监狱的条件也十分恶劣，不时有在押犯人因监狱条件恶劣而死亡，其中包括 2000 年 11 月 80

名莫抵运支持者因被关押的班房狭小而窒息死亡的事件。但这些问题日益引起莫桑比克政府当局的重视，并采取措施予以不断改进。

第四节　政党与团体

一　政党制度

19 90 年 11 月 30 日开始实施的莫桑比克宪法以及 2004 年的新宪法，确定了实行多党制的原则，并对政党的构成、运转、使命、法律依据等都做了原则性的规定。宪法第 31 款明确规定："多党格局是确保民意的形成和表达的政治多元性的体现，是公民民主参与国家管理的基本工具；各政党的内部构架和运行应是民主的。"关于政党的组成和运营，宪法特别强调政党必须"是全国性的、要维护国家利益、有助于代表民意——特别是关于国家重要问题、发扬公民的爱国精神和巩固莫桑比克民族团结"。另外，对于如何处理政党与国家的政治和社会秩序问题，宪法明确指出："禁止各政党宣扬和利用暴力手段达到改变国家的政治和社会秩序的目的。"宪法还规定政党的组成、结构和运行应遵从法律规定。

此外，对于社会团体和群众组织的作用给予了积极的肯定。宪法认为：社会团体，作为具有共同利益和爱好的公民社团，在促进民主和推动公民参与政治事务中发挥着重要作用。社会团体有助于实现公民的权利和自由，也有助于提高个人和社会履行公民义务的意识。新宪法的这些条款完全打开了党禁的大门，为莫桑比克新时期政党政治和民主政治的蓬勃发展奠定了坚实的基础。

为了贯彻新宪法关于政党政治的条款和规范政党政治的健康

与稳定的发展，莫桑比克紧接着在 1991 年颁行了《政党法》。
《政党法》规定，各党派必须遵循维护国家统一、发扬爱国主义
精神和巩固莫桑比克民主与民族团结三原则，强调各政党必须具
有全国性质，不得以个别地区、族体、宗教为基础；必须有利于
国家和平稳定，不得谋求通过暴力改变国家政治与社会秩序；不
得搞分裂主义；每省至少有 100 名党员方能登记，其总部必须设
在首都。

二　主要政党和团体

19 90 年后，莫桑比克涌现了许多大大小小的政党。在
1991 年上半年出现的新政党有如下几个：莫桑比克
自由民主党、莫桑比克民族联盟、莫桑比克民族运动社会民主
党、莫桑比克国民大会独立党等。

到 1991 年下半年和 1992 年初期，莫桑比克又出现了一批准
备参加历史上首次多党民主大选的政党。最为典型的是自从
1975 年就流亡国外的多明戈斯·阿罗卡在这期间返回国内。他
早在 1976 年就在流亡期间成立了莫桑比克统一阵线。他回到国
内以后，开始在各地建立地方组织。他宣布，准备在政治领域组
建不同于莫解阵和莫抵运的"第三势力"，并邀请其他的反对党
派为此进行合作。1992 年 6 月末，莫桑比克自由民主党领导人
马丁斯·柏拉尔（Martins Bilal）宣布，包括莫桑比克自由民主
党在内的 8 个党派同意进行合作，组建与莫解阵和莫抵运相对立
的"第三势力"。这表明莫桑比克政党政治开始进入旺盛的竞争
时期。这有利于莫桑比克民主化的巩固和深入发展。

1992 年 3 月，莫桑比克民族联盟在符合政党法的所有条件
后，注册成为莫桑比克历史上第一个获得合法地位的反对派政
党。莫桑比克一党专政从此成为历史，莫桑比克多党民主政治时
期到来了。

至 1994 年 10 月大选前夕，全国有 18 个政党向司法部登记注册成为合法政党。目前，全国有 30 多个登记注册的合法政党。

（一）莫桑比克解放阵线党

简称莫解阵党（Partido Frelimo），现为莫桑比克共和国执政党。1962 年 6 月 25 日成立。原名莫桑比克解放阵线（Frente de Libertação de Moçambique），由莫桑比克全国民主联盟、莫桑比克—马孔德人联盟和争取莫桑比克独立非洲民族联盟联合组成。成立之初，总部设在坦桑尼亚首都达累斯萨拉姆。第一任主席为爱德华多·蒙德拉纳。1964 年 9 月，莫解阵开始领导莫桑比克人民发动武装进攻，以游击战展开了反对葡萄牙殖民统治的斗争。1969 年蒙德拉纳遇害后，萨莫拉·马谢尔于 1970 年 5 月被莫解阵中央委员会选举为莫解阵主席。在萨莫拉领导下，莫解阵游击斗争取得重大成果，到 1974 年初已经解放了全国 1/3 国土。1974 年 4 月葡萄牙政变后，莫解阵又乘机扩大解放区。同年 6 月开始，萨莫拉率领的莫解阵代表团就独立问题同葡萄牙新政府在赞比亚首都卢萨卡进行谈判，于 9 月 7 日签订《卢萨卡协议》，葡萄牙承认莫桑比克独立。1974 年 9 月 20 日，莫解阵派若阿金·希萨诺为代表，出任莫桑比克过渡政府总理。1975 年 6 月，莫桑比克宣告成立人民共和国，萨莫拉任总统。

1977 年 2 月，莫解阵召开"三大"，"莫桑比克解放阵线"改为莫桑比克解放阵线党（现名），并宣布该党为"马列主义先锋党"。此后大量发展党员并在全国建立基层组织，到 1980 年，莫解阵党已经在全国范围内建立起基层组织。莫解阵党的干部和党员人数在 1982 年根据莫桑比克官方估计超过 10 万人。[1] 1986 年 11 月 3 日，莫解阵党中央委员会选举希萨诺为党的主席；11 月

---

① Allen Isaacman and Barbara Isaacman, Mozambique from Colonialism to Revolution, 1900 – 1982, Westview Press, 1983. p. 124.

6 日，希萨诺继任共和国总统兼武装部队总司令。1989 年，该党召开"五大"，将"先锋党"改为"全民党"。莫解阵党主张"尊重人权，维护和平与进步，缩小国内社会和地区差别，更加公平地分配财富"，目标是"建立以民主社会主义、平等、自由和团结为基础的莫桑比克社会"。到 1991 年，该党已有党员 46 万人。

1991 年 8 月，莫解阵党举行第六次代表大会，会议再次选举希萨诺为主席。这次会议是该党历史上第一次以秘密投票的方式进行选举。党内民主开始完善起来。在 1994 年全国首次多党大选中获胜，首次成为民选执政的政党。1995 年党员人数为 110 多万人。1997 年 5 月，莫解阵党召开第七次代表大会。这也是举行多党大选以后举行的第一次代表大会。大会通过了修改党纲、党章的决议及中央委员会的工作报告。在 1999 年 12 月举行的第二次大选中，该党再次赢得胜利，继续执政。2002 年莫解阵党举行"八大"，审议并通过新党章、党纲，选出了新一届中央领导机构，希萨诺再次蝉联党主席，格布扎当选总书记。

在 2004 年 12 月初举行的第三次大选中，该党再次获胜。2005 年 3 月，莫解阵党第八届中央委员会第四次会议接受希萨诺辞去党主席职务，现任总统阿曼多·格布扎当选为该党主席，兼任总书记。近年来该党推行的各项政策极大地促进了莫桑比克社会经济的发展，得到了国际社会的赞扬。

莫桑比克青年组织（Organização de Juventude Moçambicana OJM）

莫桑比克青年组织的前身是莫解阵青年团（Juventude da Frelimo）。莫桑比克自独立后，莫解阵党为了加强做青年人的思想教育工作，以适应新时代要求，对莫解阵青年团进行改组和调整，于 1977 年 11 月 29 日成立了莫桑比克青年组织。因此在历史上，该组织曾是执政的莫桑比克解放阵线党领导的青年组织。

进入 90 年代以后，随着世界形势的变化和国内的变革，莫桑比克颁行新宪法，实行政治多元化。在新形势下，莫桑比克青年组织于1991年召开第三次全国代表大会，决定实行非政党化。在举行首次多党民主大选前，根据第三次全国代表大会确定的活动日程安排，青年组织的首要任务是对选民进行公民教育，宣传选举知识。为此，青年组织积极采取各种措施，为完成这一重要使命而努力。

此后，莫桑比克青年组织和莫解阵党这两个组织的关系转变为相互尊重的平等合作的关系。青年组织承认莫解阵党在其创建过程中发挥的历史性作用。莫桑比克青年组织与莫桑比克政府之间的关系以莫桑比克共和国宪法和法律的原则为基础。目前，莫桑比克青年组织自称是非政党化青年组织，主张促进并发展青年民主、公正、和平与社会进步的愿望，维护青年的合法权益。该组织有自己的独立刊物。

所有莫桑比克青年，不分肤色、种族、性别、部族、籍贯、宗教信仰、受教育程度、社会地位、婚姻状况和意识形态，只要承认并遵守该组织的章程和纲领，均可加入该组织。莫桑比克青年组织全国会议是其最高机构，每五年召开一次，大会选出中央委员会和总书记。中央委员会在举行会议时，选出全国执行书记处。书记处是中央委员会的执行机构。青年组织在各省、县都有相应的委员会和执行机构。

该青年组织重视建立和巩固与世界各国青年组织，特别是南部非洲地区和葡语国家青年组织的友好合作关系。

（二）莫桑比克全国抵抗运动

简称莫抵运（Resitência Nacional Maçambicana RENAMO），目前是莫桑比克实力最大的在野反对党。1976年年初，从莫解阵中分裂出来的一批军人，加上对莫解阵政策不满的一些异己分子和前殖民地时期的一些官兵成立了莫抵运。从此开展并长期坚持反政府武装活动。该组织的第一任领导人是原莫解阵驻贝拉部队物质处处长安德烈·马塔德·马桑盖塞。1977年开始，南罗

得西亚中央情报局开始插手莫抵运事务。南罗得西亚政府全力支持和操纵莫抵运的目的是为了打击在莫桑比克境内开展活动的津巴布韦民族主义者游击队，并搜集他们的情报。1979 年 10 月马桑盖塞在索法拉省战亡，阿方索·德拉卡马经过莫抵运领导层内部的激烈角逐，成为其最高领导人。现任主席阿方索·德拉卡马是莫抵运主要创始人之一。

随着 1980 年津巴布韦的独立，南非接管了莫抵运。此后，该组织成为南非颠覆莫桑比克社会稳定和破坏其经济建设的工具。在莫抵运内部，莫抵运一直受到来自莫桑比克中部省份的恩达乌人控制，包括反对莫解阵的人士以及在独立战争期间同葡萄牙殖民主义者作战的一些人。莫抵运在 80 年代后期的鼎盛时期，曾拥有部队 1 万余人，号称有士兵 2 万多人，在全国范围内开展活动。在 1984 年莫桑比克同南非签署《恩科马蒂条约》以及 1987 年马拉维履行对莫桑比克承诺而从其本土驱逐莫抵运势力的这两个时期，莫抵运发动了两次大型的攻势，但在津巴布韦和坦桑尼亚的军队的配合下，莫桑比克政府军先后击退了莫抵运的进攻。

在进行内战的大部分时间里，莫抵运并没有什么政治纲领，仅提出以"推翻萨莫桑比克拉政权"为目标。莫抵运的一般策略是破坏和扰乱社会经济基础设施，以突显政府无力保护和维持公民的正常生活，并使这种形势不断恶化。当南非的支持自从 80 年代中期开始减少以后，莫抵运针对平民实施更为残暴的策略，以便扩大其在民众中的声誉和掠夺维持其生存的资源。在一些地区，莫抵运在军事组织机构方面相当完善，装备精良，而在另外一些地区，则是后备相当匮乏，完全是一帮乌合之众。莫抵运的领导层普遍缺乏连贯一致的政治理念。它的支持基础主要是农业地区的贫穷人口。

1989 年 6 月，莫抵运在国内召开第一次"党代表大会"，标志着莫抵运开始了从一个反叛军事组织向一个政党转变的进程。

1989 年 8 月，德拉卡马率领一个代表团到达肯尼亚内罗毕。反叛代表否认对违反人权的暴行负有责任，对政府提出的实现和平的 12 项原则发表了自己的 "16 点宣言" 作为回应。1991 年 12 月，莫抵运先后召开第二次全国代表大会，提出要 "推翻共产主义政权，建立一个以自由选举为基础的、由全体莫桑比克人民参加的民主政权"，并以此为目标同莫解阵政府举行和谈。1992 年 10 月，莫抵运同莫桑比克政府签署和平协议。该协议承认莫抵运作为合法政党开展政治活动，还决定在 1993 年 10 月举行多党参加的全国大选。此后，莫抵运作为合法政党开展活动。1994 年 4 月，莫抵运召开特别代表大会，正式宣布由军事组织转变为政党；并确定参加全国多党选举的纲领，即在政治上，承认多数人治理和尊重少数、尊重传统习惯和人权；在经济上，主张采取"现实主义的经济政策"，"要求废除官僚机构和中央计划经济体制，鼓励人们的创新精神"。1994 年 8 月，莫抵运正式注册为合法政党。在 1994 年 10 月举行的首次多党大选中，该党获得 37.78% 的选票，获得了国会 250 个席位中的 112 个席位，成为莫桑比克第二大党。在 1994 年 10 月大选中，莫抵运在中部和北部的 5 个省份中赢得了大多数的国会席位。1993～1994 年，2 万多莫抵运士兵复员退伍，另外 4000 名士兵加入莫桑比克国防军。在 1999 年大选中，为了增强党主席德拉卡马竞选总统的实力，该党同其他 10 个小党派结成竞选联盟——"莫抵运选举联盟"，获得 38.81% 的选票，在议会中占 117 席。2001 年 10 月，莫抵运 "四大" 通过了新的党章和党纲。该党在莫桑比克北部和中部地区具有重要的影响和实力。虽然莫抵运财源严重匮乏，并缺乏政治经验，但该党领导风格独树一帜，已经在马普托占有一席之地，继续获得一些省份的支持。

（三）其他政党的基本情况

1991 年和 1992 年成立并开展竞选活动的其他政党有：

莫桑比克自由民主党 1991 年建立，1993 年获得合法地位。该党将自己定位为反对社会主义的政党，其宣言对白人、混血种人和亚裔人多有微词。主席是马丁斯·柏拉尔（Martins Bilal），总书记是安东尼奥·姆爱多（Antonio Muedo）。

莫桑比克民族联盟 1987 年从莫抵运游击队中分裂出来，主张社会民主，于 1991 年开始在国内开展活动。1992 年 3 月，该党在符合政党法的所有条件后，注册成为莫桑比克历史上第一个获得合法地位的反对派政党。党主席是卡洛斯·亚历山大·托斯雷斯（Carlos Alexandre dos Reis），总书记是佛洛伦卡·诺昂·达希尔瓦（Florenca Joao da Silva）。

莫桑比克国民大会独立党，莫解阵的异己分子建立于 1985 年，1991 年开始在国内开展活动，主席是维特·马科斯·肖恩（Vitor Marcos Saene），总书记是希尔达·瑞贝卡·辛奈内（Hilda Rabeca Tsinine）。

莫桑比克民族运动社会民主党（Movimento Nacionalista Moçambicano/Partido Social Democrata MONAMO/PSD）总部建立在葡萄牙，1991 年开始在国内开展活动，其总书记马科西莫·迪亚斯（Maximo Dias）。

莫桑比克民主同盟党（Confederação Democrática de Moçambique Codemo。建立于 1991 年，领导人是多明戈阿·卡多索（Domingoa Cardoso）。

莫桑比克农民党（Partido Agrário de Moçambique）建于 1991 年。

三 政党竞选经费

为了组织 1994 年大选，莫桑比克国家选举委员会共获得近 250 万美元的竞选资金，其中的 100 万美元来自莫桑比克政府，另外的 148.2 万美元来自美国、瑞士、瑞典和荷兰的捐助。这些竞选资金用于参加大选的各个政党的竞选活动。
经过选举委员会的几次讨论，确定了竞选资金如下的分配原则：
1/3用于总统候选人的竞选、1/3用于国会中各党派的竞选（按
在国会中所占席位数分配竞选资金份额）、1/3用于登记参加国
会竞选的各党派的竞选活动（按各党派的候选人名额数分配竞
选资金）。在竞选资金的分配和使用问题上，外国捐助者施加了
一定的影响。但总的来说，莫桑比克竞选的经费筹集、分配和使
用状况是良好的、透明的和公正的。此外，莫桑比克政府还额外
支付了61万美元用于选民培训，以及支付莫桑比克广播电台和
莫桑比克电视台的政党政治宣传费用。

　　在1999年第二次全国大选的准备过程中，独立负责大选事
务的国家选举委员会管理掌握的竞选经费并不像第一次大选时那
么充足，无法按时向参加竞选的各政党提供经费。这种情况引起
了参与竞选活动的一些政党的不满和指责，认为国家选举委员会
不按期向各政党提供经费是蓄意破坏竞选的进行。

　　《新闻报》11月5日报道，莫抵运选举委员会办公室发言人古
拉莫桑比克·贾法尔指出，国家选举委员会至今只为莫抵运提供了
2.844亿梅蒂卡尔（约合21850美元）的竞选资金。其中的1.5亿梅
蒂卡尔用于总统竞选，另外的1.344亿梅蒂卡尔用于国会候选人选
举。贾法尔认为："这种做法是破坏民主进程。他们妄想通过不提
供经费的方法封锁德拉卡马和莫抵运选举联盟参加竞选活动。"

　　但早在一周之前，国家选举委员会主席贾米塞·泰莫桑比克
就曾解释说，目前整个选举运动所能筹到的资金只是从莫桑比克
国家预算中提供的约48万美元。捐助方为竞选政党提供的竞选
资金还没有到位。在现有资金中，1/3用于总统竞选。也就是
说，德拉卡马从这笔资金中得到8万美元的竞选资金。另外的
1/3在现任国会中按党派比例进行分配，即根据莫抵运、莫解阵
和民主联盟分别在国会中的席位平均分配。莫抵运因此可得到

71680 美元。剩下的 1/3 经费在参选国会的众多政党（包括莫解阵和莫抵运在内）进行分配。泰莫桑比克告诉莫桑比克新闻社记者，这笔资金将按照各政党提供的有效候选人的人数进行平均分配。但只有在 11 月 7 日国家选举委员会对成千上万名候选人资格鉴定完成以后，这笔资金才可以发放。

国家选举委员会要求各政党要为其收到的所有资金负责：在第二笔资金发放以前，各党必须提供有关第一笔资金使用情况的收据。因为在 1994 年的竞选过程中，几个小党在领取国家和捐助方的资金后从没有提供使用状况的收据。国家选举委员会希望在 1999 年的大选中杜绝这种情况。

国际社会继续为莫桑比克的第二次全国大选提供援助。1999年 9 月 30 日，美国国际开发署主管莫桑比克事务主任辛西亚·洛泽尔签署了一项支持莫桑比克的竞选活动的协议。美国提供100 万美元资金用于支持竞选活动和弥补竞选预算中的其他"额外支出"。[①] 11 月 5 日，瑞士、瑞典和荷兰政府同莫桑比克签署了协议，为莫桑比克的竞选活动提供约 91.7 万美元的资助。

第五节　政治和解进程

一　政治权力分配与和平民主竞争的初步尝试

在和平协议签署以后，莫桑比克能否建立一个各方都能接受的民族联合政府，在 1994 年大选举行以前，一直是各方关注的焦点，也对大选以后莫桑比克的政局走向产生了深远影响。但 1992 年莫桑比克政府同莫抵运达成的罗马和平协议根本没有提及建立联合政府或民族团结政府的问题。所以，包

---

① Mozambique New Agency AIM Reports, No. 168, November 9th, 1999.

括其他一些党派在内的莫桑比克人据此认为这个协议是"不完整的"。国民大会党领导人卢特罗·西芒戈是其中的一个代表。他认为罗马和平协议"没有解决莫桑比克的所有现实问题"。他说:"罗马协议是在莫解阵和莫抵运之间分割了莫桑比克,而现实问题比那个协议更复杂。……莫桑比克是一个复杂的问题。实际上,一个可行的办法是建立一个反映公众意志和能就重大的国家问题进行讨论的民族联合政府。"① 但他认为民族联合政府不一定仅仅局限在莫解阵和莫抵运两个政党之间。

希萨诺总统在大选之前一直不承诺实施权利分享机制。但在即将举行大选前的9月,他曾公开承认,国际社会向他施加压力,要求莫桑比克在大选以后建立某种形式的民族联合政府。

在莫解阵党内,关于是否建立联合政府或权力分享机制的问题早就存在着争论和分歧。1993年2月,自从1975年独立以来一直大权在握的莫解阵党高级官员,时任莫桑比克中部省份索法拉省省长的弗兰西斯科·马斯奎尔就提出建议,在大选举行之前应确定一个经过协商而成立民族联合政府的原则。这在当时就引起了激烈的争论。莫解阵党的激进派认为他的这个建议是支持莫抵运。索法拉省公认是莫抵运的区域,再加上马斯奎尔出生在德拉卡马的家乡布济地区,因而对其建议的争论更加激烈。

国际社会已经充分意识到了深陷内战深渊的安哥拉的经验教训,不希望安哥拉的悲剧再次在莫桑比克重演,不断向希萨诺施加压力,希望在莫桑比克建立真正和解的联合政府。当时参与莫桑比克调节活动的美国、意大利和葡萄牙倾向于支持建立一个民族团结政府。但直到大选前夕,希萨诺总统仍然坚持,"只有胜利者能够决定是否建立一个民族和解政府"。

---

① Elias Cossa, Forging a Government of National Unity, September 5, 1994, Africa Information Afrique (AIA); AIA/ Elias Cossa.

在 1994 年 10 月大选中，莫解阵党以 44% 的选票领先于其他的 13 个政党。莫抵运在国会中占有 38% 的席位。莫解阵党、莫抵运和民主联盟在 250 席的国会席位中分别占有 129 个、112 个和 9 个席位。由于获得国会 2/3 多数席位的赞成是通过任何重要议案的必要条件，因而对于莫解阵党而言，首届国会的这种席位比例决定了在以后的 5 年任期内难有大的作为。

对于此次大选结果，莫抵运领导人并不十分满意。但基于国际社会的压力和国内民心所向，莫抵运还是接受了这个选举结果。例如，莫抵运领导人德拉卡马曾表示，尽管大选中有许多违规现象，只是出于和平的考虑才接受大选的结果。德拉卡马说："许多选举是不公平的……但它们也是唯一可能的结果。"①

为了安抚莫抵运，国际社会在大选完成以后认为，既然希萨诺不同意组建包括莫抵运在内的民族团结政府，但希望他会建立一个民族和解政府，并且在反对党接受莫解阵党方针的情况下，他能有选择地邀请反对派政治家加入自己的政府。在新政府上任以前，希萨诺也曾表示："莫解阵党和我重申我们坚定不逾的承诺，保证为反对党派提供公共职位以便他们融入到民主进程中来，并使他们感到自己是国家重要决策过程和中央行政部门的组成部分。"②

希萨诺在 12 月 9 日就任总统，新政府在 12 月 23 日就职。所有的部长职位都由莫解阵成员担任。莫抵运要求获得在立法选举中赢得多数选票的 5 个省的省长的职位，但遭到莫解阵的拒绝：在 1995 年 1 月，3 名新任命的省长都是莫解阵党成员。这样，希萨诺领导的莫解阵党最终没有按照当时盛行的设想，成立

---

① Josephine Masimba, Wait and see attitude prevails following poll, Maputo, November 29, 1994, Africa Information Afrique (AIA); AIA/Josephine Masimba.

② Josephine Masimba, Wait and see attitude prevails following poll, Maputo, November 29, 1994, Africa Information Afrique (AIA); AIA/Josephine Masimba.

一个民族联合政府或和解政府。这样的最高行政体制安排预示着在未来的政治生活中必然发生激烈的党派政治斗争。不过，这种斗争是以和平民主的方式，而不是以野蛮的反叛—镇压—再反叛—再镇压的模式进行的，终将有利于民主建设和社会经济的顺利发展。

第一次大选解决了谁来治理莫桑比克的问题，但仍然没有解决如何治理的问题。因而，在新政府成立以后不久，在国家级——更为严重的是在地区级或地方级的政治领域——很快就出现了激烈的争吵。这些争吵不仅仅涉及政治、经济政策的制定和实施问题，还涉及最高权力这一根本问题。

莫解阵党同反对党进行的第一次交锋发生在新当选的国会举行的第一次立法会议上。在1994年12月8日新国会举行第一次会议期间，首先在选举议长的选举程序问题上，然后在选举结果问题上发生了对抗。在向全国电视直播时，莫抵运和民主联盟代表公然退出了国会。在退席过程中，其成员放风说，建立某种权利分享机制是能够让他们返回国会的唯一选择。但由于莫解阵党坚决不让步，反对党在1月国会会期结束以前停止了抵制活动。

此外，在莫抵运曾控制的中部地区省份也发生了各种争论。在大选以后，创建全国真正统一的行政系统在这些地区实际上无法顺利实施。正如一位外交官在大选以后所指出的，莫桑比克国土仍然处于莫解阵和莫抵运两分天下的状态。为了建立统一并有效的地方行政体系，莫解阵党同反对党以及各种反对势力之间存在着明显的斗争。1995年5月，莫解阵党在索法拉省马林圭的一名行政官员的住所被焚为灰烬。6月，莫抵运的地方领导人在该省的另一地区发起了对政府所属的学校、医疗所和商店的抗议活动，抗议政府任命支持莫解阵党的人员担任行政职务。在整个春天，莫抵运在其原来设在卡萨—巴纳纳（Casa Banana）的司令部附近设置了路障，征收赋税，并抗议政府不愿意与反对党分

享国家收入。莫桑比克政府发行的国际快报《莫桑比克简报》指出，"'双重政府'的情况依然存在，而这些地区实际上的统治者是前莫抵运人员"①。这类冲突中最严重的一个是在 6 月发生在马尼卡省的传统世袭领导人（或部族领导人）煽动的暴乱。这次暴乱得到了"莫抵运武装部队"的援助，暴乱分子占领了警察总局。在经过谈判以及政府的武力震慑下，国家警察在 9 月重新占领了警察总局。② 莫解阵党认为，这些纷争反映了某些传统世袭领导人同莫抵运骨干之间结成了联盟。"因为传统世袭领导人还以世袭的原则继续起作用，这与通过选举投票确立合法地位南辕北辙。"③ 其他一些人则为这些社会动荡而指责莫抵运领导人德拉卡马。

在大选以后，莫抵运在政党建设方面仍然面临着一系列问题。其中，资金匮乏是其面临的最大困难之一。由于国际社会停止了向其提供资金援助，莫抵运的不稳定性也日趋严重。1995年 9 月，莫抵运向其国际援助者发出警告，声称如果他们不愿意继续向莫抵运提供资金以助其渡过 2000 年难关的话，该党就会被迫返回丛林重新投入战斗。莫解阵党政府和国际社会对此并不以为然，认为在没有足够的武装力量支持下，莫抵运不会贸然采取行动。此外，莫抵运除了无法得到国际社会的资助外，还感觉到被剥夺了分享国家财富的权利。这种财富不是指维持政党运转的那点儿可怜的资金，而是指某些莫解阵党官员正在从大规模私有化国有资产过程中捞取的真正财富。一些莫解阵党当权者凭借接受过比较多的教育、较好的国际交往能力和手中的权力，从享受中上等收入的国营企业的管理者迅速转变为领取丰厚薪俸的外

---

①　Mozambique File, July 1995. p. 4.

②　Mozambique File, October 1995, p. 14.

③　Mozambique File, August 1995, p. 3.

资企业管理者，或干脆成为私营企业的大老板，成为新贵阶层的代表。为了反对莫解阵党政府的一些现行政策，莫抵运在国会中对曾经自诩为"革命先锋队"的党所推行的两项引起争议最大的政策提出了反对意见：工业私有化政策和邀请南非的企业家和个人前来经营莫桑比克的农场和矿井。

在组织新政府过程中，莫解阵党实际上只任命莫抵运人员担任行政系统中级别最低的职务。在内阁和省长职位中，没有任命一名莫抵运成员。因而，莫抵运领导人经常抱怨莫解阵党傲慢自大，认为莫解阵党根本不把莫抵运当回事儿。所以，为了赢得莫解阵党的尊重和认可，莫抵运积极促成在野反对党的联合行动，以壮大本身在国家政治生活中的力量和地位。1995年5月，反对党在伊尼扬巴内省举行第二次全国会议，建立了非常国会论坛。在国会等立法机构中没有代表的政党可以通过该论坛表达对行政和立法机构的关注。

此外，莫抵运作为在野反对党，在大选以后还有待完成从反叛军队过渡到真正的反对党的过渡。在内战时期，莫抵运为了同莫解阵政府对抗，在征召成员时，向其追随者和潜在的支持者许诺了各种宏愿。他们通过自愿或强制手段征召各色人等参与其控制区和各组织机构的管理。但在实现和平尤其是在大选过后，莫抵运难以兑现那些诺言。这加剧了莫抵运内部的纷争和不满。例如，莫抵运为了征召年轻人参加部队，就允诺在战争结束以后为其提供到大学读书的奖学金。由于莫抵运在战后时期资金缺乏，无法兑现这些诺言，结果导致许多愤怒的年轻人常常在莫抵运的会议上提出这些要求，致使会议无法进行。为了缓解自己支持者的压力，莫抵运只好向政府和国际社会不断提出资金方面的要求，多方面力争资金，以稳定自己的群众基础。

如何制定确实可行的符合莫桑比克国情的社会经济发展政策，是处于民主化过程中的莫桑比克面临的紧迫问题。这个任务

不仅是某个政党的任务，需要所有关心经济发展和人民生活改善的政党一致努力，共同参与。但作为执政党，莫解阵党面临的压力尤为突出。为了实现和平和推行经济改革，莫解阵党政府被迫接受了世界银行或国际货币基金组织提出的激进的经济结构调整计划。其实施的结果是莫解阵党政府失去了重要的选民支持，包括士兵、工人和警察。这些对现行政策不满的人们纷纷举行示威罢工。1995 年 3 月和 4 月，由于莫桑比克国防军的部分士兵要求增加工资和改善条件而发生了几起骚乱事件。根据莫桑比克总工会联盟的统计数字，到 1995 年 9 月末，全国大约有 3.5 万个工作岗位因结构调整而丧失。[1] 失业的增加，以及通货膨胀严重，加剧了民众的生活困难，日益引起民众的不满。10 月，马普托市发生了暴乱。由于基本消费品物价增长迅速，成千上万的人上街示威抗议，抢劫商店，设置路障。在 1999 年 5 月，马普托市成千上万的工人在每年一度的劳动节游行期间举行示威，要求增加工资并停止在私有化过程中大批地遣散工人。

面对复杂的政治、经济形势，莫解阵党积极探索，在力争合理解决不同政党之间的冲突的同时，未雨绸缪，制定了一系列新的政策，为国家未来的发展奠定了可靠基础。

为了更好地完善民主体制，莫解阵政府在执政之初就开始探讨修改和完善现行的宪法，并为此在国会内部成立了以莫解阵党代表占多数的专门委员会。1998 年 10 月，莫解阵党政府公布了宪法修正案草案。该草案如果通过的话，将对莫桑比克的政治体制产生巨大的影响。按照该修正案草案，总统的权力将被削减，而总理和国会的权力相应地增加。如果该法案得到批准，莫桑比克的政府首脑将是总理而不再是总统，总统将只是国家元首。总

---

① Africa Information Afrique（AIA），http：//www. apc. org/aiacan/，January 19，1996. p. 1.

统如果不事先咨询国会的话，不能任命总理，并且总统只能根据总理的建议任免各部部长。此外，还要建立一个国事委员会，作为总统的咨询机构。对宪法作出这些修正的基本目的是为了防范出现总统和政府来自不同党派的情况。为了更好地让全社会了解宪法修正案的真正意义，莫解阵政府向全国分发了几万册宪法修正案小册子，组织全社会进行学习和讨论，还先后组织了学术论证。在1999年的国会会议期间，国会也对修正案进行了多次的辩论，但这个宪法修正案最终在1999年9月30日的国会会议期间被莫抵运代表否决了，成了莫抵运同莫解阵党进行较量的牺牲品。

共和国第一届国会的正常运转成为莫桑比克政治生活中的一个成功范例。在国会中，不同政党可以自由提供治国方案，并根据各自政党的利益和整体利益进行讨论，最后进行民主表决。这套民主决策体制在国会的顺利运转，为政府和国家制定正确的政策方针奠定了基础，使政府和国家在决策过程中避免了多种弊端。与此同时，各项国会议案的提出、讨论和通过都体现了不同政党之间的利益冲突，更直接反映了各自选民的利益所在。国会斗争有时是非常激烈的，但却是和平和民主的，这避免了社会上各种利益集团、利益阶层之间矛盾的激化和冲突，进而根除了再次爆发内战的社会基础。这种民主机制的运行为莫桑比克社会经济的发展减少了社会风险和成本。

下面介绍莫桑比克国会进行政策制定过程的两个事例。

其一是在退伍士兵补贴的议案中，莫抵运没有取得成功。国会在1999年5月4日以127票对111票和1票弃权否决了莫抵运提出的为其复员退役的游击队员发放退休补贴的议案。[①] 所有的127张否决票均来自执政党莫解阵党。在议案辩论的最后阶段，莫抵运议员反复声称，政府现行的政策是"歧视性的"政

---

① 　Mozambique News Agency AIM Reports, No. 157, May 10TH, 1999.

策，因为从过去政府军队复员退役的老兵得到了退休金，而莫抵运的士兵则没有得到。但莫解阵议员指出，实际上，从政府军中退伍的大部分人无权获得退休金。领取这种退休金的标准是至少在军队中服役 10 年，并按士兵工资 7% 的比例定期向退休基金缴纳保险金。但莫抵运议员要求，如果该法案在现阶段通过一读，在二读阶段则必须加以补充，将莫抵运的退伍士兵包括进去。莫抵运议员的这个要求遭到了议长的反对。

其二是国会在 1999 年 5 月 6 日以 125 票对 104 票和 4 票弃权否决了莫抵运提出的在国会内部设立行政与财政委员会的议案。① 莫抵运认为，需要设立这样的委员会以纠正"实施国会预算以及管理国会资金活动中的违规行为"，并建议修改国会现行体制以便成立这一委员会。莫抵运的议员声称，国会现存的财政问题是出于鼓励盗窃和贪污的目的而被人蓄意安排的。

国会计划与预算委员会则以书面形式指出，莫抵运建议设立新的机制需要对现行的国会体制进行彻底的调整。而且，该新委员会的议员代表要承担管理职责，而这是公务员的工作范围。莫抵运一直反对将议员视为公务部门的组成部分。计划与预算委员会还确信，莫抵运的议案远非能够简化管理机制，而是通过设立另一个机构使管理更为复杂化。

莫解阵议员安娜·瑞塔·希特霍勒（Ana Rita Sithole）一直在负责国会秘书处的工作。她说，她完全了解国会管理的问题，但相信这些问题只能通过培训国会工作人员而不是通过设立新的机构予以解决。在 143 名国会工作人员中，71 人是公务员。希特霍勒说，他们中的大多数人的学识和专业技能不高，这是他们工作表现不尽如人意的根本原因。②

① Mozambique News Agency AIM Reports, No. 157, May 10TH, 1999.
② Mozambique News Agency AIM Reports, No. 157, May 10TH, 1999.

二　地方选举问题

地方选举，又称市政选举。根据宪法，市政选举必须不迟于 1996 年 10 月举行。1996 年 2 月，莫桑比克政府建议在 1997 年举行市政选举。1997 年 6 月，莫桑比克政府宣布：23 个市和 10 个镇的地方选举将在 1997 年 12 月 27 日进行。但由于公认的地方选举后勤供应没有保障，选举再次推迟进行。

为了更好地准备地方选举，以莫抵运为首的反对党一直在寻求可能的合作。1997 年 6 月，莫抵运同其他 10 个反对党派组成了反对党协调委员会，以便在即将到来的市政选举中对执政党采取协调一致的政治决策。

由于对地方选举法的实施问题存在很大的分歧和争议，以莫抵运为首的反对党派同执政党政府之间必然要发生冲突。1997 年 5 月，在中部城市贝拉发生了反政府的示威浪潮，并逐渐扩散到克利马内、楠普拉和伊尼扬巴内等城镇。最初的示威是由莫抵运组织的，目的是抗议政府拒绝在一系列的城镇举行地方选举。示威者和警察之间发生了冲突，有 25 人被拘捕，其中 2 人是莫抵运的地方领导人。其后，示威规模扩大，要求释放被拘捕者。随着示威规模的升级，示威要求的范围扩大到反对警察滥施暴力、生活成本提高、南方和其他地区之间发展不平衡等。

1997 年 8 月，政府宣布，由于国际捐助国为地方选举提供的资金没到位，市政选举无法在 1998 年以前进行，并确定该选举日期推迟到 1998 年 5 月 29 日。1998 年 1 月，莫抵运指责从 1997 年 11 月开始的选民登记注册工作有欺诈行为，并威胁说，如果不纠正这些选民登记工作中的错误，就退出即将举行的地方大选。国家选举委员会承认在选民登记过程中确实存在某些错误，但认为只会影响很少选民，选民登记名单经过修改就会有效。1998 年 3 月 16 日，莫桑比克政府应国家选举委员会的请求

再次将地方选举的日期往后推迟到 6 月 30 日，并从 3 月 29 日开始核实选民登记卡并重新进行选民登记，以纠正莫抵运指责的问题。莫抵运继续威胁要抵制地方选举，不参加选举投票，坚持认为，只有反对党代表参加管理选举活动的专职秘书处的工作，透明的选举才能有保证。

民主联盟在准备地方选举初期，没有理会莫抵运的号召而采取抵制态度，于 4 月 16 日登记参加地方选举，在登记的最后一天提交了候选人名单，准备与莫解阵党在 33 个城市中大多数城市和 2 个城镇进行竞选。另外，还有一批比较著名的人物作为独立候选人参加马普托市、贝拉市、楠普拉市、纳卡拉市、彭巴市、伊尼扬巴内市和马尼卡市等城市的市长竞选。

为了在地方选举中壮大声势，莫抵运采取措施同其他反对党采取联合行动。4 月 17 日，抵制即将举行的地方选举的 15 个国会小党代表在德拉卡马的住所举行集会，宣布在选举候选人提名最后期限前的 24 小时举行抵制活动。这样，莫抵运和其他的 15 个反对党正式宣布退出地方选举。

德拉卡马随后开展活动，努力动员选民抵制地方选举。莫抵运的一些成员甚至采取过激措施，没收选民的选民证，或通过恫吓方式阻止选民进行登记。纳卡拉市市长盖若尔多·凯尔塔诺指责莫抵运的这种行为和方法是"反民主的和不人道的"，并认为莫抵运希望通过这种方法引起国际社会的关注以便像 1994 年那样骗取财政援助。

6 月初，国家选举委员会公布的候选人名单显示，虽然莫抵运和 15 个非国会政党采取抵制选举的政策，莫解阵党在 33 个城市中的 16 个城市面临竞争，其中包括马普托、贝拉和楠普拉这 3 个主要城市。参加竞选的有 1 个小党、2 个联盟和 12 个独立候选人。其中，参选的小党是工人党，只参加马普托市和赛赛市的议会选举，不参加市长选举；两个竞选联盟是民主联盟和莫桑比

克抵抗联盟。

但民主联盟在选举动员的最后阶段，由于国家选举委员会因其候选人不符合条件而否决其大部分候选人，也退出了地方选举。这样，实际上很少有反对党参加 6 月 30 日举行的地方选举。所以，参加此次地方选举的，除了莫解阵党外，主要是独立候选人。选举在平静的环境中进行，没有发生人们担忧的暴力冲突。

国家选举委员会于 7 月 17 日公布地方选举的最后结果：莫解阵党赢得了 33 个市长职位，并控制了参选的所有市政政权，但在总数为 1965530 人的地方选举选民中，只有 286659 人参加了投票，投票比例仅为 14.58%。这个比例极大地降低了新当选代表的合法性。这也促使莫抵运领导人德拉卡马在宣布选举结果的当天要求政府承认这次地方选举无效。这又成为莫桑比克政治斗争的一个焦点问题。一些政党以选举过程有违规行为为由向最高法院提出上诉，但最高法院 8 月 13 日裁决，地方选举结果有效。

不过，德拉卡马在 8 月 15 日《新闻报》上表示，莫抵运不会阻碍新当选的地方政府当局开展工作，尽管绝大多数选民没有选举他们。他还提出修改选举法、如何组建国家选举委员会和选举管理专职秘书处等问题。但其他的一些政党表示要抵制当选者开展工作，声称不接受选举结果。8 月下旬以后，当选的议会议员和市长先后上任。此后，莫抵运将主要精力用于准备 1999 年的第二次全国大选，德拉卡马对赢得第二次大选充满了信心。

三 1999 年大选危机

在 1998 年地方大选之后，政府开始加大力度解决反对党较关注的 1999 年大选的程序问题。1998 年 10 月，公布了关于 1999 年总统和国会选举的选举立法草案。

根据宪法，5 年任期的总统和国会将在 1999 年 11 月到期。但由于政治争论不休和行政部门效率低下，在 1999 年举行大选

困难重重。大选准备工作推迟的一个重要原因是莫抵运坚持所有选民要重新进行登记。1999 年 3 月 30 日，政府才组成新的国家选举委员会。5 月底，政府宣布选民登记在 7 月 20 日至 9 月 17 日进行，以进行 11 月底的大选。但莫抵运提出，为了使居住在农村地区的选民能够参加大选，选民登记的期限应为 75 天，以便于农村选民能及时参加选民登记。5 月，莫抵运宣布将于 7 月底在希莫桑比克尤（Chimoio）举行实现和平以来的第一次代表大会，以讨论修改党章和改变党的地位的问题。但后来，莫抵运的这次会议被推迟了。

1999 年 6 月 3 日，各省选举委员会成立，5 日开始工作。同月，莫解阵党宣布希萨诺为其总统候选人。7 月，以莫抵运为首的 11 个政党结成了竞选联盟，为即将举行的大选提出统一的反对派候选人名单和总统候选人。德拉卡马被该联盟推举为总统候选人。

1999 年 10 月 3 日，国家选举委员会宣布，从 7 月 20 日至 9 月 17 日，在国际社会帮助下，为 700 多万选民发放了 85% 的选民登记卡。每名登记注册的选民领取一个不易毁坏也不易伪造的塑膜选举卡。负责选民登记注册的人员可就选举的问题随时接受公众的咨询。18 岁以上（含 18 岁）的公民，以及不受"不符合选举人条件的规定"限制的公民，有权利进行选民登记和参加投票选举。

第二次总统和国会选举于 1999 年 12 月 3～5 日举行。每个投票站都有各党派的代表和国际观察员参与监督。选票的计数在各投票站进行，由同一批人监票，各党派代表要在联合记录上签字。莫桑比克国内外观察家一致认为大选过程组织工作良好，选举顺利。随后，反对党派和观察家都承认在选票汇总过程中存在违规的现象，对大选造成了影响。但是，所有的国内外观察家都认为这些问题不会影响大选的结果。12 月 22 日，国家选举委员

会公布第二次全国大选的结果。

全国登记的选民总数为 7099105 人，其中 68.09% 的选民参加了投票。国会的选举结果是，莫解阵党以 48.54% 的选票获胜，在国会中获得 133 个席位；莫抵运选举联盟作为多党联盟参选，赢得 38.81% 选票，获得国会的 117 个席位，居第二位。其他的政党或联盟在全国获得的选票没有超过最低标准 5% 的得票率，无法在国会中拥有席位。

总统大选的结果是希萨诺总统获得 52.3% 的选票，以微弱多数当选为总统，德拉卡马获得 47.7% 的选票。250 名当选议员于 2000 年 1 月 14 日宣誓就职。希萨诺于 2000 年 1 月 15 日宣誓就任总统。

莫抵运选举联盟以莫解阵党在大选中舞弊为由，指责政府操纵大选，不承认国家选举委员会宣布的大选结果，并向最高法院提交了正式的诉状。但最高法院于 2000 年 1 月 4 日驳回了莫抵运对大选结果的指控，认为本次总统和国会大选是"自由、公正和透明的"，并且是在遵守宪法和法律的条件下有序进行的。法院的裁决指出，莫抵运提出的指控前后矛盾，没有说明是要求取消大选结果还是重新清点选票。对此裁决，莫抵运领导人德拉卡马当天在马普托举行的新闻发布会上表示：莫抵运不接受最高法院的裁决。他认为莫解阵和最高法院沆瀣一气，所以莫抵运不接受大选的结果，要求重新清点选票，否则就抵制新当选的国会。

在最高法院公布裁决后举行的记者招待会上，希萨诺表示，莫抵运的国会席位将得到保留。他还说："日子还得过，我们不可能因为一个政治团体的意愿而让国家瘫痪。"[1] 由于莫解阵拥有国会中的多数席位，所以即使在莫抵运抵制的情况下国会仍可

①　Irin, JohannesburG, 5 Jan 2000.

以正常运转。

2000年1月9日，莫抵运表示，它将停止对新当选国会的抵制，接受议会中的席位，但要求国会重新统计选票。莫抵运的这一条件遭到莫解阵党政府的拒绝。但在14日新国会第一次会议期间，莫抵运选举联盟的117名代表除3人外均参加了就职宣誓仪式和其他的会议活动。为了表示对大选结果的不满，1月15日，莫抵运选举联盟的所有国会议员拒绝参加希萨诺总统的就职仪式。政府对莫抵运提出的重新计算选票的要求则断然予以拒绝。1月，德拉卡马就重新计数选票的问题向政府发出了最后通牒。2月11日，则发出了第二个类似的最后通牒，否则就准备使政府瘫痪。

在通过法律手段解决有关第二次大选结果争议无法达到自己满意的情况下，莫抵运号召举行全国性的示威活动，以抗议在1999年12月举行的总统和国会选举中的营私舞弊行为。在此后一年的大部分时间里，莫抵运坚持不承认大选结果，不与连任总统和新组成的莫解阵政府进行合作。同时，莫抵运支持者分别在各地举行了零星的抗议活动，甚至发生暴力冲突。为了平息暴力冲突和实现政治和解，10月4日在马普托市举行纪念罗马和平协议签署8周年时，希萨诺总统呼吁全体人民维护国家的和平与统一，在法律秩序下促进经济、社会和文化的发展，反对分裂国家和暴力冲突。[①]

但莫抵运以组织规模更大的示威浪潮回应希萨诺总统的呼吁。10月10日，贝拉市警方突然搜查了德拉卡马等6名莫抵运成员住宅，发现了18杆步枪、1把手枪和一些弹药。总统府于12日发表的公报披露，德拉卡马已于当日向莫抵运老游击队员

---

① 刘彤：《莫桑比克总统呼吁维护国家和平与统一》，新华社马普托2000年10月4日电。

发布命令，前往中部索法拉省的前基地集结，要求他们以武力对抗政府采取的收缴非法武器的措施，若有警察携带武器进入基地，则可以开枪进行抵抗。大有内战再次一触即发之势。

11月上旬，莫抵运组织支持者在全国范围内进行了抗议活动，9日达到高潮。在抗议活动期间，大批的示威群众遭逮捕，一些地区的警察还向手无寸铁的示威者开枪射击。

11月9日，双方最血腥的冲突发生在北方的城镇蒙持普埃兹，至少24人死亡，其中6人是警察。在冲突中，游行示威者在冲进警察局时，抢走了100多支枪械。同一天，莫抵运成员还在多个城市举行反政府示威游行。在全国范围的示威群众同警方的激烈冲突中，造成了包括示威者、警察在内的42人死亡和100多人受伤。① 莫桑比克总理莫昆比当天在马普托严厉谴责莫抵运无视国家有关法律，在未登记的情况下强行组织示威游行，并唆使示威者抗拒警察，蓄意制造流血冲突，严重破坏了国家来之不易的和平与稳定。他强调"警察是在维护国家的安定和公共秩序"，莫抵运蓄意制造暴力事端并对由此产生的恶果"负有全部的责任"。②

此后，莫抵运称，在示威活动中大约400名成员遭到逮捕，其中包括5名国会议员。莫桑比克政府和法院系统一改平时办理案件拖沓冗缓的习惯，在处理这次被捕的示威者时进展神速。在不到一周的时间内，在暴力冲突最为激烈的德尔加杜角省最北部地区，有几名莫抵运成员因"对抗国家"而被判处3个月监禁。贝拉是反对派力量强大的城市，莫抵运的两名国会议员麦努埃尔·派雷拉和路易·德索乌萨也很快受到审判。这些活动遭到了

① 刘彤：《莫桑比克努力解决国内政治危机》，新华社马普托2000年11月20日电。
② 刘彤：《莫桑比克总理谴责反对党蓄意制造流血冲突》，新华社马普托2000年11月9日电。

莫桑比克人权联盟和莫抵运的强烈抗议和抨击。

11月21日夜晚，德尔加杜角省蒙特普埃兹镇警察局的牢房内，又发生75名犯人窒息死亡事件，而这些犯人都是参加游行示威被捕的莫抵运支持者。① 这些事件发生以后，政府与反对派相互激烈谴责对方蓄意制造暴力，国内局势随之紧张。

为寻求和解，努力解决自实现和平以来最严重的政治危机，2000年12月20日，希萨诺总统与德拉卡马举行大选危机以来的首次会谈。会谈后，双方在联合公报中指出，双方决定明年1月继续举行会谈，以便就重新统计去年大选的选票、在中央和地方政府中任命反对派人士、对武装力量实施非党派化等问题达成协议。此外，政府还答应立即采取措施，解决警察部门中存在的歧视和迫害反对派现象。希萨诺总统25日向全国发表圣诞贺词，呼吁国民进行广泛对话，努力实现和解。他说，国家的福祉应该基于人们相互的友爱、宽容与团结。他呼吁人们"捐弃前嫌宿怨，为了共同的未来进行对话"。

2001年1月17日，希萨诺总统同德拉卡马在马普托举行会晤，讨论解决当前的政治危机。双方经历了艰苦的谈判，莫抵运在会谈中提出了提前举行大选的要求，但希萨诺则认为这样做只会使时局变得"更加严峻"。希萨诺认为，国家的当务之急是解决疾病、文盲和贫困等问题，而不是无休止的选举。为此，他呼吁双方继续展开建设性对话，为打破目前的政治僵局寻找出路。

双方随后举行的联合记者招待会上一致表示，国家的发展和进步需要和平与稳定，因此有必要继续进行对话，以克服双方存

---

① Mozambique News Agency AIM Report No. 196, December 5th, 2000. 但莫桑比克总理莫昆比在23日的记者招待会上透露的数字为50~70人；新华社记者刘彤在题为《莫桑比克总统圣诞贺词呼吁国内实现和解》的新华社马普托2000年12月25日电讯稿中的数字为83人；而《环球时报》2000年12月1日的报道数字为82人，该数字同莫桑比克国家电台25日报道的数字相同。

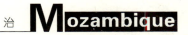

在的分歧。德拉卡马表示，尽管解决双方问题还存在许多困难和障碍，但相信莫桑比克人会找到解决出路。他说，双方将组成特别工作小组，分别就大选、地方政权分配、武装部队非党派化等问题继续磋商。

经过这次谈判，莫桑比克的政治局势趋于稳定。但如何使政治体制进入良性循环的轨道，还有待于各政党制定理性务实的政策方针，遵照民主精神，积极探讨和完善。

四　问题与挑战

至今为止，莫桑比克是非洲大陆成功解决国内冲突的 3 个国家之一。但人们仍对莫解阵和莫抵运之间不时产生的紧张关系表示忧虑。这说明，莫桑比克民主政治的成熟还需要一段时间的磨炼。此外，犯罪、土地匮乏和劳工冲突等一系列社会问题也对莫桑比克政府提出严重挑战。

自从 1994 年第一次大选以后，莫桑比克存在和面临着一系列的社会难题。城市犯罪率不断升高，而在农村地区的匪帮活动也是一个严重问题。内战时期大量的武器散落在民间导致了多起抢劫事件。与此同时，按照一名政府发言人的说法，莫桑比克的军队和警察的素质较低，对武器失去控制的情况时有发生。所以，如何更好地管理军队和警察，减少暴力事件的发生，避免其政治化趋势，是实现民主的莫桑比克必须予以注意的问题。对于这个问题 2004 年的宪法作出了比较明确的答复。

莫桑比克内战遗留或散落民间的大量小型武器，为本国和邻国的社会政治稳定造成了隐患。从 1995 年 10 月开始莫桑比克实行"以枪易犁"计划，即以日用品换取民间拥有的武器。到 1998 年 8 月底已收回散落在民间的各种火器、枪支、发射器和弹药约 5.8 万件。但据统计，莫桑比克在 16 年内战期间共进口武器在 50 万~600 万件之间，而 1993~1995 年联合国维和部队收缴武器时只收回 19 万件，且大多数收缴上来的武器并没有被销毁，不久就又出现在首都马普托的市场上。大量的武器失于控制，或被某些政治派别蓄意隐藏，对当地政治生活和社会稳定构成了一定的威胁。为了解决这个问题，莫桑比克曾多次收缴武器，共收缴上来 11891 件各类武器，包括手枪、地雷、炸药、大炮等，并进行了销毁。但如何将大批散落遗失的武器收缴回来并妥善处置，还是现任政府亟待解决的问题。

地雷问题也是进入和平建设时期的莫桑比克必须加紧解决的重要问题之一。内战时期，政府和莫抵运在全国不少地区广布地雷，加上从独立战争时期遗留下来的地雷，困扰着国家经济建设的顺利发展。在内战期间，内战双方都毫无顾忌地使用地雷，但没有人能够精确地知道到底有多少地雷分布在莫桑比克国土上。1992 年 12 月，联合国估计该国分布的地雷总数多达 200 万颗。[1]值得庆幸的是，莫桑比克的地雷绝大部分分布在内战最激烈的中部省份地区。但对于生活在那里的居民而言，这却是难以避免的灾难。据英国一家医学杂志公布的数字，在莫桑比克某些地区，地雷的杀伤比例高达当地人口的 2%。联合国莫桑比克地雷委员会负责人奥索里欧·塞沃里诺估计，该国地雷每月造成 40 名平民伤亡，在清除莫桑比克地雷的 10 年项目完成以前，还会再有约 5000 人丧生于地雷。[2] 所以，如何尽早解决地雷问题，是莫桑比克政府和各政党面临的一个重要课题。

自然灾害频繁发生，也是考验莫桑比克政府能力以及政治体制能否解决社会危机和经济建设的一个难题。如果民主政治发展完善健康，在发生严重灾害时，各政党紧密合作，积极寻求对

① Ciment, James, Angola and Mozambique, Postcolonial Wars in Southern Africa, Facts on File, Inc., 1997. p. 227.

② Africa Information Afrique (AIA), http：//www. apc. org/aiacan/, April 4, 1996, p. 1.

策，莫桑比克就会克服重重困难。否则，社会和民众的损失就会成倍增加。从近年来莫桑比克的情况来看，新政治机制在运转，至今还没有变成莫桑比克战胜各种自然灾害的障碍，实际上有力地促进了各政治势力携手合作，共渡难关。

1996 年初期，发生了大规模的水灾，使得 20 万人无家可归，其家园和农田成为一片泽国。水灾过程中，还暴发了传染病。2000 年 2 月和 3 月，毁灭性的水灾再次席卷了莫桑比克南部地区，致使成千上万的人无家可归，给国家造成了重大经济损失。南非军队迅速投入了莫桑比克的救援活动，来自世界上许多国家和私营机构的飞机和人员也投入救援活动之中。联合国与莫桑比克救灾管理中心共同协调组织救灾抢险活动。莫桑比克政府已制定规划重建被水灾毁坏的基础设施，继续实施其经济发展计划。莫桑比克已经从联合国和其他的双边协议得到了大量的援助，以进行长期的灾后重建。在急需重建公路和铁路交通的同时，最为紧迫的任务是重建医疗中心和学校，帮助人们重建家园和返回自己的田园。

第四章

经 济

第一节　经济发展综述

一　独立前

莫桑比克土地和自然资源丰富，有发展工农业的良好条件。但在独立以前，尤其是在 1930～1974 年期间，葡萄牙殖民政府推行的政策目标是将其变为原料供应地、商品市场和廉价劳动力的储存地。例如，殖民政府在莫桑比克强制推行种植棉花，并以极低的价格收购棉花等。长期推行这一政策致使莫桑比克形成了典型的殖民地经济。农业建立在小农生产和少数大型农场的基础上。农业人口占总人口的 88%。但 4000 多个大型种植园控制了全国已耕地中 60% 的肥沃土地，主要种植腰果、椰子、棉花、甘蔗、茶叶、花生和剑麻等经济作物。葡萄牙、南非、英国等国家的公司又控制了莫桑比克腰果、椰子、棉花、制糖、制茶等农产品加工工业及纺织、炼油、化肥等工业。这些大型公司还垄断和控制了矿业开采权，并控制了过境运输和过境贸易，攫取了巨额利润。进行商业性生产的大农场完全是为葡萄牙供应廉价原料而经营。全国工业基础薄弱，工业品主要来自进口。国民经济中唯一的现代化部门是港口和铁路运输业，主要为邻国服务。整个国民经济严重依赖宗主国葡萄牙和南非。工业企业、大农场以及主要的经济机构都操纵在葡萄牙人手中，甚至连技术工人和半技术工人都是葡萄牙人。

二 计划经济时期

独立后，大批葡萄牙和外国农场主以及企业家逃走，有近90%的白人移民离境，农产品大幅减产，工业部门产量降到仅占其生产能力的一半左右。莫桑比克政府接管银行、工厂、矿山和大农场，但政府推行的统一管理的计划经济体制因技术力量和管理人员缺乏而难以实施。

在农业方面，独立以后的农业政策是推行国有农场和集体农庄政策。1977年2月，莫解阵第三次全国代表大会规定，将莫桑比克建设为"社会主义国家"，实行计划经济，以国营经济为主，鼓励合作企业，并提出优先发展农业，继而发展工业的经济方针。因而在农业领域，政府推行鼓励农业合作化和大力发展国营农场的政策，在全国建立1500多个集体农庄。

在城市地区，在独立以后不久就将主要的金融机构收归国有，后来又将城市的大房地产、医疗卫生机构、教育机构以及保险公司收归国有。1980~1982年间，政府还建立了12个国营公司，并逐步控制了工矿企业。

在销售领域，政府于1976年成立国营的销售企业，管理进出口贸易和国内大宗商品贸易。莫解阵"三大"以后全国各地又建立了国营零售商业系统"人民商店"，控制了零售业。

为了尽快扭转经济发展迟缓，国民生活贫困的状况，莫桑比克政府于1981年实施"战胜不发达"计划，大量投资兴建工业大项目和国营农场。到1985年，国营农场和集体农庄占全国农产品销售量的40%以上。但独立后的莫桑比克经济遭受内战、干旱、水灾、饥馑、大批居民流离失所，以及严重缺乏技术工人和外汇等因素的打击。另外，巨额的贸易赤字又加重了这种负担。工业大型项目"既无资金，又无技术"；国营农场又大量赔本。这一系列政策在社会和经济方面都产生了严重后果，而这种后果又难以在短期内得到纠正。1970~1979年国内生产总值年均下降8.6%，而1972~1982年的人口年均增长率为2.5%。大部分居民生活水平下降。1980年国内生产总值为23.6亿美元，人均国民生产总值230美元，已经成为世界上最不发达的国家之一。

在同一时期，莫桑比克政府推行的一些社会经济政策并没有缩短南北之间的社会经济差距，反而加剧了社会矛盾。这也成为莫抵运引发内战的根本原因之一。而且随着内战规模的不断升级，社会经济建设和发展又进一步受到破坏。在内战高峰阶段，全国大部分地区的社会经济无法正常进行。这样，内战作为计划经济时期社会政治经济政策的矛盾产物，反过来又对整个国家政治、经济和社会的发展造成了深重灾难。在1981~1986年期间，农业收成减少了一半。1980~1986年间，国内生产总值下降了60%，出口减少3/4，造成粮食及日用消费品奇缺。

三　改革时期的经济

（一）农业政策改革

　　　济发展长期处于停滞甚至倒退的困境迫使政府进行改革。自1982年开始，莫桑比克政府开始调整政策，开放市场。1983年，莫解阵党第三次代表大会的一项重要结论认为，当前以国营农场生产为重点的农业发展战略行不通，应将大农场分成易于管理的小农场，应当给予私营家庭农场更多的支持，同时强调发展开发地方原材料的小型项目。这样，莫桑比克的农业改革揭开了序幕。

到80年代中期，政府开始考虑改变集体农庄化的农业政策，并且为了在生产和销售上鼓励农业的发展，政府进行政策调整，放松了农村经济的中央计划成分，开始尝试以市场手段刺激农业生产，取消了对水果和蔬菜的价格控制，提高了其他农业商品的固定价格。政府放弃了通过集体农庄等手段强制农民种植经济作物的政策，允许农民在私营的小块土地上种植粮食作物。到80年代末，政府加快了农业政策的改革步伐。这一时期莫桑比克的经济改革政策包括：修改土地法，进一步提高农产品收购价格，扩大企业自主权，鼓励发展私人企业，努力吸引外资，放宽进出口限制等。农业政策重点是以市场刺激小农的农业生产。这些措施使国民经济获得了一定程度的恢复。

在各经济部门中，改革重点放在农业部门，因为全国绝大多数人口以农业为生。除了农业技术推广政策尤其是改进粮食的储存技术外，农业改革的一个核心重点就是培育农村市场。其目标就是增加在农村市场基础设施方面的投资，不断扩展农村市场网络，并逐步改善其运营的基础，鼓励人们在市场上出售自己的谷物和其他粮食产品，进而使他们成为农业生产领域和消费市场的主体，与此同时，确保农民对消费品需求的供应。工业部门的发展目标是开发农产品加工能力，实现进口替代和生产出口产品。政府优先发展的另一个领域是交通运输和通信部门，实现国内各个地区之间畅通无阻。这方面目前仍在实施的主要工程项目是恢复连接城市、城镇、地区和村庄，以及商品产地和市场之间的道路交通。

（二）经济结构调整

为了最大限度地利用国际资本推动国内经济改革进程，莫桑比克于1984年加入了国际货币基金组织和世界银行。在此后的3年内，随着农业改革的深入发展，莫桑比克越来越需要国际资本的支持。与此同时，经济结构不适合社会经济发展的弊病逐渐凸显出来。自1987年1月，莫桑比克政府开始实施为期3年的

经济改革一揽子计划——"经济复兴计划"。这标志着经济体制改革的开始。莫桑比克实施该计划的目的就是进行大规模经济结构调整，改革市场机制，处理宏观经济扭曲和不平衡、市场自由化和私有化等重要问题。① 为了赢得国际机构对本国经济结构调整和进行市场经济改革的支持，莫政府于1987年与世界银行和国际货币基金组织签署了结构调整协议，以达到缩减财政赤字，将国营企业私营化，提高经济效益，扭转经济下降颓势的目的。

90年代初，莫桑比克政府的"经济复兴计划"又增加了社会改革的内容，代之以"经济与社会复兴计划"。该计划为莫桑比克的社会和经济政策提供了的整体框架。构成该计划框架的三个支柱是市场改革、自由化和宏观经济稳定。该计划的目标是解决贫困问题，扭转生产力下降的趋势，恢复所有国民尤其是农业人口的最低水平的收入和消费；缓解国内金融失衡，增强对外账户和外汇储备能力；提高经济效益，为恢复较高水平的经济增长准备条件，实现经济复苏和可持续发展；整合国内各种市场，恢复同贸易伙伴之间的正常的金融联系。总的来讲，"经济与社会复兴计划"是"经济复兴计划"的发展和深化，其经济改革的目标是一致的。

（三）金融和货币政策改革

在20世纪80年代后期，政府的改革政策着重于放开市场价格和外汇汇率，以加强资源的有效配置，减少预算赤字和压缩通货膨胀。国际货币基金组织实施了信贷最高额以遏制国家银行体系不良贷款规模的恶化。在改革进程中，政府一直把降低通货膨胀率、实现宏观经济平衡和继续调整经济结构作为明

---

① 《粮食与农业状况（1997年）》（中文版），联合国粮农组织，第103页；《莫桑比克的结构调整和农产品价格制定》，《非洲政治经济回顾》53，第25～42页。

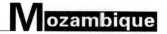

确的政策目标。

从 1988 年开始逐步放开产品和消费品的价格。许多固定价格为强制性最低价格以及后来实施的最低建议价格所取代。最低建议价格仅供商人作为参考，这使农民在销售自己的产品方面有了较大的活动余地。到 1993 年，政府放开了 22 种农产品的价格，仅保留了对面包和面粉的销售价格控制权。但当时仍然保留了对一些非农产品的价格管制，如民用燃料等。

莫桑比克进行的财政改革的目的是通过国内生产总值的增长扩大税收的基础，减小非法经济交易的规模，创造吸引投资的环境。货币政策仍然得到严格控制，有助于降低通货膨胀率，对公共支出实行更为严格的控制。但严格的货币政策必须同确保经济增长的需求有效地结合起来。

（四）国有企业的私有化进程

进入 90 年代以后，莫桑比克的结构调整首选目标是放松传统的贸易机制，对主要的国有企业实行私有化。1994 年大选以后，新政府以国家重建和经济复兴为中心，继续推行社会经济改革政策，调整经济结构、整顿经济秩序、恢复基础设施、大力发展农业、吸引外资，经济恢复工作进展顺利。

政府经济改革的主要内容之一是调整国有企业，实施私有化计划。1989 年，莫桑比克通过了实施私有化的立法，计划将1248 家国有企业实施私有化。为了实施国有企业私有化计划，政府成立了专门机构——"企业调整统一管理局"。在此后实施私有化的过程中，政府通过了一系列相关立法和命令。莫桑比克的私有化进程得到了国际组织和机构的大力支持。1996 年 6 月，国际货币基金组织为莫桑比克提供了 1.1 亿美元为期 3 年的贷款，以支持政府的 1996～1998 年经济计划。1997 年 11 月 30 日，全国共有 840 家国有企业实行了私有化，到 90 年代末，政府已对 900 多家公司实行了私有化，其中包括 50 家大型公司。企业

调整统一管理局私有化的使命基本完成了，但出售众多的小型公司的工作还要持续一段时间。莫桑比克是撒哈拉以南非洲以最快速度实施私有化并最富有成效的国家之一。

在实施私有化以后，被私有化的公司得到了复兴和发展。企业调整统一管理局和世界银行合作完成的一项报告得出的结论认为，私有化的公司在产出、就业水平、工资和向国有银行系统偿还拖欠债款等方面得到改善。但私有化计划没有得到民众的欢迎，因为该计划在实施过程中往往辞退大批的职员。为私有部门的发展创造条件是目前莫桑比克政府实现经济增长和脱贫政策的基础，尤其是为那些意义重大的非正规农业部门的发展创造条件。目前，大型的私营部门已开始进入交通运输、电信和能源等部门。

在实施私有化的改革之后，政府在国民经济中的作用逐渐减少，私营经济在国民经济中获得了更大的发展空间。国家在激活经济的同时，还要集中各种资源向社会提供基本的商品和服务。为了促进政府政策的实施，莫桑比克于1996年8月设立了经济复兴援助基金，其任务是通过为农业、渔业和工业领域的小企业以及农村商店等提供优惠贷款，促进这些小型企业的发展。

（五）贸易和投资政策改革

在同一时期，莫桑比克在国际贸易方面逐步实施自由化政策，进行了税收和商业法规的改革。根据1991年关税法，明确了产品的分类，尽量降低免税标准，以减少征收关税过程中的随意性，将进口税简化为从5%至35%的5种税率。关税法还规定，除了生腰果的税收以外，其他所有产品的出口税1991年限为0.5%，以后则全部取消。政府还大幅度降低了生腰果的出口税，目的是提高腰果农场的产品出厂价格并进而增加腰果的产量。政府在1994年调整了腰果和棉花关于出口税方面的离岸价格计算方法，以便根据国际市场的行情作出及时的调整。经济复

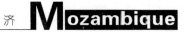

兴计划规定 2000 年以后，对所有出口商品不收出口税。

1993 年 6 月，莫桑比克实施新的投资法，为当地和外国投资者提供完全一样的财政和关税优惠。在以后的几年时间里，莫桑比克政府采取降低关税税率、减免税收、放松外汇管制等措施鼓励外国人到莫桑比克投资，并制定一系列的外资外汇管理法案及投资法案等，以保护外国投资者的合法利益。吸引外国投资的领域有铝和钢等金属冶炼业、天然气、电力生产、棉花和蔗糖等农业生产、渔业、木材业以及交通运输业等。这些领域产品出口的增加为该国赢得急需的外汇收入。

（六）改革的成效与问题

在世界银行和国际货币基金组织等支持下，政府从 20 世纪 80 年代后期开始进行经济结构调整和经济改革政策，不久就显现出初步成果。80 年代末开始经济复苏，1987～1989 年平均年增长 4.5% 以上，外资流入增加。但从 90 年代初期开始，全国经济进入了波动期。在 1990～1992 年期间，干旱、战争破坏和世界经济衰退导致的外援日益减少，造成经济增长下降，1992 年出现了执行调整计划以来首次负增长。据世界银行估计，这一时期的国内生产总值年均增长率仅为 0.8%。

随着干旱的结束和和平的到来，政府从 1993 年开始实施全国性的改革计划。1993 年和 1994 年经济情况好转。1993 年国内生产总值增长了 19.3%，1994 年为 5%，1995 年约为 3%。在 1990～1995 年期间，人均国内生产总值的实际年均增长率为 5.6%。1994～1997 年，全国经济平均增长率为 5%，外资流入年增长率为 20%，粮食连续 4 年丰收。

但由于受连年战乱、自然灾害和国际经济波动的影响，莫桑比克经济发展难以迅速摆脱困境，仍然是世界上最贫穷、最不发达的国家之一。通货膨胀长期没有得到改善。1985～1993 年的年均通货膨胀率是 53.5%，1994 年甚至高达 70%。这对以工资

维生的绝大多数城市人口造成灾难性的影响，其购买力急剧下降。公务员工资的实际购买力估计下降了 2/3。1990 年国内生产总值仍低于 1965 年，1992 年人均国民生产总值仅 60 美元。据世界银行估计，按 1993～1995 年平均价格计算，莫桑比克 1995 年的国内生产总值是 15.13 亿美元，人均仅为 88 美元。按照世界银行《1996 年世界发展报告》的数字，按人均收入计算，莫桑比克是世界上第二个最贫穷的国家，按联合国开发计划署的人力发展指标，则为世界上第十贫穷国。此外，由于进出口比例严重失衡，1994 年的出口总值仅占进出口总值的 15%，而同年的高债务偿还率相当于全部商品和服务出口总值的 1.2 倍。这种进出口严重失衡的状况导致了莫桑比克经济严重依赖外债。沉重的外债成为莫桑比克经济发展的严重障碍。

1996 年，莫桑比克实现了宏观经济稳定。此后，经济状况明显好转，政府制定的包括国内生产总值实际增长率、出口总值和平均通货膨胀率等在内的主要经济指标，基本达到或超额完成。这些成果表明，充满痛苦的改革正取得回报，经济正在进入非通货膨胀增长期。在控制通货膨胀率方面，莫桑比克取得了显著的成果。年均通货膨胀率从 1995 年的 54.9%（远远高于政府预定的目标 24%）下降到 1996 年的 16.6%，而同年的实际国内生产总值增长率达到了 6.4%，超过了预定目标 4%。出口增长了 30%，总价值为 2.26 亿美元。1997 年，宏观经济状况进一步改善，通货膨胀率降到 5.6%，远远超过了预定目标 14%。这是 1983 年以来首次小于一位数的通货膨胀率。国内生产总值增长了 7.9%，包括农业、工业、建筑业、交通运输和通信业在内的大多数经济部门都获得了强劲的增长。

自 1996 年以来，政府接受世界银行和国际货币基金组织一系列建议，坚定地推行全面的经济改革政策。这些政策由一系列有利于私营部门发展的战略规划组成，包括全面检讨陈旧过时的商法，取消不利于私营部门发展的行政管理程序，改革现有的国有部门。根据19世纪葡萄牙法律制定的早已过时的商法更新了内容，以满足现代商业经济的需要，并将与世界通行的商法接轨。这些改革措施由工业贸易部监督实施，但进度比较缓慢。

由于国有经济部门机构臃肿和效率低下，导致大规模经济发展和私营部门发展的目标难以实现，因而国有部门的改革成为政府的工作重点。改革计划的内容是广泛的，包括评估公务员的作用和改进公务员管理的不足，使政府部门的预算和财政管理的现代化等。为了吸引技术人才并调动其积极性，1998年4月拟定了第一个工资改革计划，扩大了最低工资和最高工资的差距。

按照政府的财政管理改革战略，财政预算在提高资源配置效率和增加实施透明度方面的改革正在进行。财政管理改革政策的草案已于1998年3月完成。过去，莫桑比克政府实施年度财政计划以求实现经济稳定。为了弥补这种年度计划的不足，政府实施了中期财政预算草案制，并在财政计划方面采取紧缩措施。这种财政紧缩计划将与部门开支计划一起被纳入长期财政预算计划中。

由于经济高度依赖外援而外援又没有保障，以及社会部门的实际开支不断增加，政府财政政策的首要目标是扩大财政收入，努力削减开支。由于海关收入减少和广泛的免税措施造成了财政困难，莫桑比克在90年代中期的几年中没有实现财政收入的目标。但1997年，由于采取了更有效的征税措施，以及经济恢复和发展迅速，财政收入增长强劲，实际增长率高达21%。另外，增加财政收入的措施还包括调整关税和实施广泛的税收改革。该项税收改革已经降低了进口税、过境税以及收入所得税的最高税率。1996年公布的新海关关税明显地降低了机械设备的关税率。1997年12月，国会批准从1999年初开始实施增值税以取代当

时推行的销售和消费税。

尽管在整顿混乱的经济秩序方面，莫桑比克政府已经取得了进步，但对外贸易的严重失衡和外债负担过高仍是整个社会经济发展的严重障碍。莫桑比克长期依靠外国援助平衡其财政预算和支付贸易逆差。该国进口总值超过其出口总值的 5 倍以上。到1997 年年底，外债总额高达 73 亿美元。由于莫桑比克外债沉重，并且经济改革进展纪录良好，该国成为非洲大陆符合重债贫困国家的条件而获得债务减免的第二个国家。到 2000 年 4 月，莫桑比克又符合严重重债贫困国家的条件，并在 2001 年 9 月开始得到减免机会。2001 年 11 月，巴黎俱乐部成员国据此同意大量削减莫桑比克剩下的巨额外债。这样，莫桑比克又获得了大批的双边外债削减，包括拖欠美国的外债。2010 年，法国承诺免除莫桑比克 1800 万欧元债务。2011 年惠誉对莫桑比克的长期外币债务评级仍然为"B"，前景评为"稳定"。

90 年代末，世界银行根据莫桑比克自 1994 年以来的大多数主要经济指标（包括国内生产总值实际增长率、消费品价格、预算平衡、对外经常账目和国际储备总额等）良好变化趋势，认为该国已进入了宏观经济稳定发展时期。另外，由于政府加紧货币供应的控制和市场对莫桑比克货币梅蒂卡尔（Metical）的需求强劲，梅蒂卡尔的币值相当稳定。许多在莫桑比克做生意的南非商人更愿意接受梅蒂卡尔而不愿要南非货币兰特。1998 年国内生产总值的部门构成百分比是商业及服务业占 39.1%、农业占 27.8%、工业和渔业占 13.4%、建筑业占 10.1% 和交通运输业占 9.6%。

90 年代后期，莫桑比克的经济取得了显著增长。战争难民的再安置工作的顺利完成以及成功地进行了经济改革，促成了莫桑比克经济获得了很高的增长率，1993～1999 年年均增长率为6.7%，但在 1997～1999 年之间的年增长率则超过 10% 以上，成为世界上经济增长最快的国家之一。① 到 2000 年，人均国内生产总值已经从 80 年代中期的 120 美元增长到 222 美元。② 另外，自 1996 年以来，通货膨胀已经大幅度缩减，汇率保持稳定。

2000 年初期的洪水灾害为莫桑比克的经济造成了毁灭性破坏，为国民经济造成了严重的后果，但莫桑比克在灾后重建中表现了强劲的经济复苏能力。受到水灾的严重影响，2000 年莫桑比克国内生产总值的增长率仅为 2%。莫桑比克政府计划在以后的 5 年继续保持经济增长率在 7% ~ 10% 之间，但这种高速增长要依赖于几个大型的外国投资项目、深化经济改革以及农业、交通运输和旅游部门的复兴。

到 2000 年，莫桑比克十分广泛的经济改革又取得了新的进展。超过 1200 个国有企业已经实现了私有化，其中大多数为小型企业。③

第二节　农林牧渔业

农业是莫桑比克国民经济的重要基础。全国仅有 4.5% 的国土得到了开发耕种。全国约 80% 以上的就业人口从事与农业部门有关的生产活动。长期以来，农业一直是国民生产总值中占比重最大的一个部门。在 1998 年的莫桑比克官方统计中，农业在国民生产总值中所占的比例为 27.6%。自从内战结束以来，大量难民回国定居以及农村市场的逐步恢复，全国的农业

---

① Alleviating Poverty, US Department of State：http：//www. state. gov/r/pa/ei/
bgn/7035. htm#foreign，2002 年 4 月 23 日下载。

② Alleviating Poverty, US Department of State：http：//www. state. gov/r/pa/ei/
bgn/7035. htm#foreign，2002 年 4 月 23 日下载。

③ Extensive Economic Reform, US Department of State：http：//www. state. gov/r/
pa/ei/bgn/7035. htm#foreign，2002 年 4 月 23 日下载。

产量已经获得了迅速的增长。农产品出口占外汇收入的 70%。

根据莫桑比克以前的土地法，土地所有权归国家所有，由国家向土地使用者颁发租期为 50 年的土地自由使用权，该期限还可延长。拥有土地使用权者可以出售和遗赠土地的改进权和使用权。分配土地使用权和发放地契的权力因土地面积大小而定，不同的行政级别享有不同规模的批准权限。虽然实际的土地租用年限随土地的用途而异，但小农的土地使用权直接由省政府管辖，不需要地契，而大农场由农业部管理并颁发地契，超过 1 万公顷面积的农场直接受土地委员会的管理。

内战结束后，由于大量的难民返回国内定居，国家推行吸引外资开发农业的政策，土地所有权和使用权的问题日益突出。1997 年，国会公布了新土地法。新土地法遵照习惯土地法和管理体制，承认并保护农村地区绝大多数居民现在享有的土地权利。土地和自然资源国家所有的基础并没有发生变化。在预防出现土地过于集中的问题上，新土地法和过去的土地法没有实质性的差别。因为尽管此时多党民主还不成熟，但新的市场机制和资本的力量开始发挥作用，政府对在新的自由经济环境下可能产生的土地过于集中的问题采取了防范的措施。

虽然现行法律规定全国土地为国家所有，但各级政府当局都拥有对土地使用权的审批权。此外，现行法律无法解决对土地使用权有争议的诉讼问题，尤其是涉及政府批准的土地使用权同按习惯法拥有的土地使用权相互冲突的问题。

一　农业

（一）农业资源

莫桑比克农业资源丰富，地广人稀，土地肥沃，物种繁多。

全国潜在的可耕地面积预计为 3610 万公顷，占全国总面积的 45%。但已经开垦的耕地包括种植园在内只占其中的 20% ~ 30%。2002 年莫桑比克全国已开垦的土地面积约为 450 万公顷。[①] 根据莫桑比克宪法，所有土地归国家所有。耕地分布很不均匀，各省耕地面积在全国耕地面积中所占的百分比是：尼亚萨省占 1.56%、德尔加杜角省占 7.27%、楠普拉省占 14.03%、赞比西亚省占 48.83%、太特省占 0.05%、马尼卡省占 0.21%、索法拉省占 17.66%、伊尼扬巴内省占 1.04%、加扎省占 6.23%、马普托省占 3.12%。[②]

　　全国的土壤种类分布比较规律。全国大部分地区为富含铁质的棕红色热带稀树草原沙质土壤，分布于林波波河河谷以北的气候干燥的内地，较肥沃但流失严重；全国最富庶地区的土壤是由大河流域特别是赞比西河冲积富含腐殖质沙土而形成的低地土壤；北部的尼亚萨省和莫桑比克高原地区的土壤是干旱的森林土壤，较贫瘠；赞比西河与萨韦河之间地区为冲积土；沿海为年轻的沙壤。在南部地区，除了沿海的狭长地带，降雨稀少，内陆部分主要是干燥的和时常发生干旱的热带稀树草原；中部和北部地区，降雨较多，这里是人口最为密集的地区，但生产的粮食和经济作物产品往往能够超过本地区的消费需求。

　　全国各地的降雨量变化很大，不规律的降雨严重影响农业生产。北部地区有时遭受热带风暴的袭击，农作物深受其害。莫桑比克的农业生产季节分为 11 月至次年 1 月的种植季节和 5 月至 6 月的收获季节。气候和地貌差异决定了各地区经济发展的不同状况。在人口最为稠密的中部和北部地区，降雨更为丰富，分布规律较明显。这些地区生产的粮食作物和经济作物产品往往能够超

[①]　FAO country profile Version 2005 Mozambique http：//www. fao. org/nr/water/aquastat/countries/mozambique/index. stm

[②]　http：//www. fao. org/ag/agp/agpc/doc/riceinfo/africa/moabod▾. htm, 2000 - 3 - 25

过本地区的消费需求。大体而言，这里生产的腰果、棉花和椰子等的产量大于当地的消费需求量。但由于经济上和地理上与其他地区相对隔绝与封闭，北方农业的发展受到限制，还远没有融入全国性的经济体系之中。与此形成鲜明对比的是，南方地区地势更为平坦，也较容易遭受干旱。

（二）农业生产

农业在国民经济发展中占有举足轻重的作用。农业产值占国民生产总值的25%，农业就业人口占全国劳动力人口的75%。

莫桑比克全国大部分地区处于热带，适合热带气候的主要经济作物有棉花（出口值占1994年全国出口收入的12.2%）、甘蔗（占7.1%）、腰果、茶叶、西沙尔麻、大豆、烟草、香蕉和椰子以及多种热带水果，粮食作物有玉米、水稻、高粱、薯类和小麦等，蔬菜有木薯、豆类和西红柿等。木薯是全国大多数人口维持生计的最主要的一种作物。

农业构成了整个国民经济中尤其是在国内生产总值中最大的组成部分，全国4/5以上的就业岗位来自广义上的农业部门，且创造了全部出口收入的70%左右。此外，在粮食生产、农产品出口以及棉花、腰果和柑橘类水果加工方面，还有很大的开发潜力。

农业以种植经济作物为主，是世界最大的腰果仁生产国。全国大部分地区，腰果树浩瀚如林，总数达1亿株，100多万农户长年以种植和加工腰果为业，全国人均拥有6棵腰果树，是一项世界奇观。20世纪70年代初，腰果仁产量占世界总产量的45%，1995年出口创汇900万美元。该国是非洲最大的椰子和椰干的生产国；也是非洲的第三大产茶国。50年代初期，莫桑比克还是非洲第三大棉花生产国，年产量曾达到4万吨。

农业部门的生产以农民的家庭生产为主。全国250万个家庭耕种全国95%的耕地。家庭式的农业生产的一个突出特点是靠

天吃饭，赖降雨而生，并且利用粗陋的农业技术，产量很低。全国5%的耕地由大农场经营，主要种植经济作物或出口型作物，包括传统的出口产品：蔗糖、柑橘、椰肉干、茶叶、棉花和西沙尔麻等。

尽管世人普遍认为莫桑比克是一个土地资源丰富的国家，但仅有300万~400万公顷是优质的土地。如果考虑到柴薪用林、狩猎和放牧的需求，人口比较密集的马普托省、加扎省和伊尼扬巴内省的土地都明显不足。

独立前，全国的商品农业生产由三部分组成：外国资本的大农场生产茶叶、棉花、蔗糖、椰子和西沙尔麻；本地白人农场生产烟草及供城市白人消费的粮食；黑人小农户提供农产品消费量的1/3，其中包括两种出口的农产品腰果和棉花，以及供城市黑人消费的粮食。外国种植园和葡萄牙人农场为数共约3000个，占地160万公顷；黑人小农户占地280万公顷。独立后，由于受大量葡萄牙人离境、持续的内战、频繁的自然灾害以及政策不当等因素的影响，1986年农贸市场销售量还不到1981年的一半；同期出口经济作物减产2/3。1987年以后，莫桑比克政府为了刺激农业生产，取消农产品价格的限制，同时大力恢复农业基础设施并鼓励外国资本开发农业。由于农业生产主要决定于气候条件，所以这些措施虽有一定成效，但不稳定。经济作物中的棉花产量1991年创独立以来的最高纪录，腰果和西沙尔麻产量却先升后降；粮食作物中的木薯产量1993年增加50%，但1992年干旱对小麦收成影响严重。由于1992年底和平协议的签订，1993年小农的产量增加26%。目前农业最突出的问题是不少农民无地可种，原因是内战迫使不少农民背井离乡，再加上莫桑比克政府一再更改土地使用权，因而土地归属问题十分混乱。

一些以出口作物为主的大型农场通过外国直接投资或合资经营，已经恢复了生产活力。这方面的典型例证是郎若莫桑比克农

193

业公司（Lonrho Mozambique Agriculture Company—Lomaco），该公司在莫桑比克的几个地区生产棉花和柑橘类水果。莫桑比克的主要经济作物仍是腰果、棉花、甘蔗、椰子、茶叶、剑麻、花生、葵花子等。这些外国经营的大公司试图恢复经济作物的生产和出口，但由于错综复杂的制度法规和后勤保障方面的限制，其经营活动受到一定程度的影响。

国内农业部门的生产和贸易受到基础设施滞后的限制，尤其是交通网络状况不佳。农业贸易不发达，将北方过剩的粮食产品销往南方粮食"欠缺"的省份因运输困难而无利可图，又限制了农贸本身的发展。为此，莫桑比克政府实施统一的批发价格不断受到抗议者的指责，认为这种政策不利于农业市场的发展。在这种情况下，1997年政府取消了强制推行的粮食作物和经济作物的最低批发价格。例如，1996年玉米的最低批发价格甚至低于平均的零售价格，但政府方面已经用参考价格取代粮食作物的最低价格。大多数经济作物的最低价格到1999年取消，而代之以自愿实施的参考价格。

独立以后，政府十分重视粮食生产。但由于直接受气候等自然因素的影响，粮食产量至今无法得到有效的保障。90年代中后期以来，农业生产的恢复明显加快，玉米生产基本上实现了自给自足。内战的结束、整体政策环境的改善和有利的气候条件使90年代中后期的粮食生产获得巨大的丰收，1994年的粮食产量增长了3.4%，1995年增长30%，1996年增长34%。[1] 因而，这一时期的主要作物玉米的产量恢复了自给自足的水平。1996年，北方省份的玉米还有少量的出口，而1997年的出口量则翻了一番。

在80年代，全国粮食自给率仅达8%，年均缺粮上百万吨。

---

[1] 《粮食与农业状况（1997年）》（中文版），联合国粮农组织，第106页。

1975～1994 年间，世界粮食计划署对莫桑比克粮援价值达 5.3 亿美元。莫桑比克农业人口占总人口的 85%，农业产值占国内生产总值的比重在 80 年代曾一度高达 44%。90 年代以来，农业产值的比重有所下降，1997 年其产值约占国内生产总值的 26.3%。

莫桑比克农业部在 1998 年公布了为期 15 年的国家农业开发计划，总费用达 2 亿美元。该计划的实施需要国际援助的支持，但援助国以莫桑比克政府对农民的土地使用权提供某种保障为援助条件。1998 年 10 月，援助国为该计划提供了第一阶段的援助款项 460 万美元。1998 年全国降雨充足，虽然预测中的厄尔尼诺现象没有发生，但是在某些省份发生了洪灾。这年农业生产得到略微增长，有助于农业地区的人口在长期内战之后的稳定和经济恢复与发展。

20 世纪 90 年代后期，不断提高的农业产量极大地改进了食品短缺的状况。每年谷物进口量从 1992/1993 年度最多的 120 万吨减少到 1998/1999 年度的 21.5 万吨左右。1992 年全国谷物供应量中粮食援助占 80% 和商业性粮食进口占 8%，[1] 而在 1996/1997 年度，粮食援助和商业性粮食进口则仅占全国粮食供应总量的约 10%。莫桑比克不再是玉米进口国，但稻米和小麦成为进口粮食的主要产品。稻米的进口量已经随着产量的增加而趋于减少。由于城镇居民收入的增加促进了人们对价格较高的小麦面食制品的需求，小麦的进口量继续有略微的增加。

经济作物生产状况不断得到恢复和发展。进入 90 年代以后，棉花、椰肉干和腰果的产量不断增加，但还有很大发展潜力。20 世纪 70 年代，莫桑比克曾经是世界上腰果的主要产地，有"腰

---

① 《粮食与农业状况（1997 年）》（中文版），联合国粮农组织，第 103、106 页；《莫桑比克的结构调整和农产品价格制定》，《非洲政治经济回顾》53，第 25～42 页。

果之乡"的美誉。其腰果产量曾一度占世界总产量的 45%，居世界之首。腰果仁香脆味美，营养丰富，果壳含油量高，可提炼高级工业用油，是世界上供不应求的紧俏商品。腰果的主要产地集中在东南沿海一带、纳卡拉至楠普拉一带以及林波波河河口地区。进入 90 年代和实现和平以后，这些地方的腰果加工业已经实施了私有化，大多由私人经营。他们一直在不断地呼吁莫桑比克政府允许其以低于世界市场的价格从农民手中收购腰果。在同一时期，如何发展腰果生产一直是国内争论的一个焦点。政府坚持对生腰果的出口实行分阶段降低出口关税，最后实现贸易自由化的政策。但这种政策本身就受到当地腰果加工业的反对。世界银行和国际货币基金组织对莫桑比克的腰果政策采取了强硬的压制手段，在 1995 年迫使莫桑比克完全放开对腰果进出口贸易的控制。1996 年，由于农村地区贸易环境的改善和气候风调雨顺，当年的腰果产量增加了 50%。但关于莫桑比克的腰果发展政策问题的争论从未停止过。

为了核实莫桑比克的腰果政策问题，世界银行在 90 年代后期先后资助了两个研究报告，得出了完全相反的结论。但最后的研究报告建议调整该国的腰果产业政策，对其实施较高程度的关税保护。该报告进而建议停止实施腰果出口的自由化政策，在 3~4 年内继续对腰果出口征收 14% 的出口关税，此后再取消该项关税。1999 年 9 月，莫桑比克国会通过了一项法案，将腰果出口税率从 14% 提高为 18%~22%，具体的税率根据市场的供需状况每年作适当的调整。

自从莫桑比克的腰果生产萎缩以后，其他的腰果生产国家已经进占世界市场，最为明显的是印度和东南亚国家。自 90 年代以来，欧洲对腰果消费需求开始增加，莫桑比克希望打入欧洲市场。

莫桑比克其他具有出口潜力的经济作物还有柑橘属水果、茶叶和烟草等，但生产恢复进展缓慢。棉花种植集中在北部、纳卡

拉和贝拉附近以及林波波河三角洲地区。在粮食生产和棉花、腰果以及柑橘属水果的出口经济作物生产方面，还有巨大的发展潜力。

2000 年以后的近 10 年时间里，莫桑比克的粮食产量除个别年份外逐年有所增加。2000 年 2～3 月发生了历史上罕见的洪水灾害，对全国社会经济发展造成了全面破坏。2001 年之后，农业生产恢复。2000/2001 年度种植季粮食产量为 168.55 万吨，2001/2002 年度为 176.72 万吨，2002/2003 年度为 181.09 万吨，2003/2004 年度约为 200 万吨，2004/2005 年度为 189.93 万吨，2005/2006 年度为 209 万吨，2006/2007 年度为 216.8 万吨，2007/2008 年度种植季达到 225.3 万吨，其中，玉米产量 167.8 万吨、高粱产量 36.6 万吨、大米产量 20.6 万吨。

表 4-1 主要农产品产量

单位：千吨

年 份		1991	1992	1993	1994	1995	1996	1997	1998 *
出口产品	腰 果	31.1	54.2	23.9	29.4	33.4	66.5	43.3	51.7
	棉 花	40.0	49.8	47.0	49.5	51.0	31.5	74.0	91.0
	蔗 糖	252.8	159.4	184.5	234.0	313.2	315.9	278.9	368.7
	椰 肉 干	24.8	16.9	23.6	28.8	26.4	22.3	35.6	36.0
	茶 叶	4.9	1.0	1.7	1.5	1.0	1.7	1.5	1.5
	西沙尔麻	24.8	24.8	24.0	24.0	24.0	24.0	24.0	24.0
	柑橘水果	—	—	—	11.3	11.0	8.0	10.2	10.2
国内市场	玉 米	—	—	—	146.0	168.6	252.7	256.3	270.2
	稻 谷	—	—	—	29.0	13.6	21.2	24.9	26.7
	木 薯	—	—	—	30.2	36.2	31.4	76.1	74.8
	大 豆	—	—	—	16.0	30.4	39.0	45.0	45.7
	园艺产品	—	—	—	44.1	30.5	33.3	50.0	50.3

注：* 为临时数字。

资料来源：The Economist Intelligence Unit, Country Profile：Mozambique, 1996 - 97, 2000；转引自 INE, Anuario Estatistico 1997；Ministerio do Plano e Fiancas, Plano Economico e Social para 1999。

表4－2　水稻生产情况

年　份	1980	1985	1990	1995	1997
产量（吨）	75000	86000	96355	112982	180218
种植面积（公顷）	90000	100000	110160	129605	175000
灌溉面积比例（％）	16.6	15	13.6	11.6	—
雨浇面积比例（％）	48.9	49.3	49.3	49.3	—
高地面积比例（％）	34.5	35.7	34.1	39.1	—
每公顷产量（公斤）	833.3	860	874.7	871.7	1030.3
进口（吨）	84481	108955	70000	90000	—
出口（吨）	0	0	0	0	—
每人每年消费量（公斤）	15.7		13.3	13.4	—
人口（千人）	12095	13542	14182	17260	
可耕地（千公顷）	2850	2860	2900	2950	
灌溉耕地（千公顷）	65	93	105	107	
农用拖拉机（台）	5750	5750	5750	5750	—

表4－3　农产品的国内交易情况

单位：千吨

年　份	1991	1992	1993	1994	1995	1996	1997	1998
玉　米	74.0	75.1	142.7	146.0	168.6	252.7	256.3	270.2
稻　米	23.9	16.6	17.8	29.0	13.6	21.2	24.9	26.7
木　薯	—	—	—	30.2	36.2	31.4	76.1	74.8
高　粱	—	—	—	2.0	1.7	3.9	4.4	4.1
大　豆	14.2	13.0	23.3	16.0	30.4	39.0	45.0	45.7
园艺产品	35.1	3504	42.5	44.1	30.5	33.3	50.0	50.3

注：1998 年的数字为初步数字。

资料来源：The Economist Intelligence Unit, Country Profile：Mozambique, 1996－97, 2000，转引自 INE, Anuario Estatistico 1997；Ministerio do Plano e Fiancas, Plano Economico e Social para 1999。

　　莫桑比克的农业发展面临以下诸多困境：农民的耕地面积有限，全国绝大多数农民人均约有 1 公顷耕地，许多战争期间流离失所的农民缺少耕地；周期性地发生干旱和洪灾，如 1992 年的干旱和 2000 年度的洪涝灾害比较典型；主要灌溉区的盐碱化；灌溉设施的维护不善；缺乏优良的种子；包括种子、化肥和资金等在内的生产要素投入不足，而且投入没有规律；缺乏小型的农业设备；农民没有有效的组织与合作；缺乏完善的粮食生产政策；研究投入和后续支持不足。

此外，基础设施在内战期间遭受严重破坏，交通运输网络和营销系统无法正常运转，严重影响着国内农产品消费市场的形成和发展壮大。全国不到 30% 农民有能力出售玉米和花生等粮食产品。90 年代中期，全国农村贸易网络由大约 9564 个商业点组成，而 1995 年仅有 61% 的商业点可以正常营业。由于长期的内战破坏和长期失修，全国仅有 30% 的公路适合运输通行，粮食储藏设施严重不足。各地区实施的最低参考价参差不齐、现金匮乏和无处取得农业贷款都对农产品的销售量以及农产品贸易产生了明显的消极影响。

在全国主要的灌溉系统中，最著名的一个是位于绍奎地区的面积达 2.5 万公顷的灌溉系统，以及位于因科马蒂、马拉格拉、布济、马法姆比塞和鲁阿博的总面积达 3.4 万公顷的甘蔗种植园。

赞比西河流域土地肥沃，河水便于灌溉，提供了重要的投资机会。为了开发该流域的农业发展潜力，政府在 1997 年设立了赞比西规划办公室，负责促进和协调该流域的社会经济开发，已经制定了适用于该地区的特殊税收鼓励措施。

为了尽快地恢复本国的农业生产，增加粮食产量以提高全国在自然灾害频发情况下解决粮食危机的能力，莫桑比克政府在努力提高本国农民生产积极性的同时，积极吸引国外资本开发北方人口稀少地区的农业项目。1993 年修订的《外国投资法》鼓励外资，规定农业领域的投资可以享受税收和用地方面的优惠。如，大豆出口不征关税；农业基础设施的投资 5 年内免征所得税；农业项目的所得税为 10%；投资企业在收回投资期间（10

年内），享受所得税 50% ~80% 的减免；农业投资土地使用费每年每公顷 0.25 ~ 1 美元，使用期限为 50 年，到期可续延。1996年，莫桑比克政府开始同南非的农场主组织（主要是阿非利坎人）进行谈判，邀请其到尼亚萨省北部地区建立大型农场。这些地区是全国人口密度最小和最偏僻的地区之一。5 月，莫桑比克政府同南非签署了一项协议。根据该协议，南非农场主租借20 万公顷的土地。莫桑比克通过该协议可以获得 8 亿美元的收入，但反对党派对该协议提出了批评。1997 年 5 月，莫桑比克政府与南非政府签署了一项协议，建立摩萨格里乌斯开发社（Mosagrius Development Society），经营开发尼亚萨省卢任达河流域的农地。该项目的启动资金是 100 万美元，由协议双方莫桑比克政府和南非非洲农业开发商会平均分摊。该项目如果合作成功，将有利于该地区的农民和前来投资的南非农民。但由于南非方面没有如期提供资金，莫桑比克在 1999 年中期开始寻求其他的合作伙伴来代替南非非洲农业开发商会。考虑到在历史上阿非利坎人同莫解阵之间的对抗关系，很难想象莫桑比克政府会向他们提出这种邀请。但目前，南非农场主已经开始在面积最大的尼亚萨省定居，投资那里的农业项目，并得到了正常投资者的待遇。此外，2000 年 4 月和 5 月，希萨诺总统再次向津巴布韦的白人农场主发出了邀请，希望他们能到莫桑比克来建立农场。邻国津巴布韦的穆加贝政府目前正在回收白人农场主的土地，导致其国内的暴力冲突在不断加剧。因而，可以预测将有一些津巴布韦白人农场主迁居莫桑比克。

二　林业

莫桑比克林业资源丰富，全国大约 22% 的国土覆盖天然森林。在全国 5700 万公顷的森林中，2000 万公顷富藏珍贵林木和次珍贵林木。莫桑比克最重要的树种有乌木贝拉、坚比雷、缠弗塔和非洲檀香木等。莫桑比克竹子以天然林为主，主要分布在中、北部地区，范围广、面积大，但利用开发率低。在莫桑比克开发竹藤资源大有可为，它是改善农村贫困人口生活的一条有效途径。莫桑比克的年伐木能力是 50 万立方米，但每年实际砍伐量还很低。[①] 木材的采伐一直局限在那些具有较高经济价值和商业价值的树种。林业在人民生活和国家经济发展中起着非常重要的作用，约占其 GDP 的 18%，广大农村 80% 的能源所需来自森林。林业开发在过去一直是零星产业，仅局限于少部分地区。随着商业林木的过度采伐、木炭的生产、森林火灾及滥砍、滥伐，木材资源急剧减少。该国有相当广泛的保护区网络，全国约有 10% 的森林位于保护区内。1999 年，政府批准了新的森林和野生动植物立法，然后于 2000 年重新引进了森林特采权制度，并已重新开始天然林管理工作。目前，全国生产性的林地只有 100 万公顷。省级林业企业已经建立起来，从事规划和人工造林。第一个薪材人工林始建于 1978 年。一开始种植的是巨桉（大叶桉），但后来代之以赤桉和细叶桉。此外该国还种植了木麻黄属常绿乔木，以控制沿海沙丘的移动。一些南非公司近年来已对莫桑比克木材业的发展潜力产生了兴趣，开始同莫桑比克的一些伐木场谈判合作协议或恢复合作协议。马普托省的一项森林开发项目的可行性研究正在进行之中。

除了自然森林外，建立和开发人工林方面潜力巨大。全国大约有 100 万公顷的国土面积适于实施人工育林项目。莫桑比克已建立起少量的人工林（5 万公顷），主要为松树、桉树和木麻黄属树种。

---

① Official SADC Trade, Industry and Investment Review 2001, Special 5th Anniversary Edition, published by Southern African Marketing Co. (Pty) Ltd., website: http://www.sadcreview.com

近年来，虽然木材加工产量得到了明显的增长，但仍不能满足工业增长的需求。由于国际和国内需求量大，林业部门存在着吸引投资的绝好条件和机会。

三　畜牧业

在畜牧业生产发展方面，莫桑比克拥有适于牛群和其他畜群生长的广阔牧场和草场。全国有草场4400万公顷，占国土面积56%。这为畜牧业的迅速发展提供了条件。莫桑比克畜牧业以养牛和养羊为主。但畜牧业的发展目前还存在着现实的困难。因为，尽管全国范围均适于放牧，但由于2/3的地区受萃萃蝇的影响，全国养牛业局限于萨韦河以南内陆高原地区——尤其是以马普托省为主的地区——和太特省东北部地区。在全国牛存栏总数中，家庭饲养占75%，其余的由私营和国营的商业农场饲养。

1997年初，莫桑比克政府从南非和津巴布韦等国引进1000头种牛，分发给本国农民饲养，并且采取措施鼓励畜牧公司、个体户和农民家庭多养牛。因而，与养牛业有关的产业具有相当的开发潜力。2009年非洲农业集团（Agriterra）出租6395万股份获得510万美元，用于扩大养牛业规模。

表4-4　1996年各种牲畜的饲养和存栏情况

单位：牲畜：万头/只；鸡：百万只

年份	驴	牛	山羊	绵羊	猪	鸡
1994	1.8	127	38.4	12	17.2	23
1995	1.8	128	38.5	12.1	17.5	23
1996	1.9	129	38.6	12.2	17.5	23

资料来源：Africa：South of the Sahara 1999, 28th edition, Europa Publications Limited, 1998, p.743。转引自联合国粮农组织，Production Yearbook。

　　萃萃蝇和锥虫病是全国大部分地区直接影响畜牧业生产的两大难症，是发展畜牧业的主要拦路虎。全国大约有 87.6 万平方公里的面积受到萃萃蝇的危害。受萃萃蝇危害的影响，全国牛的存栏数量从 1980 年的 150 万头减少到 1998 年前后的 50 万头，而且其中的 25 万头受到萃萃蝇感染。此外，在太特省、尼亚萨省和楠普拉省等地区还流行影响人类的嗜睡症。莫桑比克目前还没有有效控制该疾病的传播。但为了确认此种疾病的传媒和分布状况，莫桑比克已经开始对萃萃蝇及其传播疾病的情况进行调查。联合国粮农组织技术合作计划资助该国的某些项目主要是为了监测锥虫病的影响，并确立适当的疾病控制战略，培训莫桑比克本国的工作人员是该项目的组成部分。

表 4 – 5 畜产品产量

单位：千吨

	1994	1995	1996
牛肉与小牛肉	38	38	39
山羊肉	2	2	2
猪肉	12	13	13
家禽肉	28	29	29
牛奶	58	59	59
山羊奶	10	10	10
鸡蛋	12	12	12
牛皮	5	5	5

　　资料来源：Africa: South of the Sahara 1999, 28th edition, Europa Publications Limited, 1998, p. 744。转引自联合国粮农组织, Production Yearbook。

　　按计划从 1999 年起，萃萃蝇和锥虫病在省级政府实施控制措施。政府在其农业项目的规划中明确规定了为了实现这一计划所需的设备和运营成本。各省为此配备了治疗装备、车辆和诊治设施。

其他的小型家畜在全国范围均有分布。莫桑比克的山羊抗病力强，分布于全国各地。绵羊多饲养于较干燥的南部和赞比西河谷地区。此外，波斯肥尾羊是著名的肉用羊，在莫桑比克境内生长良好。近年来，全国范围内开始普遍饲养猪和鸡。

大体而言，该国的肉、乳等畜产品不能自给，每年需从邻国进口。2007年每月从国外进口100万只肉鸡以满足市场需求，占总消费量的43%。而国内养殖场的供应仅170万只，占市场总量的57%，与往年相比较，国产鸡的数量在上升，而且莫桑比克人更偏爱国产鸡。目前肉鸡大部分由7家在莫桑比克注册的公司从巴西进口。生产奶、肉、蛋和动物副产品是生产者开发战略关注的主要问题和主要活动，莫桑比克政府鼓励私营投资者合资进行家禽业的开发。

四　渔业

莫桑比克海岸线长2630公里，大陆架面积7万平方公里，渔业资源丰富，既有鱼类资源，又盛产龙虾和贝类等水产品。独立后，莫桑比克的渔业资源得到开发利用，渔业成为全国赚取外汇收入的主要部门之一，是该国经济的一个重要支柱。莫桑比克渔业也是该国2000万人口中超过10万人的生计所在。渔业产品出口每年为莫桑比克赚取大量外汇，该部门占国内生产总值的5%左右。自1997年以来，该部门发展迅速，年产值每年增长13.4%。

政府于1990年9月制定《渔业法》，明确渔业行政管理者的作用和职责以及指导捕捞活动的原则；2001年11月出台《水产养殖总体规定》，明确莫桑比克所有利益相关者的权利和义务，还明确水产养殖场的具体标准和要求，确立了许可的程序和每个养殖系统的参数；2003年12月又出台《海事规定》，规范渔政管理，如许可程序、捕捞方式和渔具、质量控制、管理措施等。

在莫桑比克海域从事渔船队捕鱼的公司有莫桑比克的公司，也有莫桑比克同日本和西班牙合资兴办的公司。莫桑比克的捕鱼船数目有限，因而与日本、西班牙、葡萄牙和南非等国的渔业公司建有合资项目，允许其在领海进行捕鱼作业。莫桑比克与欧盟签有协议，允其每年捕捞 2 万吨鱼和贝类产品，以换取其用于研究和开发的 3520 万美元赠款。日本也已向莫桑比克赠款 500 万美元用于调查其沿海 200 海里水域未开发区域的资源状况。

渔业部门在马普托、贝拉、克利马内、纳卡拉和安戈谢建有港口、储藏库、渔网厂、船坞和具有适当装备的车间等基础设施网络。

渔业生产分为大型渔业船队和小规模渔业，后者主要是手工的和半手工的渔民。渔业就业人数在 9 万～10 万之间，其中90% 的渔业就业人口是从事手工捕鱼，或者与渔产品加工和经销活动有关的活动。

1997 年，渔产品出口产量达到 10367 吨，其中对虾成为主要的出口产品。除了对虾以外，其他的渔产品还有小虾、龙虾、各种淡水鱼及咸水鱼。卡奥拉巴萨水库出产的卡本塔（Kapenta）鱼在津巴布韦供不应求。2003 年渔业产量（工业化和半工业化渔船）达到 22037 吨，占该国总出口量的 10%。当年渔业对GDP 的贡献约为 4% 和创汇的 28%。

莫桑比克渔产品（包括龙虾、小龙虾、蟹、鱿鱼等）出口在非洲国家中占有重要地位，主要出口市场是中国香港、日本、意大利、西班牙、葡萄牙和英国等。莫桑比克制定的可持续的生态最优化的年捕鱼量在 50 万吨左右，但目前每年的实际捕鱼量还不足该数字的一半。其他储量丰富但尚未得到开发的海产品还有鲭鱼、鲷鱼、石斑鱼、笛鲷鱼、鳀鱼、沙丁鱼、金枪鱼等鱼类，以及龙虾、牡蛎、贻贝和蛤蚌等产品。小虾和对虾的产量仅1.4 万吨，但小虾和对虾已成为莫桑比克主要的出口产品之一。

莫桑比克 2005～2008 年间鱼类产品出口共创汇 3.3 亿美元、鱼类产品产量共计 39.4 万吨,其中海产品出口到欧盟达 5.8 万吨。2010 年,莫桑比克水产品出口 12 万吨,出口额 6887.6 万美元,其中龙虾出口大幅增长达 247%。

对虾的出口在莫桑比克对外贸易中占有重要地位,1992 年对虾出口曾占海产品出口外汇收入的 46.3%。工业渔业主要以捕获对虾为主。2010 年对虾和河虾出口量达 1.4 万吨,占渔业出口总值的 90%。

此外,莫桑比克气候适宜、无污染、人口少,拥有绝好的条件来发展水生养殖业,并且发展潜力巨大,尤其是对虾养殖业,以及牡蛎、贻贝、藻类和珍珠等养殖。莫桑比克拥有可开展淡水养殖、海水养殖的场地面积分别为 25.8 万公顷、33 万公顷,其中大部分尚未得到开发利用。水产养殖的发展为国家经济社会发展中发挥了重要作用,既为居民提供便宜的蛋白质、改善人们的食物,又为居民创造就业机会、促进区域经济发展。2003 年水产养殖产量约为 855 吨。养殖印度对虾,单产可达到 2.5 吨/公顷/年。政府已制定水产养殖发展政策,作为指导该领域发展的重要工具。2007 年政府出台了发展水产养殖的五年战略规划,在此期间将投资 850 万美元用于新的项目,主要目标是到 2012 年把目前年产 1000 吨水产养殖品的产能提高到 2000 吨,水产养殖户由目前的 2000 户发展到 4000 户,一家法国公司在赞比西亚省的克利马内经营对虾养殖场。1999 年,莫桑比克政府公布实施几项新措施,刺激当地渔产品加工业的发展和培育莫桑比克股份居于主导地位的半工业性的渔业生产部门。

莫桑比克的渔业还得到国外的大量援助,包括挪威国际开发署(NORAD)、丹麦国际开发署(DANIDA)、国际发展署经济合作组织(ICEIDA)、法国银行(France)、荷兰银行(Pays-Bas)和日本银行(Japon),还有欧盟(Union Européenne)、联

合国开发计划署（UNDP）、国际农业发展基金（IFAD）、石油
输出国组织（OPEP）等。

表 4 – 6　渔业产量

单位：吨

年份	1994	1995	1996	1997	1998
鱼类	13489	12620	10229	10200	6173
对虾	6645	7520	7857	8680	8456
龙虾	307	238	276	207	227

资料来源：The Economist Intelligence Unit, Country Profile：Mozambique, 2000, p. 56。
转引自 Ministerio de Agricultura, Direccao de Economia, Dep. Estatisticas；INE, Anuario
Estatistico 1997；Ministerio do Plano e Finanças, Evolucao Economica e Social em 1996；
Plano Economico e Social para 1999。

　　在历史上，非农业生产所得收入和农村劳动力的流动具有重
要作用。南部地区的经济已融为一体，与全国经济密切相关。莫
桑比克南部地区由于靠近南非的工业核心区而深受其影响，并形
成了对南非工业区的依赖。莫桑比克南方的投资水平较高，历史
上形成的通往南非的马普托交通走廊非常重要。目前，马普托走
廊工程的实施将进一步拉大南北方的经济差异。

第三节　工业

　　莫桑比克工业部门目前正在进行大规模的调整和重建。
该国工业政策和战略目标是通过实施税收鼓励和投
资保障等规章制度，吸引外资，促进农产品加工和出口产业的
发展。莫桑比克工业产值仅占国内生产总值10%，主要是与农
产品有关的加工工业，包括腰果加工、制糖、制茶、粮油加工、
卷烟、制皂、纺织服装业以及木材加工等。近些年来，一些重

工业得到了某种程度的发展，包括金属加工、水泥、电池、轮胎、汽车制造、炼油、钢铁以及电力工业等。工业企业大部分集中在马普托、贝拉、莫桑比克市以及楠普拉市等沿海城市和地区。

一 采矿业

桑比克矿产资源与能源部负责制定有关矿业方面的规章制度，而国家矿务局负责有关矿业的行政管理和颁发许可证事务。1994 年，莫桑比克实施了新的矿业税收体制。与国际标准相较，该税收机制是有竞争力的，可以补偿因基础设施落后而增加的高成本。

虽然该国拥有丰富的矿产资源，但长期的内战破坏和落后的基础设施限制了采矿业的发展。采矿业在国内生产总值中所占的比例仅为 2%。整个矿业产品的出口在 1998 年约为 700 万美元。但考虑到非法开采黄金和宝石等，实际产值不止如此。按照世界银行的估计，到 2005 年，莫桑比克的矿产品出口要达到 2 亿美元。

目前，莫桑比克正在开采的有商业价值的矿产品有石墨、大理石、膨润土、煤炭、黄金、铝矾土、花岗岩和宝石。但全国矿业产值的主要来源是黄金、铝土矿和石墨三大矿业部门。全国有约 5 万名手工工人在冲积构造地带开采黄金和宝石。

近年来，矿业部门的生产规模由于外国直接投资的增加而不断扩大。1990 年，莫桑比克政府只颁发了一个矿业开采许可证，但 1992～1998 年颁发的许可证则超过了 150 多个。矿业开采投资总额近几年增长迅速，1995 年为 400 万美元，1996 年为 1000 万美元，1997 年为 1300 万美元，1998 年则达到 1900 万美元。此外，手工生产的矿产品非法走私非常严重。据估计，每年非法走私的矿产品总值约占全国出口总值的 1/5，达到 4000 万～

5000 万美元，其中黄金 1000 万美元，宝石和粗宝石 3000 万 ~
4000 万美元。

表 4 – 7 1998 年各种矿产产值及变化情况

单位：十亿梅蒂卡尔

种 类	1998 年产值	1998/1997 年产值变化（%）
矿业总产值	270.2	14.1
铝矿土	5.0	无 n.ε.
大理石块	0.3	− 53.3
大理石板	0.8	− 80.2
粗制膨润土	4.2	− 17.2
活化膨润土	3.1	− 7.5
沙	67.9	16.7
石墨	121.2	14.9
盐	64.8	8.1
水蓝宝石（蓝晶）	1.5	− 12.1
粗花岗岩	1.4	43.4

资料来源：INE，1999，National Accounts Department estimated values（INE，1999，Estimativas elaboradas pelo Departamento de Contas Nacionais），其互联网网址：http：//www.ine.gov.mz。

表 4 – 8 1994 ~ 1998 年矿产品产量变化

年 份		1994	1995	1996	1997	1998
焦炭煤（千吨）		4	0	0	0	—
石墨 （吨）		—	—	3283	5125	7000
铝土矿 （吨）		10000	11000	11460	8218	9000
黄金（公斤）		335	229	50	6	30
大理石	大理石块（立方米）	2000	1000	744	251	250
	大理石板（立方米）	—	—	9889	13820	15000
粗制膨润土（千吨）		2	8	12	14	5

资料来源：INE，Anuario Estatistico；Ministerio do Plano e Finanças。

表 4 – 9　2001～2003 年的矿产生产变化

类　　别	单位	年份	产量	产值（千梅蒂卡尔）	产值时价（百万梅蒂卡尔）	较上一年度变化百分比（%）
大理石块	立方米	2001	320	2972	951040	—
		2002	453	3239	1467267	41.6
		2003	452	380	171760	– 0.2
大理石板	平方米	2001	15303	279	4269537	—
		2002	9980	380	3792400	– 34.8
		2003	10227	362	3702174	2.5
粗花岗岩	吨	2001	0	1485	0	—
		2002	1136	2028	2303808	—
		2003	440	1934	850960	– 61.3
铝土矿	吨	2001	8592	1337	11487504	—
		2002	9119	1825	16642175	6.1
		2003	11793	1740	20519820	29.3
黄金	吨	2001	22	139244	3063368	—
		2002	17	251596	4277132	– 22.7
		2003	63	294368	18545184	2706
活化膨润土	吨	2001	254	1300	330200	—
		2002	580	1775	1029500	1283
		2003	684	1692	1157328	17.9
粗制膨润土	吨	2001	1357	416	564512	—
		2002	0	454	0	– 100
		2003	24627	531	13076937	—
水蓝宝石	吨	2001	46	60525	2784150	—
		2002	26	82655	2149030	– 43.5
		2003	8	78871	630968	– 692
杂色宝石（Turmalines）	吨	2001	18	4641	83538	—
		2002	124	6338	785912	5889
		2003	581	6044	3511564	368.5

续表

类 别	单位	年份	产量	产值(千梅蒂卡尔)	产值时价(百万梅蒂卡尔)	较上一年度变化百分比(%)
石英	吨	2001	—	—	—	—
		2002	31363	325	10192975	—
		2003	30985	380	11774300	- 1.2
磨光宝石	克拉	2001	0	—	—	—
		2002	0	26	0	—
		2003	0	31	0	—
煤	吨	2001	27599	204	5630196	—
		2002	43512	278	12096336	57.7
		2003	36742	266	9773372	- 15.6

资料来源：莫桑比克矿产资源与能源部经济局 （Ministry of Mineral Resources and Energy, Directorate of Economics ）。

其互联网网址：http：//www. ine. gov. mz/sectorias_ dir/recursos_ minerais。

一些著名的国际矿业公司，诸如南非的英美矿业公司、杰恩科公司、约翰内斯堡联合投资、阿善蒂金矿公司、艾德罗资源公司和肯迈勒公司等，已经积极参与该国的矿业开采计划。来自南非、加拿大和澳大利亚的一些小型公司也在莫桑比克寻找矿业项目。现在正在兴建的和进行可行性研究的主要矿业部门集中在重工业矿砂、煤炭、天然气及其下游产品、炼铝厂、热轧钢铁厂等。巴西矿业巨头淡水河谷公司（Companhia Valedo Rio Doce, CVRD）已于 2009 年正式开始在莫桑比克西部太特省的阿蒂泽镇建设一座年产 2600 万吨炭和热发电煤的大型露天煤矿。淡水河谷公司对项目总投资在 13 亿美元左右，2010 年底建成投产。阿蒂泽煤田是目前世界上最大的未被开采的煤田之一。澳大利亚利沃斯戴尔（Riversdale）矿业公司已于 2009 年获准在班伽（Banga）投资 8 亿美元建造年开采 2000 万吨硬煤和动力煤的煤矿。莫桑比克也很快成为印度电力和钢铁公司竞逐煤炭资源的目

标。近年来莫桑比克除采取措施鼓励外国公司投资其矿业外，还于 2009 年批准成立了国有采矿公司，矿业勘探公司成为该国首家获得许可的国有矿业公司。

在矿业立法方面，政府大力吸引外国投资，开发其境内的矿业资源。政府于 1986 年通过矿业法，1987 年通过相关条例。该法案曾在 1994 年进行过修改和完善。随后，莫桑比克矿业便向国际投资者和私人开放。1993 年颁布了投资法，1994 年采矿税制通过，标志着莫桑比克政府实质性鼓励矿业开发的开始。莫桑比克政府的矿产政策是，国家不再是矿产品的生产者，而是采矿活动的促进者、监督者和规范者。该国已经开始实施新的矿业和地质勘探的政策，使有关方面的现行立法更为完善，也使莫桑比克在南部非洲地区更具有竞争优势。2004 以来涌入莫桑比克的矿产勘探开发投资大幅增长。2004 年当年矿业投资额仅为 3300万美元，2005 年达到 1.62 亿美元，比上年增长了 4 倍。2007 年达到 2.17 亿美元。矿产投资的增长，除了受全球矿产品需求持续走强的影响，与政府简化投资法规体系、改善投资服务的措施是分不开的。政府主管部门估计，矿业和石油业在国内生产总值中的贡献到 2010 年可达 15% 左右，而在此之前仅为 5%。

所有关于勘探权和采矿权的申请必须提交给矿产资源与能源部长，经国家矿业局审批。

总的来讲，大型矿业项目以及外国投资的矿业项目要签署特许协议。这些协议包括考察许可证、特许勘探许可证和采矿许可证。其主要内容分别如下：考察许可证期限为 1 年，不可延期，成本为每公顷 0.10 美元，持有者在使用期限结束时可获得勘探许可证。特许勘探许可证期限为 4 年，并可延期 2 年，成本为每公顷 1 美元。每次更新特许勘探许可证，该证持有者的勘探范围要减少 50%，并要定期提交勘探和支出报告，矿物勘探权利费每年每公顷提高 0.5 美元。莫桑比克的许可证有三类。一类为踏勘许可证，为非排他性许可证，时间为 1 年，不能续期。该证持有者有权获得某一具体矿种的勘探许可证。另一类为排他性勘探许可证，有效期 4 年，可续期 2 年，但每一续期，面积将被减少一半。第三类为采矿许可证，时间为 25 年，可续期 15 年。勘探许可证持有者有权申请和被授予某一具体矿种的采矿许可证。除上述三类矿权外，莫桑比克还有另两类矿权许可证，一为采石许可证，该许可证允许生产各类建筑石料；另一为采矿授权书，主要针对小规模业者。采矿许可证期限为 25 年，可延期 15 年，成本为每公顷 0.3 美元。特许勘探许可证持有者有权申请和获得某一区域的某种矿物的采矿许可证。在采矿许可证有效期内，土地使用费为每公顷 0.3 美元。所有关于勘探权和采矿权的申请必须提交给矿产资源与能源部长，经国家矿业局审批。

在税收方面，莫桑比克政府对矿业部门的投资采取优惠政策。公司收入税为 35%，但在公司投产的第一个 10 年减税 50%。此外还制定了如下的鼓励措施：勘探和开采的成本支出可以累计并结转到投产的第一年。折旧率的选择：免除所有设备、材料和转包商的进口税，免除股息个人收入所得税（一般的个人股息所得税税率在 10 年内为 18%），免除营业税、矿产品出口税等。但下列矿产须向政府缴纳使用费——总产值的 3%，但贵金属缴纳 5%、宝石缴纳 6%、钻石缴纳 10%。

二 制造业

莫桑比克的制造业在 20 世纪 60 年代后半期和 70 年代早期获得了大量投资，因而在独立前夕，莫桑比克的工业基础曾经是撒哈拉以南非洲诸国中较好的国家之一。1973 年，莫桑比克的制造业产值在撒哈拉沙漠以南诸国中位居第六位。但是，莫桑比克赢得独立期间，90% 的葡萄牙籍定居者逃离该国造成了技术工人大量流失，导致了该国的工业化进程的中

断。在独立以后莫解阵政府照搬苏联工业化政策，重视重工业的投资，但对维护现有的工业基础设施、充实技术劳动力队伍和提高管理技能等不予重视。这进一步造成了工业部门的生产效率日益低下，许多工厂由于管理不善、缺乏国内投资和外汇不足而难以为继。

80 年代，莫桑比克的工业部门急需投资，但直到 1987 年开始实施经济改革以后，国际援助资金才开始流入工业部门。工业生产的改善举步维艰，1987～1990 年的工业产值年均增长率仅为 0.6%。工业生产低迷的状况一直延续到 1995 年。自 1995 年以后，私营化的工业部门的迅速发展促成了工业生产的强劲增长。1995～1997 年，制造业产值年均增长率为 11.1%，1997 年则增长了 39%。增长最具活力的部门是建筑材料、农产品加工、饮料和消费品。宏观经济环境的稳定、中间商品和资本商品的进口关税的降低，以及大量的外国投资和高速的经济增长加速了国内需求的扩张，这些因素都有力地促进了工业的恢复和发展。但是，由于缺乏资本投资和借贷利率太高，工业发展还面临诸多困难。

就整体结构而言，工业产出自 70 年代以来还没有发生大的变化。制造业部门由众多的产业组成，包括化学工业、机械工程业、金属冶炼业、汽车轮胎和内胎业、纺织业、服装加工业、建筑用五金器具业、制钟业、机械设备业、玻璃业、木制家具业等。莫桑比克还拥有突出的农产品加工业部门，主要从事生产的种类有棉花加工、制糖、水果和蔬菜加工、肉品装罐和保存，等等。食品加工业大体上占工业总产值的 1/3。饮料、纺织和木材加工等也很重要。1/4 的重工业产值是与金属加工有关的产业、化工等。食品工业、饮料业和烟草业占整个工业总产值的 62%。莫桑比克的腰果加工商一般都是一些中小型企业，其加工能力一般为年产 1000～2500 吨，使用劳动密集型的去壳方法。但也有一些加工商采取部分作业机械化的办法进行加工，可以把加工规模提高到年产 5000 吨的能力。腰果成品出口到荷兰、南非和意大利。

莫桑比克的工业集中在马普托、马托拉、贝拉和楠普拉等较大的城市。莫桑比克的马普托钢铁厂创建于 1955 年，年生产能力为 12 万吨。70 年代后期，又组建了马普托小型钢铁联合企业，建设了一批钢铁铸造厂，每年可生产铸铁、钢、钢材等 25 万吨。2008 年 4 月 17 日第一期规划为年产 20 万吨、远景规划为年产 70 万吨钢管的明星钢铁公司开工建设，2009 年 7 月 24 日正式竣工投产。工厂可提供 200 个就业机会。项目总投资 4400 万美元，位于马普托省贝卢卢阿（Beluluane）工业园区。项目占地面积 9 万平方米，建筑面积 3 万平方米。该厂安装高频直缝焊管生产线 610 机组一套、纵剪线一条和涂层防腐生产线一条。产品用于石油和天然气运输业，所需原料从土耳其、中国和南非进口。企业资本由其国内和国外企业组成，其中南非星钢（StarSteel）占 50%、中国七星集团（Seven Star Groupda China）占 40% 和莫桑比克公司团队占 10%。莫桑比克公司团队的组成成员有莫桑比克—津巴布韦石油管线公司（Companhia do Pipeline Moçambique Zimbabwe）、莫桑比克石油公司（Petromoc）、莫桑比克电力公司（E. D. M）、马多拉天然气公司（Matola Gas Company）和石油管道公司（Petroline）组成。

莫桑比克扎尔（Mozal）铝厂位于马普托贝罗卢阿内（Beloluane）地区。项目于 1998 年 7 月开工，经过 25 个月的建设，于 2000 年 6 月 18 日建成投产。铝厂共有 288 台电解槽，安装在 2 座厂房内。该项目占地 140 公顷，年产 25 万吨铝锭，利用卡奥拉巴萨水电厂的电力。项目第一期投资 13 亿美元，由澳大利亚、日本、南非的企业和莫桑比克政府联合投资。铝厂的扩建工程于 2001 年 6 月获批准，2003 年 8 月 20 日该厂二期工程开

始全产能运作，使原铝锭年产量提高 1 倍，达 50.6 万吨。项目总投资到近 20 亿美元。项目投资方澳大利亚必和必拓公司（BHP Billiton Ltd. - Broken Hill Proprietary Billiton Ltd.）持有 47.11% 的股份，其他股东包括日本三菱公司占 25%，南非工业发展公司占 24.04%，莫桑比克政府持有 3.85%。莫桑比克扎尔铝厂目前是外国在莫桑比克的最大投资项目，成为吸引外资的典范，极大地推动了经济活动和经济增长，使莫桑比克的出口额 2002 年首次达到 10 亿美元。莫桑比克扎尔铝厂至 2008 年连续六年成为莫桑比克企业百强之首。2008 年由于受金融危机和能源危机的影响，莫桑比克扎尔铝厂产能下降。

表 4 - 10　1998 年和 2001 年工业产值及分布比例

单位：十亿梅蒂卡尔，%

类　　别	1998 年		2001 年	
	产值	百分比	产值	百分比
生产总值	24810	100	47030	100
采矿业	269	1	1291	2.7
制造业	14408	58	25551	54.3
电力与供水服务业	1410	35	3924	8.3
建筑业	8723	6	16264	34.6

注：按时价折算。

资料来源：INE，1999，National Accounts Department estimated values。

表 4 - 11　1998 年和 2001 年主要工业产品产值

单位：十亿梅蒂卡尔

年　　份	1998			2001		
主要工业产品	总值	公司产值	家庭产值	总值	公司产值	家庭产值
玉米面粉	2033	35	1998	3061	140	2921
木薯粉	1309	0	1309	1518	3	1515
啤酒	722	722	0	752	752	0

续表

年 份	1998			2001		
主要工业产品	总值	公司产值	家庭产值	总值	公司产值	家庭产值
面包制品	705	64	641	1189	120	1069
小麦面粉	699	699	0	941	941	0
家禽肉类	533	89	444	626	105	521
大米	477	94	383	562	86	476
棉纤维制品	412	412	0	481	481	0
水泥	398	398	0	850	850	0
非酒精饮料	394	394	0	673	673	0
猪肉	370	1	369	458	1	457
牛肉	330	115	215	477	88	389
肥皂和其他卫生用品	290	290	0	269	269	0
腰果仁	275	246	29	102	34	68
菜油产品	222	222	0	136	136	0
原木	190	186	4	502	491	11
轮胎及内胎	169	169	0	44	44	0
烟草与香烟	157	157	0	105	105	1
糖	0	0	0	207	207	0
总 值	9803	4412	5392	12952	5525	7428

注：按时价折算。

资料来源：INE, 1999, National Accounts Department estimated values。

其互联网网址：http://www.ine.gov.mz

表 4 – 12 1993～1997 年部分工业的生产情况

年 份	1993	1994	1995	1996	1997
小麦面粉（吨）	30048	39890	63351	70655	82432
粗糖（吨）	11455	20901	28109	29288	25227
啤酒（千升）	20386	15323	24434	38426	63127
过滤嘴香烟（百万支）	352	60	52	596	181
棉纱线（千米）	5894	7725	4504	16600	38093
棉布（千平方米）	946	91	115	12203	12262

资料来源：INE, Anuario Estatistico。

三　能源工业

就能源储备而言，莫桑比克拥有南部非洲潜力最大的能源生产能力，但大多数的矿产资源尚未开发，挖掘该国巨大的能源开发潜力需要巨额投资。尽管莫桑比克富藏煤炭、水电和天然气资源，但独立以后其国内能源生产无法满足国内的需求。目前，该国人均能源消耗是 40 公斤的石油当量。

天然森林是农村人口的家庭生活用燃料的主要来源。有关研究表明，该国 83% 的能源总消耗来自森林，一些工业和 60% 的城市人口也需要森林提供燃木。[①] 自内战结束以来，估计全国每年有 40 万吨的木材用作燃料。为了保护环境和森林，从 20 世纪 80 年代末开始，莫桑比克政府推行替代能源政策，鼓励使用燃油和天然气。到 90 年代中期，木炭的年产量从 5 万多吨减少到不足 700 吨。

水力能源是莫桑比克开发前景最大的一种资源，也是迄今为止得到外国投资最多的一个部门。在莫桑比克境内已确认具有开发水能条件的地方至少有 100 处。莫桑比克在众多的河流上修建了一系列水坝和水库。目前具有代表性正在开发使用的水能资源是位于该国中部地区的卡奥拉巴萨、希坎（Chicamba）、马伍济（Mavúzi）大坝。水电是该国最重要的能源来源，全国潜在的水利发电能力预计为 14000 兆瓦，目前只开发了大约 2488 兆瓦。

卡奥拉巴萨水电站位于莫桑比克太特省首府松戈县（Songo）西北方 150 公里处的赞比西河上，离河流入海口 500 多公里，由葡萄牙人设计建造。葡萄牙殖民政府在 20 世纪 60 年代后期启动

---

① http://www.sovereign-publications.com/mozambique.htm，2002 年 5 月 16 日下载。

这个水库的建设工程，当时被其称作卡布拉巴萨水坝（Barragem de Cabora Bassa）。建设该大坝最初的考虑是控制洪水并为赞比西河下游的种植园提供灌溉水源。后来，经过与南非协商，建设计划扩展为包括水力发电项目，南非同意购买其大部分电力。这样，电站除发电外，还承担了上下游通航、防洪、灌溉和水库养殖等任务。该项工程于 1969 年签订合同，1971 年开工建设，1974 年大坝建成并开始蓄水，1975 年 4 月开始发电。工程总投资 6.56 亿美元，主要资本来自葡萄牙、南非、法国和德国。即使在独立战争期间，大坝的建设也没有停顿。在建设过程中，为了运输庞大的机器设备，翻修了当时需要经过的公路和铁路。太特市著名的赞比西河吊桥就是为此修建的。为建设库区，当时迁移了 25000 个家庭。坝址位于长 46 公里、呈 "V" 形峡谷的最窄处，两岸接近垂直。河流深槽靠近右岸，最深点海拔是 171 米。大坝为混凝土双曲拱坝，坝顶海拔 331 米处河谷宽约 250 米。卡奥拉巴萨大坝在宽阔的山谷间傲然挺立，气势恢弘。卡奥拉巴萨水库水域面积达 1560 平方公里，一直延伸到莫桑比克同赞比亚交界处赞比西河与卢安瓜河的汇合点，成为莫桑比克内陆地区最为开阔的水域。水电站有 5 台单机容量 41.5 万千瓦的水轮发电机、控制中心、变电站、输电线路等组成，设备主要来自法国和德国。总装机容量 207.5 万千瓦。水电站除向本国提供电力外，主要向南非、津巴布韦等邻国供电。

莫桑比克独立时，葡萄牙人的卡奥拉巴萨水电公司在葡萄牙政府支付建设债务的情况下管理这个巨大的电站。卡奥拉巴萨水电站建成至今已三十多年，因莫桑比克没有分布广泛的输电网络，只有不到 5% 的人获得电力供应，电站所发电量约有一半供应南非，首都马普托用电要从南非买回。2005 年，经过艰苦的谈判，莫桑比克与葡萄牙就电站控股权达成一致，于 2006 年 10 月 31 日签署协议：莫桑比克履行向葡萄牙支付 7 亿美元的承诺

后拥有水电站 85% 的股权，葡萄牙拥有 15% 的股权。2007 年 11 月 27 日太特省松戈镇举行隆重、盛大的庆祝活动，庆祝卡奥拉巴萨水电站（HCB-Hidroelectrica Cahora Bssa）回到莫桑比克人手里。卡奥拉巴萨水电站的回归被称为"国家的第二次独立"、"经济上的独立"。2008 年 2 月，加拿大马尼托巴国际水利电力管理有限公司（Manitoba Hydro Internacional Lda）派出了 6 名技术专家对大坝的技术维护、管理、安全等各方面进行了全面检查，出具的一系列经济技术报告表明，莫桑比克人管理以来一切运转正常，收益有保障。

其他重要的水库还有雷武埃河位于贝拉西方的希坎巴·雷亚尔水库和位于马武济河的水库。这两个水库修建的水电站均位于马尼卡省：希坎巴·雷亚尔（Chicamba Real）水电站的发电能力为 38 兆瓦，马武济（Mavuzi）河水电站的发电能力为 52 兆瓦。林波波河上有两座水库，主要用于灌溉，也可发电。其中，位于马普托省境内的科如马纳（Corumana）水电站，发电能力为 16 兆瓦。

莫桑比克的水电开发潜力十分诱人。首先，希坎巴·雷亚尔发电系统在更新之后，发电能力将会进一步提高。其次，位于太特省赞比西河卡奥拉巴萨电站下游 60 公里处，由巴西建筑公司设计、建造的姆潘达·恩库瓦（Mphanda Nkuma）电站。项目总投资 32 亿美元，发电能力 150 万千瓦。同时兴建连接太特省与马普托市的 1400 公里电力输送线路。电站建成后，500 万千瓦的电供应本国使用，100 万千瓦电力拟出口南部非洲发展共同体（SADC）国家。项目于 2009 年开工，计划 2013 年完工。巴西建筑公司与莫桑比克电力公司（EDM）、能源基建公司（Energia Capital）合作执行建设合同。

莫桑比克的输电网是南部非洲电力网络重要的组成部分。南非的埃斯科姆电力公司参与了莫桑比克电网的修复工程。莫桑比克目前共有三大电网发挥作用。第一个电网是以卡奥拉巴萨水电站为核心的电网。在内战中，莫抵运摧毁了该电网通往南非的高压线路。直到1988年，南部地区无法得到卡奥拉巴萨电站的可靠电力供应。和平协议签署以后，修复卡奥拉巴萨水电站为南非、津巴布韦和马拉维输送电力的输电网成为该国经济建设的主要活动之一。莫桑比克政府募集1.25亿～1.3亿美元重建通往南非的高压电网，于1997年12月完成。但莫桑比克向南非出口电力直到1999年3月才开始恢复。莫桑比克向津巴布韦首都哈拉雷出口电力的输电线路于1997年11月建成，每年向其出口500兆瓦的电力。马拉维也同莫桑比克于1997年签署了从卡奥拉巴萨电站进口电力的协议。

在国内，卡奥拉巴萨水电站目前只为太特市、莫桑比克阿蒂泽煤矿区和其他省的城市提供电力。内战期间，卡奥拉巴萨电站成为莫抵运的攻击目标。到内战结束时为止，该电站1/3的输电线塔被毁，虽然电站本身的设施受破坏较少。

莫桑比克的第二大电网系统由私营的雷武埃河水电公司经营，将贝拉和希莫桑比克尤连接在一起。该电网全长300公里，电力来自雷武埃河上游的两座水电站。国内第三个独立的电网在莫桑比克南部地区，将马普托同南非电网相连。该地区目前无法得到卡奥拉巴萨水电站的电力。该电网每年从南非进口电力约1500兆瓦时，耗资1500万南非兰特，约占其出口收入的10%。此外，马普托市附近还有一座火力发电站，从南非进口煤炭，年发电能力为60兆瓦。莫桑比克供电覆盖率由2005年的约7%上升到目前的14%，实现了5年翻一番的目标；全国34个县实现了电力供应，其间新增大约34万个用户，其中32万户为家庭，其余为公司用户。

国有的莫桑比克电力公司的发电装机容量为315.5兆瓦，其中108.9兆瓦为水力发电，204.6兆瓦为火力发电。但其提供的可靠电力为 219 兆瓦, 其中 95 兆瓦为水电。[①] 目前, 该公司正在将规模不大而且落后的全国电网向农村地区扩展, 从南向北推进。1997 年 7 月, 莫桑比克议会通过了电力市场自由化的法律, 将电力市场向私有生产者开放。

除了水电资源, 莫桑比克南部和中部地区具有巨大的天然气沉积盆地, 拥有丰富的天然气资源。莫桑比克已经发现了 3 个大型的天然气田, 位于沿海的潘德、泰玛内和布济。天然气总储藏量估计高达 700 亿立方米。[②]

潘德气田的开发主要用于当地发电和出口。在威兰库罗和伊尼雅索罗已经安装了总发电能力 66 万千瓦的机组。莫桑比克还计划利用该气田为马普托附近新建的钢铁厂供应天然气或向南非出口天然气。

莫桑比克还有为世人所知的 3 个比较大型的煤矿区, 是位于太特省内的莫阿蒂泽—敏柔瓦、色楠勾尔和姆坎哈—武济。全国燃煤总储量大约为 30 亿吨。[③]

巴西淡水河谷在莫阿蒂泽煤矿投资 3 亿美元, 预计总投资 13 亿美元。煤炭年产 1200 万吨, 生产销售煤炭将从 2011 年 6 月开始, 计划出口炼焦煤到欧洲、巴西、埃及、日本、韩国、中国, 出口动力煤到印度和巴基斯坦等国家。

为了加快开发能源产业, 莫桑比克政府于 1997 年 4 月 16 日设立了国家能源局。这是莫桑比克矿产资源与能源部的核心机构, 负责研究、探讨和拟定能源政策。1997 年 8 月, 莫桑比克

---

① http://www.sovereign-publications.com/mozambique.htm, 2002 年 5 月 16 日下载。

② Africa Energy and Mining, 1999, Mozambique-Sasol back on Pande: Africa Energy and Mining, No. 240, November 18, p. 2.

③ http://www.sovereign-publications.com/mozambique.htm, 2002 年 5 月 16 日下载。

国会批准了一项新的电力法案，确定了电力能源部门构成和管理电力能源供应的总体政策，并确立了关于下列事项的总体法律框架：国内电力能源的生产、传送和销售，电力的进出口业务，经营这些业务的特许执照。

1997 年制定的新市政立法规定，市政当局可以在地方辖区内的电力服务经营和投资规划方面发挥作用。同年，莫桑比克政府开始研究关于电力部门的可行性改革和调整问题。该项研究的目的是通过颁发特许执照和关税调整建议达到"电力运案"改革的目的。

1998 年，全国电力需求的最大高峰量是 208 兆瓦。莫桑比克政府正在通过私营部门开发的许多工程项目，将把电力消费扩大到 3000 兆瓦。此外，按照莫桑比克已经同挪威政府达成的一项合作协议，有关部门已经开始详细研究关于农村电气化的战略规划和一项关于未来 10 ~ 15 年的能源宏观规划。

2009 年 11 月莫桑比克与巴西签署了一项价值 60 亿美元开发生物燃料的投资协议，其中以甘蔗为原料生产生物燃料出口到巴西。国家的能源战略是加快清洁新能源包括生物粪便、水能和太阳能的利用。莫桑比克政府对革新能源的利用进行研究评估，并已开始在马普托省的黄金点（Ponta d'Ouro）和伊尼扬巴内省的托菲奥（Tofinho）建设两个风力发电站。

四 建筑业

建筑业部门在近几年发展强劲，1997 ~ 1998 年的年均增长率达到了 12%。2006 年建筑业增速最快达23.6%，主要是公共工程的投资增加，如赞比西河修建桥梁、林波波河修建桥梁、国家 1 号高速公路部分恢复、电站恢复、学校和医院修建等。住宅建筑、工业建筑以及大型道路建筑和公共基础设施建设促进了建筑业的恢复和发展。正在营业的建筑公司数

目从 20 世纪 90 年代初期的 10 多家增加到 1998 年的 40 多家，但这些建筑公司以葡萄牙和南非的公司为主。

第四节　交通与通信

一　交通运输业

交通运输与通信部门在莫桑比克经济中占有十分重要的地位。同时，莫桑比克所处的战略位置决定了该国在南部非洲地区交通运输与通信领域仍具有巨大的发展潜力。在历史上，莫桑比克的交通运输基础设施为南部非洲内陆国家提供出海口，是马拉维、津巴布韦、赞比亚、斯威士兰和南非等邻国货物运输的重要通道，形成了东西向分别以贝拉港、纳卡拉港和马普托港为龙头的三条主要铁路干线，但是互不连接的铁路系统。贝拉港和纳卡拉港是津巴布韦和马拉维的出海口，马普托是南非北部和津巴布韦南部的出海口。因而，莫桑比克的交通运输基础设施尤其是铁路干线与邻国构成了紧密相连的一体网络。在内战期间，铁路干线尤其是连接津巴布韦和马拉维与出海口的贝拉和纳卡拉走廊吸引了大量的投资和国际援助。

从 1992 年开始，莫桑比克政府宣布有计划地调整贝拉、马普托和纳卡拉交通走廊的经营管理。莫桑比克政府正在实施私有化政策，鼓励和吸引私营部门参与某些港口和铁路的投资和经营管理，以提高交通运输业的经济效益，这方面目前已经取得了积极的进展。1987 年全国有铁路 3372 公里。内战结束以后，铁路运输恢复和发展迅速：客运量总里程数从 1992 年的 2600 万人次·公里增加到 1997 年的 4.03 亿人次·公里，同期的货运量总里程数也从 6.16 亿吨·公里增加到 8.99 亿吨·公里。交通运输业在历史上曾在国民经济中占有重要的地位，而且随着南部非洲地区经济的不断开发和区域经济联系的日益密切，该部门仍将成为莫桑比克未来经济增长和赚取外汇的重要源泉。莫桑比克铁路港口公司（CFM）于 2007 年已由一个濒临破产的公共企业变为一个财力可靠的赢利公司。重要的铁路线和港口包括纳卡拉和贝拉铁路系统以及马普托、贝拉、纳卡拉、克利马内等港口成功实现转让经营。该公司计划修复连接贝拉港至莫桑比克阿蒂泽煤矿的塞纳（Sena）铁路工程可解决 1500 万吨煤炭的运输问题。为缓解马普托市公共交通的困境，公司还用 200 万美元购买三组新的列车用于开通城际旅客运输。

尽管全国东西向的陆路运输比较发达，但连接国内南北方的交通运输基础设施却处于投资开发的空白领域，南北方向的交通运输干线尚未修通。这种情况在公路交通方面尤为严重。国内道路网络落后的状况严重阻碍了国民经济的发展，尤其是对农业部门的发展。全国农村的广大地区，特别是主要粮食供应地的北方农业区，由于交通条件差而长期处于孤立的封闭状态，无法融入全国经济市场。

莫桑比克现有公路总长约 3.17 万公里，其中柏油公路 5497 公里。正抓紧国道 1 号（EN1）线的修复工程，2006 年投入 11 亿美元。这条交通干道，对莫桑比克经济的发展至关重要。该线南起马普托，北至鲁伏马，总长近 3000 公里。自 2003 年起莫桑比克公路局对该线的修复进行大规模招标。中国水利水电集团三门峡海外公司于 2004 年 5 月承建其中 97.7 公里，金额 2506 万美元。河南国际合作集团有限公司亦于 2004 年 10 月获得承修北段穆顺戈至因绍佩 154 公里路段，金额 3900 万美元。中铁七局于 2009 年 1 月获得承修南起塞塞以北至希兹济布卡 95 公里路段。南非、意大利、葡萄牙及莫桑比克本地公司也承修这条国道 1 号。

在赞比西河上修建一座公路大桥——阿曼多—格布扎大桥于

2006 年 3 月开工，2009 年 8 月 1 日竣工通车。大桥全长 2376
米，为双车道公路桥，两侧设有人行道。项目总投资为 1.13 亿
美元，由两家葡萄牙公司承建，资金来自欧盟、意大利、瑞典和
莫桑比克政府。这是莫桑比克第二座横跨赞比西河的大桥，具有
连接莫桑比克南北公路主干道的重要作用。大桥建成之前南北方
向的车辆需要驳船摆渡才能过河。

　　水运包括内河运输和海洋运输。莫桑比克没有远洋运输船
队，主要是沿海港口之间的运输，远洋运输主要由外国船队承
担。全国内河航线约 1500 公里。

　　海洋运输对莫桑比克的货物流通十分重要。1997 年全国的
货船总数为 127 艘，注册登记的总排水量为 3.87 万吨。在海运
方面，国有海运公司到 20 世纪 90 年代中期因经营不善被迫停
业。1996 年该行业开始向私营公司开放，4 家外资私营公司以及
私有化后的海运公司开始在纳卡拉、克利马内、贝拉、彭巴、马
普托和德班之间提供集装箱运输服务。全国港口的货物吞吐量
1986 年只有 420 万吨，1994 年约为 620 万吨，1997 年增加到
820 万吨。1998 年，从北方运往南方的海运货物量增加了 67%。
这说明北方的贸易开始活跃起来。

　　莫桑比克有海岸线 2600 多公里，港口 15 个，最为主要的是
马普托、贝拉和纳卡拉三个国际性的大港口。这三大港口也构成
了全国交通运输网络体系的三大枢纽。马普托港是非洲最大的海
港之一，也是非洲著名的现代化港口之一。它有 25 个泊位，该
码头每年可以装卸 1400 万吨以上货物，包括蔗糖、柑橘属水果、
水泥、煤炭和石油等。港内有铁路通向南非、斯威士兰和津巴布
韦，向三国提供海运服务。贝拉和纳卡拉主要为津巴布韦、马拉
维和赞比亚，有时也为博茨瓦纳和刚果民主共和国提供海运服
务。这三大港口都有集装箱码头。1992 年，第二大港口贝拉港
现代化改造的第一期工程完成，开通了耗资 1 亿美元的集装箱码

头。该港口有 10 个泊位，水深 8～10 米，每年可以处理大约 750 万吨货物，5 万吨级的货轮可以自由进出。港内有铁路通往津巴布韦和马拉维。纳卡拉港为莫桑比克第三大港，有 6 个泊位，年吞吐能力 80 万吨。除了上述几个重要的国际性港口以外，还有一系列港口，如伊尼扬巴内、辛代、克利马内、马库泽、佩巴内、莫桑比克马、安戈谢、莫桑比克岛、彭巴和莫桑比克辛布瓦－达普拉亚等。

目前，莫桑比克已经制定了各种规划，正在开发马普托走廊、贝拉走廊和纳卡拉走廊等，恢复并更新现有的交通运输和通信设施。

马普托走廊：该走廊包括三个组成部分：马普托港、铁路网和公路网。马普托港是东非海岸最重要的港口之一，现在可以容纳 10 万吨的船只进出港口。马普托港拥有专门的集装箱码头、水果码头、煤炭码头和蔗糖码头，均已得到扩建。从 1999 年中期开始，政府将这些码头转租给私营公司经营。该港口在地理位置方面接近南非的工业中心，对南非的商贸具有重要意义。在莫桑比克境内的铁路网包括 3 条铁路线：连接津巴布韦的林波波线，长 534 公里；连接南非的雷萨诺—噶西亚线，长 78 公里；连接斯威士兰的戈巴线，长 64 公里。公路网包括从马普托到南非边境雷萨诺—噶西亚的公路和从马普托到斯威士兰边境纳马阿查的公路。

南非和莫桑比克政府联合开发马普托交通运输业以及该走廊工程，破土修建连接从莫桑比克的马普托到南非的威特班克之间的收费高速公路。该路全长 460 公里，在莫桑比克境内大约 90 公里。这是利用私营部门推动交通运输和基础设施发展的一个项目。两国分享该工程完成之后在道路及铁路沿线所产生的后续开发成果。该工程完成以后，将有新的铁路和收费高速公路把南非的豪廷省和姆帕玛兰加省同莫桑比克的马普托港连接起来。法国

的一家公司获得了该工程的开发权。

贝拉走廊：贝拉港口对于津巴布韦、赞比亚和马拉维的商品出口至为重要。该港年吞吐能力为750万吨。该港还建有通往津巴布韦的石油管道。在铁路方面，只有一条铁路通往津巴布韦，但也可以输出赞比亚、马拉维和刚果民主共和国的货物。公路网络基本上由2条道路组成，一条通往津巴布韦，另一条经希莫尤通往太特省。

纳卡拉走廊：纳卡拉港是东非海岸最好的深水港，可以容纳超大型排水量的船只，在马拉维的对外贸易中发挥着重要作用。在该港通往马拉维的铁路中，533公里位于莫桑比克境内。

航空运输由国营莫桑比克航空公司（Linhas Aéreas de Moçambique LAM）垄断经营，提供通往国内各省的航空运输服务，并由马普托机场和贝拉机场经营国际航班。莫桑比克航空公司成立于1936年，曾为港口与铁路服务部的一个分公司。经过改制成为在管理和财务上完全独立的有限公司。政府拥有该公司91%的股份，公司的管理人员、技术人员和普通员工拥有剩下9%的股份。作为一家公共性质的公司，公司主要致力于支线航线、国内和国际航线的旅客运输、货物运输和航空快递服务，其总部在马普托，有员工677人，公司拥有大小飞机14架。该公司向巴西航空工业公司购买了两架E-190喷气飞机。这家巴西公司于2009年交付了首架。这种机型的飞机共有9个商务舱位和84个经济舱位。

马普托国际机场进行了大规模扩建和现代化改造，包括建设新国际航班候机大厅和一个停机坪，新建VIP总统区、机场指挥塔及各自的通道、停车场等。项目于2009年4月16日开工，于2010年5月完工。马普托机场最早于20世纪60年代启动，设计年旅客流量6万人次，改扩建后的客流量将提高到60万人次。工程总投资7500万美元，并由中国的安徽省外经建设（集团）

有限公司承建。莫桑比克已开展索法拉省贝拉国际机场（Beira International Airport）、太特省和赞比西亚省的克利马内（Quelimane）小机场的整修工作，投资额达 3000 万美元。

全国共有 16 个机场，除了上述的马普托机场和贝拉机场外，彭巴机场和威兰库罗机场也已向国际航班开放。首都马普托与国内 6 个省有航线相通。由于内战结束后地面交通已经比较安全，国内航空运输业务明显萎缩，而且连年亏损。

国际航班可从马普托直达里斯本、毛里求斯、亚的斯亚贝巴、约翰内斯堡、德班、理查德湾、哈拉雷、曼齐尼和布兰太尔。1998 年，莫桑比克航空公司赢利 24.8 万美元。此外，国内还有几家私营的航空公司，提供地区性的包租服务。

表 4 – 13   1994 ~ 2002 年主要运输部门的产值

按时价折算，单位：十亿梅蒂卡尔

年 份		1994	1995	1996	1997	1998	1999	2000	2001	2002
货物运输	铁路	218	366	541	628	584	538	467	611	646
	海运	37	14	44	38	37	61	97	119	73
	公路	26	48	97	125	140	193	216	236	506
	航空	25	32	31	139	25	30	32	30	34
	管道	131	186	231	222	244	246	208	346	397
	总计	437	646	944	1152	1030	1068	1020	1342	1656
客运	铁路	11	38	41	40	20	16	18	18	17
	海运	1	2	3	4		5	3	4	20
	公路	409	716	925	1641	1995	3182	4029	3143	6822
	航空	240	308	334	668	334	385	321	427	480
	总计	661	1064	1303	2353	2353	3588	4371	3592	7339
港口运营		73	109	399	573	532	671	596	713	747

资料来源：莫桑比克交通运输与通信部，转引自 http://www.ine.gov.mz/ Ingles/sectorias_ dir/transp_e_ comunic/val_ serv_ transp, 2006 年 12 月 11 日。

二　通信业

莫桑比克的通信事业在近几年得到了一定的发展。莫桑比克电信部门的技术发展和竞争水平较高。电信服务的提供商是国有公司莫桑比克电信公司（Telecomunicações de Mocambique，TDM's），它垄断控制着全国固定电话网络。该公司将固定电话网络扩展到全国各地。该公司提供的服务包括固定电话、电报和传真。

毕马威莫桑比克会计公司（Kpmg Mozambique）2008 年第 10 个年度报告表明，莫桑比克百强企业中电信公司的排名从第四位上升到了第三位。政府于 2008 年 10 月决定开放固定电话业务市场，此举的目的是促进本地和外国公司投资固定电话市场。根据交通与通信部 2009 年 10 月一份报告，莫桑比克固定电话用户在 2004 年有 75000 个，到 2008 年达到 78000 个。

移动电话服务创建于 1997 年，服务范围覆盖马普托市和赛赛。按计划该服务很快会扩展到其他城市。根据莫桑比克交通与通信部的报告，移动用户在 2004 年只有 61 万个，到 2008 年达到 440 万个，4 年增长了近 380 万个用户。莫桑比克现有两个移动电话运营商——外资的沃达康莫桑比克公司（Vodacom Mozambique）与国有运营商莫桑比克移动电信公司（mCel）。后者 2008 年全年净利润达 5.4 亿美蒂卡尔（约合 2076 万美元），同比增幅高达 58%。

由于通过卫星扩展了全国范围内的通信网络、提供互联网服务和开始推广有线电视，电信部门的发展变化很快。马普托、贝拉、楠普拉、克利马内和太特的电话通信已经实现了数字化，马普托已经安装了传输交换设备，并将传输和发送广播和电视的现有网络升级更新。该部门很快也将实施私有化，向更多的经营者和私营服务商敞开大门。莫桑比克电信公司于 2009 年 11 月启动

连接东非海缆系统（EASSy），连接后将使网速达到1.4万亿比特/秒（Tbps）。非洲海缆工程南起南非，经莫桑比克，北至埃及的红海和也门海岸，最终至印度，全长15000公里，总投资6.5亿美元。其中非洲国家占总投资额的76%。

邮政部门的邮局和私营快件邮递服务公司提供的快递邮政服务，能够使企业界保持国际联系。大多数邮局还提供传真和电话服务。

第五节　商业、服务业和财政金融业

一　商业与服务业

独立初期，全国零售业部门急剧萎缩，农业地区的贸易网络几乎完全瘫痪了，葡萄牙商人和印度商人经营的农业地区贸易点大都消失了。自20世纪80年代开始的经济改革和内战的结束以后，国内的商业和农村地区的贸易已经得到了恢复，但零售业仍然是较脆弱的部门，尤其是在马普托城以外的地区。零售业的价格竞争疲软，零售价格远远高于南部非洲其他地区的零售价格。零售业内部存在着同业联盟，但高额利润的状况目前面临着越来越多新商家的竞争压力。例如在1998年，南非的国际商业连锁店（Shoprite Checkers）在马普托市开设了首家欧美风格的购物中心，并准备将其经营业务扩展到莫桑比克的其他地区。

由于目前南北交通落后，南、北两个地区的经济还没有紧密地形成统一的国内经济市场。因而，国内贸易的发展仍将在长期内受到交通运输等基础设施落后的限制。但随着交通运输基础设施的进一步恢复和完善，国内贸易水平肯定会有很大的发展潜力。与此相联系，莫桑比克的商业服务业也具有较大的发展潜

力。世贸组织（WTO）秘书处 2009 年 4 月对莫桑比克贸易政策的一份研究报告指出，2001～2007 年间其服务业占据国内生产总值的 55%。

二　财政与金融业

在 1992 年 10 月 4 日和平协议签署以后，经济发展势头良好、连续几年有利的气候条件和不断减少的国防开支等等因素，促进了政府财政状况的好转。莫桑比克政府和世界银行已经制定了财政部门的调整计划，以提高银行部门的效益、发展货币与资本市场以及调整财政规章制度，等等。1994～1998 年财政收入总额连年增加。这主要得益于税收收入的迅速增加，其中货物与劳务税收总额增长最为迅速，其次是收入与利润所得税、贸易税税额的增长。同期各年的财政支出总额也增加迅速，造成了这几年政府财政收支平衡的年赤字额不断增大。莫桑比克 1997 年通胀率为 5.6%，2005 年通胀率为 14%。

表 4 - 14　政府财政收支状况

单位：百万梅蒂卡尔

年　份	1994	1995	1996	1997	1998
税收收入	1577	2413	3479	4623	5311
赠款	1857	2090	2291	3705	3818
总财政收入	3434	4503	5770	8328	9129
经常项目支出	1978	2188	3077	4272	5268
开发项目支出	2119	2863	3669	4816	4641
总支出	4097	5157	6773	9498	10207
财政收支总平衡	-715	-679	-943	-1031	-1105
国外融资	788	816	1377	1889	2172
国内融资	-73	-137	-434	-858	-1067

资料来源：INE，Anuario Estatistico；Banco de Moçambique。

1997 年的财政收入增长幅度最大，实际增长率达 21%，这是实施更有效的税收措施和经济发展的结果。此后，通过实施税收结构的改革以及加强关税管理等措施，普遍降低了利率标准，但扩大了征税的基础。自 1999 年以来，企业的利税和个人所得税税率都减少了，个人所得税的最高税率减少了 20% ~ 30%，进口关税的征收效率也得到了提高。这些措施进一步扩大了征税基础，为未来的财税增长提供了保障。另外，1999 年 6 月，增值税代替了长期实行的销售和消费税。为了有效和透明地进行政府的财政分配和采购活动，1998 年实施了政府财政管理改革战略。

据中国外交部网站数据，莫桑比克 1999 年财政总收入（包括外援）为 120.85 亿梅蒂卡尔，总支出为 115.94 亿梅蒂卡尔；2009 年财政总收入为 536 亿梅蒂卡尔，总支出为 653.9 亿梅蒂卡尔。莫桑比克于 2007 年 11 月出台了新税法。新税法采用地方和中央政府双重征收的办法，自 2008 年起，地方政府增加 12%的收入。外汇储备（不含黄金）截至 2006 年年底为 11.61 亿美元。第三套梅蒂卡尔于 2006 年 7 月 1 日正式流通。莫桑比克 2007 年经济增长强势，虽然国内税收浮动，但是财政收入还是高于预期。莫桑比克借助谨慎的金融政策，平均通胀率（不包括食品和能源物资）保持在 5.1%，2006 年最高曾达到 13 2%，后回落到 8.2%，净外汇储备继续增加。

莫桑比克是世界上外债负担最重的国家之一。据世界银行估计，1997 年底莫桑比克对外债务总额为 59.91 亿美元，其中的 54.3 亿美元是长期公债。当年，债务还本付息占出口货物总值的 18.6%。1999 年 6 月，世界银行和国际货币基金组织的重债穷国免债计划开始实施，计划将债务还本付息比降到 2001 年的 8%。2007 年莫桑比克外债降至 33 亿美元，2010 年外债总额又升至 36.1 亿美元。

在实施经济改革以后，汇率贬值，90年代前半期梅蒂卡尔贬值幅度超过了50%。但到1996年以后，梅蒂卡尔坚挺，汇率趋于稳定。梅蒂卡尔对美元的票面汇率1996年贬值5%、1997年为1.5%。进入2000年以后的最初两年实际贬值各为13%和3.5%。

政府宏观经济目标之一就是增加国际储备总额。1997年年底，国际储备相当于6.8个月的货物和非要素劳务进口所需。到1999年，中央银行已经储备了可以提供7个月进口所需的国际储备。

在金融服务方面，目前除了莫桑比克渣打银行为莫桑比克最悠久的私有商业银行以外，全国所有其他银行均是在独立以后建立的。1978年，全国所有的银行都实施了国有化，合并成两家国有银行：莫桑比克银行和人民发展银行（Popular Development Bank）。1989年，这两家银行的资产占全国银行资产的95%。直到90年代初期，这一银行系统完全是政府预算的实施机构，向亏损的企业提供贷款，实际利率为负数，储蓄水平直线下降，呆账死账成堆。

银行业的改革从1992年开始，允许外国银行投资银行业，实施利率自由化以及中央银行的监督管理职能和经营活动分离，等等。葡萄牙、南非、津巴布韦、马来西亚和本国的私人资本迅速进入莫桑比克银行业。同年，莫桑比克商业银行作为一个单独的实体从莫桑比克银行分离出来，开始独立经营。该银行于1996年私有化，现由葡萄牙的一家银行控股。该银行为莫桑比克最大的商业银行。但激烈的竞争已使该银行的市场份额下降。该银行正拟扩大其分支机构，改进对市场的服务，以恢复其市场份额。人民发展银行于1997年私有化，由莫桑比克和马来西亚共同控股，为莫桑比克第二大商业银行，拥有庞大的分支系统，除其主要的商业功能外，还偶尔从事证券业务等。

据中国商务部网站数据，莫桑比克 1976 年加入非洲发展银行（ADB），1977 年开始接受贷款。目前是该行支持基金的第五大接受国，占基金总量的 4.8%。该行提供给莫桑比克的基金，用于农业和农村发展占 32%、电力基础设施占 23%、道路建设占 12%，其余用于其他行业发展。作为援助 19 国（G19）的一部分，非洲发展银行直接提供 3000 万美元，列入莫桑比克财政预算收入。

现在，莫桑比克的金融系统由中央银行和 8 家商业银行、1 家信贷合作社、1 家财政出租机构和 19 家交易所构成。莫桑比克银行（Bank of Mozambique）是中央银行，在近年已获得了更多的独立性，并扩大了其监管权限。莫桑比克银行的商业职能已经分流给独立的莫桑比克商业银行。人民开发银行在 1997 年实施了私有化后改称南方银行。协办银行和国际商业银行分别是葡萄牙人和马来西亚人的独资银行。在国内其他的商业银行中，莫桑比克、葡萄牙、马来西亚、津巴布韦和南非都占有股份。建立于 1997 年的信用社是唯一的由莫桑比克独资经营的金融机构。莫桑比克在积极采取措施，鼓励在国内建立外资银行。

莫桑比克商业银行（Commercial Bank of Mozambique）原为莫桑比克银行的一个部门，1992 年成为单独的实体，独立经营，1996 年实行私有化。该银行由葡萄牙梅洛银行（Bank Mello of Portugal）控制，为莫桑比克最大的商业银行。莫桑比克商业投资银行（Commercial and Investment Bank of Mozambique）于 1996 年成立，由葡萄牙储蓄总行（莫桑比克）（Caixa Geral de Depositos de Moçambique）投资，占 50% 的股份，其余为莫桑比克所有。其业务范围包括投资和筹措长期资本。莫桑比克人民发展银行（Popular Development Bank）原为国有银行，1997 年私有化后由莫桑比克和马来西亚共同控制，为莫桑比克第二大商业

银行，拥有庞大的分支系统，除其主要的商业功能外，还从事承购证券业务等。贸易开发银行（the Trade and Dvelopment Bank）设于 1993 年，为葡萄牙一家银行的分行。厄瓜多尔银行（Equator Bank）是香港汇丰银行（Hongkong and Shanghai Bank）集团的成员，早在 80 年代即在莫桑比克设立代表处，其传统的业务重点为坚果行业的贸易融资。莫桑比克国际银行（International Bank of Mozambique）成立于 1995 年，莫桑比克商业银行占 50% 的股份，莫桑比克私人占 50% 的股份。莫桑比克渣打银行（Standard Totta Bank of Mozambique）由英国和葡萄牙合资成立，一直为私人银行，现由葡萄牙和南非两国所有。澳门 Geocapital 公司与莫桑比克合作伙伴联合成立的莫桑比克莫扎（Moza）银行于 2008 年 6 月启动。莫桑比克资产公司（Moçambique Capitais）持有 51% 的股份，Geocapital 公司持股 49%。莫桑比克商业银行在莫桑比克农村扩展了它们的服务。2007 年商行已经新增了 46 家分支机构，总数达到了 274 家。大多数银行分支设立在主要城市，马普托就占总数的 45%；自动提款机新增了 11%，共 403 个点；可通过信用卡或银行卡结算的全国大约有 3464 处。

进入 90 年代以后，借款利率居高不下。实际利率 1996 年还高达 32%。随后，由于价格趋稳、新银行不断加剧金融业的竞争、为提高金融中介机构的效益而进行的政策改革等措施在近几年对降低利率产生了明显的效果，再贴现率从 1996 年的 32% 降到 1997 年的 14.9% 和 1998 年的 9.5%。中央银行的货币政策已从直接干预改为间接干预。

莫桑比克还没有完全放松对资金外流的管制，但外资银行在莫桑比克国内的经营没有任何限制。利率已经实现了自由化，完全受市场控制，不受政府的任何干预。近年来，银行经营梅蒂卡尔贷款和存款业务的平均利率是：贷款利率为 20%，存款利率

为 8%。但外币的经营利率在不同银行之间存在着很大差异。

1997 年，莫桑比克银行开始推行银行内部货币市场政策。这是确保控制货币的间接机制得以运行的重要步骤。除了商业银行之间可以进行资产流动以外，中央银行在银行内部货币市场上进行公开的经营活动。财政票据和莫桑比克银行的债券本身也在这个市场上流通。

莫桑比克还建有一家银行系统内部的外汇市场，由中央银行对其经营活动予以监督。在该市场上，大量的外汇交易活动在各商业银行、交易所之间进行。莫桑比克的外汇管制较为宽松，当地货币梅蒂卡尔和美元等货币可自由兑换，外汇汇进汇出比较方便。

全国目前正在经营的保险公司有 5 家，其中 1 家为国有公司。这些保险公司是莫桑比克国有保险责任有限公司（Emose），全球联盟（莫桑比克）责任有限公司（GA），好乐德莫桑比克责任有限公司（Hollard Moçambique Companhia），国际保险公司（SIM）和英帕尔保险公司（Impar）。

保险业已经实现了自由化。这些保险公司提供各种保险服务，并对必要的案例实行国际性的再保险业务。

1999 年 10 月，马普托成立了莫桑比克证券交易所。其最初的交易活动仅限于短期国库券的二级市场交易。股票交易计划于 2000 年中开始进行，第一批上市的公司是那些政府已经出售但仍握有股份的公司。

在外汇管制管理方面，外国投资者可以持有当地货币和外币两种账户。其中，外币账户可以指定为保留账户，即保证随时可以在开户银行支取外币。但在莫桑比克国内进行生产和销售所得的外币收入能否记入外币保留账户，则要视具体情况而定。

莫桑比克法律保障了外国投资者有权汇出资本、红利和其他的利润所得。外国投资者未按规定注册，利润输出权和已投资资本再输出权将不会得到承认。

全球金融危机没有对莫桑比克金融体系造成严重破坏，但有负面影响，主要发生在经济、旅游、农业、出口和矿产资源方面，使莫桑比克经济增长放缓，国家财政在税收方面损失约47亿梅蒂卡尔。但危机导致的国际市场初级产品价格暴跌降低了莫桑比克进口玉米、大米和石油的成本，有利于莫桑比克经济稳定。与此同时，政府采取措施使公共财务管理和税基扩大，加强内部与外部财务审计，并制定新的中长期战略，减少商业成本，创造交易环境。莫桑比克中央银行为稳定汇率，采取干预措施、共注入资金6.73亿美元，降低了金融危机带来的影响。国际货币基金组织考察组于2009年5月预测莫桑比克2009年GDP增长率为4.3%，是近年来速度较低的一年，低于2008年6.8%的增长水平。由于国际原材料价格下跌，需求减少，莫桑比克出口大幅下降，但其政府外债水平较低，财政金融系统稳定，经济平稳，仍有一定上升空间。莫桑比克着手推行政府部门工资改革，建立国家社保体系（INSS），并继续进行公共财务管理和税收管理的改革。莫桑比克继续实施有弹性汇率体制和谨慎的财政金融政策，以保持宏观经济稳定性。

第六节　旅游业

游业可望成为莫桑比克赚取外汇最大的部门之一。1994年大选以来，来自南非、津巴布韦和葡萄牙等国的游客数目开始迅速回升。贝拉和南部的海湾在历史上是吸引南部非洲游客的胜地，位于津巴布韦和贝拉之间的戈龙戈萨公园也是一个主要的景区。为了发展旅游业，莫桑比克大力新建和扩建机场。

一 旅游业基本情况

莫桑比克的主要旅游开发领域有海滩、海洋、野生动物、文化，这里的生活成本低廉，民风淳朴友善，气候适宜。目前，这些有利条件使莫桑比克强有力地吸引着国际的、南部非洲地区的和本国的游客。因而，在可以预见的未来，重建旅游业部门的前景是令人鼓舞的。

政府还希望将自然保护区和野生动物保护区发展为吸引游客的主要资源。全国绵延亘长的海岸线分布着优良的海滩，这里的热带气候造就了丰富的野生动植物资源，现存的几个著名的历史景点和天性好客的居民也为该国旅游业的开发提供了有利条件。

全国大约 10% 的国土面积被划为野生动物保护区或公园区，包括国家公园、禁猎区和狩猎区等。该国拥有丰富的野生动物、鸟类和野生植物资源。精美绝伦的珊瑚和鱼类广布在近海海岸，为开发潜水和水下钓鱼提供了绝佳条件。尼亚萨湖是各种热带淡水鱼的乐园，也具有很高的旅游开发潜力。

国家公园有条件接待各种旅行团队和类似的旅游活动。著名的国家公园有索法拉省的戈龙戈萨，伊尼扬巴内省和加扎省的辛纳韦、巴伊内，伊尼扬巴内省的巴扎鲁托。主要的禁猎区有马普托省的大象保护区，伊尼扬巴内省的珀梅内，赞比西亚省的基莱，索法拉省的马洛莫桑比克和尼亚萨省的尼亚萨。此外，在全国各地还零星分布着各种狩猎区。

美国的一家公司已经在马普托省建立了一个颇有争议的野生动物保护区，政府控制该项目 9.7% 的股份。戈龙戈萨国家公园正在恢复重建。南非的克鲁格国家公园计划将扩展到莫桑比克境内。1998 年 4 月，政府又宣布在该国的最北地区建立 2.2 万平方公里的尼亚萨保护区。莫桑比克旅游部与美国卡尔基金于 2008 年 1 月达成为期 20 年的合作协议，卡尔基金承诺头 10 年提供 3000 万美元，莫桑比克每年亦拨款 15.8 万美元，用于戈龙戈萨国家公园合作项目，使其 5 年后每年达到接待 50 万名游客的能力，每年创收 750 万美元。

1996 年，私营投资旅游业的总额为 6000 万美元。按照国家旅游公司公布的数字，当年进入该国的游客有 5.5 万人。90 年代后半期，外国资本开始踊跃投资莫桑比克的旅游业。除了葡萄牙和南非等国的公司投资旅馆和饭店业以外，世界银行、欧盟、南非、美国、加拿大等国的公司还积极投资莫桑比克的自然保护区和野生动物保护区。

目前，在全国的旅馆业中，不少旅馆具有国际水准，一些综合旅游区的基础设施也是高质量的。但全国 40% 的旅馆床位位于马普托市。所以，其他省份的旅游业存在着巨大的投资机会。

就客源来源而言，欧洲和南部非洲地区构成了该国国际旅游市场的主体，而国内旅游市场的开发才刚刚起步，潜力巨大。

内战结束以后，莫桑比克极为重视旅游业的发展。莫桑比克工贸旅游部在 1995 年 5 月公布了"国家旅游业政策及发展战略"，对 1995～1999 年的旅游业发展进行了具体可行的规划。

莫桑比克对旅游业进行调整并制定新的旅游政策框架遵循了如下几项原则：第一，需要重建和按现代标准改建现存的旅游设施，以确保旅游业的质量。第二，在莫桑比克资金稀缺情况下，集中有限的资金开发那些可以尽快赚取利润的主要旅游景点和旅游产品。第三，为了降低风险和负面影响，旅游业的发展必须以渐进和可持续的方式进行，并且坚决按照旅游区的开发计划进行开发，包括充分的规划、均衡地利用空间、为提供高服务质量进行职业培训和专业技术更新，以及开发国民先天具备的善客之道等。第四，旅游业是私营部门主导的部门，包括旅馆业、旅行社、观光旅行社、客运公司、体育与休闲活动经营者，以及这些机构的各种协会提供的一系列服务和基础设施。第五，向有关机构及其协会宣传旅游战略发展规划，使其成为私营部门发展旅游业的框架和参考，以便于私营部门从事旅游业的开发。第六，为了全国旅游业的和谐发展，要确定行动战略规划，均衡地开发具有潜力的旅游区，并进行推广促销。

莫桑比克政府和经济界认识到，提高旅游业的质量主要依赖于国家经济和财政状况，而国家经济发展战略也必然要顾及旅游业的开发。总之，国家旅游业政策的总目标就是在可持续发展的基础上实现最大的社会经济效益。为此，国家的旅游业政策必须实现以下的几个具体目标：通过促进在旅游业方面的投资创造就业机会，以帮助莫桑比克民众改善生活；通过发展旅游业增加财政收入，以减少外汇赤字；通过实施新旧旅游区协调开发、以旅游景点开发带动地区性旅游业的开发以及全国旅游业协调开发和利益分享原则，促进国家经济的均衡发展；通过不断改近现有旅游业、促进农村地区旅游业的发展和促进文化旅游业的开发，加强民族团结和民族发展；为各地区制定均衡开发计划，保护自然环境——尤其是沿海地区的自然环境，保护地方建筑群和典型城市布局、纪念性建筑物及其周围环境，并鼓励手工艺和民俗的开发，进而帮助修复、保留和保护自然遗产与人文遗产——尤其是那些具有生态价值的和历史价值的，增加文化遗产的价值；向世界推广莫桑比克具有影响的形象。

根据各旅游区的具体条件，莫桑比克旅游业发展战略确定有选择地在短期和中期内开发如下旅游区：金角区（Zona da Panta do Ouro），包括从马隆加内地区（Ponta Malongane）、马莫里地区（Ponta Mamoli）和马普托禁猎区（Reserva Especial de Maputo）到圣玛丽亚海角（Cabo de Santa Maria）；马普托区（Zona de Maputo），包括凯特姆贝（Catembe）、塞非纳（Xefina）和马拉夸内（Marracuene）；伊尼阿塞旅游区（Zona de Torismo de Inhace）；从马普托省的马拉夸内（Marracuene）海岸到伊尼

扬巴内省的林加—林加地区（Ponta Linga-Linga）；珀梅内区
（Zona de Pomene）及其相应的禁猎区；威兰库罗区（Zona de
Vilanculo），包括巴扎鲁托群岛及巴扎鲁托国家公园；贝拉区，
包括索法拉省的海滨、贝拉、塞恩戈（Sengo）和塞温斯
（Sevens）；戈龙戈萨国家公园，包括戈龙戈萨山区；彭巴区，从
卢里奥河河口到鲁伍马河河口，包括基瑞穆巴斯（Quirimbas）
群岛在内。另外，没有列入该名单的国家公园和禁猎区也被确立
为短期和中期开发的旅游区，对旅游业的发展具有战略意义。

计划将在中期或长期进行开发的旅游区包括：克利马内区，
包括克利马内市及该市海滩到卢姆博地区；纳卡拉区，包括卢姆
博（Lumbo）、莫桑比克岛、莫苏里尔（Mossuril）、纳卡拉和宾
达（Pinda）半岛海滨、卢里奥河口及以南的海滨地区；古鲁埃
（Gurue）地区，包括基莱保护区（Reserva Especial de Gile）；尼
亚萨湖及保护区；卡奥拉巴萨坝区。

莫桑比克官方公布2004～2008年到莫桑比克旅游的外国游
客人数翻了一番，从71.1万人次增加到150万人次，旅游总收
入从2005年的1.29亿美元增加到2008年的1.85亿美元，为国
家创造了4万多个就业机会。正是由于莫桑比克政府重视旅游业
的发展，加大了投资力度的结果，在过去4年里，平均每年投资
6亿美元，其中2007年就投资10亿美元，使莫桑比克酒店等基
础设施近几年得到了明显改善，接纳客人的能力每年增长12%。
另据世界旅游组织统计，2007年莫桑比克旅游市场比2005年增
长了37%，到莫桑比克游客数量以每年7%的速度增长，大部分
游客来自南非、葡萄牙、德国和斯威士兰。

二　旅游业管理

为了推动旅游业的发展，莫桑比克设立了一系列的机
构。

国家旅游委员会：其主要职责是指导和监督公众和个人与旅游业相关的活动；制定旅游业的政策和发展战略规划，并确保实施；研究和设立各旅游区，起草各旅游区的主要发展规划；为地区城市的规划，包括那些非旅游开发的地区城市规划，提供参考意见；确定并保护国家旅游文化遗产；同相关机构合作，详细整理各项旅游业数据等；评估和核准有关各旅游区的旅馆和其他旅游设施的调研和项目，并监督这些工作的执行；研究每个旅游区提供服务的设施类型（旅馆、饭馆、寄宿处、住房、度假饭店、小屋、咖啡馆、自主餐厅、酒馆、平房），协调这些设施的建筑与环境需求，促进这些设施的建设和开发；通过建议实施必要的税收减免和补贴等措施，支持和鼓励充分利用全国旅游资源的创意和设想；同与旅游开发有关的机构进行合作；就制定、修改和更新旅游部门的立法提供建议；就旅游活动的立法机制进行研究并发表意见；就为确保旅游业发展而设立特殊基金问题提供建议；颁发执照，详细划分并检查和监督旅馆行业及类似部门、旅游机构和其他旅游经营者的活动，批准和核准它们的价格表；为创立旅馆与旅游业的学校和中心，以及拟定其培训计划提供建议；利用力所能及的手段，协调旅游业信息的交流；开发和支持旅游业的信息交流活动，促进国内外旅游业的发展；设计与旅游区有关的信号和标志；为了实现充分发展旅游业的最大优势，建立和完善同其他国家的双边或多边机构的国际合作。

国家旅游业基金会。这个机构负责推销莫桑比克的旅游产品，还负责促进旅游业的发展。该机构具有如下职责：拟定促进旅游业发展的计划并确保其得到实施；帮助进行各项调研，举行各种会议、研讨会和培训活动，以及鼓励与旅游业有关的各种活动；促成修建旅游业基础设施的工程和建设旅游业基础设施的融资活动；帮助保护旅游区居民的文化、文化遗产、特性、道德规范和生态环境；等等。

国家旅游公司。该公司的主要职能是：解决旅游业的发展和管理问题，允许合资经营；在实施国家旅游政策方面充当领导机构和行政机构；成为一个国家旅游经营机构；管理旅游部门的国家财政股份。

国家促进旅游业发展委员会。这是一个跨部委的机构，其主要职能是协调和组织旅游业的发展，以及负责同其他部门的联络，使进入莫桑比克的客流量不断增加。因而，该机构具有如下的任务：协调与旅游业有关的各个部委、机构和团体的行动，以促进旅游业发展目标的顺利实现；就与旅游业部门有直接或间接关联的必要的立法、法规和其他措施提供建议；核查旅游区的重要发展规划，并将其提交给部委予以审批；确保和争取各种核心规划得到中央、省级和地方级政府的实施；建立分委员会来处理专门的问题；在各种政府机构之间，以及这些机构同私营部门之间充当探讨旅游业问题的论坛。

三 旅游资源介绍

莫桑比克的旅游资源丰富。全国各个地区都拥有各自特色的旅游资源。下面分省予以介绍。

德尔加杜角省：该省内陆大部分是夹杂着稀疏林地的热带草原。海岸边的沙丘地带多稠密的灌木丛，在海岸还有高大的猴面包树。这些景象在首府彭巴附近的旅游胜地温巴随处可见。红树林集中在伊博岛和基林巴岛与大陆之间的浅海海湾地区。腰果和椰子是这里的主要特产，大理石、陶土、石墨和硬木是该省的主要产品。

彭巴市位于广阔的彭巴海湾沿岸。该市至今少有工业企业，自然环境之美尚未遭到人为破坏，优美的海滩令人神往。从马普托到彭巴有定期的航班，另有440公里的公路连接彭巴市和楠普拉市。在彭巴市，旅馆饭店较少，德尔加杜角旅馆位于爱德华

多·蒙德拉纳大街。在温巴海滩有提供较好的住宿设施的旅馆。在老城区，有几个传统市场，被称作"巴扎"。在"巴扎"，游客可以看到技艺娴熟的银匠们在店铺中加工制作精美的首饰。他们可以在很短的时间内将几枚硬币打制成项链、手镯和耳环。

在温贝海滩（Praia do Wimbe），翠绿的棕榈树布满了洁白的沙滩，湛蓝的海水清澈见底。从该海滩往南，步行可达灯塔海滩。在沿海的基里姆巴斯群岛中伊博岛是最美丽的岛屿之一。在历史上，这个岛屿曾经是重要贸易站。游客可从彭巴租船到访该岛。

德尔加杜角省的主要族体为马孔德人和马夸人。这里是马孔德人的故乡，他们聚居于姆埃德高原地区。马孔德人闻名于世的手工艺品是富于想象力的木雕和象牙雕刻。马孔德人是勇敢的民族，推崇成人仪式。在成人仪式上最重要的舞蹈称作玛皮克舞，一般要佩戴玛皮克面具。马孔德人的另一个文化特征是秉承传统审美观，人们普遍文身和拥有尖利的牙齿。

尼亚萨省：尼亚萨省是全国海拔最高的省份，平均海拔在700米以上。受到海拔高度的影响，夏季气温凉爽。除了在靠近马拉维的曼丁巴地区是开阔且广布金合欢树的热带草原以外，尼亚萨省覆盖着热带草原林地，并在山坡地带分布着常绿的森林。将马拉维和纳卡拉港连在一起的北方重要铁路干线穿越该省。该省的主要族体是马夸人、尧人和尼扬贾人。该省的主要产品有：棉花、玉米、高粱、硬木和次等宝石。

省会利辛加（Lichinga）市位于利辛加高原，人口大约7.5万人。利辛加周围地区是广袤的松林。到访该市的最好路线是乘莫桑比克航空公司的班机。该市与沿海的彭巴之间有一条沙石路相通，但与坦桑尼亚无路相通。另外，从马拉维通过希珀代与曼丁巴的边界可到达利辛加和尼亚萨湖。该市的住宿设施有位于萨莫拉·马谢尔大街的华居旅馆和位于菲利普·萨缪尔·马盖亚大

街（Av. Filipe Samuel Magaia）的利辛加假日旅馆。

到尼亚萨省旅游，尼亚萨湖是必到的一个景点。但由于交通不便，道路崎岖难行，到访的旅客不多，尼亚萨湖的旅游还未开发。但在通往该湖的道路沿线，风光旖旎如画，别有洞天。在湖边的三个小渔村梅奔达（Meponda）、梅唐古拉（Metangula）和科布埃（Cóbuè），分别距利辛加市42公里、138公里和190公里。游客可以在这里享受美味的鲜鱼，同时豪饮新鲜的椰汁。

尼亚萨保护区位于该省的北部地区，以众多大象群体出没而闻名。音乐在该省居民的文化传统中占有重要地位。他们用风干的空葫芦制成吹奏乐器，其音质类似于喇叭的声音。成群的吹奏乐手们用不同形状和大小的葫芦合奏乐曲。

楠普拉省：是莫桑比克景色最优美的省份之一。楠普拉省呈现出一种独特的景观：一望无际的平原，稀疏的落叶林地与兀立地面的巨石相互掩映。这里可以成为攀岩者的天堂。该省的主要出产是玉米、腰果、棉花、烟草、宝石和铀。该省的主要族体是马夸人。

首府楠普拉市是一个内陆城镇，位于全省的中心位置，四周平坦的平原地区星星点点地散布着巨大的花岗岩。楠普拉市是仅次于马普托和贝拉的全国第三大城市，贯穿南北的国家公路经过该市。另外，从马普托到楠普拉市有定期航班。从马拉维经过位于尼亚萨省至楠普拉市，路途约505公里。该市有3家较大的旅馆：在马科姆贝街（Rua Macombe）的热带旅馆（Hotel Tropical）、位于独立大街（Av. da Independência）的卢里奥旅馆（Hotel Lúrio）和位于弗兰西斯科·马尼安加大街（Av. Francisco Manianga）的楠普拉旅馆（Hotel Nampula）。

楠普拉市是全省的经济中心。该市有榨油、腰果加工、纺织等工业，是附近地区的棉花、花生、豆类和谷物等农产品的集散地。该城附近还以开采稀有放射性矿物铀而闻名。楠普拉市有铁路连接纳卡拉港和邻国马拉维。

楠普拉大教堂（Catedral de Nampula）是该地区标志性建筑，具有两个尖塔和一个巨大的圆顶。楠普拉博物馆（Museu de Nampula）位于爱德华多·蒙德拉纳大街，陈列着反映典型传统艺术文化的各种艺术品。

这里的马夸人妇女用从一种植物的根中提取的白色染料描画脸谱，制成可以在公众场合佩戴的面具。她们还擅长草编艺术，可以编制篮子、垫子和其他物品，还用乌木和黏土雕刻艺术品。

莫桑比克岛是一个小小的珊瑚岛，位于莫桑比克海峡的莫苏里尔海湾北口。据至今仍无法证实的传说，最早的葡萄牙殖民者结识的一个部族首领的名字为穆萨—姆—比基（Mussa M'Biki）。此后，他的名字后来成了这个岛屿的名字，并进而成了这个国家的名称。该岛只有2.5公里长和约0.6公里宽。岛上的莫桑比克市建有水道不太深的天然良港，是全国最古老的城市和海港。

在公元10世纪到15世纪后期，该岛一直是阿拉伯商人的海上贸易中心。1498年，葡萄牙探险家达·伽马（Vasco da Gama）登陆该岛。1507年，葡萄牙殖民者占领了该岛，并于1507~1508年修建了第一个城堡——圣加波瑞尔（St. Gabriel）城堡。该城堡为葡萄牙人夺取和控制与东印度的贸易发挥了重要作用。它奠定了如今的莫桑比克城的基础。在16世纪中期，葡萄牙人又按照意大利的文艺复兴时期的风格兴建了圣塞巴斯蒂昂堡（St. Sebastian）。到19世纪奴隶贸易开始减少和1886年苏伊士运河开通以后，该岛的重要性开始减弱，逐渐让位于洛伦索—马贵斯市，但直到1898年该城一直是葡属东非的首府。因港口水浅，并且与大陆内地联系不便，随着北方纳卡拉港的兴起而逐渐衰落。这里作为葡萄牙殖民者的据点和对外联系口岸直至1907年，这年洛伦索—马贵斯正式成为葡属东非的首府。到20世纪中期，莫桑比克的海外贸易大部分已转到了纳卡拉港。1967

年，莫桑比克岛与大陆之间建成了长达 3.5 公里的桥梁，使该岛同大陆联系在一起。

在历史上，阿拉伯人、印度人、中国人和葡萄牙人等在这里聚居，因而至今该城的混血居民较多，且伊斯兰文化色彩较浓。现在，该市具有多种文化象征的各式各样的教堂、殿宇、碉堡等古老建筑随处可见。该岛的建筑风格反映了历史上阿拉伯人、印度人和葡萄牙人的影响，但又奇特地将其协调并融合为一体。

古老建筑约占全岛整体面积的 2/3，该岛著名的建筑物包括 16 世纪修建的葡萄牙兵工厂、1522 年修建的小教堂圣母玛利亚救难堂、1635 年修建的圣母玛利亚恩慈教堂、1877 年修建的新古典医院、1887 年修建的对称布局的四边形的城镇市场、19 世纪修建的印度教堂和清真寺。其中，1674 年修建的圣保罗殿（Palácio de S. Paulo）从 1763 年到 1935 年一直是总督的驻地，后来才改为博物馆。岛上的圣塞巴斯蒂昂堡面积 4000 平方米，始建于 1558 年，是葡萄牙殖民者为保护海上航线而建。第二次世界大战后，该城堡改建为地牢，建有秘密刑场和焚人坑。独立以后，该城堡成为教育青少年和游客参观的场所。这里不少建筑物是建筑在珊瑚礁上的，由于年久失修，许多古老建筑已岌岌可危。

联合国教科文组织于 1991 年将莫桑比克岛列为世界文化遗产。在 1997 年发起了保护和修复莫桑比克岛建筑遗产的运动。至今，这个港口城镇仍然是商业和渔业中心，但基本上没有工业活动。该岛的另一重要景点是宗教艺术博物馆。

该省闻名的绍喀斯海滩与莫桑比克岛隔海相望，是楠普拉居民的度假胜地。

在莫桑比克岛以北 80 公里有纳卡拉港。该港是非洲东海岸最深的天然港口，是内陆国家赞比亚和马拉维等国以及莫桑比克本国的重要的进出口港。自从独立以来，国家已经投入了大量的资金，改善港口设施和通往马拉维的铁路线。

太特省：该省西部地区有世界闻名的卡奥拉巴萨水库，蕴藏着巨大的发电潜力，还有很大的渔业开发前景。这里既有崎岖不平的热带草原，散布着古老神奇的巨型猴面包树和突兀的巨石，也有被密林幽谷和蜿蜒曲折的赞比西河支流分割开的断续相连的莽莽丛山。该省的主要居民是尼扬贾人。

首府太特市位于海拔 500 米的高原上，是全国最热的地区之一。该城建于 1531 年，曾是葡萄牙殖民者的据点，后来发展成为工矿中心。赞比西河下游的河运航线可从河口直达太特城，大型船只运输方便。从津巴布韦经库沙马诺边关行 191 公里，或从马拉维经佐布埃边关行 120 公里，或从赞比亚经卡萨卡迪扎边关行 293 公里均可到达太特市。另外，从贝拉经古罗和尚加拉的公路也可以达到太特市。从马普托或贝拉还有班机通往太特市。太特市的住宿旅馆主要有 3 家：位于爱德华多·蒙德拉纳大街的赞比西旅馆、位于"6 月 25 日大街"的卡苏恩代旅馆（Hotel de Kassuende）和位于太特市吊桥附近的汽车旅馆——游泳池旅馆（Hotel Piscina）。

20 世纪 60 年代末建成的太特吊桥横空跨越赞比西河两岸，将太特市和莫阿蒂泽连成一片。这座横跨赞比西河的大桥全长 3680 米，为非洲著名的长桥，是不可错过的一大奇观。波若玛教堂（Boroma）距离太特市约 30 公里，19 世纪末建成，气势宏伟。

卡奥拉巴萨大坝是非洲第二大和世界第五大水坝。该大坝形成的蓄水面积超过 2000 平方公里，构成了一个巨大的人二湖。距离太特市 150 公里的桑戈（Songo）是大坝和发电站的所在地，到那里旅游要事先得到设在太特市的卡奥拉巴萨水电局的书面批准。

猴面包树遍布全省。当地有不少关于猴面包树的传说世代相

传。这种树树冠茂密浓郁，树干直径可达 8 米，高度可达 15 米。

　　该省的恩达乌人在举行成人仪式时往往以舞蹈表示庆贺，这种舞蹈需要极灵活的技巧。舞蹈者在震撼人心的鼓点中欢快跳跃，同时还要拿着巨大的画有恐怖表情的面具不停地挥舞。

　　赞比西亚省：从北部的利戈尼亚河河口到南部的赞比西河三角洲，是沿海平原地区。近海水域富产对虾、龙虾、鱼类和珊瑚。沿海有广阔的红树林沼泽地，相邻的内陆地区是潮湿的半落叶林地，内陆高地则是长年葱绿的森林。赞比西亚省河流密布。赞比西河流域覆盖了全省 1/5 的面积。生机盎然的椰子树随处可见，全国最重要的茶园也分布在该省。该省盛产棉花、茶叶和甘蔗，椰子和柑橘也是这里的特产。该省还出产小虾和宝石。该省主要族体是楚瓦博人和马夸人。

　　首府克利马内是重要的河港，位于伯恩斯—西奈斯河（Bons Sinais）岸边。这里居民以和善和友谊著称。该市有班机通往马普托和贝拉，也有公路通往贝拉和楠普拉，且沿途风光旖旎。该市较好的住宿旅馆有：位于萨莫拉·马谢尔大街的楚瓦博旅馆、位于卢萨卡协议大街的赞比西旅馆和位于菲利普·萨缪尔·马盖亚大街（Av. Filipe Samuel Magaia）的六一旅馆。该市建有古老的教堂，风格恢弘而古朴。这里建有现代风格的清真寺，其顶部的外观装饰着独具特色的格子图案。

　　从克利马内向东北方沿着柏油路行 45 公里，可到达扎拉拉海滩（Praia da Zalala）。这里广布着一望无际的白色沙滩。海岸边生长着密集的枝繁叶茂的木麻黄树。这里建有名为卡斯—卡斯（Kaskas）的食宿中心。

　　在该省北部的古鲁埃山区广泛分布着大大小小的茶园，海拔 2419 米的全国第二高峰纳穆里山就位于古鲁埃山区。在莫伦巴拉（Morrumbala）、卢热拉（Lugela）和基莱（Gile）分布着热泉。这些热泉的温度很高，有的甚至可以煮熟鸡蛋或饭食。该省的基莱禁猎保护区生活着各种哺乳动物和鸟类。

赞比西亚省还以其传统美食而闻名，但其口味相当辛辣。赞比西亚烤鸡要用棕榈油烧烤，是莫桑比克全国有名的美食。

马尼卡省：境内雷武埃河上的希坎巴雷亚尔水库，可以为全省和贝拉提供所需的电力。全国最高峰宾加山位于该省西部。全省大部分地区是稀疏开阔的落叶林地，但在山区也分布着草本植物。该省的中部和东部地区有大面积的森林和潮湿的半落叶林地。马尼卡省的气温由于海拔高的关系而比较温和。该省是莫桑比克重要的农业基地，出产各种蔬菜和水果。这里分布着柑橘、柠檬、荔枝和芒果园，还有葡萄园和大规模的桉树和松树种植园。这里还出产各种园艺植物、谷物和蔬菜以及烟草。该省的工业产品有黄金、云母、黄铜矿和萤石等。著名的贝拉走廊从该省的中部地区穿过。处于内陆的津巴布韦通过该走廊的公路、铁路和石油管道与贝拉港相连。马尼卡省的大多数居民属绍纳族体，另外的一个主要族体是塞纳人，都拥有丰富的口头传统的班图文化。

省会希莫尤市（Chimoio）是马尼卡省重要的贸易中心，来自周围农业区的农产品大多在这里进行交易。从津巴布韦经穆塔雷/马希番达（Mutare/Machipanda）边关行 87 公里，或从贝拉行 200 公里可到达该市。该市没有航班服务，要想航行到该市，只能租赁飞机。该城比较好的旅馆有马尼卡省招待所和磨坊旅馆，都位于 6 号国道附近。该市最有名的代表景点是"老人之脸"，由天然石头自然构成的一个老人面孔栩栩如生。

马尼卡城位于希莫尤市的西方，是历史名城。进入该城市，要通过两座优美迷人的历史悠久的大门。地质学博物馆是该市最主要的景点之一。这里展览着本地区矿石和岩石的全套珍贵样品。

希坎巴雷亚尔水库位于马尼卡城和希莫尤市之间。从希莫尤

市沿主路西行约 36 公里，在 T 形路口左转，沿一条土路再行 15 公里到达水库大坝。令人惊羡不已的是这座大坝是沿着自然伸出的巨石所形成的 V 形构造建筑的。在往里行 1 公里处的地方建有一个风景宜人的户外酒吧，坐在这里可以将眼前的湖光山色尽收眼底。另外，从希莫尤市向马希番达边境方向行 45 公里，然后向左转可到达名为穆西卡老屋（Casa Msika）的旅游胜地。这里位于希坎巴雷亚尔湖（Chicamba Real）边，是喜欢钓鱼的人和热衷观鸟者的理想之地。游客还可以参观附近的鳄鱼养殖场。

索法拉省：在首府贝拉以南的海岸有大面积的红树林浅沼，为对虾等海生生物提供了很好的栖息地。在贝拉的北部和西部地区是广阔的落叶森林带。稀疏分布金合欢树的热带草原延伸到与马尼卡省交界的地区。该省有大型的甘蔗种植场，有丰富的树木种类。索法拉省是全国最富裕的省份，主要出产虾、蔗糖和硬木。非洲最著名的国家公园之一戈龙戈萨公园位于该省境内的非洲大裂谷南端。这里以狮子和许多其他野生动物而闻名世界。该省的主要居民是塞纳人和恩达乌人。

首府贝拉是全国第二大城市，也是全国第二大海港。贝拉市位于蓬圭河北岸，濒临莫桑比克海峡，海拔只有 8 米。贝拉最初只是一个穆斯林村落，1505 年葡萄牙殖民者占领附近地区后成为其向内地扩张的据点。1891 年扩建为城市，并先后修建了一系列的铁路和公路，分别通往本国的太特省和处于内陆的津巴布韦、马拉维和赞比亚。因而贝拉逐步发展成为上述内陆国家最捷径的进出口海港和非洲东海岸现代化的商港。该市从港口沿海岸绵延到马库提区的灯塔。贝拉市内建有不少高层公寓，其间分布着醒目别致的别墅、清真寺、教堂、饭馆和旅馆等。贝拉市附近的海岸分布着茂密的芒果树和椰林，洁白的海滩与碧海蓝天，构成一幅美妙的景观，使之成为著名的游览胜地。

6 号国道从津巴布韦到达贝拉的距离为 300 公里左右，其间要穿越马尼卡省。从马普托市到贝拉市沿 1 号国道的距离为1200 公里左右。每天有航班往返马普托市和贝拉市之间。贝拉市的主要旅馆有位于色帕·宾托少校大街（Rua Major Serpa Pinto）203 号的大使宾馆（Hotel Embaixador）和位于巴加莫尤大街（Rua do Bagamoyo）3 号的莫桑比克旅馆（Hotel Maputo）。

在贝拉市中心地带是市政广场，四周建有殖民地时期的老式建筑、露台、茶室和商店。葡萄牙宫是典型的殖民地风格的建筑，位于梅蒂卡尔广场附近。少年儿童文化宫是气势宏伟的优美建筑，位于少年儿童文化广场。比克斯大厦位于萨莫拉·马谢尔大街，是独具一格的建筑，主要用途是举办展览或贸易交易活动。大教堂位于爱德华多·蒙德拉纳大街，建于 1925 年。贝拉市最漂亮的海滩位于航海俱乐部和灯塔之间。

在距离贝拉市中心约 10 公里的内陆有一个名为"6 英里"的度假区。这里有一个人工连接岛屿而成的潟湖，游客可以游泳或租借脚踏船荡漾在清澈的湖面上。

距离贝拉市 150 公里的戈龙戈萨国家公园非常有名。该公园占地面积 3770 平方公里，曾经是南部非洲地区最富饶的一个国家公园，内有大象、狮子、野猪、各种羚羊和猴子等野生动物。另外，在该省的北部建有马鲁梅乌（Marromeu）水牛保护区。在这两个公园，放养野生动物的工作正在进行之中。

加扎省：加扎省的生命之河是林波波河。水稻、玉米和各种其他谷物以及腰果是该省的主要作物，棉花种植集中于林波波河流域肥沃的冲积平原地区，因而该省有莫桑比克"谷仓"之称。该省的水果以柑橘属为主。该省还是全国主要的畜牛省份之一。该省的居民以聪加人的分支尚加纳人为主。

加扎省的省府为赛赛，距离马普托 224 公里。离该城市 10公里远的海滩是旅游胜地。林波波河流经该城市的南部城区。赛

赛位于开阔的肥沃平原上，这里盛产稻米。在马普托和赛赛之间有良好的1号国道相通。如果租乘飞机，也可从马普托通往赛赛。在城内有几家旅馆和饭馆，但大多数旅客更愿意住宿在赛赛的海滩。在海滩岸边建有哈雷旅馆，在海滩附近还建有一个赛赛车房公园。在赛赛海滩，巨大的珊瑚礁与蜿蜒的海岸线平行延伸向远方，形成了抵挡巨大海浪的天然屏障，并在海水退潮后构成了大小不等的潟湖。在潮落时分，当地的妇女儿童漫行在这些珊瑚礁区，采集五彩缤纷的贝类向岸上的游客兜售。在距赛赛北方8公里远的尚戈埃内海滩（Praia do Chongoene），同样有珊瑚礁构成了抵挡海浪的天然防线。这里建有一个古老的旅馆，正在复建之中。

沿1号国道向马普托市北方行使145公里处到达小镇马希亚后，转向比伦内方向再行使30公里，就可以到达比伦内海岸。这里的海滩有一个巨大的长达27公里的潟湖，潟湖里的海水清澈见底，海岸到处是优质白沙。乘船越过潟湖可以荡漾在湛蓝的海面。这里有几家提供食宿的设施，但值得特别推荐的是"蓝色的潟湖"。

在林波波河与尚加纳河之间是巴伊内国家公园（Parque Nacional de Banhine），其间充满了丰富的野生动物种类，备受游客的喜爱。

伊尼扬巴内省：该省的沿海地区是潮湿的热带气候，内地则是干旱的热带气候。全省到处分布着落叶和半落叶的森林，沿海地区有红树林沼地和沙丘林地。过去，该省是国内仅次于楠普拉省的第二大腰果产地，这里还有大面积的椰子林。因而，这里的主要特产是腰果和椰子，此外还有柑橘。该省有全国有名的旅游胜地巴扎鲁托群岛。该省主要的居民是聪加人和乔皮人。

伊尼扬巴内城是南部非洲地区最古老的殖民定居点之一。早在1534年，葡萄牙殖民者就在这里建立了永久定居点和贸易站。

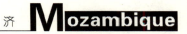

从马普托市沿 1 号国道北行 469 公里可直达伊尼扬巴内城。从贝拉或津巴布韦也可驱车到达伊尼扬巴内城。没有航班通往该城,若想乘飞机到这里旅游,可租赁飞机。该城的铁路招待中心可以提供可靠的服务。该城的圣母玛利亚求子教堂是一个既古老又壮丽的教堂,其保存完好的钟楼是葡萄牙人在 200 年前建立的。

伊尼扬巴内省拥有数不清的著名海滩,其中距离基希克 11 公里远的扎瓦拉海滩,伊尼扬巴内城南方 85 公里处的扎沃拉海滩,伊尼扬巴内城东部 22 公里处的都弗海滩,伊尼扬巴内城北方 20 公里处的巴拉海滩和伊尼扬巴内城北方 174 公里处的珀梅内等最为著名。

巴扎鲁托群岛 (Bazaruto) 由巴扎鲁托岛、本圭拉岛 (Benguera)、马加卢克岛 (Magaruque) 和圣卡洛琳娜岛 (Santa Carolina) 组成,生活环境恬静优美。这里距马普托市约 780 公里左右,位于威兰库罗 (Vilanculos) 和伊尼雅索罗 (Inhassoro) 两个城镇之间。在这些岛屿上建有优质的旅馆。赴岛上旅游的游客可以在大陆租借船只,或直接从马普托、贝拉或从邻国直飞威兰库罗,那里提供移民与海关服务。

该省建有基纳韦国家公园和巴扎鲁托国家公园,为野生动物保护区。该国家公园位于伊尼扬巴内省的巴扎鲁托岛上,是全国唯一的海洋公园。这里是潜水和水下钓鱼的好去处,成为莫桑比克的一个重要的旅游区。

在乔皮人传统中,音乐舞蹈是其文化的重要组成部分。他们发明了一系列非常具有民族特色的乐器,包括打击乐器、管弦乐器和葫芦乐器等。

马普托省:全省的居民以聪加人为主,当地语言是尚加语和隆加语,小部分人口操葡萄牙语。马普托省 3/4 的人口是自给自足的农民或渔民。随着国家经济的发展,越来越多的人口从事经济作物和肉类生产,从事商业、制造业、服务业、港口和交通运

输以及政府部门的工作。许多男性劳动力移民到南非矿井工作，这种从殖民地初期形成的传统至今未变。该省的主要农产品有柑橘属水果、蔗糖等。该省因首都马普托市所处的德拉果阿湾而为世人所知。但总的来说，该省宜人的旅游景点不多。

马普托市：莫桑比克首都马普托城是全国最大城市和最大海港。马普托港口可停泊万吨以上的海轮，不仅是非洲东海岸的最大优良港口之一，也是世界上最好的天然港之一。该城是1544年葡萄牙殖民者入侵后建立的，并以殖民者的名字命名为洛伦索—马贵斯。在独立后的1976年，该城根据穿城而过的马普托河而更名为马普托。该城建立之初是贸易居民点。在1884～1885年建成通往南非的铁路之后，城市发展迅速。现在，马普托市已经发展成为全国最大的城市，是政治和经济中心、交通枢纽和旅游胜地。

马普托城区依坡傍海，小巧别致。城内绿树成荫，街道宽阔整齐。市内的街道上，花坛星罗棋布，常年花草飘香。掩映在葱绿林木与艳丽花丛中的各种别具一格的别墅和一幢幢白色的花园洋楼，以及错落有致的高楼大厦，与烟波浩渺碧波荡漾的印度洋交相辉映。早在18世纪建成的议会大厦位于市中心。大厦之前是可容纳万人的独立广场。总统府、国防部等政府机关位于海滨区。繁华的商业区由与海岸线平行的三条街道组成。宽阔的海滨路通向著名的马普托海滩。那里有俱乐部、大型海滨浴场和高级海滨宾馆。

马普托市的街道名称突出地反映了年轻的莫桑比克的政治发展历程。由市中心向东通往马普托湾方向有一条2公里长40米宽的街道称为毛泽东大街，街道两边是枝叶茂盛的刺槐，街心是绿化隔离带。漫步在马普托的大街小巷，随处可见革命家的名字或第三世界国家以及前社会主义国家领导人的名字：卡尔·马克思、弗拉基米尔·列宁、金日成、胡志明、卢蒙巴、恩克鲁玛、卡翁达、尼雷尔、杜尔、卡斯特罗和阿连德，等等。其中，列宁大街和卡尔·马克思大街平行，是马普托市中心地带南北交通的主干道。毛泽东大街的西端与弗拉基米尔·列宁大街相连。更令人觉得有意思的是，马普托市还用纪念日为街道命名，比如"9月25日大街"、"6月25日（莫桑比克独立日）大街"。可是，在马普托现有的2400多条大小街道中，人们根本就找不到反映西方色彩以及以西方名人命名的街道。这种现象明显地反映了莫桑比克在独立时的政治倾向。但在毛泽东大街上，现在设有一家美国信息资料中心，还有一家当地闻名的夜总会。这也反映了目前莫桑比克与西方密切交往的政治、经济现实。

马普托市作为历史上的殖民地重镇，市内随处可见殖民地时期的遗迹。马普托火车站就是其中最漂亮的一个。这座火车站看上去像一座拱顶教堂，由巴黎闻名世界的铁塔设计者法国人埃菲尔设计。火车站自1910年建成后就一直是莫桑比克与南非之间的交通枢纽。直到如今，马普托火车站每天上午都有旅客列车往返于马普托与南非约翰内斯堡之间。现在，虽然铁路客运已失去了往日的辉煌，但马普托火车站别具一样的建筑风格却成了马普托市的一个标志性景点。从火车站沿9月25日大街向东走，然后再向北边独立广场方向行约1公里，就可以见到闻名遐迩的"铁房子"。这座建筑整体结构都是在葡萄牙本土用钢板预制而成，于1892年运到马普托组装而成。这座建筑风格富丽堂皇的铁房子本来是作为葡属莫桑比克的总督府，但在马普托潮湿炎热的环境里，总督本人从没有入住过。现在，这座铁房子装上空调，被用作国家博物馆管理部门的办公室。马普托的博物馆很多，有自然历史博物馆、革命博物馆、地理博物馆、钱币博物馆和雕刻绘画艺术博物馆等，是市民和游人了解莫桑比克历史和文化的好去处。其中的卡斯特罗博物馆以其内容丰富的动植物馆、矿物标本馆、人种考古馆、古钱币馆等

而备受欢迎。马普托市内还有大学、罗马教堂、印度寺庙、中国塔等有名的建筑。

由于援助莫桑比克的国家和国际组织众多常驻马普托，游人会轻易地发现马普托街上穿流往返的小汽车，其中很多是各国际援助机构的公车。在这些车辆的显著位置都有某某金融机构或某某扶贫发展项目的标志，里面坐的都是西装革履的咨询专家或项目官员。

城区的西北部分是工业区和工人居住区。马普托是目前莫桑比克工业部门最为集中地城市，其中重要的工业部门有纺织、炼油、化学、金属加工、建材、食品、肉类加工、制糖、制烟、水泥、制铝业和农产品加工等行业。全国最大的腰果加工厂也位于马普托市。

马普托市的港区有 9 公里长的深水航道与外海相连。整个港区面积达 30 平方公里，港口长 3000 多米，最宽处达 5 公里，航道水深 8～13 米。该港口设有各种专业码头和现代化的专业设施，可同时停靠 20～30 艘万吨轮船。马普托港每年可接待2000～3000 艘轮船，年吞吐能力达到 2500 万吨。港口有 3 条铁路通往内地，不仅成为全国货物的主要出海口，南非、斯威士兰和津巴布韦的货物也在此转运。马普托市是全国公路的交通枢纽，经过以这里为起点的公路网可以通往全国各地。城市郊区还有设施完善的国际航空港。

马普托市附近的南非克鲁格国家公园内有各种珍禽异兽，另一个邻近的小镇马拉风景宜人，是环境幽静的疗养胜地。城市的南面有野生动物保护区，这里有濒临绝迹的白犀牛等珍稀野生动物出没。城市的北面有许多水域宽广的淡水湖和咸水湖，适于举行各种水上运动。

马普托市是全国操葡萄牙语人口最多的地区，但操英语的人口正在不断增加。

第七节 对外经济关系

一 对外贸易

莫桑比克经济一直同国际市场密切相关。劳务输出在全国国际收支平衡中占有重要地位，另外，莫桑比克历来是一个原材料出口国。1995 年 8 月 26 日加入世界贸易组织（WTO）。

全国主要出口产品有腰果仁/腰果、虾、渔产品、棉花、蔗糖、椰子（椰肉干）、柑橘属水果、煤、茶叶等。主要进口产品为粮食、燃油、原材料、机器设备及零部件等。初级产品、农渔业产品出口在其出口总值中占有最大的比例。

1995 年，小虾和龙虾的出口收入占总收入的 45%，而棉花和腰果占 5.6%。在农产品的出口方面，扩大棉花和腰果等初级产品及其相关加工产品的出口是目前国家经济的主要任务。1996年，由于产量提高、收购价格的提高和私有化后的加工厂改善了经营管理，腰果出口量开始恢复上升。从长期看，莫桑比克将来有能力向南非出口粮食。但农产品的出口受到基础设施和贸易市场落后等因素的限制。除了腰果和棉花以外，包括柑橘属水果、茶叶、椰子肉和烟草在内的其他重要的农产品出口还没有恢复。近几年，蔗糖的生产增长迅速，但主要满足国内市场的需要。专家推测，在 2002 年以前，莫桑比克不会成为蔗糖净出口国。

由于粮食生产严重受气候条件的影响，全国的粮食生产目前还无法满足国内消费需要，因而需要进口。根据工商业部的统计资料，莫桑比克农业年度（7 月至翌年 6 月）的谷物进口量在1993/1994 年、1994/1995 年、1995/1996 年、1996/1997 年、1997/1998 年、1998/1999 年度分别是 68 万吨、67 万吨、49 万

吨、30 万吨、20.1 万吨和 21.5 万吨。根据联合国粮农组织统计，莫桑比克 2000~2007 年谷物（玉米、小麦和稻米）进口量分别为 32.5 万吨、41.19 万吨、61.51 万吨、72.68 万吨、82.06 万吨、73.52 万吨、123.45 万吨和 80.14 万吨。

目前，莫桑比克现行的外贸出口面临着两大课题：扩大棉花和腰果等初级产品及其相关加工产品的出口和加强制造业和矿产品的出口。矿产品和能源出口还受到某些因素的限制，如基础设施落后和建设不足等，因而同外国投资者进行的某些合作项目进展不顺利。莫桑比克政府已经或正在制定相应的政策解决这些问题。

莫桑比克的国际贸易从殖民地时期开始就是赤字贸易。莫桑比克的进口增长在内战结束以后非常迅速，进出口的比例一度高达 5∶1~4∶1。1998 年和 1999 年，由于对虾产业受到不利的气候条件和国际市场价格低落的影响，尽管电力、腰果和棉花等的出口开始出现积极势头，但总的出口状况不佳。受大型投资项目的推动，1999 年的进口额迅速增长到 15.5 亿美元，而出口额增幅较小，仅为 2.66 亿美元。结果，贸易赤字从 1998 年的 7.17 亿美元增长到 1999 年的 12.8 亿美元。进入 2000 年以后，莫桑比克的出口增长迅速，进出口比例为 2∶1 左右。2000 年的进口总值为 17.55 亿美元，而出口总值为 3.9 亿美元。① 莫桑比克兴建的非洲最大的莫扎尔炼铝厂已于 2000 年中期投产运营，已经极大地增加了该国的出口贸易量。在未来几年，随着经济的恢复和外国投资的增加，进口的增长还会持续下去。但是，由于本国基本食品和机器加工食品在近几年获得了稳步的增长，在这方面已经减少了对进口的依赖；由于为数不少的外国投资项目将带动

---

① Alleviating Poverty, US Department of State：http：//www.state.gov/r/pa/ei/bgn/7035.htm#foreign，2002/04/23.

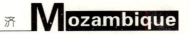

大量出口增长，可以进一步改善贸易平衡。

目前，莫桑比克同世界上50多个国家和地区有贸易关系。近几年，南部非洲发展共同体（SADC）国家同莫桑比克的贸易额明显增长，其份额由1985年的6.1%增加到1992年的12.2%。莫桑比克与非洲国家的贸易也在不断地增长。南非和经合组织（OECD）国家是莫桑比克主要的贸易伙伴。据莫桑比克官方统计，90年代中期，南非已成为莫桑比克最大的出口市场，欧盟占莫桑比克出口总值的41%，占其进口的32%，南部非洲发展共同体国家分别占其进口和出口的30%。莫桑比克前几位的出口对象国依次是：西班牙、美国、葡萄牙、日本、南非；居前几位的进口供应国分别是：美国、法国、葡萄牙、英国、德国、日本。2000年以来，津巴布韦也成为莫桑比克的主要出口市场之一。

表4-15　重要贸易伙伴

单位：百万美元

年　份		1990	1991	1992	1993	1994	1995	1996	1997	1998
出口目的国	西 班 牙	12	41	37	35	34	39	41	51	52
	南　　非	4	5	5	18	26	32	38	36	n/a
	印　　度	0	2	5	21	16	6	10	—	—
	日　　本	15	20	14	18	24	31	17	20	19
	葡 萄 牙	14	15	32	18	22	27	28	28	29
	美　　国	26	22	19	8	15	28	25	29	25
	意 大 利	4	4	3	4	13	8	10	—	—
	德　　国	7	4	6	3	7	5	2	—	—
	英　　国	17	4	4	2	5	3	3	—	—
	中　　国	54	43	35	5	5	1	n/a	—	—
	欧　　盟	74	77	93	70	90	92	n/a	—	—
	SADC	3	9	8	5	31	n/a	n/a	—	—

续表

年　份		1990	1991	1992	1993	1994	1995	1996	1997	1998
进　口 来源国	南　非	0	0	0	325	436	678	609	647	n/a
	津巴布韦	—	—	—	—	67	82	96	106	121
	沙　特	30	27	97	63	64	72	79	—	—
	英　国	52	37	33	36	60	23	25	—	—
	葡萄牙	47	41	37	41	47	54	55	55	75
	美　国	55	111	165	41	43	54	24	50	50
	日　本	44	43	28	47	41	20	23	—	—
	阿联酋	30	27	29	32	33	37	41	46	47
	科特迪瓦	29	20	22	27	32	39	n/a	—	—
	泰　国	74	100	45	26	22	14	12	—	—
	法　国	36	47	91	30	26	34	27	—	—
	欧　盟	352	286	317	251	250	232	n/a	—	—
	SADC	77	56	66	85	530	n/a	n/a		

注：自 1994 年以后 SADC 包括南非。

资料来源：The Economist Intelligence Unit, Country Profile: Mozambique, 1996 – 97, 1998 – 99, 2000, 转引自 IMF, Director of Trade Yearbook。

表 4 – 16　出口商品情况

离岸价格，单位：百万美元

年　份	1994	1995	1996	1997	1998	1999
对虾	62.8	73.1	70.3	85.1	72.6	65.5
棉花	18.9	19.8	26.8	25.2	22.3	19.9
木材	2.2	9.6	9.8	13.8	11.0	8.8
腰果	3.3	6.9	17.2	14.2	19.1	7.8
生腰果	11.4	5.6	29.3	15.1	21.6	25.1
蔗糖	11.0	7.3	12.8	12.8	8.4	5.5
椰肉干	3.4	6.1	3.7	4.6	5.0	3.5
柑橘属水果	1.3	1.3	1.0	0.8	0.4	5.8
茶叶	0.4	0	0	0.6	0.5	0.2

续表

年 份	1994	1995	1996	1997	1998	1999
工业制成品	3.2	5.1	8.3	19.9	14.3	13.9
轮胎和内胎	2.8	2.7	2.4	3.3	3.4	1.0
电力	0	0	0	0	36.2	62.9
矿石	—	6.0	4.5	3.3	3.4	3.6
煤炭	—	0.5	0.4	0.3	0.2	0
燃油与船用燃煤	—	4.5	2.6	2.4	1.3	4.4
渔产品	—	3.6	9.0	7.2	5.6	8.9
其他	—	15.3	18.2	18.8	17.5	27.1
出口总额	155.4	167.6	218.6	216.41	248.22	268.9

资料来源：The Economist Intelligence Unit, Country Profile：Mozambique，2000，p.57. 转引自 Banco de Mozambique；Ministerio da Industria, Comercio e Turismo；INE，Anuario Estatistico，http://www. sadcreview. com/country% 20profiles% 202001/frprofiles2. htm；Republic of Mozambique：Selected Issues and Statictical Appendix, IMF Country Report No. 01/25，January 2001, 2001 International Monetary Fund, p.96。

根据莫桑比克国家统计部门的外贸统计数据，1997年，莫桑比克的进口结构按市价为：中间产品占36%，机械设备占33%，消费商品占20%，燃料和电力占11%。[1] 同年，出口构成比例按市价为：消费品占54%，中间产品占41%，机械设备占4%，燃料和电力占1%。[2]

根据中国外交部网站数据，莫桑比克2000年外贸总额17.55亿美元，其中出口3.9亿美元、进口13.65亿美元，逆差7.98亿美元。当年主要出口对虾、棉花、糖、椰干、柑橘、电力和木材，其中对虾出口额占出口总额的30%，居第一位；主

---

[1] INE；Foreign Trade Statistics-Customs Bulletins（INE；Estatísticas do Comercio Externo-Movimento Alfandegario）

[2] INE；Foreign Trade Statistics-Customs Bulletins（INE；Estatísticas do Comercio Externo-Movimento Alfandegario）

要进口粮食、原材料、石油、机械设备和零配件等。2001 年外贸总额 18.54 亿美元，其中出口 7.04 亿美元，进口 11.5 亿美元，逆差 4.46 亿美元。其中铝材出口额为 3.84 亿美元，占全部出口额的 54.5%，跃居第一位。2003 年贸易总额为 26.92 亿美元，其中出口 10.44 亿美元、进口 16.48 亿美元，逆差 6.04 亿美元；2004 年贸易总额 33.54 亿美元，其中出口 15.04 亿美元、进口 18.50 亿美元，逆差 3.46 亿美元；2005 年贸易总额 39.87 亿美元，其中出口 17.45 亿美元、进口 22.42 亿美元，逆差 4.97 亿美元；2006 年贸易总额 50.3 亿美元，其中出口 23.81 亿美元、进口 26.49 亿美元，逆差 2.68 亿美元。2006 年主要出口铝锭、电力、天然气、烟草和对虾；主要进口石油产品、资本货物、汽车和谷物等；主要出口对象有比利时、意大利、西班牙、中国；主要进口对象有南非、澳大利亚、中国和印度。据莫桑比克出口统计，莫桑比克 2004～2005 年度共出口腰果 4830 万美元，其中，壳腰果 4300 万美元，腰果仁 530 万美元。2008 年莫桑比克贸易总额为 54.97 亿美元，出口收入 26.5 亿美元，同比增长 9.96%，其中铝业出口收入 14.5 亿美元，占莫桑比克出口总额的 54.7%，而 2007 年出口收入为 24.1 亿美元，铝业出口收入 14.8 亿美元，占总额的 61.4%。根据中国品牌服装网，莫桑比克 2007～2008 棉季出口棉花 1240 万吨，出口收入 1880 万美元，而 2006～2007 棉季，出口棉花 2670 万吨，收入达到 3020 万美元。莫桑比克 2009 年生产的一半棉花用于出口，向亚洲出口占 92%，其中，向印度尼西亚出口占 55%，印度尼西亚是莫桑比克最大的棉花进口国，向泰国和中国台湾出口棉花各占 8%，向印度和日本的出口各占 7%，向毛里求斯和新加坡的出口各占 4%，向葡萄牙的出口占 3%，向南非的出口占 2%，向马拉维的出口占 1%。莫桑比克 2007 年出口剑麻 500 多吨，出口利润约 30 万美元，主要销往德国、西班牙、印尼、埃及和

南非。

目前在莫桑比克，进口总值在 500 美元以下的商品不需要进口许可证。所有的进口活动必须在工商旅游部进行登记注册。外汇付款必须同商业银行进行协商。出口经营必须要有出口许可证，35% 的出口收益要上缴国家，但具有自由贸易区身份的公司除外。

为了放宽国际贸易和实现国际贸易的现代化，莫桑比克的海关管理已实现了私有化。政府已经采取措施简化海关立法和减少关税负担。

为了加强出口和开拓出口市场，莫桑比克鼓励出口的措施是建立了工业免税区。位于工业免税区内的出口产业在建筑材料、机械和设备等方面完全免除关税和进出口税。工业免税区内的企业也将享受 10 年的利税免征权利。工业免税区包括设在马普托省的莫桑比克陶瓷工业生产区、索法拉省贝拉港附近的工业免税区、楠普拉省纳卡拉港。

本国投资者或外国投资者凭经营执照可设立和管理工业免税区。工业免税区的总方针是面向出口，区内的企业最多只能将 15% 的产品在莫桑比克国内市场出售，并且其进口的加工部件要支付关税。获得建立或管理一个工业免税区的执照所需的最低投资额是 500 万美元，而在工业免税区内进行直接投资设厂并领取工业免税区执照的最少直接投资额为 5000 美元。

按照普惠制原则，莫桑比克享有向欧盟、美国和其他发达国家免税出口配额。作为东南非共同市场成员国以及同南非达成的特别贸易协议，莫桑比克享有东部和南部非洲市场的低关税的出口配额待遇。

为了促进对外经济的发展，莫桑比克积极参加经济合作性质的国际组织机构，包括南部非洲发展共同体、东南非共同市场、世界贸易组织、世界银行和国际货币基金组织等，并积极参与这

些组织的活动。

莫桑比克在大力扩大同世界主要贸易伙伴合作的同时，积极参与南部非洲发展共同体的贸易合作，促进南部非洲自由贸易区的建设。1999 年 12 月，南部非洲发展共同体部长会议已经批准了《南部非洲发展共同体贸易协定》。该协定计划在 2 亿多人口的南部非洲地区创建一个自由贸易区。南部非洲发展共同体计划从 2002 年开始用 10 年时间实施该协定，最终建成南部非洲自由贸易区。目前，莫桑比克正在为全面实施该协定创造条件。

世界贸易组织于 2001 年和 2009 年对莫桑比克贸易政策进行两次审议。第二次审议认为，莫桑比克自 2001 年第一次审议以来政府采取了多项措施改善贸易体制，放宽贸易限制，不断降低关税和完善外国投资制度，使莫桑比克 2001～2007 年取得年平均 8.7% 的高经济增长率。同时指出，莫桑比克政府在贸易制度方面应加强对一些结构性问题的关注。莫桑比克贸易政策是建立在国家总体经济政策基础上的一系列原则、措施及活动。目的在于人力资源和自然资源的可持续利用，采用鼓励产品的生产和服务的提供来满足国内外市场的需要以刺激贸易的发展。

二　外国援助

莫桑比克是世界上依赖外援最严重的国家之一。国际援助在其经济中占举足轻重的地位，发挥着至关重要的作用。20 世纪 80 年代后期以来大量的资金援助使该国的外债总额迅速增加。据世界银行估计，1997 年年底，莫桑比克对外公债总额为 59.91 亿美元，其中 54.3 亿美元是长期公债，偿债率 30%。当年债务还本付息占出口货物和劳务总值的 18.6%。自实施经济改革和 1987 莫桑比克政府与世界银行和国际货币基金组织签署结构调整协议以来，该国到 1997 年年底已获得总额达

100 亿美元的赠款、贷款和债务减免。其中，1987～1993 年，外国赠款及贷款总数超过 70 亿美元以上。主要援助国是：意大利、葡萄牙、瑞典、法国、挪威、荷兰等。据经济合作与发展组织统计，1991 年国际援助总额相当于莫桑比克国内生产总值的 69.2%，1994 年的官方发展援助净额占该国国内生产总值的 60%。据非洲发展银行统计，1985～1997 年共接受各种外援 37.139 亿美元。1996 年官方发展援助净额占国内生产总值的 54%，1997 年莫桑比克接受的官方发展援助净额占当年国内生产总值的 25%。1998 年年底莫桑比克的外债总额约为 71 亿美元，包括俄罗斯债务和建设卡奥拉巴萨水库所欠债务。近些年，莫桑比克的还本付息比在 17%～30%。

近年来，国际组织和金融机构多次召开援助莫桑比克捐赠国会议，国际社会通过无偿援助、信用贷款及减免债务等途径向莫桑比克提供约 70 亿美元经济援助。1999 年 6 月，世界银行和国际货币基金组织，以及其他的债权方同意根据重债贫困国家规划减免莫桑比克 37 亿美元的债务，占其外债的 66%。国际货币基金组织和世界银行于 2001 年 9 月在"重债穷国免债二期计划"框架内，再次减免莫桑比克 6 亿美元外债，加上第一期减免的 37 亿美元外债，共被免除 43 亿美元外债，占其外债总额的 73%。这样，在世界银行和国际货币基金组织实施该债务减免计划以后，莫桑比克的外债总额减少到 17 亿美元。

这使莫桑比克在 1999～2005 年间的年均外债还本付息额从债务免除前的 1.69 亿美元减为 7300 万美元。截至 2003 年 6 月，世界银行在莫桑比克资助的执行中项目为 21 个，资助总额为 11.53 亿美元。

同年 12 月，国际货币基金组织宣布免除莫桑比克 2005 年 1 月 1 日前所欠多边债务。印度于 2003 年同意全部免除莫桑比克政府所欠的债务，并将莫桑比克银行所欠印度政府的债务转换成印度对莫桑比克投资。英国政府于 2005 年已免除莫桑比克的所有债务，总额为 1.5 亿美元，并同意支付莫桑比克所欠世界银行和其他国际金融机构债务的 10%。八国集团于 2005 年 6 月宣布免除包括莫桑比克在内的 18 个最穷国的所有外债。莫桑比克受益于国际货币基金组织的免债决定，因此 2008 年其银行系统保持强健的竞争力。2006 年，挪威、世界银行、非洲发展银行、日本和俄罗斯等先后免除莫桑比克债务，欧盟等增加对莫桑比克援助。

2000 年初，莫桑比克遭遇特大洪灾。5 月在罗马召开援助莫桑比克灾后重建国际会议。共筹集资金 4.53 亿美元。双边援助主要由德国、葡萄牙、意大利、瑞典、美国等国提供。多边援助主要来自国际开发协会、欧盟、世界粮食计划署、联合国难民署等。[1]

据联合国区域间信息网约翰内斯堡 2001 年 10 月 31 日消息报道，10 月 25～26 日莫桑比克政府与国际开发伙伴在马普托举行了第 13 次顾问团会议。在会议期间，国际捐助国家允诺向莫桑比克提供超过 7 亿美元的援助以支持其扶贫计划。这些经济援助的 80% 是以赠送的方式提供的。[2] 世界银行在新闻发布会宣布，这些赠款是在莫桑比克获得超重债贫困国家规划的外债减免的基础上提供的。

三 外国投资

莫桑比克政府为消除贫困促进经济发展，十分注重引进外资。1984 年颁布《外国投资法》，1987 年颁布《私人投资法》，鼓励国外企业到莫桑比克投资和兴办合资企业。

---

[1] 世界银行网站：http://www.worldbank.org/afr/mz2.htm，2002/02/02。

[2] Donors pledge US MYM722 million, IRIN, Johannesbueg, October 31, 2001.

1993 年 6 月 24 日，颁布修订了新的《外国投资法》，进一步简化投资审批手续。随后于 1993 年 7 月 21 日，颁布了投资法条例和投资收益法。同年 9 月 14 日，颁布了工业自由区管理条例。外国直接投资从 90 年代中期开始发挥重要作用，国民经济现在已从外国直接投资中获益。1993 年的新投资立法规范了外国投资，使外国投资申办程序更加简化，加快引进外资步伐，促进国民经济的迅速恢复。1995 年莫桑比克政府又再次简化了投资规则。如今，外国直接投资和私营部门投资已经取代外国援助成为经济发展的发动机。90 年代后半期外商开始投资于农业和与农业有关的加工业，在较小程度上还投资于旅游业、运输业、采矿业和金融服务业。

　　从 1985 年 9 月至 1996 年 9 月，外国在莫桑比克的直接投资项目是 412 项，总金额已达 3.011 亿美元。同一时期，中国在莫桑比克进行了 4 个项目的投资，金额为 570 万美元。另据莫桑比克投资促进中心透露，从 1995 年 6 月至 1996 年 6 月，已获批准的新投资项目有 260 项，总值为 2.7 亿美元。从 1994 年以来，莫桑比克吸引的外国投资已超过 100 亿德国马克，明显多于邻国南非自 1994 年 5 月民主政权建立以来吸引的外资总额。1996 年莫桑比克流入资金总额已达 4.5 亿美元，而过去 10 年中年均流入总额仅为 1.5 亿美元，至少有 110 亿美元的外国直接投资已经开始运作或有意向实施。这笔投资在撒哈拉以南非洲所吸引的外资中占有很大的比例。莫桑比克正面临着投资繁荣期。莫桑比克促进投资中心（Centro de Pormoção de Investimentos，CPI）的职能正从批准投资转变为促进和加速投资上来。南非目前是在莫桑比克投资最多的国家，其次是葡萄牙、英国、美国、中国香港、荷兰、意大利和奥地利等。据莫桑比克投资促进中心统计，1997 ~ 2001 年，莫桑比克利用外资 68 亿美元。2002 年上半年，莫桑比克共批准 21 个外来投资项目，外资金额达 13.59 亿美元。

2003 年，因缺乏大项目的推动，莫桑比克全年投资总额为 8.67 亿美元，比 2002 年下降 50% 左右。主要投资国为英国、南非、葡萄牙、毛里求斯、爱尔兰、美国、巴西、黎巴嫩等。投资行业主要为农业及农产品加工、旅游、酒店、矿产、石油、天然气、交通运输、渔业、工业、银行、保险、租赁等。外国在莫桑比克的最大投资项目是由澳大利亚、日本、南非和莫桑比克政府联合投资计约 20 亿美元建成的莫扎尔（Mozal）铝厂。该项目是莫桑比克成功吸引外资的典范，极大地推动了经济活动和经济增长，使莫桑比克的出口额 2002 年首次达到 10 亿美元。此外，爱尔兰在莫桑比克投资 4.35 亿美元开采钛矿；南非、毛里求斯在莫桑比克投资恢复 4 家糖厂，耗资约 3 亿美元，2002 年已开始出口食糖；巴西淡水河谷公司投资 3000 万美元重勘莫桑比克最大煤矿等。莫桑比克现已成为非洲对外引资的领先者。莫桑比克外国直接投资（Foreign direct investment，FDI）的流入量在非洲各国中排名前列。2006 年，莫桑比克投资促进中心共批准投资项目 157 个，涉及金额 8.5 亿美元。外国直接投资 1.5 亿美元，投资最多的是南非、英国、爱尔兰和葡萄牙等，投资的主要领域为农业、旅游业和制造业等。国内资本活跃，直接投资增长 10%，主要集中在交通和通信领域。2006 年，莫桑比克历史上首次列为宜于外国投资和政府对外资不设苛刻条件的 10 个非洲国家之一。莫桑比克 2007 年吸引的外国直接投资从 2006 年的 8 亿美元猛增到 80 亿美元，创历史最高纪录。美国埃尔物流公司在莫桑比克北部楠普拉省新建总投资为 50 亿美元、日产 30 万桶燃油的大型炼油厂项目。英国普罗—迦南（Pro‐Cana）公司计划投资 5.1 亿美元在南部的加扎省兴建一座酒精、食糖和化肥的综合性工厂。莫桑比克已经成为一块外国投资的热土。莫桑比克投资促进中心公布的数据显示，2007 年共有 192 个投资项目获得批准，外国对莫桑比克投资约 80 亿美元，投资的主要领域为矿业、工业、农业、交通运输和旅游业等。在莫桑比克投资最多的是美国、瑞士、毛里求斯、英国、南非等国。莫桑比克投资环境不断改善，吸引了大批跨国公司投资。莫桑比克、中国澳门和葡萄牙企业于 2006 年 4 月在马普托成立合资公司 ZAMCORP，以吸引外国企业在莫桑比克赞比西河谷投资。

莫桑比克投资促进中心 2009 年共批准投资私人项目 58 亿美元，在农业、林业、酒店业和旅游业等领域创造了 12.5 万个就业机会。2009 年成为莫桑比克最大的直接国外投资来源国。而在此前的 4 年中，南非一直是莫桑比克最大的直接国外投资来源国。莫桑比克的其他投资来源国包括：毛里求斯、葡萄牙、中国和英国，南非列第 7 位。这些投资项目的实施，将提供 5700 多个新的就业机会。该数据还显示，马普托市和马普托省出现的新就业机会最多，约占总数的 40%。

第八节　国民生活

全国 75% 以上的人口从事农业生产，以种植粮食作物为生。从内战结束到 1995 年，大部分农业地区的难民已经回到了自己的家园，如何确保经济增长能够惠及农业人口是莫桑比克政府面临的一个巨大挑战。

按人均国民收入计算，该国是世界上最贫穷的国家之一。该国的铁路和港口与地处内陆的津巴布韦等紧密连接在一起，因而过境运输是该国的主要收入来源之一。运输部门也是国内劳动力人口的主要就业部门之一。

工人的工资标准由国家统一制定。2007 年 4 月 1 日起提高最低月工资标准，工业、商业与服务业从业人员的最低月工资为 1645.21 梅蒂卡尔（比 2006 年上调 14%，按当时汇率约合 62 美元）；农业从业人员的最低月工资为 1126.18 梅蒂卡尔（比 2006

年上调 10%，约合 43 美元）。1999 年失业率达 60%，2001 年失业率降到 50%，2006 年已降到 18.7%。[①]

莫桑比克官方于 2009 年 10 月宣布人均寿命从 42 岁延长到了 47 岁。据世界银行 2003 年统计数据，莫桑比克人均期望寿命是 41 岁。2001 年人口年自然增长率为 2%。据 2008 年统计，莫桑比克出生率为 38.21‰；死亡率为 20.29‰。2001 年新生儿死亡率每千人为 101 人，2007 年新生儿死亡率每千人 109 人。2006 年统计，莫桑比克使用改良卫生设施的人口比例为 31%。莫桑比克是艾滋病问题较严重的国家，2005 年 15～49 岁人群感染率 16.2%。由于战争的破坏，医疗卫生机构仅能为全国 30% 的人口提供医疗服务。内战结束后，世界银行等国际组织出资帮助莫桑比克恢复或重建医院和医疗站，并进行医护人员的培训。据莫桑比克卫生部统计资料，2002 年全国共有医疗机构 1211 个，其中，医院 45 所、卫生中心 665 个、卫生所 501 个。共有病床 16081 张，医疗卫生人员 8060 人，其中初级、中级、高级医师分别有 3970 人、1791 人及 350 人，准医师 1949 人。2006 年，莫桑比克使用改良水资源的人口比例为 42%。

全国有 69.4% 的人口生活在贫困线以下。2001 年莫桑比克贫困人口比例为 70%。2006 年绝对贫困人口指数为 54.1%。由于莫桑比克平稳的经济增长和教育系统的逐步完善，人类发展指数稳步提高。2001 年得分为 0.398，2002 年为 0.415，2003 年为 0.424，2004 年为 0.437，2005 年为 0.448，2006 上升到 0.458。相应的，人类发展指数构成各指标也有所提高。2001～2006 年，GDP 平均每年增加 8.7%；2001 年人均 GDP 为 147.18 美元，2006 年上升到 208.89 美元。2009 年莫桑比克人类发展指数世界排名第 172 位。

---

① 资料来源：莫桑比克国家统计局。

从 1987 年开始实施结构调整计划以来，莫桑比克的经济形势取得了明显的改进。近几年国内生产总值获得了 9% ~10% 的高增长率。外国投资项目在马普托市随处可见，到处是拔地而起的建筑，新型的快餐店鳞次栉比，以及夜晚在繁华街市闪烁的彩灯都表明莫桑比克在追赶更为富裕的邻国南非和斯威士兰。但很明显，宏观经济数字和城市发展的迹象与大多数莫桑比克人生活的贫困现状构成了两个截然不同的世界。

从 1987 年开始推行的经济自由化以及后来实施的规模宏大的私有化计划，已经造成了 11.6 万人失业。莫桑比克伞业工会组织国际部负责人埃斯塔沃阿·马布穆说："只有20%的失业者找到了工作，对大多数人而言，结构调整只不过意味着失业。人们应当全面地看待结构调整。"一位农村发展非政府组织的全国协调人阿美利亚·赞贝泽认为："结构调整带来了显著的增长率，但不能说明大多数莫桑比克人的生活得到了改善。实际上，结构调整计划使大多数人生活更贫穷了。"①

与此同时，长达 12 年的内战对卫生和教育事业造成的破坏，使其至今还不能满足大多数莫桑比克人的需求。"大约70%的莫桑比克人每天付不起两餐以上的花费。大多数人还不能享受医疗和教育服务。"赞贝泽说，莫桑比克人在"实施了 13 年的结构调整以后……没有什么值得炫耀的成就"②。近年来，莫桑比克政府制定和实施了扶贫战略。该战略的目标是通过增加农业产量和收入促进经济增长，进而改进卫生和教育状况，解决疟疾和艾滋病等问题，并改善基础设施。这也是解决贫困问题的关键。最近几年来，迅速提高国家的教育水准和改善卫生状况，一直是莫桑比克政府最主要的战略发展目标，这两项开支已占政府财政预

---

① IMF Eases Economic Reform Pressure, IRIN, Maputo, December 6, 2000.

② IMF Eases Economic Reform Pressure, IRIN, Maputo, December 6, 2000.

算的 35% 左右。①

2000 年 2 月和 3 月，莫桑比克遭受历史上罕见的暴雨袭击。暴雨造成的经济损失达 6 亿美元，直接或间接受到水灾影响的人口达 200 多万，造成了 640 多人丧生和 95 人失踪，493317 人因居所被淹而无家可归。在暴雨泛滥期间，全国设立了 121 个救济点，为住房被淹而逃离的人们提供帐篷、食品和医药。全国被洪水毁坏的农田达 14 万公顷，占发生洪水的 5 个省份农田总数的 22%。超过 12.4 万个家庭失去了田园和农用工具。主要集中在林波波河流域的主要灌溉设施均遭洪水破坏。全国 90% 以上正在使用的灌溉设施遭毁灭。林波波河流域的城镇马托拉、绍奎和赛赛的工业受到严重破坏。在灾区的贸易网络中，880 家零售店和 118 家批发店被毁，使整个灾区的贸易陷于瘫痪。结果，货物供应短缺严重，物价飞涨。由于洪水冲垮了南北向的几条主要交通要道，全国南北向的交通运输和通信陷入半瘫痪状态。② 水灾过后，莫桑比克民众迅速投入经济重建工作。另外，国际社会也为莫桑比克水灾伸出了援助之手。在 5 月，莫桑比克获得了 4.5 亿美元的国家援助，作为灾后重建计划的部分援助，用于受灾最严重的马普托省和加扎省修复被冲毁的道路、桥梁等基础设施。据联合国区域间信息网约翰内斯堡 2000 年 9 月 13 日报道，莫桑比克政府在灾后及时修改经济计划，并提交国会批准。

长年战争遗留的地雷问题至今仍在困扰着莫桑比克民众的生活。由于雷患，许多可耕地无法耕种。按照莫桑比克官方政府的统计数字，在内战期间全国共埋设了 300 万颗地雷。在莫桑比克地雷引起的破坏是显著的。除可耕地、输电线路、公路、桥梁、

---

① 刘彤：《莫桑比克呼吁免除最贫困国家的全部外债》，新华社马普托 2000 年 4 月 15 日电。

② Government revises economic plan, IRIN, Johannesburg, September 13, 2000; Mozambique News Agency AIM Reports, No. 180, 5th April 2000.

铁路和机场之外，甚至学校、工厂和牛槽被炸毁。野生动物也受到地雷的威胁，已经有发现大象被地雷炸伤或被反坦克地雷炸死。莫桑比克有大片的社会经济发展用地还在受到地雷的困扰。莫桑比克的重建发展进程也被地雷扯住了后腿。为了复建一条电力线路，必须要探清其沿线的所有地雷。恢复铁路运输网络、重要桥梁、道路、学校和其他基础设施，兴建大型工程项目和开发住宅区也是如此。

在 2000 年年初莫桑比克发生洪水灾害之前，为了探明地雷位置，莫桑比克北方省份已经进行了一年多的探查，但在中部和南部省份由于 2～3 月发生的洪水灾害将埋在地下的地雷冲离原来的位置，冲到以前被公认是安全的地区。洪水过后，人们无法确知以前埋设的那些地雷现在移到了哪里。因而，排雷活动受洪水灾害影响造成的困难而被迫推迟，并被迫在洪水灾害过后重新制订新的排雷计划，但宣传地雷隐患的运动仍将继续进行。

莫桑比克大规模的探雷和排雷活动要通过莫桑比克政府下属的国家排雷局转包给私营公司和一些人道机构，但所需费用需要国际社会提供援助。根据美国国务院国际咨询局的一篇文章，从 1992 年起，作为"复员/回归社区项目"（Demobilization/Reintegration Project）的一项内容，美国国际开发署（USAID）和国务院人口、难民和移民局（PRM）一直支援莫桑比克的排雷行动。美国是排雷行动的最大捐助国，已经提供了超过 3300 万美元的援助。2000 年 5 月在罗马举行的国际捐助国会议上，国际社会允诺向莫桑比克提供总值为 4.53 亿美元的一揽子重建援助计划，其中的 700 万美元用于排雷活动。[①] 但由于国际社会允诺的排雷资金大部分没能按期到位，排雷活动难以如期进行。

---

① Donor funds needed for demining, IRIN, Johannesburg, 24 Aug 2000.

第五章

国防与军事

第一节 建军简史

莫桑比克国防军，是根据1992年《总和平协议》组建的。在组建初期，国防军是由前政府军和莫抵运部队的士兵自愿参加组成的。因此，要了解现在的莫桑比克国防军，就必须了解莫桑比克前政府军和莫抵运部队的发展历程。

一 莫桑比克政府军

莫桑比克前政府军源自莫解阵游击队。1964年9月25日，莫解阵对葡萄牙殖民统治下的德尔加杜角地区姆埃德附近的沙伊（Chai）行政点（相当于中国的乡镇）发动军事进攻，标志着莫桑比克人民解放军的建立。[①] 独立以后，这一天成为莫桑比克人民解放军的建军节。

---

① 在作者至今所见的文献中，均将莫解阵开展武装斗争初期时的武装部队称为莫解阵游击队。按照莫桑比克新闻社（AIM Reports, Mozambique News Agency, No. 226, Februry 28, 2002）的说法，莫解阵在独立战争时期的武装力量称为莫桑比克人民解放军（People's Forces for the Liberation of Mozambique-FPLM）。

莫桑比克人民解放军在 1984 年的构成情况是，陆军大约 25000 人、空军大约 1000 人和海军大约 700 人。陆军包括 8 ~ 9 个步兵旅，每个步兵旅包括 2 ~ 4 个步兵营。每个旅的装甲车、大炮和后勤部队的数量各不相同。陆军中还包括 1 个坦克旅，即为总统卫队，可以为陆军部队提供支持。莫桑比克军队的编制大体相当于苏联与古巴的军队编制，每个步兵营有 300 ~ 400 名官兵。①

莫桑比克政府军的军事装备主要来自苏联和东欧社会主义国家。直到 80 年代中期，苏联和东欧国家还为莫桑比克提供大量较新型的和较先进的武器装备。陆军的坦克装备开始以苏制 T - 54 型和 T - 55 型坦克取代约 200 辆 T - 34 型坦克。当时的一些数字还表明，政府军还有大约 50 辆 PT - 76 型轻型坦克，250 ~ 300 辆 BTR - 60/152 型运兵装甲车，大约 40 辆 BRDM - 1/2 型侦察装甲车。炮兵装备包括不多于 100 架口径为 105 毫米和 122 毫米榴弹炮，大约 200 架口径在 76 毫米 ~ 130 毫米之间的大炮，口径为 75 毫米和 82 毫米的火箭发射架和反坦克武器的数量不详，大约有 300 架口径分别为 20 毫米、23 毫米、37 毫米和 57 毫米的高射炮，以及不到 30 枚 SA - 3 型和 SA - 7 型地对空导弹。②

莫桑比克的防空部队归陆军管辖，在马普托市等主要城市附近部署 SA - 3 型导弹。除了马普托市以外的地区，全国的雷达预警能力十分有限。但苏联提供的追踪雷达与定位系统提高了 SA - 3 型导弹的防御能力。

空军部队作为陆军部队的分支是在独立以后建立起来的，开

① Nelson, Harold D. ed, ; Mozambique: a Country Study/Foreign Area Studies, the American University (Washington, D. C.), 1985. p. 270.

② Nelson, Harold D. ed, ; Mozambique: a Country Study/Foreign Area Studies, the American University (Washington, D. C.), 1985. p. 271.

始主要由葡萄牙军队撤离时遗留下来的几架老式飞机构成。为了增强空军的作战能力以遏制莫抵运和罗得西亚军队的进攻，莫桑比克政府向苏联请求提供援助。1977 年 3 月，苏联向莫桑比克提供了米格战斗机、导弹和其他一些武器装备。接着，苏联军事顾问帮助培训莫桑比克士兵使用这些武器和掌握飞行技术。此后，苏联一直为莫桑比克的空军提供军事物资援助。

在组建空军部队以后，尤其是苏联提供先进的军用飞机装备以后，苏联、古巴和东欧的空军军事顾问帮助莫桑比克在马普托、纳卡拉和贝拉建立了空军基地并培训空军部队。

到 1984 年初，莫桑比克空军至少拥有 60 架苏制战斗机。但自从组建以来，空军部队主要参加陆军部队对莫抵运的作战活动，针对南非等邻国的军事飞机入侵活动不多。空军的作战能力包括 6 个空军中队，负责空中拦截入侵敌机和协同地面进攻。其中，25 架以上的米格 – 21 战斗轰炸机组成了 2 个空军中队，若干架米格 – 17 型和米格 – 19 型战斗机组成了第 3 个中队。另外大约 35 架 MiG – 17 型战斗机组成了其他 3 个战斗拦截中队。[①]

除了战斗机以外，空军还有 8 架以上的苏制米格 – 8 型直升机、法制轻型直升机和其他一些较为先进的直升机组成的 2 个空军直升机中队。一个运输机中队由来自不同国家的飞机组成，包括法制 Noratlas 型飞机、美制 Cessna – 182 型飞机和苏制 AN – 26 型飞机，等等。轻型飞机组成一个训练中队，包括捷克斯洛伐克制的 Aero L – 39 型飞机和 Zlin 单引擎训练机以及美制 Cessna – 152 型飞机。训练中队也参加对莫抵运的军事行动。

直到 80 年代中期，有关莫桑比克海军的情况由于缺少资料还无法详细了解。莫桑比克海军规模很小，内战期间主要在领海

---

① Nelson, Harold D. ed,; Mozambique: a Country Study/Foreign Area Studies, the American University (Washington, D. C.), 1985. p. 271.

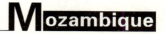

和尼亚萨湖的边境水域履行监督活动，近岸巡逻能力有限。莫桑比克的海军基地设在马普托、贝拉、纳卡拉、彭巴和梅唐古拉。海军装备包括产自苏联、葡萄牙和荷兰的 14 艘轻型的海岸巡逻艇。

关于正规部队以外的武装力量的组织结构和训练状况也少为外界所了解。民兵的总部设在马普托的国防部。民兵是一支主要针对莫抵运的破坏活动组建的轻型陆军部队。民兵由工厂、农场、村庄的工人、农民和居民组成，接受莫解阵党组织的政治领导，在军事作战中接受莫桑比克人民解放军的指挥。其主要职责是打击莫抵运的破坏活动，维护公共秩序。实际上，根据当时的一些报道，民兵针对莫抵运的作战能力并不强，更主要是为了发挥心理和政治作用。在民兵的装备方面，部分民兵配有葡萄牙提供的 G3 自动步枪，另一部分只有大砍刀。在 1984 年年初，在城市地区也开始以街区为单位组建民兵部队，以加强城市反莫抵运分子的渗透能力。在城市的街区民兵组织中，各选举出一名领导人、副领导人、妇女代表和检察员。

人民解放军和民兵的作战能力还得到了边防卫队的补充。边防卫队由 4 个旅组成，主要负责保卫国家的边防免遭外国势力入侵。这些边防卫队没有大炮和机械化装备，可以发挥轻型陆军部队的作用。

在莫桑比克同南非于 1984 年 3 月签署了《恩科马蒂协议》以后，莫抵运的军事进攻一度达到全盛时期，直到 1987 年 2 月莫桑比克政府军扭转危局。1987 年 3 月，莫桑比克政府对军事部队进行了大规模调整，组建了经过强化训练的突击队。与此同时，津巴布韦和坦桑尼亚对莫桑比克政府军的援助也进一步加强。马拉维停止了对莫抵运的公开援助可能也有利于莫桑比克政府军扭转内战局势。1988 年以后，莫桑比克内战进入了胶着和对峙状态，直到和平进程开始。

据报道，在 80 年代内战高潮阶段，莫桑比克政府军（莫桑比克人民解放军）总兵力最多时曾达 7.2 万人。由于长期处于内战状态，到 80 年代后期，军队中的厌战情绪增长，开小差现象时有发生。到 1992 年 10 月签署和平协议时，莫桑比克人民解放军总兵力减至 5 万人，其中陆军 4.5 万人、空军 4000 人、海军不足 1000 人。

二 莫桑比克全国抵抗运动

今天的莫桑比克国防军在建立之初的另一个来源是莫桑比克全国抵抗运动。自 70 年代后期，莫桑比克全国抵抗运动[①]一直是莫解阵政府的主要反对派势力。据报道，到内战结束时，莫抵运武装力量总计为 2.1 万人。

三 莫桑比克国防军

莫桑比克国防军的组建工作进展非常缓慢。1994 年 4 月，希萨诺总统任命拉戈斯·利蒂莫（Lagos Lidimo）中将和马特乌斯·恩格纳莫（Mateus Ngonhamo）中将为莫桑比克国防军联合最高司令官，共同统率已经组建起来的莫桑比克国防军。这标志着莫桑比克国防军的正式建立。

由于长达近 30 年的战争，莫桑比克国内普遍存在着厌战情绪。不论是前政府军士兵，还是前莫抵运士兵，都不愿意参加新组建的莫桑比克国防军。另外，军队的低下待遇和艰苦条件也令许多人望而却步。所以，莫桑比克国民普遍不愿意入伍服役。

由于在自愿选择的情况下大多数莫抵运士兵不愿意参加莫桑比克国防军，莫抵运领导人在 1994 年 8 月承认在新组建的莫桑

---

① 莫桑比克全国抵抗运动最初只有英文名称 the Mozambique National Resistance-MNR，后来才出现了葡萄牙语名称 Resistência Nacional Moçambicana-Renamo。

比克武装部队中，莫抵运无法占有平等的份额，莫抵运不可能为国防军提供一半的兵力来源。另外，根据《总和平协议》的要求，前政府军和莫抵运武装在 8 月 15 日完成遣散活动后，莫桑比克政府军在第二天宣布正式解散，其职能转交给莫桑比克国防军。

按照 1994 年 12 月停火委员会发表的报告，在集合点集结的双方士兵总数为 91691 人。其中登记参加莫桑比克国防军的人数为 11579 人。[①] 其中，来自莫抵运部队的士兵约 3500 人，而来自前政府军的士兵约 7500 人。

1995 年 4 月，希萨诺总统正式任命拉戈斯·利蒂莫中将和马特乌斯·恩格纳莫中将分别为莫桑比克国防军总参谋部总参谋长和副总参谋长。两人在 5 月举行就职仪式。

在随后的几年里，国防军总人数估计到 1996 年时下降到 11000 人以下。这使国防军的结构形成了军官多于士兵的状况。[②] 1996 年 10 月 10 日，莫桑比克国防部长阿古亚尔·马祖拉向国会的国防与公共秩序委员会提交的报告指出：莫桑比克国防军无所不缺，人员编制、车辆、飞机、船舰和资金都缺。在其通篇的报告中，"资金匮乏"一词被反复强调了好几遍。[③] 这也是空军无法执行升空任务、海军没有船舰在领海进行巡航和莫桑比克国防军无法足编招募 3 万名士兵的原因。

1998 年 9 月，拉戈斯·利蒂莫升任上将，其军衔始高于自己的副手。同月，国防部宣布将在 1999 年征召 3000 名士兵参加

① Africa South of the Sahara, 29th edition, Europa Publication Ltd, November 1999, ISBN 1857430603. p. 772.
② Armed Forces Face Severe Shortages, AIM Reports Issue No. 95, 17st Cctober 1996.
③ Armed Forces Face Severe Shortages, AIM Reports Issue No. 95, 17st Cctober 1996.

国防军。

1999 年 2 月底，在全国 15 万符合服兵役条件的人口中，只有 4.5 万人进行兵役登记。为了等待更多的人进行服兵役登记，兵役登记的截止日期往后推迟了 1 个月。

罗马《总和平协议》规定莫桑比克组建 3 万人的国防军，但截至 2003 年实有 1.4 万人。莫桑比克军队设有陆海空三军和后勤部队。实际兵力为步兵营 5 个、特种兵营 3 个、宪兵连 1 个、工兵连 1 个、海军陆战连 2 个及少量的后勤、通信、管理人员。总统兼任武装部队总司令。总参谋部是军队的最高指挥机构。总参谋长拉戈斯·利蒂莫。国防军下设北部、中部和南部军区，其司令部分别设在楠普拉、贝拉和马托拉。

第二节　国防体制与三军实力

一　国防体制

保护国家主权独立和领土完整，抵御外来侵略，维护国家的社会秩序是莫桑比克国防安全的核心政策。莫桑比克 2004 年宪法第 265 条款明确规定：国家国防和安全政策的目标是保卫国家独立、保护国家主权和领土完整、保证国家机制的正常运转和公民的安全免受任何武装侵犯。国防和安全部队要遵守国防与安全政策，要效忠宪法和国家。国防和安全部队人员的誓词要明确其遵守宪法的义务。鼓励公民参加民防队，尤其是保护经济、社会和生产基础设施的民防队。

2004 年宪法规定，莫桑比克总统是全国武装和安全部队的总司令，即总统为武装力量统帅。总统通过国防部和总参谋部对武装力量实施领导和指挥。1994 年大选后，莫桑比克武装力量进行了重大改组。国防部是最高军事行政机关。总参谋部是最高军事指挥机构。武装力量为国防军，分为陆、海、空 3 个军种。实行征兵制，服役期 2 年。紧急状态下可延长服役期。现任莫桑比克国防军总司令为现任总统希萨诺。对于总统在国防军事方面的权利和义务，新宪法也作了明确的规定。新宪法第 161 条款规定，在处理国防和公共秩序问题时，共和国总统拥有如下权力：宣布和终止国家处于战争状态、受围攻状态和紧急状态；签署条约；宣布总动员和部分动员；根据相关法律任免和撤换总参谋长、警备总司令、莫桑比克武装部队的三军司令，以及国防和安全部队的其他官员。

为了帮助总统行使最高总司令的权力和职责，莫桑比克设有国防与安全委员会。按照宪法和其他相关法律的明文规定，该机构是总统行使总司令职责，处理与国家主权、领土完整、保卫按照民主程序建立的权力机构和莫桑比克国家安全等有关事务的咨询机构。共和国总统为国防与安全委员会主席。根据新宪法第 268 款，国防与安全委员会特别具有如下权力：在宣战前，对战争状态问题进行讨论；对宣布国家处于受围攻状态和紧急状态问题进行讨论；为了确保国家区域的国防和安全，对于某些区域实施全部警戒的和部分警戒的标准和条件提供建议；分析和监督其他国家部门的各种动议，以巩固国家独立、巩固政治团结和维护法律和秩序。

目前，莫桑比克的国防与安全委员会由总统任命的 2 名成员和国会任命的 5 名成员组成。

总统通过国防部和总参谋部对武装力量实施领导权和指挥权。国防部为中央政府中的一个部，是最高军事行政机关。现任国防部长是纽西。总参谋部为最高军事指挥机构，统率陆军、空军和海军。

国防与安全政策的决策权在国会。但在国防与安全政策的制定程序方面，宪法对国会的作用有以下规定：国会有权在咨询国防与安全委员会之后确定国家的国防与安全政策。[①]

在军事培训方面，1992 年以前，莫桑比克的军事理论和军事培训深受苏联的影响，完全效仿苏联的培训模式。但在内战结束以后，莫桑比克放弃了前苏联的军事培训体制，转而学习西方国家的军事培训理论和体系。在内战结束以后，英国和葡萄牙等国参加了莫桑比克军队的培训工作。意大利和葡萄牙等还帮助莫桑比克培训了警察。

二　国防预算

莫桑比克在独立以后，由于支持津巴布韦和南非的民族解放运动，很快就遭受了南罗得西亚和南非白人种族主义政权的敌视和颠覆活动，而且不久后又爆发了内战，所以，自独立到内战结束为止，国防开支一直是国民经济预算中最大的一部分。1982 年，国防预算总额相当于 1.77 亿美元，占政府财政预算总额的 29%。如此高额的国防开支几乎等于当年全国教育卫生部门的财政开支的总和。[②] 由于苏联和其他一些国家提供的大型国防设备和建设项目的支出不在国防预算之内，再加上官兵的军俸很低，所以在 80 年代中期以前，莫桑比克能够以少得可怜的国防开支维持其数量可观的部队和军事行动。

莫桑比克的军事开支和警察以及安全情报机构的开支一样，统属于国防与安全预算项目。国际相关机构认为，莫桑比克政府在军事开支方面可能在 90 年代早期还维持在高水平。因为，虽然莫桑比克自从 1992 年签署《总和平协议》以后就停止了内战，但用于遣散双方士兵的费用一直使国防与安全开支在政府支

① Radio Mozambique Network, Maputo, March 28, 1996.

② Nelson, Harold D. ed,; Mozambique: a Country Study/Foreign Area Studies, the American University (Washington, D. C.), 1985. p. 268.

出中占有很高的比例。这种情况一直到 1995 年遣散士兵活动结束为止。但从总的变化趋势来看,自从内战结束以后,尤其是在内战双方的部队完成遣散以后的年代里,政府的军事开支明显地迅速减少。国防军事开支占国内生产总值的比重明显下降,1990年为 10.1%,1993 年为 7.6%。另外,国际捐助机构也不断向莫桑比克施加压力,要求其削减国防预算开支。某些主要捐助国最初要求莫桑比克将国防预算削减大约 2/3,但经过谈判,莫桑比克政府同意将国防预算削减 30%。自从 1995 年以后,国防开支仅占国内生产总值的 3% ~ 4%。1997 年该比例为 4.7%,1999 年则进一步下降到 2.4%。近年来,国防开支的所有预算主要用于官兵的工资支出。

表 5 – 1   1989 ~ 1997 年军事开支的变化情况

单位:市场价,亿梅蒂卡尔,%

年 份	1989	1990	1991	1992	1993	1994	1995	1996	1997
总 值	1024	1360	1780	2593	4172	7617	5220	7040	8400
占国内生产总值的比率	13.3	10.1	8.7	8.3	7.6	8.8	4.0	—	—

资料来源:IMF 1997 – 2001;Susan Willet,Military Spending Trends and Developments in Southern Africa:Angola,Zimbabwe,Mozambique and South Africa,Prepared for the Ottawa Symposium on Military Expenditure in Development Countries,Co-sponsored by the Government of Canada and the OECD Development Assistance Committee,July 1997,p. 30;Republic of Mozambique Selected Issues(June 1998);Africa South of the Sahara,29th edition,Europa Publication Ltd,November 1999,ISBN 1857430603,p. 763。

三 兵役制度

莫桑比克政府在独立以后实行征兵制,即义务兵役制。根据征兵制,全国凡年满 18 岁的男女公民都有服兵

役的义务。但在战争期间，征兵的年龄可以低于18岁。在内战结束以前，莫桑比克人民解放军的大多数兵员是通过全国统一的征兵制征召的。伦敦国际战略研究所发表的1983～1984年《军事平衡》一书认为，莫桑比克政府军队75%左右的军事人员是通过征兵招募的。1983年全国总人口估计为1310万，大约290万人口的年龄在15～49岁，其中大约170万人符合服兵役的条件。妇女也在军队、安全部门和警察部门服役。新入伍的服役人员要在位于马普托西北方莫桑比克安巴的军事预训中心进行为期3个月的培训，政治教育和军事培训各占培训内容的一半。[1]

1990年以来的新宪法都规定，参加保卫国家独立、主权和领土完整是所有莫桑比克公民的神圣职责和荣誉。公民服兵役按照相应的法律规定执行。1992年《总和平协议》规定废止义务兵役制，规定莫桑比克公民根据自愿原则加入莫桑比克国防军。所以，在罗马和平协议签署以后，征兵制停止实施。[2]

但是，由于在实施和平协议和组建国防军过程中，前政府军和莫抵运部队的士兵大都不愿意参加国防军，致使在和平协议中预定的国防军3万人的编制严重缺编。在这种情况下，莫桑比克国内有关部门提出恢复义务兵役制。1995年3月，国防部长宣布，只要重新引入义务兵役制的立法生效，当年就可以征召4500名新兵加入莫桑比克国防军。实际上，在1998年之前，全国没有实施征兵制，也不存在任何预备兵役制。

1997年11月26日，莫桑比克国会通过立法，恢复了在总和平协议中取消的义务兵役制。该兵役法案规定，莫桑比克实行

① Nelson, Harold D. ed,; Mozambique: a Country Study/Foreign Area Studies, the American University (Washington, D. C.), 1985. p. 266.
② Law No. 24/97 of 23/12/97.

义务兵役制，服役期为两年。"所有年龄在 18～35 岁之间的莫桑比克公民都要遵守义务兵役制，并据此遵从服兵役的义务。在战争期间，上述规定的服役年龄标准可以通过法律予以变更。"因而，所有年满 18 岁的莫桑比克人必须为服兵役进行登记，履行服兵役的义务，否则就会被取消就业、接受教育和其他社会服务的权利。

1998 年 8～9 月的征兵是 1997 年国会重新批准征兵法案后进行的第一次征兵活动。征兵对象包括 1975～1980 年出生的所有青年。8 月 1 日是进行征兵登记的第一天，很少人到各征兵中心进行登记，但到了 9 月底征兵活动将近结束的时候，一些征兵中心却排起了长队。在 1998 年开始征兵活动期间，根据国防部征兵与动员局负责人艾德加尔·科萨（Edgar Cossa）提供的数字，全国应有 75 万～100 万的青年人到征兵中心登记报名，但实际上只有 14 万人进行了登记。[①] 1998 年 9 月，国防部宣布将在 1999 年征召 3000 名士兵参加国防军。

1999 年 1 月 1 日至 2 月 28 日，莫桑比克进行了新兵役法颁行以来第一次常规的征兵活动。这标志着新征兵法规正常实施的开始。据此，国防部每年都可以征召新的兵员。根据艾德加尔·科萨透露的临时统计数据，在登记报名期间，全国只有 4.5 万人登记报名。[②] 为了鼓励更多的青年登记报名，莫桑比克在 2 月 28 日的登记活动结束后宣布，将登记期限延长 30 天，以待那些在规定期限内没有登记报名的人前来登记。

由于莫桑比克的青年人参军的热情不高，莫桑比克政府的征兵活动不仅在国内进行，而且还积极动员滞留在邻国的本国公民参加征兵登记活动。

---

① Mozambique News Agency, AIM Reports, No. 149, 12th January 1999.
② Mozambique News Agency, AIM Reports, No. 153, 9th March 1999.

四 国防军实力

全国武装部队由莫桑比克国防军和准军事部队组成。莫桑比克国防军包括陆军、海军和空军。综合各种不同渠道的数字，估计目前莫桑比克国防部队总兵力数字在 1.1 万 ~ 1.6 万人之间。[①]

表 5 - 2　南非安全研究所关于莫桑比克 2001 年国防装备的情况

装备种类	数量与类型
主战坦克	T - 54/ - 55 型坦克若干
装甲侦察车	BRDM - 1/ - 2 型 30 辆
装甲步兵战斗车	BMP - 1 型 40 辆
装甲运兵车	BTR - 60 型 150 多辆,BTR - 152 型 80 多辆,Casspir 型 5 辆
牵引炮	152/130/122/105/100 毫米大炮 136 门以上
近海巡逻艇	3 艘 PCI(无作战能力)
运输机	An - 26 型 5 架,C - 212 型 2 架,PA - 32 型 4 架(无作战能力)
训练机	Cessna 182 型 1 架,ZLIN - 326 型 7 架
直升机	Mi - 24 型 4 架以上,Mi - 8 型 5 架(大多无作战能力)

注: 1. 本表依据南非安全研究所的分析资料整理。

2. 主要军事装备的服役能力，尤其是苏联老式军事装备的服役能力十分低，只达到其理论服役能力的 10% 或更低。

资料来源: South African Institute for Security Studies website: http://www.iss.co.za/, Last updated: February 2002。

　　根据中国长城互联网 2005 年 10 月的数字，莫桑比克武装部队陆军武器装备：坦克 165 辆、装甲车辆 465 辆，牵引炮 120 门、迫击炮 36 门、无坐力炮若干门和高炮若干门。海军武器装

[①] 2002 年 5 月下载自中华人民共和国外交部网站（http://www.fmprc.gov.cn/chn/6534.html）的数字为 1.1 万。但 2002 年 3 月 11 日下载自 http://www.atlapedia.com/online/countries/mozambiq.htm 的莫桑比克国防军总兵力的估计数字为 1.6 万。

备：海军各型舰艇 16 艘。空军武器装备：空军各型飞机 71 架以上，作战飞机 47 架以上，支援保障飞机 24 架。导弹防空寻弹发射装置 10 部以上。

五 陆军

陆军目前是莫桑比克国防军中实力最大的部队。根据美国海军研究所的军事数据资料显示，截止到 1998 年 6 月，莫桑比克陆军兵力估计为 4000～5000 人，但计划扩充到 13000～15000 人。① 莫桑比克陆军有 15 个营的兵力曾接受英国军官的训练。陆军部队在组建以后重新部署在全国的 10 个省军区，各司令部下辖：1 个坦克旅（总统卫队）和 7 个步兵旅，每个旅下辖：1 个坦克营、3 个步兵营、2 个摩托化营、1 个防空营、2 个独立机械化营、1 个铁路安全营和 6 个防空炮兵营。②

六 空军

内战结束以前，空军全称为莫桑比克人民解放军空军，简称莫桑比克空军，成立于 1975 年。其空军装备全部为苏制。

内战结束以后，空军的军备荒废情况非常严重。有关莫桑比克目前空军的人数不详。但据南非安全研究所的数字，认为莫桑比克空军现在的人数为 1000 人。③

---

① The US Naval Institute Military Database, http：//www. periscope1. com/cemo/nations/africa/mozambiq/army/index. html # overview，Latest update：1 June 1998，2002/3/11 下载。

② The US Naval Institute Military Database, http：//www. periscope1. com/demo/nations/africa/mozambiq/army/index. html # overview，Latest Update：1 June 1998，2002/3/11 下载。

③ 3 IISS, The Miliary Balance 2001/2. p. 271.

七 海军

莫桑比克拥有绵延的印度洋海岸线。莫桑比克海军就是一支海岸巡逻队，没有舰队和海军航空兵。目前，莫桑比克海军由于装备落后，难以履行宪法规定的职责和任务。

根据不同的材料，莫桑比克的海军兵力在 100～900 人。据南非安全研究所的数字，目前莫桑比克海军人数为 600 人。①

海军主要活动基地和海军司令部设在马普托市。其他的主要海军港口有：贝拉、梅唐古拉、纳卡拉和彭巴。

八 准军事部队

莫桑比克准军事部队有警察、民兵和国民卫队组成。

莫桑比克人民警察主要负责城市地区的公共秩序，直接接受国家内政部的领导。人民警察部队于 1979 年 6 月成立。人民警察部队由男女警官组成，配有轻型武器。但有关警察部队的人数和内部结构因资料缺乏不得而知。

目前，全国边防卫队有一个旅的编制，大约 5000 人；各省地方上已经组建了民兵组织，除了尼亚萨省外，莫桑比克的 9 个省各有民兵约一个步兵营。

第三节 对外军事关系

一 同南非的军事关系

从 1988 年开始，尤其是 1989 年德克勒克继任南非总统以后，两国政府的关系恢复升温，签署了军事和经济

---

① 4 IISS, The Miliary Balance 2001/2. p. 271.

方面的一系列协议。在南非进入民主过渡时期，南非开始支持莫桑比克的和平进程。另外，就在 1994 年莫桑比克举行大选前夕，南非新任总统纳尔逊·曼德拉为劝说莫抵运放弃大选前夕的抵制政策发挥了关键作用。

在实现了民主以后，南非同莫桑比克开展了紧密的军事合作关系。1996 年 2 月中旬，莫桑比克同南非达成了加强合作的军事协议。根据该协议，两国进行联合军事演习、互相交换武官、管理边境，两军互相交流军事情报。协议还规定，南非帮助培训莫桑比克军队的医护人员，改善莫桑比克军队医院的设施，等等。①

此后，南非同莫桑比克又签署了减少两国间武器走私的协议。现在，南非和莫桑比克采取联合行动，已经在莫桑比克境内销毁了 1000 多吨的小型武器和弹药，其中最引人注目的是在 1999 年 1 月炸毁了一所总量达 900 吨的军火库。

二　苏联东欧等社会主义国家的军事援助

由于莫桑比克国内几乎没有军事工业，莫桑比克在军事装备方面可以说是完全依赖苏联和东欧社会主义国家，在军事训练方面接受来自苏联、东欧国家、非洲前线国家、朝鲜人民民主共和国、古巴和中国的军事援助。在独立以后不久，苏联取代中国成为莫桑比克的主要军事援助来源。到 80 年代中期，莫桑比克的所有军事装备，尤其是包括防空装置在内的重型军事设备，几乎全部来自社会主义国家。从 1977 年开始，苏联为莫桑比克提供军事援助，主要是榴弹炮、其他枪炮和坦克。1978～1980 年间，苏联又为莫桑比克提供了装甲车和喷气

---

① Military Accord Signed with South Africa, Radio Mozambique Network, Maputo, February 15, 1996.

飞机。仅在 1980 年当年，苏联为莫桑比克提供的援助就包括
110 辆 T – 54/55 坦克、一些米格 – 21 战斗机、大约 43 架运输机
和 2 艘巡逻艇。[1] 仅在 1981 年，莫桑比克在苏联和东欧国家接
受军事训练的人员就超过了 500 人。为莫桑比克的安全部队提供
培训和指导的约 600 名外国军事顾问分别来自苏联和民主德国，
约 1000 名来自古巴以及约 400 名来自坦桑尼亚。[2]

　　莫桑比克同中国的军事合作关系具有很长的历史。早在独立
战争期间，中国政府为莫解阵提供了武器援助和军事培训。在莫
桑比克独立以后，两国的军事合作关系一直没有间断。在内战结
束以后，两国的军事合作进入新阶段。据莫桑比克无线电广播电
台在 1996 年 10 月 18 日报道，中国政府在当天向莫桑比克国防
军捐赠了价值近百万美元的非杀伤性军事物资，包括 5 辆救护
车、手术设备、军用帐篷和军毯，等等。[3] 这是莫桑比克实现民
主以后中国恢复对其提供军事援助的开始。

　　到 1998 年，中国政府已为莫桑比克国防军提供了 200 万美
元的援助，用于购买非杀伤性军事装备，如军靴和军服等。1999
年，中国同莫桑比克政府签署了一项协议，为莫桑比克国防军提
供了 750 万美元的援助，在马普托郊区马戈阿尼内建设莫桑比克
国防军军官住宅区。[4] 该项目很快就破土动工，两年时间完成。
为了帮助排除地雷隐患，2001 年 7 月 18 日中国和莫桑比克政府
在马普托签署了《中国向莫桑比克捐赠探雷器材议定书》。根据

① Nelson, Harold D. ed,; Mozambique: a Country Study/Foreign Area Studies, the American University (Washington, D. C.), 1985. p. 273.

② Nelson, Harold D. ed,; Mozambique: a Country Study/Foreign Area Studies, the American University (Washington, D. C.), 1985. p. 274.

③ China Donates "Nonlethal" Military Materiel, Radio Mozambique Network, Maputo, October 18, 1996.

④ Mozambique-China military cooperation, Mozambique News Agency, AIM Reports, No. 148, December 8th, 1998.

议定书，中国政府将向莫桑比克捐赠 90 套探雷器材，其中包括地雷探测装置和排雷防护装具。① 莫桑比克国防部长托比亚斯·达伊和中国驻莫桑比克大使陈笃庆分别代表两国政府在议定书上签字。达伊对中国向莫桑比克扫雷事业提供援助表示衷心感谢。

三　非洲前线国家的军事援助

前线国家认为，成员国自身的安全同莫解阵政府的国防紧密相连，而莫桑比克受到南非种族主义政权这个共同敌人的直接或间接的入侵威胁，所以前线国家一直在为莫桑比克提供军事援助。此外，莫桑比克过去也援助安哥拉、坦桑尼亚和津巴布韦等国家，与他们持有共同的意识形态。由于拥有共同的文化基础，安哥拉同莫桑比克的关系一直非常密切。在内战期间，安哥拉曾为莫桑比克援助了一些诺拉特拉（Noratlas）运输机。

津巴布韦在 1980 年独立以后，成为莫桑比克内战期间莫解阵的最密切的盟友和支持者。到 80 年代末，当认识到军事方法无法有效解决莫桑比克内战时，津巴布韦加强了同莫抵运的联系。穆加贝总统几次参与促成或调解了莫桑比克政府同莫抵运的谈判。在和平谈判的最后阶段和大选前夕，穆加贝以个人名义提出的安全保证和支持对促成莫抵运领导人履行承诺至关重要。津巴布韦军队最后于 1993 年完全撤离。

莫桑比克同坦桑尼亚之间存在着紧密的军事合作关系。在莫桑比克独立战争期间，坦桑尼亚就是莫解阵的坚强后盾，莫解阵的总部设在达累斯萨拉姆。在独立后，两国间的互惠合作关系也在不断加强。从 1985 年开始，莫桑比克军队从坦桑尼亚本土得

---

① 刘彤：《中国向莫桑比克捐赠扫雷器材》，新华社马普托 2001 年 7 月 18 日电（记者刘彤）。

到培训设施。1983～1988 年期间，坦桑尼亚派出了 7000 名士兵
到莫桑比克，保护自己的边境免受莫抵运的进攻并参与莫解阵的
军事行动。但坦桑尼亚军队在 1988 年年底基本上撤出了莫桑比
克领土。在莫桑比克内战期间，坦桑尼亚接纳了大约 6 万名莫桑
比克难民。

从 1987 年开始，莫抵运部队为了获得给养经常袭击赞比亚，
困扰和威胁着赞比亚的平民生活。为此，赞比亚当局发动了针对
莫抵运侵扰的反击战，并于 1989 年同莫桑比克政府签署了一项
联合治安协议。在 1990 年后期，卡翁达总统在小罗兰德的撮合
下同莫抵运领导人德拉卡马进行了会谈，德拉卡马向其透露了同
希萨诺总统进行直接谈判的前提条件。赞比亚总统卡翁达也为莫
桑比克和谈的实现作出了贡献。

马拉维同莫桑比克的军事关系比较曲折。在莫桑比克内战为
本国造成的损失不断增加和不断受到前线国家压力的情况下，马
拉维班达政府于 1986 年 12 月同莫桑比克达成了一项安全协议，
将莫抵运驱逐出了马拉维领土。此后，为了保卫马拉维经过莫桑
比克通向海外的运输路线的安全，马拉维的军队在 1987～1993
年之间进驻莫桑比克。到 1988 年中期，马拉维在莫桑比克的驻
军从最初的 300 人增加到 600 人。但马拉维官员仍然为了确保纳
卡拉走廊的安全而维持同莫抵运的谈判。在莫桑比克和平进程
中，马拉维努力促成了莫抵运同莫解阵政府之间的直接谈判，并
在后来的罗马谈判期间舒缓了一些谈判僵局。在莫桑比克战争的
高潮期间，马拉维接纳了 100 万名莫桑比克难民。

四 西方国家的军事援助

在苏联东欧集团和非洲盟国提供的军事援助不足以遏制
和镇压莫抵运势力迅速膨胀的情况下，萨莫拉总统开
始转向西方国家。但由于历史的原因，西方国家直到 80 年代中

期一直没有参与莫桑比克军队的培训活动。1983 年，莫桑比克空军向英国的莱蒂弗逊（Rediffusion）公司定购了先进的雷达通信系统，以便加强 3 个军事战场的联系和地对空的通信联系。根据当时的一些报道，英国从 1984 年开始为莫桑比克提供军用吉普车。莫解阵政府也向西方国家寻求帮助，改善交通运输基础设施。

在 1992 年中期的罗马谈判中，葡萄牙作为莫桑比克的前殖民宗主国，受邀派出了官方观察员。此后，葡萄牙也参与了监督莫桑比克实施和平协议的工作，并为新组建的莫桑比克国防军提供军事培训。1995 年 5 月，莫桑比克与葡萄牙签署了防卫合作协议。根据这项协议，葡萄牙将为莫桑比克武装部队提供培训。[①] 1997 年 9 月 23 日，葡萄牙国防部长安东尼奥·威克多利诺对莫桑比克开始进行为期 5 天的友好访问。他同莫桑比克领导人探讨了在培训特种部队、制定基本的国防法律和海军方面的合作问题。在此后的几年里，莫桑比克先后几次派兵参加了在葡萄牙举行的特种兵培训活动。

由于赞赏莫桑比克曾在津巴布韦独立事业中所作出的贡献，英国同莫桑比克在 80 年代保持了非同寻常的密切联系。英国政府向莫桑比克政府提供了大量的经济援助和军事援助，这在1984～1987 年期间尤为显著。此后，英国向莫桑比克提供了发展援助，还在津巴布韦为新组建的莫桑比克国防军提供军事培训。

从 80 年代初开始，美国向莫桑比克政府提供了大量的人道主义援助和部分军事援助。为了同莫桑比克军队建立更好的联

---

① http：//www. periscope1. com/demo/nations/africa/mozambiq/army/index. html # overview，the US Naval Institute Military Database，LATEST UPDATE：1 June 1998，download on March 11，2002.

系，1990 年美国国防部还在驻莫桑比克使馆设立了一个国防部官员职位，配合美国驻莫桑比克使馆开展工作。[1] 1990 年，由美欧联军司令部派出的代表团在詹姆斯·麦卡锡将军的率领下访问马普托，拜会了希萨诺总统。双方探讨了有关未来军事援助的许多问题。这一时期，美国首次制订了向莫桑比克提供军事教育和军事培训资助的计划。[2] 此后，美国在拟定《总和平协议》的军事部分发挥了重要作用，在 1992 年中期作为正式观察员参与罗马谈判。在实施和平协议的过程中，美国成为监督莫桑比克和平进程的重要成员。

五 "联莫行动"

联合国应邀参加了莫桑比克罗马和平谈判的最后阶段。在《总和平协议》签署以后，联合国于 1992 年 12 月 16 日通过了关于联合国莫桑比克行动（简称"联莫行动"）的第 797 号决议，开始正式介入莫桑比克的和平进程。"联莫行动"是联合国实施莫桑比克《总和平协议》的监督机构，其职责包括集结内战双方的部队、复员和遣散双方的士兵、准备大选、清除全国范围内的地雷和进行人道援助。"联莫行动"从 1992 年 12 月开始实施，一直到 1995 年 3 月结束。作为"联莫行动"的一个组成部分，联合国向莫桑比克派驻了维和部队和警察，对和平协议的实施起到了关键作用。联合国先后授权"联莫行动"从约 40 个国家招募 6625 名士兵和军事后勤人员、354 名军事观察员和 1144 名民警的维和部队，另外还有约 355 名国际工作人员和 506 名当地工作人员，在大选期间又部署了约

---

① Lecocq, Randy. Changes in Mozambique Since 1987. African Affairs Desk Officer, U. S. State Department. Washington D. C., 1991, p. 4.

② Major Lance S. Young (USAF), Mozambique's Sixteen-Year Bloody Civil War, CSC 1991.

900 名选举观察员。

1993 年 5 月，约 6000 名联合国维和部队开始部署，实际上，维和部队的绝大部分使命由军事观察员组成的小分队承担的。他们负责莫桑比克士兵集结点的工作，帮助遣散莫桑比克士兵，收缴武器并验证武器储备情况。维和部队的大部队却在相对安全的交通走廊地区进行巡逻。为了确保在维和过程中的公正性，"联莫行动"应莫抵运的请求，在监督莫桑比克警察活动方面发挥更积极的作用，而且在莫桑比克警察总部派驻了联合国民事警察，进行监督。

1994 年 10 月，莫桑比克顺利实现了有史以来的第一次民主大选。12 月，联合国维和部队开始从莫桑比克撤离，到 1995 年 1 月，撤离完毕。"联莫行动"所属派驻莫桑比克维和部队和警察于 1995 年 3 月底全部撤离。

六　维和行动

近年来，莫桑比克国防军积极参与联合国的维和工作，曾先后向东帝汶、刚果（金）、科摩罗及布隆迪派遣维和部队，执行联合国或非盟的维和任务。

第六章

教育科技、文艺、卫生与新闻出版

　　自从独立以后，莫桑比克的科学教育、文学艺术、卫生与新闻出版业在历史上获得了很大的发展。但大体上，这些领域的发展可以以 1990 年宪法的颁布和罗马和平协议的签署为分界点，分为前后两个时期。前一个时期的发展为莫桑比克摆脱殖民地的烙印和影响取得了决定性的成果，也为后来的发展奠定了基础。但在长期内战的影响和破坏下，这些领域的发展成果总的来讲仍然是有限的。

　　莫桑比克共和国 1990 年宪法明确了一系列为世人普遍接受的基本人权理念，得到了世界各国的普遍赞赏和支持，同时也为科技教育、文学艺术、卫生事业和新闻出版业的迅速发展指明了方向，为其学习和繁荣人类的先进文明成果奠定了坚实的基础。新宪法保护公民的科学、技术、文学和艺术创造活动，保护包括版权（著作权）在内的知识产权。

　　莫桑比克宪法规定："莫桑比克共和国要推行具有如下目标的教育战略：维护国家团结统一、根除文盲、掌握科学技术、向公民普及有道德的文明的价值标准。国家将通过一个全国性的教育体系组织和实施教育活动。""在莫桑比克共和国内，教育是所有公民的权利和义务。国家要采取措施促进所有公民平等地尽

最大可能地享用这一权利。"

"国家要推动民族文化和民族融合的发展，要确保莫桑比克各团体自由表达其传统和价值标准。国家将促进莫桑比克文化的普及，并将采取措施使莫桑比克民族从其他民族的文化成就中获益。"

"公民的医疗保健活动要通过全国性的卫生服务系统予以实施，使所有的莫桑比克公民受益。……国家要推动公民和各种机构共同参与，以提高公共医疗保健水平。""所有公民根据法律规定享有医疗保健权利，有义务促进和维持身体健康。"

"所有的公民享有自由表达权、自由出版权和知情权。包括以各种合法手段传播自己观点的权利在内的自由表达权和知情权不受检查制度的限制。出版自由尤其是包括记者的表达和创作自由、从新闻源获取新闻的自由、保护职业独立和机密的自由，以及出版报纸和其他出版物的权利。"

"所有公民享有自由从事科学、技术、文学、艺术创新活动的权利。国家要保护同知识产权有关的权利，包括版权，还要促进文学艺术的创作与传播。"

所有这些宪法条款，为内战结束以后全国科技教育、文学艺术、卫生与新闻事业的发展奠定了基础，预示着这些领域新时代的到来。

第一节　教育和科技

一　基础教育

在葡萄牙殖民统治时期，莫桑比克的教育事业十分落后。第一批学校是由葡萄牙传教士在 19 世纪上半期设立的。到 19 世纪 70 年代，全国仅有约 400 名学生。1964 年葡萄牙政府宣布，对 6～12 岁的儿童实施义务教育政策，并建立了小学 6 年制和中学 5 年制的中小学教育体制，但是绝大部分非洲人子女上不起学。到 1975 年独立时，全国的文盲率达到 93%，成年人文盲率为 85%～95%。高文盲率成为莫桑比克建设和发展的严重障碍，也是新生的莫桑比克政府必须予以重点解决的问题。

在人民共和国成立以后，政府极为重视教育事业，强调发展教育事业。新政府在全国各地组织多种宣传运动，努力动员所有适龄儿童到学校上课学习。当时全国通行的一种观念是：所有的孩子都有权利和义务到学校接受教育。当时，对于女童的入学问题引起了全社会的重视，因为按照传统，女童不得接受学校教育，而要在家中参加劳动，直到结婚出嫁。

根据 1975 年的有关法令，莫桑比克政府对私有学校和教会学校实施国有化，全部教育设施由政府统一管理。全国实行统一的全日制教育制度，推行全民小学义务教育。在义务教育阶段，一切学杂费全免。

全国的教育事务由教育部和人民议会共同管理。莫桑比克制定的教育方针是：确保教育制度为经济社会发展服务，为国家建设培养人才，"保证劳动者及其子女能够接受各级教育"。"教育与生产相结合，理论与实践相结合"。莫桑比克政府在全国范围内建立了比较完整的教育体系和机构，包括幼儿园、中小学校、大学、成人速成学校、文化教育中心和阅览室，等等。葡萄牙语是各种教育机构的授课语言。莫桑比克政府为了推动公共教育事业和加强马列主义教育，还制订了各种新的教育计划。

政府在财政方面为发展教育卫生事业投入了大量的资金。在 1976 年的政府支出中，教育经费占国民预算总额的 17%。在 80 年代初期，尽管国家资金极为紧缺，但还是每年拨出约 30% 的

国家预算用于教育、卫生和住房事业。当时，由于同莫抵运作战的需要，只有国防预算支出达到如此高的比例（见表6-1）。

表6-1　1981~1982年国家预算

单位：百万美元

类别	1980年	1981年	1982年
教育卫生	132	151	176
国防	132	155	176
经济部门	49	38	64
其他的国家开支	85	38	64
价格补贴	25	25	25
债务与储蓄	39	51	38
总额	462	519	594
预计赤字	56	74	80

资料来源：Allen Isaacman and Barbara Isaacman，Mozambique：From Colonialism to Revolution，1900-1982. Westview Press，1983. p.138。

莫桑比克在1983年开始实行新的国民教育体制，将教育部门分为普通教育、成人扫盲教育、职业技术教育、教师培训和高等教育。根据该体制，小学实行义务教育。小学学制为7年，从7岁到14岁，分两个阶段：第一阶段为5年，第二阶段为2年；中学学制为5年，从14岁到19岁，也分为两个阶段：第一阶段为3年，第二阶段为2年。完全中学的学生只有在合格毕业之后，才能进入高等院校学习。

经过多年的努力，独立后的中小学教育事业有较大发展，在校小学生由1973年的63.4万人增至1979年的149.5万人。1983年，全国小学入学人数为122万，占学龄儿童的60%，中学生人数为13.7万。1986年，小学生人数为125.1万，小学教师2.6万人；中学生人数为14.4万，中学教师有3422人。1991

年，全国小学入学率为58%；中学入学率为7%；小学学生与教师的比例为58:1。[①]

长期的内战对莫桑比克的中小学教育产生了毁灭性的影响。1983年，全国有小学5889所，但到1992年时，只有40%的小学学校能够正常开学。[②] 自1983年至1992年间约有58%的中、小学校设施遭受破坏，致使50万学生无法入学。小学生在校人数从1979年的149.5万人，减少到1991年的120万人和1992年的1199476人。在适龄总人口中，小学和中学入学比率从1972年的30%增加到1979年的52%，但1995年降到32%（其中男性为38%，女性为27%）。农村小学入学率1996~2005年翻了一番，初中入学率10年间增长了5倍，学生性别差距也大大缩小。

进入80年代中期以后，国家在教育方面的支出急剧减少。1980~1986年，教育方面的经常项目预算占全国经常项目总预算的17%~19%。但在1987年实行经济结构调整以后，这个比例突然降低到9%[③]，这使教师的工资陡然下降了约50%。大幅度削减教育商品和服务也对教育质量产生了明显的消极影响。1990年，莫桑比克教育部门得到的政府教育经费和所有的国外援助的经费总额为722.64亿梅蒂卡尔，教育经费支出占政府总支出的12%。[④] 1995年，教育经费预算占国家预算总额的15%，教育预算额比1984年教育预算总额实际增长了22%。在1995年

---

① Africa, South of the Sahara 2000, 29th edition, Europa Publications Limited, 1999. p. 772.

② Iain Christie, Mozambique: Land of Peace and Promise, Bureau de Informação Pública, 1996. p. 103.

③ Iain Christie, Mozambique: Land of Peace and Promise, Bureau de Informação Pública, 1996. p. 104.

④ Africa, South of the Sahara 2000, 29th edition, Europa Publications Limited, 1999. p. 772.

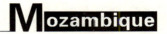

教育预算中，75%用于支付教师工资，其中包括征召新教师，尤其是小学教师。2008 年，莫桑比克国会批准的教育预算支出占国家预算支出的 18.4%，但这个比例在 1987 年降为 0.3%。1995 年，整个教育部门的投资支出占国家预算投资支出总额的 10.7%。[1]

　　1990 年，莫桑比克颁行了新宪法。根据该宪法，接受教育是每个公民的权利和义务。全国所有的公民在接受各种教育和各级教育的机会是平等的。根据这个宪法，莫桑比克实行教育制度改革，鼓励社会团体、宗教团体、合资团体、企业和私人参与办学。莫桑比克政府推行的教育政策是确保越来越多的学生能够接受学校教育，并改进各阶段教育的教育质量。政府在教育领域的目标是随着社会经济的发展和进步，逐步实施义务教育，降低文盲率并向所有公民提供基本教育，为国家的社会经济发展培养急需的干部力量。部长会议根据国家社会经济发展的实际情况确定实施义务教育的地区。

　　1992 年《总和平协议》签署后，内战结束。莫桑比克政府确定的核心任务之一就是修复全国各地的学校，恢复教学秩序，提高学生的入学比率。在国际社会资助和本国民众的支持下，莫桑比克政府陆续恢复和建设了一些学校。小学教育得到比较快的恢复。1995 年 8 月部长会议决定扩大教育事业，提高入学率并大力培养各级教师，不断提高教学质量。到 1995 年，全国恢复招生的学校达到了 1983 年的 71%。其中德尔加杜角省达到了 99%，马尼卡省达到了 80%，太特省达到了 78%，赞比西亚省达到了 78%。[2] 1995 年，小学入学比率为 40%，其中男生为

① Iain Christie, Mozambique: Land of Peace and Promise, Bureau de Informação Pública, 1996. p.104.

② Iain Christie, Mozambique: Land of Peace and Promise, Bureau de Informação Pública, 1996. p.103.

45%，女生为 35%；而中学入学比率仅为 6%，其中男生为
7%，女生为 5%。[1] 到 1997 年在校小学生人数恢复到 1899531
人。[2] 90 年代中期，莫桑比克每年建设新教室 1100 个，但仍低
于每年建设 1500 个新教室的计划，还不能满足迅速增长的学生
人数的需要。1995～1999 年莫桑比克小学教育的发展超过原定
目标的 25%，新修建学校 2846 所，全国基础教育机构已达 6611
所。2000 年莫桑比克全国文盲率已从 1975 的 93% 下降至
60%。[3] 妇女的文盲率从 1975 年的约 95% 下降到目前的约 60%。
2004 年，全国文盲率为 52.7%。2008 年，莫桑比克成年人文盲
率为 38.7%。

根据莫桑比克教育部有关简报透露，在 2001 年前后，莫桑
比克的教育预算占每年预算总额的 22.6%。按照该机构的数字，
莫桑比克注册学生数从 1992 年的 120 万人增加到 2000 年的 260
万人，其中最主要的增长是在基础小学教育部分。[4]

目前莫桑比克教育事业面临着一系列问题，其中之一就是全
国只有 1.2% 的人口将葡萄牙语作为自己的母语，而大多数莫桑
比克居民只会讲自己的班图语言。但由于在国内各族体之间没有
通用的母语，葡萄牙语成为所有学校教育的教学语言。这可能是
导致高复读率和高辍学率的最主要原因。

其次是学校和教师严重不足。到 1995 年底，全国仅有 4000
所小学提供小学第一阶段教育，200 所小学提供小学第二阶段教

① Africa, South of the Sahara 2000, 29th edition, Europa Publications Limited, 1999. p. 772.
② Africa, South of the Sahara 2000, 29th edition, Europa Publications Limited, 1999. p. 772.
③ 中华人民共和国外交部网站：http://www.fmprc.gov.cn/chn/6534.html, 2001/10/28。
④ EIU briefing on education and health, IRIN, Johannesburg, 6 Jun 2001.

育。全国仅有48所高中。在1996年第一学期，莫桑比克的中小学校缺少成千上万的教师，政府作为应急措施，计划培训3000名新教师。1996年，按计划将要新建1160所新小学。[①] 这些情况说明，莫桑比克在教育领域具有专业背景的人力资源匮乏。

另外，外国援助在莫桑比克教育融资方面发挥着举足轻重的作用。这也限制着莫桑比克教育事业的发展。1993年，由外国提供的工资以外的教学援助总值超过了本国提供的财政资金额，占当年外来援助总值的一半。但国外的这些援助多为教科书课本、食品、帮助支付进口关税和运输成本等，但在教学参考书和基本的教学仪器方面则完全缺乏资助。

二　高等教育

目前在莫桑比克，完成12年级基础教育的学生或具有同等学力的学生，有资格进入大学或学院接受高等教育。国家对低收入家庭的学生提供奖学金和其他形式的资助，没有名额限制。在私立大学接受高等教育的学生可以申请这种奖学金，也可以从私立大学申请奖学金。大学学制一般是经过5~6年的学习可获得准硕士学位，[②] 而少数的学科经过3年学习可获得学士学位。

在1995年以前，全国只有蒙德拉纳大学、师范大学和高等

① Building Africa's Information Highway: The Case of Mozambique, on the Seventh meeting of the Technical Thirty-first session of the Commission/ Preparatory Committee of the Whole twenty-second meeting of the Conference of Ministers, Economic Commission for Africa Economic Commission for Africa, United Nations Economic and Social Council, Addis Ababa, Ethiopia, 30 April-3 May 1996 6 – 8. May 1996.

② Licenciatura 是葡萄牙语国家高等教育中特有的一种学位，没有准确的英语词汇与其相对应，一般认为是介于英语国家的学士学位和硕士学位之间的一种学位，可译为准硕士学位。

国际关系学院 3 所国立高校。在内战期间，高校招生人数极为有限。在 1992 年签署和平协议之后，蒙德拉纳大学仍然一直是全国高等教育的主要学校，每年招生人数占全国高校招生人数的75%，其中 25% 为女生。1992～1995 年，该校每年从全国招生的人数一直维持在 1000 人左右。根据教育部的统计数字，1992/1993 年度在高等院校就读的学生人数为 4600 人。1994 年，蒙德拉纳大学、师范大学和高等国际关系学院 3 所国立高校只招收新生 1200 名。在这些新入学的大学生中，45.5% 的人参加了入学考试。[①] 1995/1996 年度，在公立高等院校注册的学生数为 6844人，教师 921 人，1996/1997 年度在校学生有 7156 人，教师 954人。[②] 但自 90 年代后半期，莫桑比克的高等教育体制开始发生变化，招生规模不断扩大，但高等教育经费仍然严重短缺。1999年，全国高校在校生总人数增加到 11619 人，新生入学人数比1995 年的 1088 人翻了一番，增加到 1999 年的 2155 人。与此同时，公立大学的申请入学人数仍然是招生名额的 5 倍。[③] 到 2000年年底，莫桑比克共有高校 10 所，其中 5 所为国立大学，另外的 5 所为私立大学。这些大学开设的学科包括技术科学、医药—兽医学、教育学、自然科学、社会与人文科学、经济学、建筑学、环境规划学与农业科学，等等。世界银行执行局于 2007 年8 月批准来自国际发展组织的 1500 万美元的补充援款用于莫桑比克的高等教育项目，并包括给予省一级的学生助学金。

莫桑比克的高等教育还很落后，理工科教育十分短缺，目前

① Iain Christie, Mozambique: Land of Peace and Promise, Bureau de Informação Pública, 1996. p. 99.
② 莫桑比克教育部规划司（MINISTRY OF EDUCATION, DIRECTORATE OF PLANNING）统计数字。Africa, South of the Sahara 2000, 29th edition, Europa Publications Limited, 1999. p. 772.
③ PEES, Working Document, GoM, 2000.

也是莫桑比克社会经济发展亟待解决的关键问题之一。在内战结束后，莫桑比克急需兴办高等教育，培养人才，以发展和改变其落后的经济。为了探讨发展高等教育的途径，1999年10月，莫桑比克成立了高等教育专职小组。为了促进高教事业和科学技术的发展，莫桑比克政府"2000年第一号总统令"宣布成立高等教育、科学与技术部（简称高教科技部）。

在2000年1月17日第二届民选政府成立时，高教科技部正式成为莫桑比克政府的一个部。该部的功能和任务是：制定有关高等教育、科学技术领域的具体政策和战略建议；监督和管理高等教育和科学技术领域；评估、监督、分析并制定高等教育和科学技术领域的发展规划；推动科学技术的发展，传播科技知识；促进科技领域的职业标准和职业道德水平的提高，等等。

高教科技部组织机构的设置采取了灵活的横向联合机制。这是因为国家发展的需要要求设置一个横跨各部委的灵活机构，可以在国家各机构之间进行积极有效的和迅速的信息交流与合作，以便在完成共同目标方面发挥国家各机构的自主性和能动性。在高教科技部中，国家高等教育科学技术委员会负责制定政策和战略，监督、管理和规划与高教科技部有关机构的运转。监察局负责评估和考察全国高等教育、科学技术知识的发展状况。该局将同国有的或私营的、国内的或国际相对应的组织机构进行合作，开展活动。协办局负责高等教育、科学与技术领域的促进活动，同国内外的机构组织建立合作伙伴关系。

目前，为了推动本国高教科技事业的发展，高教科技部积极开展国际合作，同以下国际组织机构建立了合作关系：美国福特基金会、澳大利亚国际开发局和荷兰王国相关机构等。

为了广纳各方建议和才智，共同推动社会发展进步，该部在成立后开展了一系列的重大活动。2000年2月22～23日在贝拉市、2月26～27日在彭巴市和3月1～2日在马普托市分别举办

了一系列的研讨会，探讨莫桑比克高等教育辅助体制问题：2000
年 7 月，举办了高等教育战略计划研讨班讨论了"2000 ~ 2010
年高等教育战略计划"；2000 年 8 月，莫桑比克部长会议批准了
高教科技部拟定"全国高等教育战略计划"；2000 年 10 月，举
行了全国第一届科学技术研讨班。

根据莫桑比克政府制定的高等教育战略，高等教育要解决以
下 3 个问题：（1）通过扩大招生名额和提高教育质量满足高等
教育的社会需求；（2）满足劳动力市场的需求和国家技术发展
的要求；（3）提高现有资源的效益。

目前，莫桑比克发展高等教育面临不少问题。由于高等教育
机构极为有限，入学竞争十分激烈，申请入学的人数远远超过全
国大学的招生能力。此外，高等教育的投入产出效益低下，以蒙
德拉纳大学为例，1995 年有 3000 名申请者，但只招收 800 人，
而在每年在校注册的 4000 名学生中，只有 600 名学生毕业。到
了 90 年代末，教育质量低的状况仍没有得到大的改观。根据英
国经济学家情报所的数字，"蒙德拉纳大学每年的毕业生只占在
校学生总数的 20%"。①

由于教育资金投入有限，对外教育交流缺乏后劲，出国深造
的大学毕业生很少能得到莫桑比克政府提供的奖学金，每年大约
有 20 个名额，葡萄牙为接受莫桑比克留学人员的主要国家。但
大学里的不少讲师有机会赴国外进修。

此外，大学教育与劳动力市场的需求之间存在着差距。莫桑
比克当地的雇主已经反映，本国大学培养的毕业生的学术水平不
如同等学力的国外毕业生。造成这种教育结果的一个原因是莫桑
比克没有实习制度。政府部门已经认识到实习制度的重要性，并
准备制定和推行这种制度。

---

① EIU Briefing on Education Health, IRIN, Johannesburg, 6 Jun. 2001.

三　技术和职业教育

莫桑比克政府一贯重视职业技术教育。技术和职业教育的目标是为社会经济的发展培养有技术能力的劳动者。自独立时开始，莫桑比克政府采取措施，更新了职业技术教育设施，并扩大了职业教育的范围。莫桑比克的专业技术教育分为不同的类型，分设 3 个级别的职业教育。第一级别属于初级的职业技术教育。初级的职业教育教授基本的职业技术，如木工等，为期 3 年。完成小学教育的学生进入这类手工业学校。第二级别为中等的职业技术教育。学生在完成中学阶段前 3 年的教育之后，接受 2 年的职业技术教育。该级别的职业教育教授有关农业、机械和电器工程等专业技术知识，直接为劳动力市场培养毕业生。全国有两所这种级别的职业技术学校，马普托工业学院和贝拉工业学院。这两所学院每年各自的毕业学生不过 400 人。第三级别技术教育是在学生完成 5 年的中学教育之后，进入高级的技术学校学习，包括职业技术师范学校、高级专业技术学校或技术学院。该级别的技术教育教授农业和化学等专业技术知识。1979 年建立在马普托郊区的马普托技术学院，就是一所高级技术学院。楠普拉的工业技术师专则是专门培养职业技术教育师资的学校。此外，贝拉、太特等城市也设有中等专业技术学校或技术学院，培养高一级的职业技术人才。总之，这三个级别的职业或技术教育提供的课程主要包括三个领域：工业、商业和农业。在通过所有的职业技术课程以后，学生们可以得到毕业证书，等同于基础教育的毕业证书。

在建国最初的一段时期内，全国的职业技术教育获得了长足的进步。1983 年，全国有职业技术学校 23 所，在校学生 1.45 万人。但当时的多数技校主要为农业培养技术人才，致使1975～1982 年农业技术人员增加了 7 倍。1983 年，在职业技术学校学习的学生（包括在国外进修的）人数约 3.3 万，约占全国15～24 岁青年人数的 1.4%。

但由于内战的恶劣影响，职业技术教育受到了极大的破坏。莫桑比克职业技术学校的学习和工作条件不完善，图书馆和实验室稀缺。用于教育目的的个人电脑到 90 年代中期在莫桑比克的相关领域还不为人所知。莫桑比克历史上曾建有一家商业管理学院。在独立以后，政府关闭该学院，但现在政府已决定重新开设该学院。在 1993 年，有 1256 名学生毕业于第三级别的职业技术教育。到 1995 年，全国有 200 名学生在 2 所初级职业技术学校注册学习，有 12000 名学生在 24 所基础职业技术学校注册学习，有大约 3000 名学生在 8 所学院接受中等职业技术教育。[1]

目前，莫桑比克国内出现了一系列的职业和技术培训学院，帮助公司招募雇员，并加速进行职业培训。在职业培训中，没有特别的部门重点，培训活动主要围绕市场的需要进行。目前，莫桑比克劳动力市场需要建筑、机械和中层管理方面的人才。政府大力支持在职培训，培训费用 100% 从应税利润中全额扣除，但不得超过公司应税利润额的 5%。

根据中国驻莫桑比克使馆经商参处网站，莫桑比克职业教育改革委员会（COREP）执行主席 2008 年 6 月宣布，重建全国 25 所技术专业学校的职业教育改革计划（PIREP），11 所学校由世界银行和荷兰政府出资 1960 万美元（建设费用 1300 万美元、设备更新 660 万美元）；葡萄牙和西班牙为 5 所学校出资；意大利、加拿大和非洲发展银行支持其他 9 所学校。职业教育改革计划包括设定国家职业技术水平框架、发展职业技术课程、重建学校、

---

[1]　Iain Christie, Mozambique: Land of Peace and Promise, Bureau de Informação Pública, 1996, p. 98.

培训专业教师、提高学校管理水平等。目前课程包括行政管理、农耕和农产品加工业、饭店和旅游业，等等。

四 师资培训

建国后，莫桑比克比较重视师资教育事业。不少莫桑比克青年被派往国外进修师范专业。目前在国内的师资培训方面，全国设有 17 个教育中心，专门培养小学师资。这些教育中心的学制为 3 年。1983 年，在这些中心学习的学生人数为 3800 人。另外，全国还设有专门培养小学 5～7 年级师资的 4 个中心，学制为 2 年。全国已有 1300 名教师毕业于这些教育中心。最早培养中学师资的机构是蒙德拉纳大学（Universidade Eduardo Mondlane）的师范教育系，学制 2 年。1981 年，该系有学生 400 人。到 1984 年，该系已经培养师资 1700 名。根据教育部的统计数字，1992/1993 年度接受培训的教师人数为 3900 人。1995 年 8 月部长会议决定扩大教育事业，大力培养各级教师，以不断提高教学质量。

目前，莫桑比克的师资培训分三个层次：第一个层次是初级水平的师资培训，培养小学第一阶段教育的师资。进入这一级别师资培训的条件是获得相当于 7 年级毕业的合格证书。第二层次是中级水平的师资培训。这是为小学第二阶段教育初步培训师资，也为职业技术教育培养教师。接受这种师资培训的条件是已经获得 10 年级教育的证书，或同等学力水平。第三个层次是高级师资培训。这个层次可以培训各种层次的师资，但接受该层次培训的人必须具有相当于基础教育 12 年级的合格证。

莫桑比克重视远程教育在师资培训中的作用。教育部认为，莫桑比克如果设立教育电视台，也要优先侧重于教师培训。为了解决全国大多数教师缺乏足够的培训的问题，教育部专门设立了新机构专业教师培训所，并制订了教师进修计划。

莫桑比克高等师范大学是莫桑比克三所公立大学之一，主要是为本国提供不同层次的师范教育与教师培训。随着学校近几年的发展，莫桑比克高等师范大学致力于拓展教育和科研领域，其中包括能源、农业、信息技术以及工业设计等领域。

五　其他教育

扫盲教育是莫桑比克建国以来在教育战线取得成果最为显著的领域。莫桑比克建国初期的教育政策指出，由于高比例的文盲率，发展初等教育事业，有赖于社会积极参与实施切实可行的扫盲计划以及地方政府认真贯彻这些扫盲计划。因此，扫盲运动成为莫桑比克建国以后的教育政策的一项主要内容。

识字班构成了这种教育的一个组成部分。在完成了 3 年的课程之后，参加识字班的学生所达到的水平相当于基础教育小学 5 年级的水平。参加识字班的人数在 1980 年达到历史最高纪录，超过了 41.5 万人，但此后人数逐年下降，到 1989 年减少到 4.6 万人，1995 年减少到 2.7 万人。[1] 人数的大量减少主要是因为内战的影响、过于正规的学制计划和使用葡萄牙语作为教学语言。可是，许多成年人根本就不能用葡萄牙语进行沟通和交流。

在扫盲运动的推动下，成年人文盲率从独立时的 95% 以上下降到 1980 年的 70%。[2] 80 年代的内战严重地破坏了扫盲运动的进行以及中小学教育活动，因而，文盲率再次回升。世界银行估计，1990 年莫桑比克女性成人的文盲率是 79%，男性成年人的文盲率是 67%。但联合国儿童基金会只认同世界银行公布的

[1]　Iain Christie, Mozambique: Land of Peace and Promise, Bureau de Informação Pública, 1996. p.100.
[2]　Iain Christie, Mozambique: Land of Peace and Promise, Bureau de Informação Pública, 1996. p.100.

莫桑比克女性文盲率的数字，而认为男性文盲率为 55%。①

1995 年，莫桑比克全国人口的文盲率比例降为 67%。1994 年莫桑比克具有读写能力的人口比例是 32.9%，而非洲的平均比例为 40.8%；莫桑比克妇女的这个比利是 21.4%，而非洲妇女的这个比例是 28.5%。② 政府的教育战略方针是尽快地降低文盲率。教育部将工作的优先选择重点放在改进农村地区的小学教育和妇女教育，因为妇女教育将对社会发展具有巨大影响。

除了扫盲活动以外，莫桑比克还开展了其他类型的成人教育活动。成人教育对象是那些在年龄上无法接受基础教育和职业技术教育的人，以及那些在正常的年龄阶段没有机会接受学校教育或没有完成学校教育的人。

在特殊教育方面，莫桑比克积极采取措施，为国内的残障人员提供受教育的机会。到 90 年代中期，莫桑比克全国共有 4 所特殊教育学校，1 所是盲人学校，1 所是聋哑人学校，2 所是心智残障人学校。③

此外，有关部门和机构还开展了远程教育活动。莫桑比克到 90 年代中期一直没有教育电视台。但在高等工艺学院与大学部内部，克林特无线广播电视公司为高等教育设立了一个电视教程。远程教育目前是蒙德拉纳大学和 RTK 与南非的比勒陀利亚

① Iain Christie, Mozambique: Land of Peace and Promise, Bureau de Informação Pública, 1996. p. 101.

② Building Africa's Information Highway: The Case of Mozambique, on the Seventh meeting of the Technical Thirty-first session of the Commission/ Preparatory Committee of the Whole twenty-second meeting of the Conference of Ministers, Economic Commission for Africa Economic Commission for Africa, United Nations Economic and Social Council, Addis Ababa, Ethiopia, 30 April – 3 May 1996 6 – 8, May 1996.

③ Iain Christie, Mozambique: Land of Peace and Promise, Bureau de Informação Pública, 1996. p. 100.

的科学与工业研究委员会和肯尼亚的非洲电信基金会进行合作的一个课题。南非科学与工业研究委员会和肯尼亚的非洲电信基金会正在联合开发，为撒哈拉沙漠以南包括莫桑比克在内的非洲国家提供远程教育服务。

进入 90 年代以后，政府鼓励私立教育事业的发展和扩大，尤其是在公立学校教育鞭长莫及的地区更是鼓励建立私立学校。因而，莫桑比克私营教育事业的发展在 90 年代中期取得了突破性的进展。自从 1990 年以来，莫桑比克已兴办一些私立学校，但除个别外，大多私立学校在兴建初期没有足够的财力装备必需的实验室、图书馆、卫生间、课桌椅和其他重要的教学设施。多数私立学校的建筑外表看起来破破烂烂的。这也说明了私立学校在筹集资金方面困难重重。私立教育机构目前基本上由非政府机构提供财政资金。但是，政府从 1995 年开始为少数的社区学校提供财政资助，为那些学校的老师发放工资，为学生提供课本等。

1996 年，全国有 165 所私立学校招收学生，开展小学、中学和技术职业教育。其中，大约 53% 的学校为小学，在私立学校中接受教育的学生 70% 分布于全国主要的大城市——马普托、马托拉和贝拉等。就在校学生数字而言，在私立学校就学的学生数仅为在公立学校学生的 2%。私立学校的课程得到了教育部的批准，同公立学校的课程没有大的出入，但也教授其他课程。

目前，私营部门已成为国内兴办职业教育不可或缺的一股力量，并已开始在一定程度上发挥作用。第一家工艺专科学校——高等工艺学院与大学部于 1996 年 8 月开学，第一学期招生 400人。这是由私营的克林特无线广播电视公司（Radio Televisao Klint – RTK）兴办的。该校建有人文学院，设有远程教育课程，老师和学生之间的远程教育活动通过电话进行。该校计划对远程教育免费，但要收取考试费用。该学校还没有采用计算机进行辅

助教学。另一所私立大学是莫桑比克天主教大学，也于 1996 年
8 月开学，但招收的学生极为有限，在贝拉和楠普拉校区各招收
40~50 名学生。该大学提供的课程包括法律、管理、教育学、
医学、哲学和神学。除私人开办的学龄前教育、初级教育和中级
教育外，还有美国、英国、南非和葡萄牙在马普托开办的学校，
由在这些国家培训过的老师提供英语和葡语教育。

大力开展扫盲工作是独立后莫桑比克政府的重点工作之一。
在 80 年代早期，全国教育政策的一个重点是开展成年人扫盲运
动以及其他的成年人教育活动。政府为此建立了"国家扫盲和
成人教育委员会"。该委员会为了培养教师和组织干部，开设了
为期半年的专门培训班，还为成人教育活动编印了专用教科书。
1975~1982 年，全国约有 100 万人在扫盲教育中脱盲。按照
1982 年教育部的统计资料，全国的文盲率已经下降了 20%。此
后，莫桑比克政府长期在成年人中开展扫盲运动，文盲率由
1975 年的 93% 降至 1992 年的 66%。1995 年，按照联合国经社
理事会的估计数字，全国成年人文盲的比率为 59.9%。其中男
性成年人的文盲率为 42.3%，女性成年人的文盲率为 76.7%。

1997 年人口普查结果表明，大多数莫桑比克人是文盲。莫
桑比克在 15 岁以上（含 15 岁）的总人口中，60.5% 的人没有读
写能力。但在城市，19.4% 的男人和 46.2% 的女人是文盲。在
农村地区，56.4% 的男人和 85.1% 的妇女是文盲。在全国 15~
19 岁的年轻人中，49.6% 的人是文盲。60 岁以上的农村妇女中，
96.2% 的人是文盲。

六　科学与技术研究

在历史上，莫桑比克的科学技术发展极为落后。殖民地
政府根本不重视科学技术事业的发展。因而，在独立
以前，莫桑比克的自然科学、社会科学和技术研究的发展十分落

后。在独立前，殖民地政府设置和维持的科研机构极为有限。

独立以后，科学研究和技术发展落后的状况严重阻碍了社会经济的恢复和发展。莫桑比克政府努力发展科学研究和技术发展事业，但旷日持久的内战破坏了国家整体的社会经济发展进程，科学研究和技术发展远远落后于世界的局面不但没有改观，反而更为严重。为此，2000年1月17日，莫桑比克成立第二届民选政府时，新增设了高等教育科技部，以大力发展科学技术事业。政府成立该部的目的之一就是发展教育和科学技术，寻求符合莫桑比克国情的发展道路。

目前，莫桑比克的高等教育已经为科学技术的发展奠定了基础，科学技术门类已经比较齐全。以蒙德拉纳大学为例，其下属的各学院已经设置了社会科学以及多种自然科学与技术的学科：农学与林业工程学院设有农业经济工程学、林业工程学；科学学院设有生物学、物理学、地质学、计算机科学和化学；法学院设有人权法学；经济学院设有经济学和管理学；工程学院设有土木工程学、电子技术工程学、机械工程学、化学工程学；医学院设有医学；兽医学院设有兽医学；人文学院设有地理学、历史学和语言学；建筑与地文环境规划学院设有建筑学；另外，社会科学规划与研究部设有各种社会科学课程。

此外，莫桑比克全国设有一系列的科学与技术的研究机构。马普托市的科学研究所，创建于1955年，内设生物学、地理学和地质学几个研究室。马普托市建有一座天文气象观测台，始建于1907年。莫桑比克其他重要的科研机构还有1930年建立的地质矿业服务站，1955年建立的保险研究所，1962年建立的棉花研究所。

总的来讲，莫桑比克的自然科学技术学科远比社会人文科学的学科齐全和发达。莫桑比克的社会人文科学研究大体上还处于起步阶段。社会人文研究的机构也不多，主要的有非洲研究中

心、莫桑比克语言研究中心、莫桑比克历史档案馆、文化遗产档案馆和国家教育发展研究所，等等。

在反映一个国家现代科学技术水平的信息技术方面，莫桑比克远远落后于世界平均水平。政府机构对信息技术重视不足以及守旧的工作习惯妨碍了计算机通信技术在公共部门的普及。公共教育部门严重缺乏基金也造成了信息技术学的教育根本无法得到迅速发展。在 90 年代中期，计算机教育所需的所有资金只能在捐助者和私营部门进行募集。在 90 年代中期以前，莫桑比克政府关于信息技术以及在政府机构引进信息技术方面一直没有制定统一的政策。但到 90 年代中期，莫桑比克国家机构进口和装备了大批的计算机设备。1996 年 2 月，为了制定一项全国性的信息技术政策，政府开始采取措施，成立了一个委员会。蒙德拉纳大学信息中心是该委员会的成员之一。该委员会对国家信息产业的政策提出建议。

90 年代中期，莫桑比克全国仅有两家机构提供准专业性的信息技术教育，一个是蒙德拉纳大学信息中心，另一个是在马普托经销计算机系统的私营的爱科斯特公司。

蒙德拉纳大学开设了两个计算机机房，讲授商业应用、数据管理和系统分析等短期课程（1 ~ 12 周）。除了本校的大学生，社会人士也可以通过付费进修计算机课程。由于越来越多的政府部门开始依靠计算机开展工作，其职员必须掌握计算机应用技术，所以社会上进修计算机课程的人数不断增加。除了以上的信息技术活动以外，不少的计算机营销商也提供计算机课程培训。但这类课程的培训仅仅注重应用程序的培训。至今为止，莫桑比克急需信息技术的项目培训管理人才。

该中心从 1995 年开始提供互联网服务，设有服务器。该中心提供的互联网服务包括电子邮件、校内局域网、用户支持和培训。在 90 年代中期，莫桑比克全国的互联网只有一个接点，设

在蒙德拉纳大学校园内，并从南非租用了 1 条传输速度为每秒 19200 位元的互联网线路。莫桑比克政府在 90 年代中期特批在该中心建立一个卫星网接点，建设另外一条传输速率为每秒 64 千位元高速互联网线路接点。但此接点不允许进行声讯传输。该网路的建设得到了荷兰开发公司的捐助，经过南非的电信网络同国际互联网相连。蒙德拉纳大学信息中心每月的互联网租费在 10～50 美元之间，视用户机构的规模以及同该大学的关系而定，但不采用计量收费的办法。

蒙德拉纳大学信息中心在 1995 年每天增加 3 名新用户，每月增加 5%。超过 90% 的用户集中在首都马普托，但其他各省也有一些活跃的用户。但大多数用户是国际机构或非政府组织。90 年代中期，国内的互联网用户数还是少之又少的。各大学和高等教育机构之间的讨论活动可以通过电子邮件进行。这些用户同大学一样可以使用同样的免费电子邮件系统。该中心将决定未来的收费标准。

在该中心接点建有蒙德拉纳大学的网页。该网站包括蒙德拉纳大学的详细介绍、该大学信息中心的介绍、莫桑比克的历史、工业和其他一些知识。该中心有十多名计算机专家开发国际互联网的网络产品和技术。

全国经过培训的信息技术专家极为稀缺。莫桑比克国内只有很少的个人电脑"精英"，他们大多使用 Windows 系统。莫桑比克在 90 年代中期，每年大约销售 1500 台个人电脑。局域网和代理服务器的设置等专业服务极为稀少。当时，爱科斯特公司是莫桑比克境内销售这种技术的唯一当地公司，为该技术提供支持，并负责为用户提供技术培训。莫桑比克于 2009 年 7 月在首都马普托建成首条电脑装配线，可生产台式电脑、手提电脑和专用小型计算机，其设计生产能力每天生产 150 台计算机，当前生产能力为 50～70 台。

　　莫桑比克在科技领域与中国、南非、巴西等国合作，在农业、计算机和生物燃料等方面开展科技合作。莫桑比克于2009年2月启动中非（莫桑比克）农业技术示范中心项目。该项目在两年内建成：一期工程到2008年完成示范基地建设，二期到2010年逐步完善基地功能，实现自我良性运转。农业技术示范中心将重点开展种苗、种植（大豆、玉米及其他作物）、养殖、加工示范基地建设，包括培训、科研基地、后勤保障、仓储等基本设施配套建设。

　　莫桑比克部长委员会于2009年9月批准两个生物能源生产项目。其中一个项目预计投资5300万美元，从种植的麻黄树中提取生物柴油，产品中的10%将用于国内消费，90%用于向欧洲出口。另一个项目将从甘蔗中提取生物柴油，预计没资2.24亿美元，年生产生物酒精100万升，其中的10%用于国内消费，90%用于向欧洲、美国和日本出口。

第二节　文学艺术

　　在经历了长达几十年的独立战争和内战之后，莫桑比克的艺术得到了空前的繁荣。在赢得独立以后，如何在继承传统文化艺术遗产的基础上建立和发展全新的民族文化艺术，是新生的莫桑比克所面临的紧迫问题。因而，回顾遭受殖民地政权残酷压榨的莫桑比克历史、吸收和推广不同的种族集团的进步文化成分和向所有莫桑比克民众灌输诞生于解放区的革命价值观，成为当时莫桑比克政权制定文化政策的指导原则。莫桑比克政府相信，通过推广这样一种综合性的新型文化艺术能够使莫桑比克摆脱殖民地的影响，创立自己的民族文化特色。莫桑比克首任总统萨莫拉对创建新型的莫桑比克文化艺术非常重视，他指出，要"让艺术设法将旧的形式同新的内容结合起来，然后创立一种新的模式。让绘画、文学作品、戏剧和艺术手工艺品等新型艺术形式与传统的文化、舞蹈、雕刻和歌谣融合为一。让一些艺术家的艺术创作成为全国从南到北的所有人——男人和女人、青年人和老年人——的艺术创作，这样，全新的革命性的莫桑比克文化就会在所有人身上孕育而生"。

一 文学

桑比克非洲人早期的传说和故事等文学作品大多数是代代口头相传。这也是非洲其他地区非洲人共有的传统。到20世纪初，虽然葡萄牙殖民政权对当地非洲文学不仅不鼓励，而且往往采取压制政策，但文字的使用对莫桑比克的非洲文学开始发挥越来越大的作用。在反抗葡萄牙殖民主义者推行的文化同化政策的斗争中，新闻报道首先成为莫桑比克人表达文化意识和文学内容的一种表达形式。1918年，一群黑人和混血种人的记者在洛伦索—马贵斯创建了名为《非洲的呐喊》(*O Brado Africano*) 的报纸。在此后的几十年里，这份报纸成为莫桑比克民族意识觉醒的讲坛。另外，在1918年，朱安·阿尔巴齐尼和热泽·阿尔巴齐尼兄弟与20世纪著名记者埃·迪亚什合作创办了《致非洲同胞》周刊。此为莫桑比克历史上的第一个文学性刊物。他们被视为莫桑比克新文学的开创者。20年代，莫桑比克文学逐渐形成，并形成了附属殖民主义的文学和反对殖民主义的文学两个派别。前者的代表人物是葡萄牙政论家布·卡马林（其代表作是1934年出版的《野蛮的故事》）和葡萄牙社会学者兼新闻家普·朱尼奥尔。后者的代表是朱安·阿尔巴齐尼（在1925年出版了故事集《苦难之书》）和莫桑比克著名诗人皮·迪·诺罗尼亚。

第二次世界大战之后，随着非洲反对殖民主义运动的蓬勃发展，在民族意识日渐觉醒的过程中产生并形成了现实主义文学，

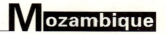

反映莫桑比克的社会现实，表达了人民的意愿和呼声。他们的作品均反映了作者内心涌动的革命激情和他对人民的热爱和同情，以及对殖民地制度的憎恶和仇恨。

随着60年代民族解放战争的进行，莫桑比克出现了一批年轻的文学作家。他们用更通俗的白话语言创作，普遍受到欢迎。在该时期的文学作品中，不少作家使用地方民族语言的词汇，丰富了文学的形式和内容。

二　诗歌

莫桑比克得到充分发展的文学体裁是诗歌。在20世纪30年代初期，莫桑比克葡语诗歌的繁盛反映了知识分子阶层政治意识的觉醒，他们用诗歌确立了自己的独特身份和生活。这一时期的最著名的民族诗人代表人物是路易·莫罗纳（Rui de Morona）和诺埃米阿·苏萨（Noémia de Sousa）。后者是非洲第一个葡语诗人。她的广为流传的作品是《黑人的血液》（*Sangue Negro*）。在40年代后期，热泽·克拉维杯耶（Jose Craveirinha）开始写诗，揭露莫桑比克人民的社会现实生活。他是混血种人。他的作品以贫民窟、矿工和妓女等为主体，号召人们进行反抗和斗争。1958年，他发表了著名诗篇《希古波》（*Xigubo*）。在这个诗篇中，他以优美的语言歌颂了莫桑比克人民的斗争传统、悠久的文化和历史，向殖民主义统治集团发出了严厉的警告："这块土地上的人们再次跳起了战斗之舞。"正是在他发出这一警告6年之后，莫桑比克爆发了争取民族解放的独立战争。正是由于他对莫桑比克人民的热爱和歌颂，以及对殖民地统治体制的无情批判，葡萄牙殖民政权最终将他打入监狱。现在，他被看做是莫桑比克最杰出的诗人，他的作品在世界上广为流传。其代表作是《未来公民的诗》。他终生都是政治活动家，在独立以前一直揭露批判殖民统治体制，在独立以后也对新政府

提出了尖锐批评。与克拉维林耶同处于 40 年代的另一个著名诗人是莫·杜代·桑图什和路易·诺噶尔（Rui Nogar）。后者同克拉维林耶一样，被葡萄牙殖民地政权关押了多年。路易·德·诺罗尼亚（1909～1943）的诗描写了莫桑比克人民的灾难与不幸。他的作品有《十四行诗集》（1943）。女诗人诺埃米亚·德·索乌扎和若泽·克拉韦里尼亚的诗颂扬了她们的祖国和非洲人民，抨击了殖民主义者。她的作品有《其他世界的哭声》、《不眠之夜》、《奴隶之歌》、《无法医治的创伤》以及诗集《赤古堡》（1946）等。

20 世纪 50 年代，马尔塞林诺·多斯·桑托斯（1929～　）即莫桑比克诗人里利尼尤·米凯亚，他还是政论家和政治活动家。1955 年发表著名长诗《山甘纳》（Xangana）。他的诗以写祖国为中心题材，不但表达他本人，而且也表达莫桑比克人民对自己的祖国无限和永远的热爱。这首长诗发表于 1955 年，它是反抗殖民压迫、争取民族独立、渴望自由的呐喊。山甘纳是居住在莫桑比克南部的一个部族的名称。在这首诗里，山甘纳指被压迫的非洲人。整首诗写山甘纳乘独木舟在大河上漂游的所见、所闻和所感，表达对自己祖国大好山河的热爱和对殖民者压迫的愤恨。

60 年代开始的民族解放战争，也促使莫桑比克的诗人们用诗歌吹响战斗的号角，号召人们参加民族革命斗争。这一时期的诗歌作品在探讨解决社会、经济和政治问题方面摒弃了早期诗歌的逃避现实的倾向。这些诗歌还反映了莫解阵斗士们在密林、在行军和在战斗中的生活。出色的游击队诗人有马塞利诺·多斯桑托斯（Marcelino dos Santos）、塞尔基奥·维耶拉（Sergio Vieiria）和热尔格·理贝罗（Jorge Rebelo），等等。

1975 年莫桑比克独立以后，诗人们终于摆脱了殖民主义统治的樊篱，可以不受任何压抑地自由创作。这样，以轻快语言为特征的新型诗歌开始诞生流行。代表这个时期诗歌风格变化的诗

人是路易斯·帕特拉金（Luis Patraquim）。他的代表作品发表在1985 年的《紧急航程》上。

三　散文和小说

从40 年代开始，莫桑比克葡语散文作家开始摆脱那些往往具有种族主义倾向的殖民作家的影响，追求描述更为真切的非洲形象。其作品的典型特征是广泛地借用口述传统的精华。莫桑比克葡语散文有少量的英文译本。1952 年，莫桑比克出版了第一部爱国主义的散文集《戈迪多》。朱·迪亚什在作品中呼唤人们抛弃奴隶意识和逆来顺受而屈服于命运的思想。与著名诗人热泽·克拉维林耶同处于 40 年代的民族主义者路易斯·贝尔纳多·安瓦纳（Luis Bernado Honwana）就是这一时期散文作家的代表。他以短篇故事闻名遐迩，其代表作是 1964 年发表的《我们杀了癞皮狗》（*Nós matamos o cão tinhoso*）①，揭露了殖民主义对非洲人民的残酷压迫。这部作品已被译成其他国家的文字出版。1965 年，作家奥尔兰多·门德斯的小说《关税》也是现实主义的佳作。该书描写殖民者闯入非洲后给当地人民的生活带来的灾难。1975 年莫桑比克独立后，又出版了他的文集《浮起的国家》，汇集了他的诗、剧本和短篇小说。作家维尔吉利奥·希德·费朗（1947~ ）的《北方》（1975）暴露了殖民军队内部的厌战情绪，并赞扬了解放区游击队与居民的融洽关系。

莫桑比克独立以后，自由的创作环境使得大批作家开始涌现。他们是密亚·科乌托（Mia Couto）、波琳娜·西基阿内（Paulina Chiziane）、纳尔逊·萨乌特（Nelson Saute）、埃尔顿·理贝罗（Elton Rebello）、艾萨克·基塔（Issac Zita）、温古拉

---

① 可见到的另外一种英译本的名字是 Who Killed Mangy Dog，应译为《谁杀了癞皮狗？》。

内·科萨（Ungulane Ba Ka Khossa）、海利奥多罗·伯波提斯塔（Heliodoro Baptista）、爱德华多·怀特（Edward White）、丽娜·马盖亚（Lina Magaia）及其兄弟阿尔比诺·马盖亚（Albino Magaia）等。其中，密亚·科乌托的代表作品有《深夜的呐喊》（*Voices Made Night*）和《两个游历鬼蜮者的传说》（*The Tale of the Two Who Return from the Dead*）。新一代作者的作品中，只有马盖亚氏及科乌托的作品有英文版问世。科乌托的短篇小说是具有 20 世纪末的社会学和政治学价值的作品，他作为一名葡萄牙后裔的白人，并不以白人族裔为主题，而是以黑人同胞及其文化为创作主题。

1982 年，莫桑比克作家协会成立。这是该国文学史上的一件大事，标志着莫桑比克的文学创作进入了新阶段。该协会自成立以来一直积极组织出版新作品，促进非洲文化在全国范围的推广活动。90 年代中期出版了法利达·卡罗迪亚的小说《破碎的寂静》（*Farida Karodia*）。该小说描述的是在战争期间一位年轻的姑娘在自己的亲人相继离去后颠沛流离于全国各地的经历，该书被某一读者称作是"对残酷的战争灾难的精神感应"。

四 戏剧和电影

由于葡萄牙殖民统治当局对所有大众媒体实施严格的审查制度，使戏剧成为最不发达的文化种类。在独立战争期间，莫解阵部队在解放区利用政治性的戏剧作品进行宣传教育，鼓励这种戏剧的创作、演出和传播。独立以后，莫桑比克的戏剧得到了一定程度的发展。1978 年，贝罗·马贵斯创造了一系列的无线电广播戏剧。

莫桑比克的电影事业始自解放战争时期，最初以新闻电影为主。第一批此类电影包括 1974 年发行的第一部新闻片《纳钦圭亚》和 1975 年拍摄的《从鲁伍马河到马普托》。这两部新闻片是莫桑比克电影工作者在苏联电影工作者的协助下摄制的。早期新闻电影的主题是宣传莫解阵的政策，反映扫盲事业的进展情况，介绍卫生知识和其他生活常识。在新闻片中，比较好的作品有塞·科雷阿和塞·卢卡什于 1977 年导演的《25 日》，菲·西瓦尔于 1978 年导演的《独立的日子》，迪·索马萨于 1980 年导演的《猎豹行动》和科什塔于 1981 年导演的《独立之声》（*voz independente*）。独立以后，莫桑比克其他种类的电影也得到了大幅度的发展。第一部故事片《纪念勇士穆埃达》由蕾拉和西瓦尔导演，于 1980 年拍摄完成。第一部彩色片《喝点水，兄弟，请给我唱首歌!》是由朱·卡德罗祖执导于 1982 年拍摄完成的。

莫桑比克在独立的当年就设立了国家电影研究院。该院在 1981 年增设了动画班，并于 1987 年拍摄了第一部动画片。到 90 年代初期，全国有电影演员六十多人。自 80 年代以来，全国每年拍摄新闻片 10 部左右。

五　音乐舞蹈

音乐舞蹈在莫桑比克文化中占有十分重要的地位。莫桑比克人善歌善舞，具有悠久的历史。传统舞蹈、钟琴和拨浪鼓在全国各地随处可见。传统音乐在莫桑比克广泛流行。音乐文化起源于各族人民的日常生活和礼仪习俗，但其演进过程也受到阿拉伯和葡萄牙音乐的影响，吸收了不少外来文化的成分。在传统的礼仪习俗中，音乐占有主导地位。例如，在举行成人仪式、结婚仪式和庆祝婴儿诞生的仪式中，音乐舞蹈构成了必不可少的组成部分。

莫桑比克歌曲的题材多种多样，其中许多歌曲以农田劳作或狩猎为题材，歌颂劳动人民的勤劳和智慧。传统音乐的节奏一般短而急促，很少有重奏现象，但独立的节奏反复重复的情况比较常见。音乐节奏一般通过击掌、打响指或鼓点变化来体现。

在莫桑比克传统音乐中，打击乐器最为重要，其中又以鼓为首。传统打击乐器中的鼓以单面鼓为主。在日常礼仪和宗教活动中，鼓是为歌舞进行伴奏的主要乐器。其他打击乐器还有铃铛、响板、用猴面包果或葫芦制成的各种响锤等。这些乐器一般绑在手腕上和系在腰间，可以随着舞蹈者的节奏击打出需要的音响。另外一种打击乐器是用小木棒编织成的短裙，穿着这种短裙舞蹈的人可以发出悦耳的节奏。

在弦乐器中，最重要的是木琴。在传统音乐中，木琴的重要性仅次于打击乐器。目前，莫桑比克木琴共有 50 多种。其中，一种叫"姆比拉（Mbila）"的木琴相当普遍。这种木琴又分为 10 类左右，各类的按键各不相同，最多的可达 30 个按键。最古老的弦乐器当属弓状的"奇腾德"、"卡丁布巴"和"奇桑比"等。"奇腾德"的发音器是葫芦，而"奇桑比"发出的美妙音乐则是来自手指同乐器的摩擦。弦乐器中比较普遍的还有三角琴，其称谓在不同地区各不相同，包括"班吉埃"、"彭戈"、"班格"等。巡游歌手一般携带三角琴，演奏叙事诗、诗歌和讽刺性歌曲等。比较普遍的另一种弦乐器是仅有一根弦的提琴，但各地叫法不同，如隆韦人称之为"塔卡雷"，斯瓦希里人称之为"雷贝卡"，奇瓦博人称之为"穆戈勒"，马夸人分支马托人称之为"奇奎萨"等。此外，弦乐器中还有常见的七弦琴和两根弦的吉他等。

莫桑比克的吹奏乐器也相当丰富，包括各种角乐器、用葫芦或象牙等制成的各种喇叭、用竹子和其他植物的秸秆做成的笛子、骨质或木质的哨子，等等。笛子是吹奏乐器中最普遍的一种，一般有 3 个以上的孔。在拜祖仪式中，笛子伴奏必不可少，至少 4~5 支，多则不限。在传统吹奏乐器中还有一种称作"帕苔内"，是将若干吹管连接在一起，吹奏效果令人神往。

北方马孔德人闻名于世的乐器是管乐器，称作卢培姆贝

（Lupembe），多以动物的角制成，甚少用木头或葫芦制成。马孔德人的舞蹈历史悠久，且具有宗教内容。在马孔德人经常跳的一种舞蹈中，男人们被称作玛皮克（Mapicos），佩戴着自己雕刻并漆以五颜六色的巨大面具。这些面具代表恶魔，禁止妇女们触摸。伴随着鼓点和羚羊角合奏的乐曲，一群玛皮克表演者向另一群村民发动进攻。在每次进攻中，恶魔们都被村民们击败。一次进攻接着一次进攻，整个舞蹈可以持续若干小时。

位于莫桑比克北方中部地区的马夸人则穿着高跷进行舞蹈。这种高跷有2米高，用红色或黄色的布料遮住。男人们戴着戏剧面罩，穿着最艳丽的服装，以娴熟的技术和超人的耐力在高跷上翩翩起舞。他们可以跳跃、舞动，还要大踏步绕行整个村庄。这样的舞蹈有时要持续几个小时。莫桑比克岛上的妇女喜爱的另一种舞蹈则将优雅的舞步同跳绳结合在一起，伴随急速的鼓点欢快跳舞。

在南部的乔皮人音乐家弹奏马林巴木琴（Marimbas），其马林巴琴乐队很有名。马林巴木琴是普遍流行于南部非洲地区的一种木琴。乔皮人保留了传统的狩猎舞蹈。身着狮子皮衣，饰以猴尾巴，武士们拿着锋利的枪矛和宽大的椭圆形盾牌在篝火边演练着进攻和反攻的舞蹈。他们与众不同的乐器称作马里姬巴斯（Marimbas）和姆比拉斯（Mbiras）。前者是用空葫芦装上坚果或石子制成，摇动时发出清脆的声响。后者是将细弦钉在空鼓或空箱子上制成，以手指拨动发出美妙的声音。乔皮人用独唱、合唱以及这些乐器为其舞蹈伴奏。他们的一些歌曲类似于西印度群岛印第安人的节奏强劲的流行歌曲或舞蹈。莫桑比克中南部地区流行的不少歌曲，往往是以取笑邻居或当代事物为主题。

民族独立运动对莫桑比克的传统音乐舞蹈文化产生了深远影响。古老的传统音乐舞蹈中增添了许多新型的革命内容，高度歌颂争取独立的革命斗争事业，号召非洲人民团结一致共同反对南非种族主义政权的统治，等等。莫桑比克独立以后，全国各地的农民喜欢用优美的歌声和欢快的舞蹈赞美自己的历史，并表达对未来美好生活的向往。1978年，约有五十多万莫桑比克人参加了民族舞蹈节活动。为了挖掘全国性的音乐文化遗产，民族文化研究所比较系统地研究、收集、记录民族音乐、艺术、史话和神话传说等，并推广"传统"音乐。这个机构一直是城市地区和较大乡村的文化活动中心。为了促进民族音乐文化的发展，莫桑比克于80年代初建立了国家歌舞团。

现代音乐在城市地区盛行，马普托的现代音乐表演就是杰出的代表。一种被称作马拉本塔的音乐可能是最典型的莫桑比克音乐，运用了农村传统音乐玛依卡的节奏，马拉本塔音乐还可以激励出独具特色的舞蹈和时尚。奥克斯特拉—马拉本塔乐队（Orquestra Marrabenta）在国家独立时成立，并得到国家资助，该乐队也是萨莫拉·马谢尔总统努力推广和鼓励非洲当地文化的一个杰作，该乐队在1989年解散了。但其中的几个成员组成了名为戈尔瓦内的非洲爵士乐队，并获得了一定的国际声誉。他们经常在马普托市的港口社交中心现场表演。其他演奏具有传统色彩的流行音乐的音乐家还有亚纳和明盖斯，亚纳作为音乐教师和其他乐队的推广人，享誉南部非洲地区。

莫桑比克国家资助的另一个乐队称作RM乐队，在80年代后期和90年代早期盛极一时，在向国际社会推广莫桑比克现代音乐方面发挥了重要的作用。自内战结束以来，知名的莫桑比克音乐家还有罗伯特·希德逊德索（Roberto Chidsondso）、热泽·巴拉塔和埃尔维拉·维耶盖斯（Elvira Viegas）等。

六　美术与雕刻

像舞蹈一样，木雕也是莫桑比克最发达的传统艺术。许多莫桑比克人至今还从事这种艺术。北方马孔德人的

雕刻艺术被公认为是非洲最成熟的艺术形式之一。他们使用铁木、乌木和花梨木等硬木料雕刻享誉世界的雕像和面具等。马孔德人的雕刻艺术品属于传统艺术，但许多马孔德人艺术家已经发展了现代艺术形式。马孔德人新一代雕刻艺术家的一个主要人物是恩卡图恩加（Nkatunga），他的雕刻品刻画着农村生活的方方面面。其他的新一代马孔德人雕刻家还有米古埃尔·瓦林贵（Miguel Valingue）和马卡莫（Makamo），他们擅长于极为细腻地刻画痛苦不堪的人物雕像。莫桑比克另一位著名雕刻艺术家希萨诺（Chissano）独辟蹊径，不同于马孔德人的雕刻风格，其作品已经获得了国际声誉。

20 世纪 50 年代以来，莫桑比克已经出现了一大批非常富有天赋的画家。其中最著名的画家为马兰加塔纳·格恩纵·瓦勒恩特·恩戈温亚（Malangatana Goenha Valante Ngwenya），他与著名诗人克拉维林耶属于同一时代。早在独立以前，他就同莫解阵建立了密切的联系，为此他曾被殖民政权投入监狱，他在狱中完成了一生中最好的一些作品，他的作品所刻画的人物和形象代表了非洲信念和欧洲文化之间的斗争。例如，他的一幅作品刻画了一个巫医和一个传教士为了一个死去的非洲人灵魂进行较量的场景，他那令人震撼的作品在世界各地展出。与恩戈温亚处于同一时期具有国际声誉的画家还有波蒂娜·洛佩斯（Bertina Lopes）和罗伯特·希绍罗（Roberte Chicorro）。波蒂娜·洛佩斯的作品反映出她对非洲人肖像、色彩、造型和主体具有很深的造诣；希绍罗的作品以处理少年时期的朦胧记忆的题材而闻名。但直到90 年代中期，马兰加塔纳仍然是"非洲毕加索"，他在马普托的画室成为严肃艺术爱好者的朝圣之所。

莫桑比克在独立以后，出现了一大批具有天赋的画家和雕刻家，其中包括曼克乌（Mankeu）、维克多·苏萨（Victor Sousa）、萨马特（Samate）、希卡尼（Shikani）、纳夫塔尔·兰加（Naftal

Langa)、恩圭布（Naguib）、热纳塔（Renata），等等。所有上述这些艺术家的雕刻品和绘画作品都在马普托市的国家艺术馆中展列，参观这些著名的艺术品是到访马普托市的人们不可或缺的活动内容之一。

莫桑比克还存在着另一种非常著名的绘画艺术，那就是壁画。这些壁画出现在城市或城镇的某些特定位置，但最著名的壁画在马普托市。其中最著名的也是全国最大的一幅壁画位于机场附近英雄环岛对面，有95米长，反映的是莫桑比克革命时期的许多故事和人物。马兰加塔纳（Malangatana）是完成这一作品的最著名作者之一。他的另一幅著名壁画位于自然历史博物馆花园，以"人们在自然环境中的斗争"为主体。

在莫桑比克的绘画雕刻史上，马普托艺术中心协会发挥了无与伦比的作用。马普托艺术中心协会是莫桑比克历史最悠久的艺术家组织机构，坐落于马普托市中心一座古老的别墅内，是各代画家、雕塑家和陶艺家的聚集和融合的场所。该中心拥有100多名画家、雕塑家和陶艺家，经常举办各种艺术展览，并自90年中期以来积极开展同国外艺术家的各种交流活动，在都市文化生活中发挥了重要作用。

莫桑比克艺术家在90年代中期以来利用废旧武器雕塑的精美艺术品取得了举世瞩目的成就。内战结束后，莫桑比克基督教委员会在90年代中期开展了"易枪以锄"运动。为了配合该项活动的进行，基督教委员会组织艺术家用废旧武器雕塑成各种艺术品，以纪念来之不易的和平。马普托艺术中心的不少艺术家参加了这一有意义的艺术创作活动，并完成了这种独树一帜的艺术创作。在艺术中心的工作室里，他们用AK－47机枪、地雷和手枪等武器装备塑造出了各式各样的艺术品。通过这些作品的各种造型，艺术家们将人类潜在的不可遏制的乐观、自信和愉快开朗的特性展现在人们眼前。用于战争目的的武器弹药，却被艺术家

们用以雕塑出或纤弱优雅的或铿锵有力的作品。从这些作品中，人们会自然得出这样的结论：战争是可以摈除的，化干戈为玉帛是可以实现的。

七 博物馆、纪念馆和图书馆

莫桑比克的博物馆业发展也很快。在马普托市建有若干种类的博物馆，包括：1911 年建立的民族学和自然历史博物馆、1940 年建立的地质博物馆、1978 年建立的国家革命历史博物馆和 1982 年建立的国家艺术博物馆。此外，贝拉建有一座民族学博物馆，楠普拉市建有一座艺术画廊。1978 年，在古巴的援助下，马普托市建立了一个附带图书馆的文化宫。

莫桑比克全国的图书馆建设不发达，而且过度集中于马普托市地区。马普托市建有一系列的图书馆，主要有：1961 ㄝ建立的国家图书馆，1984 年藏书达 11 万册；蒙德拉纳大学图书馆，藏书 7.5 万册；1930 年建立的地质服务图书馆，藏书 1.5 万册；市政图书馆，藏书 8000 册；1977 年建立的情报文献中心图书馆，藏书 3000 册。1980 年，马普托市专门为工人开设了一个开放式的图书馆。另外，楠普拉的工业技术师专内建有图书馆一座。

第三节 医药卫生

一 独立后医疗系统的改善

莫桑比克在独立前的 1973 年，全国共有 550 名医生，但到 1975 年独立时，只有 87 名医生还定居在莫桑比克。可见，新独立的莫桑比克的医疗事业遭受了异常严重的破坏。1975 年独立以后 1 个月，莫桑比克政府对医疗卫生部门开始实施国有化，将当时所有医疗设施建设成统一的医疗系统，其主要目标是为全民提供基本医疗保健服务。此后，全国的医疗系统提供免费医疗服务。

在医疗服务系统完全崩溃，几乎所有的专职医生和护士都逃之夭夭的情况下，莫解阵制订并采取紧急培训计划，培训临时医护人员，使之能够胜任日常的医疗护理和紧急抢救工作。同时，莫桑比克政府努力争取国际援助，引进其他国家的医护人员帮助国内医疗系统克服困难。1977年，莫桑比克从世界上二十多个国家征召了五百多名医生。[①]

在计划经济体制实施的最初几年里，国家医疗卫生服务局下拨给医疗机构的医疗卫生开支不断增加，这促进了城镇周边农村地区医疗网络和基本医疗保健服务的发展。新政府通过培养新型的基本医疗保健服务人员和加速该领域的职业培训，医疗工作者人数增长很快。新政府还实施了新型的极为成功的医药政策，[②]在全国范围内，广泛的一体化基本医疗服务不断扩大。[③]

除了医疗服务获得明显改进以外，预防医疗得到了相当的重视。莫解阵政府采取措施，培训医护人员并组织志愿者分队分赴农村地区，不仅为那里的孩子们打免疫针，而且向成年人传授有关卫生、营养和紧急救护的基本知识，帮助公民学习和采取各种预防疾病的方法。建国以后不久，莫桑比克政府还在联合国儿童基金组织和联合国发展计划署的技术和资金帮助下，开始实施"预防医治运动"，在北方的德尔加杜角省、尼亚萨省和太特省

---

① Allen Isaacman and Barbara Isaacman, Mozambique: From Colonialism to Revolution, 1900–1982. Westview Press, 1983. p. 139.

② Barker C. 1983. The Mozambique pharmaceutical policy. Lancet, 1 October: 780–782.

③ Walt G Melamed A 1983. Mozambique Towards a people's health service. London: Zed Books.

实施了预防麻疹和天花项目。尽管当时交通不便、农村人口分布过于分散和不断遭受"南罗得西亚"军事威胁等重重困难,到1979年,全国90%以上的人口接种了预防麻疹、破伤风和天花等传染疾病的疫苗。在独立后的前5年,莫桑比克的婴儿死亡率下降了20%。按照世界卫生组织的统计,莫桑比克当时在这方面所取得的成就是非洲国家最成功的。

二 国际医疗援助

在80年代中期到1992年社会、政治和经济危机重重的年代,许多国际机构开始在莫桑比克国内开展活动。医疗卫生部门也得到了欧盟和联合国难民事务高级专员等方面的大量国际援助,但由于这些国际援助大多缺乏协调合作,受援医疗部门的服务效率低下。另外,长期内战使全国大多数的医疗卫生网络陷于瘫痪状态,拉大了内战结束前城乡间的差距。国家增加对医疗卫生领域的投入只能惠及城镇和重兵把守的有限区域,导致了城乡差距的进一步扩大。由于不同捐助机构扶持了各自的项目或捐助机构部分参与了扶助项目的管理,各地区医疗服务的状况产生了明显的差异。到90年代初,卫生部明显感觉到无力为全国提供医疗服务,鼓励一些大型的捐助机构选择某些省份进行对口援助,以便它们能够集中主要的财政资源和专业人员。在这种特定的情况下,这些选择了某些对口省份进行医疗援助的国际机构成了实际的权力部门,这种情况又加剧了莫桑比克医疗系统混乱的局面。这样,莫桑比克卫生部的职责沦为只负责应急管理的尴尬境地。

1990年,随着和平曙光的出现,在世界卫生组织和世界银行的支持下,卫生部进行了大幅度的整顿和调动,为即将到来的社会重建拟定规划。这样,医疗卫生系统得到了整顿和更新,建立并充实了现有的信息数据库,对医疗卫生政策进行讨

论，实施了更好的政策决策程序。到 1992 年，莫桑比克卫生部门拟定了内战后重建计划行动草案等，① 该计划草案强调平等、廉价供应和可持续性，解决人力资源培训和吸引全球资助的问题。

内战的结束为医疗卫生事业的发展提供了有利条件。医疗卫生服务部门克服重重困难，努力在莫抵运控制区以及从国外返归的难民中开展活动。政府卫生部门不仅向莫抵运控制区派驻了医疗工作者，而且对莫抵运的医护工作人员进行了专业培训，使之达到卫生部规定的职业标准。莫抵运控制区逐渐接纳政府派驻的医疗工作人员，也加速了莫桑比克政治和解进程，促进双方控制区逐渐融合为统一的行政体系。

三　1994 年以来医疗事业的重建与发展

19 94 年大选后成立的新政府，批准了卫生部门一直在实施的发展计划，保证了其各项政策的连续性。此后，政府在世界卫生组织和世界银行的合作下，制定了新的医疗卫生计划。在此后的 10～20 年的时间里，公共医疗方面的支出每年增加 4.5%。改进农村地区的医疗服务已被列为重点工作项目。农村地区医院的医护人员正在接受基本手术和麻醉方面的专业培训。1994～1996 年，医疗服务覆盖区域连续扩大，在医疗服务总量方面增加了 20%，在城镇周边的农村地区的医疗服务数量增加了 3 倍。② 在内战结束 5 年以后，世界卫生组织的报告表明，政府在农村地区改善医疗卫生事业方面已经取得了明显成

① Noormahomed AR Segall M 1992. The Public Health Sector in Mozambique: A Postwar Strategy for rehabilitation and sustained development. (Portuguese original, 1992; English Version Printed by WHO in 1993). Ministry of Health 1992. Health Manpower Development Plan. Unpublished report.
② Ministry of Health 1998. Mozambique Health Sector Profile. Unpublished report.

效，尤其是在医护人员接受过额外培训的医院，孕妇的孕产死亡率明显下降。由世界银行、非洲开发银行和伊斯兰开发银行等国际机构提供的巨额贷款得到卫生部的有效管理。此外，莫桑比克医疗部门还获得了来自欧盟、瑞士、丹麦和芬兰等国家和组织的大量捐助。

目前，医疗专业技术人员的短缺是束缚莫桑比克医疗事业改善的主要障碍之一。1995 年，全国医疗部门的工作人员总数已达 18000 人，[1] 但医护人员的专业技术水平仍不容乐观。一般医护人员，没有接受过任何正规的医疗培训。在医疗技术人员中，不足 10% 的人员达到了大学或中等专业水平，而剩下的大部分人员则只接受过初级或基本的医疗课程培训。绝大多数医护官员没有经过职业培训就担任领导职位。卫生部门在 90 年代中期只有不到 400 人具有大学毕业文凭，但全国能够提供必需的卫生服务则至少需要 1000 名具有大学文凭的专业人员。1996 年，全国医疗卫生部门共雇佣了 300 名左右的专职医生，[2] 这个数字远远无法满足现实需要。

目前，全国的公共医疗卫生服务系统由 4 个层次的医疗部门构成。这 4 个层次的医疗部门从下往上分别是：医疗站和医疗中心、农村医院和（城市）普通医院、省医院、中央医院和专门医院。这些医院的职能和服务范围实际上在很大程度上相互重叠。医疗站和医疗中心可以提供预防性的和治疗性的服务，医疗中心还设有妇产病房和住院病房。1996 年，全国平均 25754 人有一个医疗站，90138 人有一个医疗中心。政府计划到 2002 年，将每个医疗站涵盖的平均人数降到人口稀少地区的 1 万人和人口

---

[1] Iain Christie, Mozambique: Land of Peace and Promise, Bureau de Informação Pública, 1996. p. 105.

[2] Iain Christie, Mozambique: Land of Peace and Promise, Bureau de Informação Pública, 1996. p. 107.

稠密地区的 2 万人，而将每个医疗中心涵盖的平均人数降到人口稀少地区的 4 万人和人口稠密地区的 6 万人。[①] 农村医院和城镇普通医院是第二层次的医院，可以接纳来自其他医疗机构的转诊病人。这些医院可以提供较医疗站和医疗中心更为高级的服务，例如可以提供 24 小时的医疗服务，而且备有 X 光透视设备，但大多数这个层次的医院只能做简单的手术。莫桑比克政府已制定计划，恢复全国所有 24 所农村医院，到 2002 年建设 14～16 所或更多的农村医院。属于第三层次的省医院目前全国只有 7 所，位于各省的省会。楠普拉省、索法拉省和马普托省则由属于第四层次的规模更大的中央医院提供医疗服务。马普托中央医院设有 1500 个床位，是全国最完善的医疗设施，也是大学的附属医院。[②]

进入 90 年代以后，莫桑比克的医疗事业虽然获得了长足的进步，但由于历史欠债太多，对其所取得的成就不宜过于乐观。据 1995 年 8 月的新闻报道，莫桑比克 1500 万多人口中，只有 362 名医生。统计数字表明，莫桑比克平均 41000 名居民有 1 名医生，而撒哈拉沙漠以南非洲其他地区 1 名医生的平均居民数为 26000 人。[③] 在莫桑比克人口稠密地区，如中部的赞比西亚省，平均 15 万居民有 1 名医生，而马普托市的相应数字是 5000 名居民有 1 名医生。[④] 全国共有 1200 多个医疗中心，但只有 216 个医疗中心——大多由低级职称的医疗人员主持——能够营业，但多数是破损不堪的。莫桑比克的人均寿命，男人为 44 岁，妇女为

① Iain Christie, Mozambique: Land of Peace and Promise, Bureau de Informação Pública, 1996. p. 107.

② Iain Christie, Mozambique: Land of Peace and Promise, Bureau de Informação Pública, 1996. p. 107.

③ Elias Cossa, Where falling Sick is "Forbidden", AIA, Maputo, August 14, 1995.

④ Elias Cossa, Where falling sick is "forbidden", AIA, Maputo, August 14, 1995.

45 岁。婴儿死亡率是世界上最高的国家之一，为 125‰。[1]

据 2004 年统计数据，莫桑比克全国共有 12 所中心医院，707 个医疗中心和 479 个卫生所，17000 多个床位。全国共有 2.2 万名医务人员，其中本国医生 569 人，还有来自古巴、俄罗斯和中国等外国医生。医疗设备、药品等主要靠外国援助，在公立医院住院治疗、门诊基本药品和接种疫苗均免费，但药品奇缺，人满为患。经济条件较好的人一般在私人诊所看病，或到南非等国就医。医疗保险规模小，少数公司、企业为职工买保险，但索赔费时耗力，很难兑现。多个国际机构在莫桑比克办助开展防疫计划，预防接种的主要疾病包括麻疹、结核、小儿麻痹等。据世界卫生组织统计，2006 年卫生总支出占国内生产总值的 4.7%，人均卫生总支出为 56 美元（按购买力平价）。

政府自从独立时起就一直控制着全国的药品进口。到 90 年代中期，全国 98% 的药品从西方国家进口。[2] 虽然在公共医院，药品相当便宜，但由于全国药品短缺极为严重，许多普通民众在患病后，被迫到黑市以高价买药。

莫桑比克于 1977 年制定国家药典，包括有 430 种基本药物的清单。莫桑比克当地药物可及性在 1975 年有 10% 的人口能够获得药物，到 2007 年时这个比率上升到 80%。莫桑比克卫生部于 2009 年 8 月 18 日公布首例甲型 H1N1 流感确诊病例。病人是一位 46 岁的当地妇女。世界卫生组织（WHO）于当年向莫桑比克提供 3 万份治疗甲型 H1N1 流感的专用药品。

莫桑比克计划在世界卫生组织和联合国人口基金的支持下，努力把新生儿死亡率从 2003 年每千人死亡 48 人降低到 2015 年

① James, R. S., Major World Nations: Mozambique, Chelsea House Publishers, Philadelphia, 1999. p. 77.

② Elias Cossa, Where falling Sick is "Forbidden", AIA, Maputo, August 14, 1995.

每千人死亡 30 人。到 2015 年，莫桑比克产妇死亡率目标是每 10 万人死亡 250 人，2008 年产妇死亡率为每 10 万人死亡 408 人。

至今，在莫桑比克国内比较广泛流行并对国民构成严重威胁的传染性疾病包括麻疹、肺结核、肝炎、霍乱、疟疾和小儿麻痹症等，而且大多数传染病在自然灾害发生后期容易暴发并泛滥。主要通过蚊子传染的热带疾病疟疾也为许多莫桑比克人带来苦难。

为了预防和控制热带传染疾病的传播，莫桑比克政府要求从黄热病发病区前来访问的人士必须提供黄热病防疫证明。国外游客在进入莫桑比克以前，最好进行预防霍乱、甲肝、乙肝、伤寒、骨髓灰质炎（小儿麻痹症）和破伤风的免疫接种。此外，与其他非洲国家的情况类似，艾滋病是医疗卫生部门目前面临的最严重的一个问题。虽然到 90 年代中期的时候，全国艾滋病患者的数据还不清楚，但这一时期太特省、赞比西亚省、索法拉省和马尼卡省的艾滋病病毒携带者的人数却在不断增加，达到 5% ~ 10%，但其他省份的比例则比较低。造成这种分布状况的原因是大量难民从艾滋病病毒高感染率国家马拉维和津巴布韦返回国内定居。据中国外交部网站，莫桑比克是艾滋病问题较严重的国家，2005 年 15 ~ 49 岁人群感染率为 16.2%。

第四节　新闻出版

19 90 年宪法对大众新闻媒体的自由权利予以保障。该宪法第 74 条款规定：所有公民享有言论自由和出版自由的权利，以及享有知情权；言论自由的行使，包括尽其所能通过所有合法途径让世人了解自己的观点；知情权的行使，不应受到新闻检查制度的约束；新闻自由尤其包括如下自由：新闻表

达和创作的自由、从信息源获得信息的自由、保护职业独立和秘密的自由，以及创办报纸和其他出版物的权利；行使本条款中提及的这些自由和权利，应该在遵守宪法、遵守人的尊严、遵守外交政策和国防政策的基础上制定法律予以规范。新宪法的这些条款对维护莫桑比克的新闻事业的顺利发展提供了重要保障。

根据 1991 年 8 月 10 日的"新闻法"（1991 年第 18 项法令），新闻出版自由得到法律保障。莫桑比克新闻媒体的独立性，在近几年得到了一定的加强。

一　报纸、期刊与通讯社

全 国有 7 家日报：《新闻报》（*Noticias*）、《莫桑比克日报》（*Diário de Moçambique*）、《传媒电传》（*Mediafax*）（电传单页报纸）、《商业报》（*Diário de Negócios*）、《公报》（电传单页报纸）、《梅蒂卡尔报》（*Metical*）和《人民报》（*O Popular*）。

《莫桑比克日报》和《新闻报》是全国性的日报。《莫桑比克日报》创刊于 1902 年，1981 年改现名，葡文日报，出版社在贝拉，自 1991 年以后由政府接管，发行量 1.6 万份。《新闻报》创建于 1926 年，出版社在马普托，是全国发行量最大的报纸。该报属于早报性的葡文日报，自 1991 年以后由政府接管，发行量 3.3 万份。现在，政府握有该报的股份。《公报》为电传单页报纸，报社在马普托，只向订户以传真发送单页报纸。《梅蒂卡尔报》也是电传单页报纸，于 1997 年创建于马普托，由独立的记者组织——媒体联合社创办，以传真或互联网向订户传送新闻散页。该报的互联网网址是：http：//www. sadirectory. co. za/mediacoop。《人民报》则是私营日报。

比较有影响的周刊有 6 家：《星期天》（*Domingo*）、《时代》（*Tempo*）、《热带原野》（*Savana*）、《猛汉报》（*Demos*）、《挑战》

（*Desafio*）和《运动报》（*Campão*）。《时代》是全国发行量最大的葡文周刊杂志，每年发行量为 4 万份。该杂志于 1970 年创设于马普托，自 1991 年以后由政府接管。《星期天》是葡文周刊，于 1981 年创建于马普托，是发行量仅次于《时代》的第二大周报，年发行量 2.5 万份。《热带原野》由媒体联合社于 1994 年在马普托创办。《挑战》和《运动报》是葡文体育周报，两家社址也在马普托。《挑战》创刊于 1987 年。另外，还有私营的小型画报《周末画报》（*Fim de Semana*），每周出版。

其他的期刊还有《环球》（*Aro*），是月刊，1995 年在马普托创建；《莫桑比克观察》（*Mozambique Inview*），为英文半月刊，由媒体联合社于 1994 年在马普托创办，其互联网网址同《梅蒂卡尔报》；《莫桑比克新闻汇编》（*Mozambique File*），为莫桑比克新闻社主办，为英文月刊合订本。该刊的互联网网址为：http：//www. sortmoz. com/aimnews。《农业》（*Agricultura*）由国家农业经济调查研究所主办，1982 年在马普托创办，由农业信息资料中心等部门出版发行；《历史档案》（*Arquivo Histórico*），1987 年创刊于马普托市；《共和国公报》（*Boletim da República*）是在马普托发行的政府和官方的消息，由莫桑比克国家出版社出版发行；《莫桑比克统计资料》（*Moçambique-Informação Estatística*）由国家计划委员会主办，1982 年在马普托创刊，由经济信息中心出版发行；《莫桑比克新时代》（*Moçambique-Novos Tempos*）于 1992 年在马普托创刊，为莫抵运所属的月刊；《港口与铁路》（*Portos e Caminhos de Ferro*）杂志社在马普托，为季刊，以英语和葡语发行，是关于港口和铁路运输的杂志；《莫桑比克医药》（*Revista Médica de Moçambique*）由国家卫生研究所、卫生部所属医学院和爱德华多·蒙德拉纳大学主办，于 1982 年在马普托创刊，为医学季刊。此外还有《商业公报》（*Gazeta Mercantil*）等杂志。

新闻机构是莫桑比克新闻社，为国家通讯社，于 1975 年在马普托创建，每天用葡语和英语发布新闻。该社的互联网网址为：http：//www. sortmoz. com/aimnews。

外国在马普托派驻的新闻机构有：法国的法新社、葡萄牙的路莎新闻社、意大利的国家联合新闻社和英国的路透社等。

二　广播电视

根据 1993 年 6 月 22 日公布的 "1993 年第 9 项法令"，合作、合资和私营部门可以兴办无线电和电视广播事业，国有的无线电广播电台是许多莫桑比克人接收新闻和信息的主要来源。独立的新闻媒体已经得到了相当程度的发展，私营的或商业性的无线电广播电台大多在城市地区经营。在莫桑比克设立无线电和电视广播机构，需要从总理办公室所属的国家新闻局申请经营许可证，还要从国家通信从协会申请无线电波段许可证。

目前，全国共有 16 家获得政府批准的独立的无线电广播电台。其中，莫桑比克电台是最重要的无线电广播电台，为国有广播电台，建于 1975 年，到 90 年代中期设有 1 个频道的广播节目，用葡萄牙语、英语和 17 种非洲语言进行广播。该电台具有全国性的天线网络，设有省级和地方级频道，每天对内广播 19 个小时，对外约 5 个小时。在全国主要区域均可接受莫桑比克电台的广播节目。在莫桑比克电台下属的城市广播台是很受欢迎的面向青年人的调频广播网络。

国内影响较大的私营广播电台是克林特广播电视公司，设在马普托。在全国主要区域内可以接受该台的无线电广播。绿野广播电台（Rádio Terra Verde）的正式名称是莫抵运之声，这是由莫抵运掌管的广播电台，在马普托、戈龙戈萨和索法拉省设有转播站。宗教广播电台有 3 家：神迹布道台（Miramar）、教友聚会台（Encontro）和玛丽亚台（Maria）。其中神迹布道广播电台由巴西教派上帝王国普救教会掌管。

全国性的国家电视台是莫桑比克电视台（Televisão de Moçambique TVM），创建于1981年，是国营电视台。90年代中期，该电视台覆盖率占全国56%的国土，每周播7天，每天18小时。克林特广播电视公司于1993年在马普托市设立了电视台，当时有一个电视频道，每天提供6~9小时的电视节目。上述这两个电视节目以当地的新闻、幽默剧、体育活动和宗教等内容为主，还转播葡语电视节目。

此外，全国有若干个社区无线电广播电台和电视台在政府和联合国教科文组织的资助下开展活动。在能够接收国家电视台信号的一些地区还能接收到葡萄牙国家电视台非洲频道，在马普托地区还可以收到英国广播公司的世界频道葡语广播节目。

联合国教科文组织是支持莫桑比克建立社区无线电广播的几个合作伙伴之一。这些合作伙伴正在支持莫桑比克的4个无线电广播电台，建立一个妇女社区无线电广播网，一个关于无线电广播的全国合作论坛，以及建立8个社区无线电广播站。[①]参加这些活动是联合国教科文组织实施的"在莫桑比克通过发展传媒加强民主和政府管理"工程的一部分内容。

社区无线电广播站以服务社区为目的建立起来，这些服务功能包括信息、培训、教育和娱乐。为了确定社区无线电广播站的职能，电台志愿者就广播的内容、时间和语言等问题进行了公共调查。根据调查结果所做的研究表明，大多数听众更愿意收听新闻广播、包括道德教育在内的各种教育节目、广播剧、戏剧、妇

---

① "Creating Sustainable Community Radio Stations-A Major Challenge!：UNESCO's Experience in Mozambique", by Birgitte Jallov, Nov 2001 and "Community Waves" a publication prepared by UNESO/UNDP Media Development Project, June 2001.

女节目、儿童和青年人节目、农业节目、畜牧业节目、运动节目和无线电辩论节目。地方电台应收集当地的新闻事件，也要转播莫桑比克无线电广播电台对社区感兴趣的主要新闻内容。这些社区广播电台的部分战略还要将社区本身纳入广播内容，通过读者来信、现场辩论、录音采访、电话讨论以及其他的方法，使听众的姓名和声音通过广播而为社区所了解。

莫桑比克社区无线电广播电台的发展面临着一系列问题。其中，高文盲率和葡萄牙语普及率不高是最主要的问题。根据1997年的人口普查数据，莫桑比克具有读写能力的比率，男人为59%，妇女只有29%。全国只有1/4的人口会讲全国唯一的官方语言葡萄牙语，能够完全理解和听懂无线电广播电台以葡语广播的新闻快报。因此，如何加强和确保社区电台发挥作用，成为现阶段社区电台必须解决的问题。

在莫桑比克的社会经济建设中，无线电广播所应发挥的潜在作用日益受到政府和国际社会的重视。在2000年2~3月洪水灾害期间，救援工作人员和莫桑比克政府认识到，有必要建立一个能够让普通民众容易理解的信息渠道。在水灾过程中最大的一个问题就是信息传播迟缓、不准确或者人们对已经获得的信息持怀疑态度。在洪水期间，为了解决廉价的无线电收音机问题，国内外的一些非政府机构为灾民发放了大约7500台手摇充电收音机。① 广播节目来自马普托市的莫桑比克无线电广播电台，在水害最严重的加扎省和马普托省，当地的2家无线电广播电台也予以转播。

在2000年洪水过后，总部位于日内瓦的非政府组织——媒体活动国际在英国政府国际开发部、自由播报基金会和联合卫理公会的帮助下，在莫桑比克发起了无线电广播快速反应工程。该

---

① Radio initiative for flood victims, IRIN, Johannsburg, 17 Aug 2000 (IRIN).

工程的目的是为灾区居民提供及时的相关信息，帮助他们重建新生活。① 该工程同莫桑比克无线电广播电台一起编制广播节目，用尚加纳语向遭受洪水最严重的南方地区进行广播，提供急需的、及时的、明确的和准确的信息。除了播报洪水消息和新闻以外，该工程还以广播剧和医疗专家访谈疟疾和霍乱等议题的形式向灾民播报如何获得帮助。有关土地分配、艾滋病、食品发放和扫除地雷，以及促进当地居民就如何重建未来生活等问题的讨论，也是其广播内容之一。该项广播工程从 2000 年 5 月 2 日开始，持续 6 个月时间，为当地的社会经济发展和灾后重建工作发挥了积极作用。

莫桑比克于 2000 年创办《儿童对儿童》广播节目，包括艾滋病、性知识、种族歧视、娱乐音乐等 32 个栏目，采写、编排、导播、播音等工作都由儿童完成，全国共有 200 多名儿童参与节目的制作。

三　出版社

全国主要的出版社几乎都位于首都马普托市内，其中著名的出版机构有历史档案出版社、中央新闻出版公司、现代公司有限公司和国家图书与音像录制研究所等。中央新闻出版公司创建于 1908 年，侧重出版和印刷教育、科技和医学教科书等。现代公司有限公司创建于 1937 年，主要出版历史和小说题材的图书以及教科书。国家图书与音像录制研究所则是政府出版和图书采购部门。国家所属的出版局设在马普托的莫桑比克国家出版社。

---

① Radio initiative for flood victims, IRIN, Johannsburg, 17 Aug 2000 (IRIN).

第七章

对外关系

　　莫桑比克独立后，奉行独立和不结盟政策，主张在相互尊重主权和领土完整、平等、互不干涉内政和互利原则的基础上与其他国家发展友好合作关系。在外交领域，莫解阵政府坚决避免与某一国家形成任何形式的新型依赖关系。莫桑比克领导人在建国初期曾明确说明："我们经过 15 年的斗争，是为了解放我们自己而不是为了成为另一个外国势力的卒子。"[①]

　　目前，莫桑比克在对外关系中，奉行"广交友，不树敌"的独立、不结盟外交政策，主张在相互尊重主权和领土完整、平等、互不干涉内政和互利的原则基础上与其他国家发展友好合作关系；主张通过谈判解决国家之间的争端，支持在非洲统一组织内部建立预防和解决冲突的机制，支持全面裁军的原则，赞成建立非洲无核区。反对在印度洋国家再建或扩大原有军事基地，支持拆除在印度洋的核武器和撤出在印度洋国家的外国军事基地，赞成召开关于印度洋无核区和非军事化的国际会议。主张南南合作，要求建立国际政治、经济新秩序，认为贫穷与不公正是世界不安定的根本原因，经济全球化加大了南北经济和技术鸿沟，贫

---

①　Allen Isaacman & Barbara Isaacman, MOZAMBIQUE from Colonialism to Revolution 1900–1982, published in 1983 by Westview Press Inc., p. 172.

富差距更趋严重，非洲受害尤其。国际社会，特别是西方国家应关注非洲发展，加大科技、知识产权转让和免债力度，不断增加资金和技术援助。在人权问题上，莫桑比克主张尊重世界人权宣言及其他有关文件所阐明的人权及人的基本自由，认为人权首先是生存权和发展权。在联合国安理会改革问题上，莫桑比克完全支持安南秘书长所倡导的安理会改革计划，认为安理会要减少官僚主义，提高效率；认为第三世界国家在安理会中应享有更大发言权，安理会应当以更加民主的方式开展工作，认为联合国改革启动多年未果，使非洲利益受损，各国不应再以缺乏协商一致为由拖延改革。在安理会改革问题上坚持非盟立场，强调非洲应该有两个拥有否决权的常任理事国席位。在难民问题上，认为救济和保护难民是基本的人道主义义务。主张根据本国法律和国际有关难民的公约处理难民问题；在西属撒哈拉问题上，认为阿拉伯撒哈拉民主共和国（阿拉伯语：الجمهورية العربية الصحراوية الديمقراطية），是一个独立国家且为非洲统一组织成员国。与其建立了大使级外交关系。主张和平谈判解决这一问题。谴责一切形式的恐怖主义，主张反恐须遵照有关国际法准则，反对自行其是。联合国应在反恐斗争中发挥中心作用。贫困是犯罪的根源，反恐和打击有组织犯罪需与消除贫困相结合。在东帝汶问题上，莫桑比克一贯反对印尼侵占东帝汶，支持东帝汶独立，允许流亡在外的东帝汶革命阵线在莫桑比克境内设代表机构；主张非洲葡语五国协同向葡萄牙施加影响，促其承担历史责任。在 1999 年 8 月东帝汶全民公决后，莫桑比克强烈谴责印尼军队和民兵在东帝汶的暴行，支持联合国采取有利于东帝汶摆脱印尼占领、建立独立国家的措施和行动，并积极参加东帝汶的联合国维和行动。目前，莫桑比克同 94 个国家建立了外交关系。

1998 年，希萨诺总统先后访问中国、新加坡、卡塔尔、葡

萄牙、牙买加、日本、中国香港、荷兰、西班牙和美国，并出席在乌干达举行的南部非洲、中部和东部首脑与世界银行会议以及在纳米比亚举行的南部非洲经济论坛会议、在布基纳法索举行的第 33 届非统组织首脑会议。1998 年，法国总统希拉克、马来西亚总理马哈蒂尔、阿尔及利亚总统泽鲁阿勒、纳米比亚总统努乔马、葡萄牙总理古特雷斯和瑞典国王古斯塔夫等访问了莫桑比克。2005 年召开驻外使节会议，将"开拓外交新局面，为减贫斗争服务"确定为外交工作总目标，将加强对外经济合作、特别是与中东和亚洲国家的合作作为今后外交工作的重点。

第一节　莫桑比克与国际和地区组织

莫桑比克在独立后积极加入国际组织，在国际事务中积极发挥作用。莫桑比克目前已经参加了如下的国际组织或集团：非洲、加勒比和太平洋国家集团（简称非—加—太国家集团），非洲开发银行，英联邦共同体，关税合作委员会，非洲经济委员会，世界粮农组织，世界银行，国际民航组织，自由贸易联盟国际同盟，国际放射性核素测量委员会，国际开发协会，伊斯兰开发银行，国际农业开发基金，国际金融公司，国际红十字会与红新月会联盟，国际水文组织，国际劳工组织，国际货币基金组织，国际海事组织，国际奥林匹克委员会，国际移动卫星组织，国际通讯卫星组织，国际刑事警察组织，国际通信联盟，非洲统一组织/非洲联盟，伊斯兰会议组织，南部非洲发展共同体，联合国，联合国贸易和发展会议，联合国教科文组织，联合国工业发展组织，联合国东帝汶过渡管理局，万国邮政联盟，世界工会联盟，世界卫生组织，世界知识产权组织，世界气象组织，世界旅游组织和世界贸易组织等。

此外，莫桑比克是国际移民组织的观察员和国际标准化组织

的协调员。莫桑比克还是近年成立的葡萄牙语国家共同体
（Comunidade dos Países de Língua Portuguesa，CPLP）和环印度洋
地区合作协会的成员国。

　　在联合国各种机构及其他国际组织中，莫桑比克一般坚持原
则性与灵活性结合的政策。作为不结盟运动的成员国，莫桑比克
坚持不结盟政策，但反对不结盟运动采取不辨是非的完全中立路
线和政策。此外，加强同世界经济领域的合作是莫桑比克积极参
加国际组织的主要目标之一。"非—加—太"与欧盟自 1954 年
《罗马条约》以来发展合作已有半个多世纪。作为非—加—太国
家集团的成员，莫桑比克积极同欧盟开展合作，每年得到欧盟经
济援助。莫桑比克还是非洲统一组织和南部非洲发展共同体成员
国。南部非洲发展共同体在南部非洲地区的政治和经济生活中发
挥着越来越大的作用。1994 年 12 月，莫桑比克成为伊斯兰会议
组织的第 52 个正式成员国。莫桑比克加入伊斯兰会议组织，一
方面扩大了国际援助的来源，另一方面又满足了国内人数众多的
穆斯林的要求和愿望。

　　在非洲合作与发展问题上，莫桑比克积极支持非洲国家联合
自强的方针政策，积极参与非统和非洲地区组织的活动，维护非
统等非洲国家组织的团结。例如，在 2000 年 7 月非统首脑会议
在多哥首都洛美举行之前，由于多哥政府在近期的安哥拉国内冲
突中，采取了支持安哥拉反政府武装的立场，违犯了联合国安理
会的制裁决议，因此安哥拉拒绝参加在多哥举行的非统首脑会
议，安哥拉政府为此发起外交攻势，说服非统组织成员国抵制洛
美首脑会议，还要求时任南部非洲发展共同体主席国的莫桑比克
组织共同体成员国集体抵制洛美首脑会议。但莫桑比克外交与合
作部长西芒在 6 月 23 日宣布，莫桑比克不会抵制在洛美举行的
非统的首脑会议。西芒认为，安哥拉政府要求抵制洛美首脑会议
或许有一定的道理，但"我们必须根据非洲国家的整体利益来

考虑问题，应当尽力避免使非统组织发生破裂"。他说，在这个问题上，我们现在应当做的是"确保联合国对'争取安哥拉彻底独立全国联盟'的制裁得到全面执行，而不是在非洲国家之间制造新的矛盾"。

莫桑比克还积极促进非洲联盟事业的发展壮大。非统组织于1999年9月在利比亚的苏尔特（Sirte）举行特别首脑会议，通过了《苏尔特宣言》，决定成立非洲联盟，并确定了非洲政治、经济和社会一体化目标。2000年7月在洛美举行的非统第36届首脑会议通过了《非洲联盟章程草案》，2000年11月23日，莫桑比克总统希萨诺在非洲统一组织总部亚的斯亚贝巴签署了《非洲联盟章程草案》，从而成为签署该项文件的第32个非洲国家。希萨诺在签字仪式上强调，《非洲联盟章程草案》是一项关系到非洲国家命运的"重要文件"，所以他决定亲自到非统组织总部签署这一文件。2001年3月再次在苏尔特召开非统组织特别首脑会议，宣告正式成立非洲联盟。

莫桑比克所有邻国都是英联邦成员国。虽然莫桑比克在历史上同英联邦没有深入的联系，但争取加入英联邦是莫桑比克实行改革开放政策以来外交活动的目标之一。在殖民地时期，莫桑比克就被几个英属殖民地（后来的英联邦成员国）所环绕，并成为这几个国家和地区的出海口。莫桑比克同英联邦国家建立密切联系已有近40年的历史了。莫桑比克民族解放运动就是在英联邦成员国坦桑尼亚的无私支持下建立并蓬勃发展起来的。赞比亚也为莫桑比克的独立谈判作出了贡献。自从独立以后，出于道义和地缘政治的考虑，莫桑比克就坚定地参加了具有英联邦成员身份的邻国对南罗得西亚和南非种族主义政权实施经济封锁的斗争。1974年非洲前线国家组织的成立就得到了莫桑比克的大力推动和积极参与。最早成立非洲前线国家组织的成员国包括博茨瓦纳、赞比亚、坦桑尼亚和莫桑比克，除莫桑比克外均为英联邦成员国。莫桑比克同英联邦成员国之间从此建立了非常密切的联系。莫桑比克为津巴布韦的独立和南非种族主义制度的崩溃作出了重大的牺牲和贡献，其中包括巨大的经济损失。

1979年，莫桑比克派代表团参加英联邦在卢萨卡举行的最高首脑会议，并在当年后期有关津巴布韦独立的兰开斯特宫谈判中鼓励津方代表达成了关键性的协议。萨莫拉总统为解决津巴布韦问题所作的贡献得到了当时英国首相撒切尔夫人的高度赞扬。

在南非推行种族隔离制度期间，莫桑比克同加拿大、澳大利亚和新西兰建立了特殊双边关系。同样，英联邦内的几个发展中国家和新工业化国家也加强了同莫桑比克的双边关系。1987年，莫桑比克应邀作为英联邦观察员参加在温哥华举行的英联邦政府首脑会议。此次会议上，英联邦考虑到莫桑比克在反对南非种族主义政权的斗争中的重要战略地位、该国为反对种族主义政权所做的牺牲和贡献以及对南非经济依赖的现实，决定设立英联邦莫桑比克专门基金。① 英联邦莫桑比克专门基金在1988～1993年，通过奖学金、制度建设和人力资源培训、英语培训、电信、农业和农村发展、促销和出口推销活动、工厂管理层的产业规划和一些小型工程项目等，为促进莫桑比克尤其是爱德华多·蒙德拉纳大学的发展作出了贡献。自1987年英联邦温哥华首脑会议开始，莫桑比克一直派外长作为观察员参加英联邦会议，得到了英联邦成员国的欢迎。1993年年底，莫桑比克外长正式提出了参加英联邦的请求。1994年，英联邦莫桑比克专门基金被英联邦促进莫桑比克发展机构所取代，该项目得到了澳大利亚政府的官方援助项目的合作和支持。

---

① 在英国的政府文件中，该基金的名成为英联邦技术合作基金（Commonwealth Fund for Technical Co-operation 1988 - 1993），有专门为莫桑比克而设立的项目。

随着津巴布韦的独立和民主南非的建立，莫桑比克必然要密切同当地英联邦国家之间的联系与合作，并力争在英联邦内部发挥正式成员的作用。同时，莫桑比克也希望通过加入英联邦而成为英语国家世界的一部分。自从1975年独立以来，莫桑比克规定英语为中学的必修课程。在过去的近30年时间里，提高英语语言的沟通能力一直是莫桑比克政府的优先政策。目前，大多数政府高级官员和政治领导人会说流利的英语。在同邻国的政治和技术领域的交往中，英语是主要的工作语言。

在1995年11月12日的奥克兰英联邦政府首脑会议上，莫桑比克被接纳为正式成员，成为英联邦内唯一的非英语国家成员国。1997年英联邦政府首脑会议在苏格兰爱丁堡举行，莫桑比克首次作为正式成员出席会议。从此开始在英联邦事务中发挥作用。

自从加入英联邦以来，莫桑比克积极参加其内部的一系列事务和活动。莫桑比克以英联邦成员的身份有力地促进种族主义制度结束以后的南部非洲地区的经济合作和一体化进程，加强和巩固了现有的共同文化遗产，便利了与不同民族间的沟通与流动，促进了商贸和投资的发展交流。

莫桑比克已经从英联邦成员国提供的培训项目中受益，但仍然需要这些国家尤其是邻近的英联邦国家提供人力资源方面的帮助。为了适应津巴布韦、纳米比亚和南非等英联邦国家的多语言模式，莫桑比克的教育体制最近已经进行调整，并肯定会得益于这种体制的改变。在小学早期教育阶段引入英语和当地语言还有利于分享该地区有限的人力和财政资源，促进与邻国之间教学课本的交流。莫桑比克高等教育的发展也得益于英联邦匡家大学——包括那些实行双语制的大学——的经验和学术交流。

在行政管理方面，莫桑比克积极探讨和借鉴英联邦非洲成员国的经验教训，寻求在人力资源开发和交流领域的合作，借鉴其

他成员国的经验设置公共服务委员会、组织地方选举和各级政府官员和人员的合作等。此外，在立法和防范与解决冲突方面，英联邦国家也为莫桑比克提供了有益的帮助。

加强同葡语国家的合作也是近年来莫桑比克外交重点之一。莫桑比克积极地推动了非洲葡语国家之间的合作。1976年，安哥拉、莫桑比克、几内亚比绍、圣多美和普林西比和佛得角等5个非洲葡语国家的外长在圣多美和普林西比召开部长会议，决定不定期召开五国首脑会议。会议宗旨是协调五国对外政策，密切在政治、经济等领域的合作，实现经济共同繁荣的目标。此后，非洲葡语国家首脑会议不定期召开。2001年4月10日，非洲葡语国家在安哥拉首都罗安达举行第11届首脑会议。会议决定，加强五国在教育、卫生、技术和投资等领域的合作，并指明了非洲葡语国家加强在内政和外交方面的协调具有重要意义。

此外，莫桑比克还积极参与葡语国家共同体（简称葡共体）的建设和发展。该共同体于1996年7月17日在葡萄牙首都里斯本成立，成员国包括巴西、葡萄牙、佛得角、几内亚比绍、莫桑比克、安哥拉、圣多美和普林西比7个以葡萄牙语为官方语言的国家，地跨欧洲、南美和非洲。共同体宗旨是在相互支持、相互尊重的基础上进行政治协商和在经济、文教和社会等领域开展合作。2000年7月17~18日，莫桑比克作为葡共体轮值主席国在马普托举办了共同体第三届首脑会议。会议发表了呼吁葡语国家加强政治、经济、文化等多方面合作的《马普托宣言》，全面阐述了葡共体国家进行全面合作的要求。

莫桑比克积极开展活动，加强葡语国家之间的文化交流与合作，积极维护和拓展葡语文化合作空间。2000年5月6日，莫桑比克文化部长参加了葡共体在里斯本附近的埃斯托里尔举行的会议。莫桑比克积极参加和推动葡共体国家在海关方面的合作，多次参加葡共体海关会议。2000年9月11日在罗安达举行的第

16 届葡语国家共同体海关关长会议，讨论了加强海关管理与合作，加强各国在技术、培训、共同预防和调查毒品走私等方面的合作问题。莫桑比克加强葡语国家共同体内部的军事合作已取得了新的进展。

莫桑比克希望并积极采取措施发展同中国澳门地区之间的经贸和文化联系。1998 年 4 月 3 日在结束了对中国为期一周的访问后，希萨诺总统到达澳门进行为期两天的访问。他在接受记者采访时指出，他访问澳门的目的就是加强莫桑比克与澳门之间的友谊，发展双方的贸易和文化关系。

莫桑比克利用葡共体国家语言相通和文化相近的优势，积极开展同葡语国家的经济合作，大力吸引葡萄牙的投资。仅在2000 年上半年，莫桑比克共引进葡萄牙投资项目 39 个，总投资额达 3980 万美元，使莫桑比克吸引外国直接投资总额达到 6400 万美元。[①] 这些来自葡萄牙的直接投资将有力地促进莫桑比克朝着非洲的生产加工基地和中转运输中心的目标迈进。

2003 年 10 月中国—葡语国家经贸合作论坛（澳门）在中国澳门正式成立。贸易和工业部长卡洛斯·阿尔贝托·桑帕约·莫尔加多（Carlos Alberto Sampaio Morgado）代表莫桑比克政府出席了第一届部长级会议，并与中国、其他葡语国家共同签署了2003 年部长级会议《经贸合作行动纲领》。能源部长萨尔瓦多·南布雷特（Salvador Namburete）代表莫桑比克政府出席了 2006 年 9 月在中国澳门举行的第二届部长级会议，并签署了 2006 年部长级会议《经贸合作行动纲领》。莫桑比克还于 2007 年 4 月举办"中国与葡语国家企业经贸合作洽谈会—马普托—2007"，洽谈会有超过 650 名中国和葡语国家企业家参加，涉及建筑、医药、贸易、金融、农业、捕鱼业、农产品加工等行业。在两届部长级会议期间，莫桑比克政府积极派员参与人力资源开发合作、贸易投资等促进活动。

莫桑比克同世界银行和国际货币基金组织等国际金融机构的关系经历了一个复杂过程。由于该国长期遭受国际资本主义的剥削，莫桑比克在建国初期对于主要由西方发达资本主义国家控制的世界银行和国际货币基金组织等机构一直采取怀疑和戒备的态度。在80年代中期以前，莫桑比克曾断然拒绝向这两个国际金融机构申请贷款的建议。莫桑比克认为，这两个机构向申请贷款的国家提出的前提条件将损害本国的经济主权。因此，尽管莫桑比克希望同欧洲经济共同体建立联系，但在首次签署《洛美协议》时，莫桑比克还是保留了自己的态度。

80年代中期，随着国内经济改革开始进行，莫桑比克越来越需要大批的国际资金和贷款来实施经济改革计划。因而在1984年，莫桑比克加入了国际货币基金组织、世界银行和国际金融公司等国际金融机构。从1987年开始，莫桑比克政府开始实施经济复兴计划，进行大规模市场改革和经济结构调整，处理宏观经济扭曲和不平衡、市场自由化和私有化等重要问题。[①] 为了赢得国际金融机构的支持，莫解阵政府于同年与世界银行和国际货币基金组织签署了结构调整协议，以缩减财政赤字，将国营企业私营化，扭转经济下降颓势。此后，世界银行和国际货币基金组织全面参与莫桑比克经济发展规划和经济体制改革进程。莫桑比克此后的不少重大社会经济政策都是根据这两个国际金融机构的建议制定的。

促进南部非洲国家的合作，实现地区经济互补和共同发展，

---

① 《粮食与农业状况1997年》，联合国粮农组织，中文版，第103页；转引自 Tinker, V. 1992，《莫桑比克的结构调整和农产品价格制定》，《非洲政治经济回顾》53：第25～42页。

是莫桑比克积极参与南部非洲国际组织的动因之一。

在经济领域，莫桑比克独立后采取措施加强与邻国的联系与合作。1979年5月，非洲前线国家外长在哈博罗内举行会议，首次讨论了地区经济合作的问题。接着在1979年7月，前线国家和国际捐助机构在坦桑尼亚举行的阿鲁沙会议上决定加强成员国之间的经济合作，将前线国家联盟扩展为经济合作组织，莫桑比克代表团为此发挥了重要的作用。因此，为了落实阿鲁沙会议精神，减轻南部非洲国家对南非的经济依赖，开发各国的资源以实现共同自力更生、合作实施一些对各国和对整个地区有积极影响的工程项目以及争取国际社会的理解与支持，莫桑比克、坦桑尼亚、津巴布韦、斯威士兰、赞比亚、马拉维、安哥拉、博茨瓦纳和莱索托九国于1980年4月1日在赞比亚首都卢萨卡举行首脑会议。会议发表了题为《南部非洲：奔向经济解放》的卢萨卡宣言，宣布成立南部非洲发展协调会议。宣言指出，成员国推行政策的目标是追求实现地区经济的自主性，减少对南非经济的依赖，促进整个地区经济全面的平衡发展。

随着南非在80年代末90年代初启动政治改革和向民主政治过渡，推动整个南部非洲经济的发展成为该地区各国的共识，为此南部非洲国家于1992年8月17日在纳米比亚首都温得和克举行首脑会议，签署了成立南部非洲发展共同体的宣言和条约，莫桑比克是这个组织的创始国。南部非洲发展共同体取代了南部非洲发展协调会议，在地区经济、政治和社会发展中开始发挥越来越大的作用。莫桑比克作为南部非洲发展共同体的成员国，其地区政策完全以南部非洲发展共同体为主。

在南部非洲发展共同体中，莫桑比克分工负责文化、信息和体育部门以及交通运输和通信部门的协调工作，负责为这两个部门的政策、战略和优先发展项目提供建议，处理该部门的发展项目事宜，并向部长委员会提交部门报告等。

在南部非洲发展共同体中，莫桑比克积极参加共同体的活动，签署或批准了有关共同体建设和发展的一系列条约和协议。莫桑比克已签署或批准的条约或协议包括《南部非洲地区分享水资源系统协定》、《南部非洲地区打击非法走私毒品协定》、《能源协定》、《矿产协定》、《贸易协定》、《交通运输、通信与气象协定》、《教育与培训协定》、《旅游协定》、《野生动植物保护和法律实施协定》以及《卫生协定》，等等。在南部非洲发展共同体内部，希萨诺在担任莫桑比克总统期间一直是南部非洲地区推动地区合作和稳定的一个关键人物，发挥着重要作用。

第二节　同美国的关系

一　独立初期的关系

在莫桑比克取得独立时，美国迅速予以外交承认，希望尽快同其建立外交关系。但直到独立后将近 3 个月时间，莫桑比克才于 9 月 23 日同美国建立了外交关系。美国驻马普托大使馆于 1975 年 11 月 8 日开馆，但两国关系并没有实质性的改善。第一任美国驻莫桑比克大使 1976 年 3 月到达马普托。同年，美国向莫桑比克政府提供了 1000 万美元的赠款，作为其实施制裁南罗得西亚政权造成损失的补偿。但到 1977 年，美国国会指责莫桑比克为遏止莫抵运所推行的国内政策侵犯人权，禁止向其提供发展援助。美国官员指出，除非莫解阵政府允诺尊重人权，否则就终止对莫桑比克的经济援助。这导致了两国关系陷入僵局。

1978 年，莫桑比克开始调整对西方国家的外交政策，表示愿意同以美国为首的西方国家改善外交关系。这一年萨莫拉总统同卡特总统在纽约的会晤中，萨莫拉提出，希望两国捐弃前嫌

（指美国支持葡萄牙殖民地政权的历史），重新开始建立新的关系。在此后不久接受采访中，萨莫拉重申，他希望改善同美国的双边关系。他也认识到，卡特总统与以往的美国总统完全不同，已经"尝试着采取新型的美国对非政策，这种政策首次使美国同不公正的殖民主义、种族主义和种族隔离制度脱离关系"①。莫桑比克为改善同美国的外交关系还在国内进行了宣传工作。在1978年接受国内当时唯一的全国性杂志《时代》（Tempo）杂志采访时，萨莫拉总统指出："我们发现（莫桑比克和美国）两国之间符合双方利益的经济关系还有很大的发展空间。政治上，双方都对缓和印度洋区域的紧张关系感兴趣，双方还同样努力争取结束南部非洲地区的殖民主义、种族主义和种族隔离制度统治。我们对发展合作关系感兴趣——请明确地了解我的含义，是同包括美国在内的所有国家发展政治的、经济的、文化的、科学的、技术的和商业的合作关系。"② 美国政府为了改善同莫桑比克的关系，在美国国会禁止美国向莫桑比克提供非人道主义的双边援助的情况下，于1978年承诺通过进出口银行为其提供贷款以购买巴西生产的通用电力机车。

二　与里根政府时期的关系

里根就任美国总统以后，美国采取强硬的反对共产主义和支持南非的政策。美国对莫桑比克政策的倒退又使两国关系走向低谷。虽然莫桑比克希望改善同美国的关系，但莫桑比克在1981年2月发现美国中央情报局人员在莫桑比克开展活动，并向南非有关部门提供莫桑比克情报。莫桑比克于3月驱逐了美国的4名使馆官员，两国外交关系因而跌到历史上的最低

---

① Africa Report 24（July-August 1979）：43.
② Tempo 385（1978）：21 – 22.

点。但美国中央情报局向南非提供的情报使得南非突击队在 3 月顺利袭击了马普托近郊。在解释莫桑比克驱逐美国使馆官员时，时任外长的希萨诺强调："我国政府反对所有外国情报机构在莫桑比克开展活动，但当它们的活动危害了我国国家主权，政府就必然会采取适当措施。如果是苏联情报机构的话，我们也会这么做。"① 作为回应，美国取消了向莫桑比克提供发展援助的允诺，拒绝向莫桑比克出售波音 707 飞机和急需的农业机械设备，并拒绝任命新的驻莫大使。此时，两国关系完全陷入了互不信任的僵局。

1982 年以后，两国之间紧张的外交关系开始出现转机。1983 年年底，美国驻莫桑比克新任大使到达马普托，莫桑比克派驻美国的第一个外交使节到达华盛顿，这标志着双边关系出现转机。到 80 年代中期，莫桑比克开始摆脱侧重苏联方面的外交轨道，并密切同西方国家发展关系，两国关系出现生机。

1984 年，美国为了鼓励莫桑比克进行经济改革计划和开始摆脱莫斯科的羁绊而取消了禁止向莫桑比克提供经济援助的禁令，启动了一项援助计划。自 1984 年起，美国力促莫桑比克内战双方通过谈判解决问题，以后又积极参与莫桑比克实现和平的进程。萨莫拉总统在 1985 年对美国进行一次具有象征意义的工作访问。希萨诺在继任总统职务后分别在 1987 年 10 月会晤了里根总统、1993 年 3 月会晤了布什总统和 1992 年 7 月会晤了贝克国务卿。

三　冷战后的关系

随着超级大国在非洲大陆的冲突和争斗接近尾声，南非开始了民主进程，最为重要的是莫桑比克国内政治形

---

① Allen Isaacman & Barbara Isaacman, MOZAMBIQUE from Colonialism to Revolution 1900 – 1982, Published in 1983 by Westview Press Inc., p. 187.

势发生了重大变化，美国、莫桑比克双边关系随之不断地得到巩固和加强。到 90 年代初期，两国关系明显改善。此后，美国的经济援助成为两国关系中的一个重要内容。

在 90 年代初期莫桑比克遭受 20 世纪最严重的干旱，美国为其提供的援助发挥了重要作用。1990 年 1 月，美国将莫桑比克从"马列主义国家"名单中剔除，取消对莫桑比克提供军援的禁令。从 1993 年开始，莫桑比克已成为撒哈拉沙漠以南非洲接受美国援助最多的国家之一。1991 ~ 1993 年南部非洲大旱期间，美国为莫桑比克提供了大量紧急食品援助。莫桑比克和平进程也得到了美国提供的援助。在 1994 年 10 月莫桑比克多党大选期间，美国参加了为监督实施罗马和平协议而建立的几个最重要的委员会，在其和平进程中发挥重要作用。在莫桑比克后来的政治经济转变中，美国仍是向其提供援助的主要国家之一。美国成为莫桑比克最大的双边援助国，在促进其政治经济转变过程中发挥着重要作用。

在 2000 年年初，莫桑比克发生特大洪水灾害期间，美国政府的外援机构积极采取措施帮助莫桑比克政府和居民克服水患，多次向莫桑比克提供紧急人道援助、经济援助，甚至派出军事飞机参加水患灾区的抢险工作。莫桑比克水灾态势不断恶化，同年 2 月，美国国际开发署为莫桑比克的洪水灾害提供的援助总额约达 870 万美元。[①]

2000 年 5 月 3 ~ 4 日，国际社会捐助莫桑比克灾后重建的募捐会议在罗马举行。在此次国际募捐会议上，美国成为向莫桑比克提供捐助最多的国家，允诺为其灾后重建提供 1.31 亿美元的援助。

积极吸引美国投资和开辟美国市场也是莫桑比克对美外交关

---

① http://www.usaid.gov, 12/04/2001.

系的重点之一。为了促进莫桑比克同美国的经贸发展，1998 年
12 月，美国签署了两国间的《双边投资条约》。该条约将为美
国投资者提供更高水平的保证，也为美国经济界开发莫桑比克
市场开辟了道路；同样，该条约也为莫桑比克吸引外国投资、
扩大就业市场和利用美国市场准备了条件。另外，根据克林顿
政府提出的"非洲增长与机会法案"，莫桑比克在进行海关和签
证改革以后已经符合美国的条件，所有出口美国的服装产品免
征进口关税。

莫桑比克为撒哈拉以南接受美国援助较多的国家，是美国
《非洲增长与机会法》的受惠国。2004 年，美国宣布莫桑比克为
第一批有资格从"千年挑战账户"计划中申请资金援助的 16 个
国家之一。

美国的民间外交非常活跃，而且收到了非常好的效果。美国
公谊服务委员会（America Friends Service Committee）在莫桑比
克的活动就是很好的一个例子。该委员会是 1917 年建于美国的
贵格会教徒组织，在世界 30 多个国家从事传教、救助、帮助发
展、追求社会公正和和平教育等活动。美国公谊服务委员会自从
莫桑比克 1975 年独立开始就在该国开展活动。在莫桑比克的 16
年内战和随后几年的大旱期间，该组织在莫桑比克国内从事的一
系列活动包括分发衣物、种子、生产工具和医药用品等；创立医
疗中心和儿童护理中心，以及为救助处于高度危险状态的妇女儿
童的流动医疗所提供赞助。在 20 世纪 90 年代初期的干旱结束后
和 1992 年签署和平协议以后，该组织还与莫桑比克妇女组织合
作开展了多方面的活动。其中的妇女发展项目就是一个成功的典
范。

1997 年 3 月，莫桑比克中部的马尼卡省、索法拉省、太特
省和赞比西亚省发生严重水灾，该委员会也开展了一系列活
动。

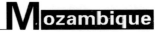

第三节　同欧盟国家的关系

莫桑比克同西方国家的关系比较复杂。在近代历史上，莫桑比克同西方国家早有接触。因而，莫桑比克建国以后同西方国家的关系是建立在历史渊源基础之上的。在外交现实中，莫桑比克发展同西方国家的关系既要考虑到历史渊源，又要考虑到现实需要。所以，较之与第三世界国家和社会主义国家的关系，莫桑比克同西方国家之间建立了更复杂的、多方位的和适时调整的外交关系。另外，在同西方国家的交往中，莫桑比克政府十分注意对西方国家区别对待，更注意将某些国家的政府同其人民区分开来。这种外交策略也确保了莫桑比克外交政策灵活主动性。

在莫桑比克独立战争期间，西方国家中只有北欧国家支持莫解阵的民族解放事业，为其提供大量的人道主义援助，并在联合国一直反对葡萄牙政府为其殖民地政策所做的辩护。莫解阵政府认为，美国和其他北大西洋公约组织成员国在莫桑比克独立战争期间偏袒葡萄牙，为葡萄牙提供的军事装备虽然名义上是为了使葡萄牙能够履行北约成员国的义务，但实际上加强了葡萄牙政府的实力以助其镇压莫桑比克民族解放运动。所以莫桑比克建国初期在同西方国家的交往过程中，只同北欧国家进行密切的友好交往。另外，在意识形态领域，莫桑比克认为，北欧国家具有社会主义倾向，因而同情莫解阵的民族解放运动。因而，莫桑比克只将北约国家列入资本主义阵营。

正是基于在莫桑比克独立战争期间北约支持葡萄牙的历史事实，在获得独立时，莫桑比克同北约国家的关系处于僵持状态。为了表示对北约国家支持葡萄牙殖民政策的不满，莫桑比克没有邀请美国和联邦德国参加独立庆典，而且关闭了这两个国家的领事馆。虽然其他的北约国家参加了这个庆祝活动，但并未得到热情友好的接待。与此形成鲜明对比的是，莫解阵对那些来自北约国家但对其民族解放事业曾提供支持的进步团体，公开地表达了敬意。这是莫桑比克政府将西方国家的帝国主义政府与其"人民"截然分开、区别对待的一个例子。在独立庆典上，莫桑比克领导人还对支持其民族解放事业提供了人道主义援助的北欧国家表达了感激之情，表达了要同其建立更广泛更深入的关系的愿望。

从 1978 年开始，几个因素促使莫桑比克打开了同西方国家交往的大门。首先，莫桑比克越来越认识到，西方国家对于南罗得西亚白人少数统治非法政权的立场以及对于南非非法占领纳米比亚的立场，并不必妨碍莫桑比克改善同它们的外交关系。其次，莫桑比克希望其外交关系网络实现多样化，以减少对某个集团的过度依赖，同时也希望同西方国家扩展经济交流的规模。再次，可能也是最重要的原因，莫桑比克认识到，国家将要展开的规模巨大的建设工程需要巨额资金和先进技术，但社会主义国家无力满足其这种需求。只有西方发达的资本主义国家有能力支持莫桑比克的这些建设项目。这种现实以及同西方国家建立经济联系具有潜在的长期利益促使莫桑比克政府愿意进行多边合作。最后，莫桑比克还希望通过吸引更多的西方投资，迫使北约国家向南非施加压力，以减少其对莫抵运的支持与援助。莫解阵政治局常务委员会在其报告中提出："在完全平等、无条件尊重主权和领土完整、不干涉内部事务和互利互惠的基础上，我们愿意同所有国家建立友好合作关系，不论是什么社会制度的国家。"[1]

因此，从 1978 年开始，莫桑比克在多个领域寻求同西方国家的合作与交流。到 80 年代中期，在经济领域，莫桑比克已经

---

[1] "Extract from the Report of the Standing Political Committee," p. 14.

同以下的西方发达国家签署了一系列的经济援助协议：英国、荷兰、美国、意大利、法国、加拿大、葡萄牙、希腊、瑞典等。这些经济协议涉及莫桑比克的农业、交通运输、港口、水电、纺织、石油和天然气勘探、卡车制造等多种建设工程项目。

在 80 年代后期莫桑比克进入政治、经济改革时期以后，尤其是在冷战结束以后，莫桑比克重视发展同西欧国家的关系，双方关系进一步发展。北欧诸国一直是莫桑比克援助国。英国、法国、荷兰、瑞士等国也对莫桑比克给予有数千万美元的财政和物质援助。英、法、德等国还积极参与莫桑比克和平民主进程，是监督实施罗马和平协议的监督与核查委员会的成员国。英国和法国还为莫桑比克培训国防军，西班牙为莫桑比克培训警察。为了表示谢意，1993 年 6 月，希萨诺总统出访英、法、荷三国。同年，莫桑比克外长出访了意大利、西班牙、丹麦、瑞士、英国、葡萄牙六国。

在莫桑比克遭受 2000 年初特大水灾后，欧盟为其提供了大量人道紧急援助、债务减免以及经济重建援助。例如，2000 年 5 月 3～4 日，在罗马举行的国际社会捐助莫桑比克灾后重建的会议上，欧盟仅次于美国成为向莫桑比克提供捐助最多的捐助者，允诺为其提供 6000 万美元的灾后重建援助。2000 年 8 月 1 日，欧盟履行其援助允诺，同意向莫桑比克支付 6100 万美元，援助其水灾后的重建项目。[1] 欧洲委员会在 2000 年 8 月中旬宣布，批准向莫桑比克提供约 100 万美元援助，帮助位于莫桑比克南部地区的加扎省、伊尼扬巴内省和索法拉省的大约 18850 户家庭的安置，并允许非政府组织利用经费开展活动，为受灾家庭提供安全食品、饮用水和卫生与雨篷设施等。[2]

---

[1] IRIN, Johannesburg, 1 Aug 2000.
[2] IRIN, Johannesburg, 16 Aug 2000.

欧盟国家也积极为莫桑比克水灾后的重建提供大量的经济援助。在 2000 年 5 月 3~4 日罗马举行的莫桑比克水灾捐助国际会议上，荷兰认捐 4500 万美元的捐助额，[①] 成为继美国之后捐助最多的国家。2000 年 7 月 24 日，荷兰和莫桑比克签署了一项捐款协议，向莫桑比克支付 2000 万美元的赠款。荷兰驻莫桑比克大使阿瑞·凡·德尔维尔表示，这笔捐助款将在 2000/2001 年度分两次付清。这笔捐款将用于改善洪灾对教育、供水和卫生排水系统造成的影响。另外的 2500 万美元捐助款将在评估重建活动取得进展后再予支付。

在 2000 年 5 月的罗马捐助国际会议上，其他的欧盟国家也允诺为莫桑比克的灾后重建提供援助。瑞典捐助 2000 万美元，西班牙捐助 1500 万美元。挪威驻马普托使馆在 2000 年 8 月 4 日也同意为莫桑比克水灾后的重建计划援助 650 万美元，用于支付灾区的医疗卫生、能源和农业项目。[②] 这是 5 月初在罗马举行的捐助国国际会议筹集的约 4.5 亿美元援助的一部分。此外，丹麦也于 8 月同莫桑比克政府签署协议，为其灾后重建提供 1000 万美元的援助，用于修复在水灾中遭到破坏的电力基础设施。[③]

欧盟发展专员保尔·纳尔逊于 2000 年 11 月向联合国区域间信息网记者透露，欧盟 15 国在 2000 年度要向莫桑比克提供 1.02 亿美元的援助，并在下一年度将援助额增加到 1.2 亿美元左右。[④]

莫桑比克重视发展同欧洲国家的关系。北欧诸国为莫桑比克传统的援助国。英、法、荷兰、瑞士、瑞典、丹麦、芬兰等国每年对莫桑比克都有数千万美元的固定财政和物资援助。2007 年 12

---

① IRIN, Johannesburg, 26 Jul 2000.

② IRIN, Johannesburg, 4 Aug 2000.

③ Mozambique News Agency, AIM Reports, No. 188, July 28th, 2000.

④ EU Urges Constraint after Clashes, IRIN, Johannesburg, 17 Nov 2000.

月莫桑比克同欧盟签署伙伴关系协定。欧洲捕鱼船队在 5 年内每年向莫桑比克支付 90 万欧元捕捞证费，获准在莫桑比克海域捕捞 1 万吨金枪鱼。捕捞证费主要用于莫桑比克渔业部门的发展。

一 同德国的关系

在政治关系方面，德国继承了民主德国于 1976 年同莫桑比克建立的外交关系。在 80 年代末，双方高层之间进行的一系列互访加强了双边关系。在莫桑比克和平进程中成立的监督与核查委员会中，德国是成员国之一。另外德国还参加了根据罗马协议建立的其他委员会。因而，德国为促成莫桑比克的和平进程作出了应有的贡献。2000 年 3 月，德国外长约瑟夫·费舍和经济合作与发展部长弗拉乌·威克左莱克－索尔访问了莫桑比克，加强了两国间的经济合作关系。

德国积极参与国际社会的相关活动，巩固莫桑比克的和平与民主进程。德国参加了莫桑比克的排雷活动，帮助其进行经济重建。德国还是国际上为莫桑比克多党民主竞选提供最多资助的援助国之一。此外，德国也是积极为莫桑比克提供自然灾害救济的国家之一。

在 2000 年和 2001 年的水灾中，德国也为莫桑比克提供了人道援助。德国政府在 2000 年 9 月 11 日表示，向莫桑比克提供大约 2120 万美元的援助，[①] 帮助其修复中部地区的赞比西亚省和索法拉省以及北部的楠普拉省的道路、能源和通信设施。修复楠普拉城和纳卡拉港口之间 110 千伏的输电线路是这笔援助款项的一个特定项目。

2001 年 1 月底，莫桑比克及邻国的赞比西河流域连续降雨再次引发洪水灾害，100 多人丧生，50 万人流离失所，被迫转移

---

① IRIN, Johannesburg, 11 Sep 2000.

到救济营地避难。德国人道援助突击队密切关注灾情的变化，并与有关的救济机构进行联系。在莫桑比克于 2 月 21 日向国际社会发出请求援助的呼吁之后，德国红十字会在几天之内就向受灾地区发送了急需的救援物资。德国外交部为莫桑比克的灾区准备了总值 140 万德国马克的人道紧急援助物品，包括饮用水、医药、帐篷、毯子和疏散工具等。德国经济合作与发展部也为莫桑比克的复兴和重建允诺提供 200 万马克的援助。此外，德国在 2000 ~ 2001 年实施了排雷行动，包括清除加扎省高山城至马巴拉内铁路沿线的地雷。德国援助的这项工作没有受到洪水灾害的影响，德国在 2001 年财政年度为莫桑比克的排雷活动提供了大约 200 万马克的援助。

在发展合作方面，莫桑比克和德国每两年就发展合作问题进行一次协商和谈判。在 1999 年两国政府的谈判中，德国允诺在 1999 ~ 2000 年的两年期间向莫桑比克提供援助总值达 8300 万德国马克（5000 万马克为金融援助，3300 万马克为技术合作援助）。至今，德国已经向莫桑比克提供了总值为 6.224 亿德国马克的金融合作项目和 2.534 亿德国马克的技术合作基金。在 2000 年洪水灾害期间，德国还向莫桑比克提供了大量的额外援助。在德国和莫桑比克发展合作中，如下领域将是合作重点：教育（小学教育和职业培训）、农村发展（包括恢复农业体系）、私营部门的发展。合作开发的重点区域是伊尼扬巴内省、索法拉省和马尼卡省。此外，莫桑比克还从德国参与的一系列多边机构（南部非洲发展共同体、欧盟和世界银行）中受益。2008 年 3 月 27 日德副总理兼外长菲舍尔访问了莫桑比克。

二　同法国的关系

冷战结束以后，尤其是在 20 世纪 90 年代以后，法国的对非政策进行了较大的调整，即在新的形势下努力保

持与法语非洲国家的传统友好合作关系的同时，突破传统法语非
洲领域，将其外交活动领域扩展到包括英语非洲、葡语非洲和阿
语非洲在内的整个非洲大陆。1998 年 6 月 25～30 日法国总统希
拉克对纳米比亚、南非、莫桑比克和安哥拉四国的访问，就是这
种政策调整的具体体现。法国对非政策在调整之后，已呈现出如
下的政策态势：在政治上加强合作，在经济上继续无偿援助非洲
和通过贸易与投资的方式帮助非洲发展经济，在军事上不再武力
干涉非洲国家内部事务。针对法国对非政策的重大调整和希拉克
出访南部非洲四国，法国《费加罗报》则冠之以《希拉克走向
另一个非洲》为题进行报道。希拉克在访问莫桑比克期间，对
莫桑比克所取得的社会经济建设进展表示赞赏，并支持莫桑比克
的民族和解进程。

在这种背景下，莫桑比克和法国的外交关系进一步加强。
1999 年 9 月中旬，法国驻印度洋海军对马普托港进行了为期 4
天的友好访问。据莫桑比克新闻社报道，法国驻印度洋舰队司令
帕特里克·杜普伊－芒特波恩于 13 日宣布，应莫桑比克政府的
要求，法国驻印度洋海军将帮助莫桑比克监视位于莫桑比克海峡
的渔船和商船，并将这些船只的信息通报莫桑比克政府部门。他
还表示，法国舰队还可以向莫桑比克提供更多的援助。法国舰队
的此次访问，还促进了两国之间的军事合作与交流。①

在 2000 年莫桑比克特大洪水灾害期间，法国也积极为莫桑
比克提供人道和经济援助。据莫桑比克新闻社当年 5 月 4 日的报
道，法国政府为莫桑比克中部和南部灾区的难民安置提供 500 万
法郎（约 70.8 万美元）的捐助。② 法国的这笔援助款用于购买

① French Vessels to Patrol Coast, Mozambique News Agency, AIM Reports, No. 165, 20th September, 1999.
② French aid for flood victims, Mozambique News Agency, AIM Reports, No. 182, May 4th, 2000.

和运送机械、杀虫剂、种子、农业工具和教学用品等。到 8 月上旬，据泛非新闻社报道，法国已经向莫桑比克支付了相当于 21 万美元的水灾后重建援助，用于公共行政管理、健康、教育和农业开发。① 此外，法国还组织了巴黎俱乐部成员国对莫桑比克实施免除债务的紧急援助活动。为了修复在 2000 年 2 月被恩科马蒂河洪水严重冲毁的马普托省的道路，法国政府在 2001 年 5 月 23 日又向莫桑比克提供了 650 万欧元（约为 560 万美元）的援助。②

三 同英国的关系

不管是在双边关系上还是在英联邦共同体内部，莫桑比克同英国的关系非常良好，包括政府各部级间的关系和官员之间的关系。莫桑比克和英国之间的高层互访也十分频繁。近年来，几乎每年都有莫桑比克的高级官员和政治领导人到访英国，其中希萨诺总统在 1997 年、2000 年和 2001 年三次访问英国，莫桑比克部长级官员访问英国的次数更多，莫抵运主席德拉卡马也于 2001 年访问英国。英国也有不少的高级官员到莫桑比克访问。1999 年 11 月 15 日，英国女王在爱丁堡公爵的陪同下对莫桑比克进行国事访问。希萨诺总统在 2000 年的就职仪式上，也有英国代表参加。

2000 年 12 月 12 ~ 14 日，希萨诺总统对英国进行的正式访问取得丰硕成果。英国政府承诺致力于帮助莫桑比克未来的长期发展，通过贸易、投资和发展援助帮助莫桑比克战胜贫困并改善社会服务。

---

① IRIN, Johannesburg, 10 Aug 2000.
② French aid for Road Repairs, Mozambique News Agency, AIM Reports, NO. 208, 1st June, 2001.

英国对莫桑比克的发展援助措施不断得到改进，并成为莫桑比克最大的双边援助国之一。1998 年 7 月，英国国际发展部长克莱尔·绍特对莫桑比克进行了极为成功的访问。在访问期间，她强化了双边合作关系，在战胜贫困方面取得开创性成果。按照国际发展部新的"国家战略文件"，英国发展援助要集中在如下4 个领域：改善经济和金融管理，包括项目援助、支持财政预算改革和促进私有化部门的发展；公共服务改革，包括关税改革项目；促进农村地区可持续发展，主要是在赞比西亚省开展活动；更好的卫生和教育。根据该战略，英国已经成为莫桑比克最大的双边援助国之一。英国的援助政策是，在莫桑比克的改革进程和经济发展不断取得进步的情况下，英国将不断扩大双边援助项目，以促进莫桑比克的改革进展。

在 2000 年 2 ~ 3 月莫桑比克遭受 50 年一遇的洪水灾害后，英国成为国际上向其提供紧急援助最多的国家之一。在 2000 年5 月举行的罗马国际社会捐助会议上，英国允诺为其提供 4480万美元的援助。按照英国政府的统计数字，英国政府为莫桑比克2000 年水灾提供了 3600 万英镑的紧急援助，其中 800 万英镑为紧急救济，1200 万英镑为紧急修复援助，1000 万英镑为紧急财政援助以补偿莫桑比克政府遭受水灾的损失，600 万英镑为基础设施的修复重建。这些援助是在英国国际发展部正常的双边发展计划的基础上提供的。英国国际发展部在 2002 年财政年度对莫桑比克的经济援助总额估计为 2800 万英镑。英国还承担欧洲委员会承诺的向莫桑比克提供救济和重建援助总额的 17%，即在欧洲委员会允诺的向莫桑比克提供 1500 万英镑中，英国的份额是 275 万英镑。英国民众也通过灾害紧急救助委员会组织的全国捐助活动，为莫桑比克提供了 2200 万英镑的救济援助。

英国在莫桑比克的投资和贸易也获得了长足的进步，自1994 年以来莫桑比克经济的强劲增长激励了英国投资的增长。

1985~1999 年期间，英国是继南非之后在莫桑比克投资最多的国家，投资总额达 3.68 亿美元，占外国在莫桑比克投资总额的 19%。在 2000 年 9 月开始投产的总值达 13.4 亿美元的莫扎尔炼铝厂项目中，英国的毕利顿集团是其中最大的投资者，掌握控股权。英国的英联邦开发公司集团融资合作公司也在该项目中投资 5 亿美元。尽管受 2000 年水灾的影响，但该项目的建设还是提前 6 个月在预定的开支范围内完成了。该项目是莫桑比克目前已有的最大的私营投资项目，其资本总额约占国内生产总值的 1/3。莫扎尔炼铝厂建设成功证明了国际社会对其经济发展前景的信心。莫扎尔炼铝厂项目将促进马普托开发走廊附近的投资。另外，一个以墨尔赛伊·道克斯为首的英国—瑞典财团获得了马普托港口 15 年的租赁期，负责其管理，将赢得巨额利润。该财团计划在租赁期内投资 5000 万美元用于改进港口的基础设施，包括牵引设施和疏浚设施。马普托港口的修建是扩大马普托开发走廊范围的最后一个关键环节。

英国和莫桑比克的贸易关系良好，但不如投资强劲。据英国官方统计数字，英国直接向莫桑比克出口和从莫桑比克进口的贸易数字分别为：1997 年的 1420 万英镑和 340 万英镑，1998 年的 1100 万英镑和 370 万英镑，1999 年的 1120 万英镑和 250 万英镑。2000 年，英国从莫桑比克进口总值为 510 万英镑，较上一年度增长 104%；英国出口莫桑比克的总值为 1850 万英镑，较上一年度增长 65%。但后一数字只是英国直接出口莫桑比克的贸易数字，不包括先出口到南非然后再转运到莫桑比克的贸易。目前，在莫桑比克经营的英国公司包括石油开采和销售公司、会计师行、咨询公司、旅馆管理公司、蔗糖采购机构和化学品制造公司等。英国国际贸易社在 1998 年资助了两个英国的贸易团访问莫桑比克，一个团来自英国咨询局，一个团来自伦敦商会。英外交部政务次官阿莫桑比克斯女男爵于 2008 年 5 月 15~17 日访

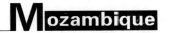

问莫桑比克，会见莫桑比克总理，英免除莫桑比克一切债务。当年 8 月 1 日，英首相布朗访问莫桑比克。

四　同意大利的关系

在莫桑比克和平进程中，意大利政府发挥了世界上任何国家都无法替代的作用，为罗马和平协议的签署作出了很大的贡献。早在 1984 年，意大利政府就为了救助被莫抵运绑架的本国公民而同莫抵运进行过接触。为了避免本国公民再次遭受进攻和绑架，意大利政府在那次救援活动中向莫抵运支付了保护费。在罗马和平谈判开始以后，意大利政府在长达 27 个月的整个和谈过程中充当了谈判双方的东道主，更为重要的是，意大利政府为莫抵运提供了广泛的财政鼓励和赠礼，促使其参与和谈进程。

为了赢得莫抵运谈判代表的信任和响应，意大利政府'友好热情'地组织谈判代表到罗马时装店采购。莫抵运的代表们在那里获得了时装设计师按其身体裁制的套装和皮鞋。莫抵运在 1992 年 1～7 月的电话费高达 6 万美元，也是由意大利政府支付。在 1992 年，意大利政府甚至为莫抵运在伦敦的说客、一个摄影小组和流亡的莫抵运支持者购买机票，使其能够参加莫抵运在莫桑比克中部举行的"第二届代表大会"。在和谈过程中，意大利政府利用物质奖励的手段，促成了莫抵运代表签署了部分和谈协议。

到罗马协议签署之时，意大利政府已经为莫桑比克的和平进程支付了大约 2000 万美元。意大利政府对莫抵运的财政支持在 1992 年 12 月变得较为正规化。据传，当时的意大利政府曾司莫抵运签署了一项协议，允诺为莫抵运提供 1500 万美元的资助以帮助其转变成政党组织。

在内战结束以后，莫桑比克同意大利的关系比较密切。意大利政府积极参与莫桑比克的经济重建活动，为其提供了大量的经

371

济援助和贷款。有一个民间组织，名为"纪念公元 2000 年"（Jubilee 2000），不断呼吁减免贫困国家债务。据该组织在 2000 年初公布的数字，莫桑比克 50% 的债务是双边债务，意大利是继俄国之后的第二大债权国，贷款总额为 5.04 亿美元。

在 2000 年 2～3 月莫桑比克发生灾害后，意大利政府也是为其提供援助最早的国家之一。意大利政府响应世界粮食计划署向国际社会呼吁，为世界粮食计划署捐助了 140 万美元，帮助修复莫桑比克被洪水冲毁的许多道路和桥梁。[①] 同时，意大利政府将支付约 400 万美元帮助中部地区的马尼卡省和索法拉省的农业项目。该笔援助能够向 77400 个家庭发送玉米、大豆、高粱和花生种子，以及农用工具。该项目在 2000 年 9 月开始实施。[②] 另据意大利政府公布的数字，意大利政府为莫桑比克水灾提供的直接紧急援助总额为 600 万美元，另外还有 1700 万美元的援助是通过联合国机构实施的。所有这些援助不包括意大利政府在 2000～2002 年期间为莫桑比克提供的 8000 万美元的发展援助项目的资金。

另外，在莫桑比克洪水过后，意大利政府同莫桑比克政府联合在罗马于 2000 年 5 月 3～4 日举行了灾后重建莫桑比克国际捐助会议，会议非常成功。会前，两国政府计划募捐 4.5 亿美元的捐助款项，但实际募捐总额达到了 4.53 亿美元。在此次国际捐助会议上，意大利本身也允诺提供 2200 万美元的重建援助。

五　同葡萄牙的关系

19 74 年 9 月 7 日，莫桑比克同葡萄牙在卢萨卡签署的有关莫桑比克独立的协定，为两国之间的良好关系奠

---

① IRIN, Johannesburg, 31 Jul 2000.

② IRIN, Johannesburg, 31 Jul 2000.

定了基础。在莫桑比克独立以后，两国又签署了《全面合作条约》，为葡萄牙向莫桑比克提供经济援助和科学技术合作打开了合作之门。

莫桑比克在独立以后，实行了一系列国有化措施。葡萄牙政府为此向莫桑比克政府提出了赔偿其损失的要求。莫桑比克针锋相对，不仅强烈反对葡萄牙的要求，还向葡萄牙提出了赔偿"150 年殖民掠夺"的反要求。安东尼奥·拉马洛于 1979 年当选葡萄牙总统以后，尽管当时葡国内一些曾定居莫桑比克的国民仍对莫解阵持有敌意，他着手修正对前殖民地国家的政策，并逐渐赢得了葡萄牙政府的支持。这样，为了改善同前非洲葡属殖民地国家的关系，葡萄牙政府于 1980 年放弃了向莫桑比克提出的索赔要求。从此，两国之间不时紧张的外交关系开始趋于缓和。1981 年 11 月，葡萄牙总统艾亚内斯率领大型的商务代表团对莫桑比克进行国事访问标志着两国关系的转折点。两国建立了联合委员会，以促进在贸易、卫生和其他事务上的合作。两国之间还达成了如下协议：葡萄牙投资莫桑比克的玻璃工厂，管理莫桑比克的旅游饭店，进口商品和药品的贷款协议，以及葡萄牙和西欧其他国家参与修复莫桑比克主要铁路的计划。此外，由于莫桑比克政府感到苏联和东欧国家提供的军事援助的水平和数量不能满足需要，萨莫拉总统同葡萄牙签署了一项军事合作协定。根据该协定，葡萄牙为莫桑比克政府培训军事人员，向莫桑比克提供有限数量的轻型武器及其他装备，帮助莫桑比克建设兵营，等等。

在莫桑比克实施和平进程期间，葡萄牙政府积极采取措施，支持和推进其和平进程的顺利发展。在和平进程后期，莫桑比克组建了新的国防军，葡萄牙为其培训军事人员。

在内战结束后，莫桑比克同葡萄牙之间高层领导人之间互访频繁，葡萄牙企业在莫桑比克的经营活动日渐增多。莫桑比克还积极参加"葡共体"举行的一系列会议和活动。葡萄牙和莫桑

比克已经形成了新型的合作伙伴关系。

两国政治、经济关系密切。葡萄牙是在莫桑比克投资最多的国家之一。截至 1998 年年底，葡萄牙在莫桑比克直接投资总额为 1.7 亿美元（225 个项目）。葡萄牙曾参与推动莫桑比克和平进程，并为莫桑比克培训警察。

2000 年 2 月底，葡萄牙政府应莫桑比克请求国际社会提供援助的呼吁，宣布向其捐助 200 万美元。3 月 1 日，葡萄牙向莫桑比克输送了包括食品、医药、橡胶筏和帐篷等重 40 吨的援助物资。葡萄牙在 2000 年 3 月 2 日宣布取消莫桑比克与葡萄牙之间双边债务总额的近 1/10 债额，将近 1.45 亿美元，作为援助莫桑比克洪水灾害的一部分措施。此外，葡萄牙还捐款 500 万美元专门用于雇用直升机在灾区从事搜索救援活动。①

葡萄牙是莫桑比克第二大贸易伙伴，在外国对莫桑比克投资中居第二位。2007 年对莫投资 8060 万欧元，达到巅峰。2008年，净投资额约 2100 万欧元。

第四节　同社会主义国家的关系

在争取民族独立的解放斗争中，世界上的社会主义国家为莫解阵提供了大量的经济与军事援助。在获得独立以后，莫桑比克将社会主义国家视为自己的"天然盟友"。因此，不仅在意识形态领域，莫桑比克同社会主义阵营具有反对帝国主义、反对殖民主义和新殖民主义、反对霸权主义和反对种族主义的共同意识形态和理念，而且在现实的政治经济领域，莫桑比克从社会主义国家得到了坚定的支持和援助，建立了密切的政治、经济和军事联系。

---

① IRIN, Johannesburg, 2 Mar 2000.

一　军事关系

在冷战时代，莫解阵在民族解放战争期间得到了苏联的武器装备援助和军事训练。在赢得独立以后，苏联很快取代中国成为向其提供武器装备的最多国家。在独立初期，莫桑比克保卫首都马普托和其他战略地区的防空系统全部来自苏联。苏联向莫桑比克提供的武器还有坦克、大炮和米格系列的喷气战斗机等。苏联顾问还参与莫桑比克军队的军事训练。虽然莫桑比克领导人清楚地知道，苏联向其提供的武器装备是昂贵的旧式武器，但这些武器仍然构成了莫桑比克针对南非的国防部队的主要装备。1977 年，苏联承认莫解阵是"马列主义政党"，"选择了社会主义道路"。同年，莫桑比克同苏联签署了一项为期 20 年的友好合作条约，带有军事合作性质。苏联入侵阿富汗也得到了莫桑比克的谅解和公开支持。1980 年，莫桑比克在莫斯科设立使馆。这是莫桑比克在非洲大陆以外地区设立的第二个使馆，①　说明了莫桑比克将发展同苏联的外交关系作为其对外交往的重点。

与此同时，莫桑比克同民主德国的关系也得到了进一步的巩固。民主德国也为莫桑比克提供武器装备，还为其安装了一个雷达与电信系统。莫桑比克的安全部队也是在民主德国的帮助下重新组建的。此外，向莫桑比克提供援助的社会主义国家还有匈牙利和保加利亚等。

在莫桑比克独立最初的 15 年期间，苏联及其盟国向莫桑比克提供了包括军事装备和军事训练在内的大量军事援助，成为莫桑比克的主要军援来源。此外，莫桑比克还从苏联等社会主

---

①　莫桑比克独立后至 1980 年仅在葡萄牙派驻了大使级的代表团。此外，莫桑比克在联合国派有一名常驻代表。

义国家引入了大批的军事顾问参与训练军队、制订作战计划、组建安全和警察部队等。其中仅苏联一个国家就为莫桑比克派遣了750名专家。① 但由于莫桑比克政府主张印度洋为非核区和非武装区，要求拆除现存的军事基地，所以该国一直没有允许苏联在其本土上建立军事基地。古巴也曾向莫桑比克派有几百名军事顾问，还有在经济部门尤其是农业和计划部门工作的其他顾问。

二 经济关系

在经济关系领域，社会主义国家向莫桑比克提供直接经济援助远没有军事援助的规模那么显著，但仍是莫桑比克最大的经济和技术援助来源之一。另外，莫桑比克与民主德国、保加利亚等东欧国家签署了互惠的易货协议。莫桑比克以本国的腰果、棉花、煤炭、椰肉干、西沙尔麻、小虾和渔产品换取民主德国、保加利亚和苏联等国的重工业设备、机械、卡车、农业设备、罐装食品、服装、工具和零部件等。在这种易货贸易中，双方同意，莫桑比克的年度赤字以低于国际水平的利率转变成长期的硬通货贷款。通过这种贸易，东欧国家不用支付外汇就可以从莫桑比克获得急需的原材料，莫桑比克也不用支付国内极为匮乏的外汇来获得急需的商品货物，开拓了国外市场，降低了对南非市场的依赖程度。例如，在1975年，莫桑比克对华约国家的贸易额微乎其微，但到1979年，双方的贸易额约占莫桑比克外贸总额的15%，到1982年，民主德国成为莫桑比克的第四大贸易伙伴。

---

① 《人民日报》2001年10月25日报道的数字，到1984年苏联在莫桑比克的军事人员为300人。王尧、王茂安：《俄国军事战略大收缩?》，人民网，网址为：http://www.peopledaily.com.cn/GB/guoji/24/20011025/590131.html.

从 80 年代开始，苏联和民主德国开始增加对莫桑比克的非军事援助。两国帮助莫桑比克建立了矿业勘探、纺织业和重型工业的基础。在这两个国家援助的重型工业中，一家卡车和拖拉机装配厂比较成功。在庆祝莫桑比克同苏联友好条约 5 周年之时，苏联向莫桑比克提供了 5500 万美元的援助，以及一个大型的漂浮船坞。这在历史上首次使莫桑比克的船舶可以在国内进行修理，将为莫桑比克节省大量的外汇。[1]

社会主义国家向莫桑比克提供的技术援助远多于提供的直接经济援助。保加利亚的农业专家在莫桑比克国有农场部门发挥了核心作用，苏联的技术人员在贝拉、楠普拉等地区帮助组织了农业专题研讨会，还在贝拉帮助建立了生产农用工具的工厂。民主德国的矿业工程师参与了莫桑比克的煤矿生产和矿业勘探。古巴的技术人员帮助莫桑比克恢复了制糖产业和化学工业。此外，社会主义国家还向莫桑比克派遣了大批的医生、设计人员和教师，为莫桑比克提供了成千上万的奖学金名额。以 1982 年为例，莫桑比克学生在民主德国的人数超过 900 人，在古巴的人数多达 1200 人。[2]

三　友好而独立的外交政策

尽管莫桑比克同社会主义国家意识形态相近，签有友好条约，得到其物质援助，但莫桑比克坚持独立自主的外交政策，绝不是苏联或其他任何社会主义国家的传声筒。莫桑比克领导人坚决主张，外交政策要符合民族利益。美国驻莫桑比克大使维拉德·迪普瑞对莫桑比克推行独立自主的外交政策曾有

① A. I. M., Information Bulletin 70 (1982): 9; and Schoeller, "Determinants of Economic Cooperation," pp. 12 - 13.

② Guardian, February 20, 1980.

如下的评述:"当然,莫解阵是马克思主义政党,但他们同莫斯科保持一定距离。他们是相当独立的,亲第三世界的。"①

1976 年,不结盟国家在斯里兰卡召开首脑会议,萨莫拉总统提出了印度洋非军事化的主张,并且在国际场合反复重申这一立场,主要是针对苏联和美国海军在印度洋的军事活动和军事存在。为了推行这一政策,莫桑比克拒绝了苏联提出的在莫桑比克建立海军基地的要求。

在同社会主义国家的交往过程中,莫桑比克仍然推行自己独具特色的政策。但从 80 年代中期开始,由于苏联的军事援助满足不了内战的需要,莫桑比克政府开始争取从西方国家多方援助来源,以获得武器和军事顾问援助。随着苏联内部发生剧变,至1990 年,苏联基本上停止了对莫桑比克的援助。1991 年底苏联解体,莫桑比克政府于当年 12 月 27 日声明,承认宣布独立的前苏联 12 个共和国并同其建立正常的外交关系。前苏联为莫桑比克提供的经济援助和贷款转由俄罗斯继承,所以,俄罗斯是莫桑比克的主要债权国之一。

1998 年 1 月,俄罗斯和莫桑比克的专门代表团就两国债务问题进行磋商,并确认前苏联为莫桑比克提供的经济援助总额为25.09 亿美元。俄政府遵照巴黎俱乐部在 1998 年 1 月达成的减免莫桑比克 80% 的外债的标准,决定免除莫桑比克 20 亿美元的债务。

第五节　同中国的关系

中国同莫桑比克之间的友好关系始自莫桑比克独立战争时期。中国为莫桑比克的独立解放运动提供了大量的

---

① Christian Science Monitor (Boston), November 19, 1980.

经济和军事援助，中、莫友谊是在莫桑比克争取独立的斗争中建立起来的。1975 年 6 月 25 日莫桑比克独立时，中国在当日就同莫桑比克建立了正式的外交关系，是非洲大陆以外同其建交的第一个国家。

建交以来，两国彼此重视相互之间的友谊合作关系，在国际事务和国家建设中密切合作，相互支持。进入 21 世纪以来，两国高层互访频繁，关系更加密切，两国之间平等互利的经济合作也取得了明显的成果。

在 1998 年 3 月 30 日，中国国家主席江泽民会见到访的希萨诺总统时指出，中、莫两国人民有着深厚的传统友谊，两国关系经受住了时间和国际风云变幻的考验。他还指出，在这世纪之交的时刻，中国愿与莫方共同努力，积极发展两国面向 21 世纪的长期稳定、全面合作的国家关系，造福两国人民。双方都表示非常重视两国关系。中国上海市与莫桑比克首都马普托市结为友好城市。

一 政治关系

两国建交以后，尤其是在莫桑比克结束内战以后，两国关系发展顺利，中国与莫桑比克领导人和各级团体的友好往来一直没有间断，两国高层领导人之间互访频繁。

中、莫建交以来，中方访问莫桑比克的领导人有：国务院副总理李先念（1979 年 1 月）、外交部长黄华（1980 年 4 月）、国务委员兼外交部长吴学谦（1987 年 5 月）、外交部长钱其琛（1989 年 8 月）、全国人大常委会副委员长陈慕华（1990 年 7 月）、国务院副总理朱镕基（1995 年 7 月）、国务院总理李鹏（1997 年 5 月）、国务委员兼国防部长迟浩田（1998 年 11 月）、外交部长唐家璇（2000 年 1 月）、全国人大常委会副委员长田纪云（2000 年 11 月）和国家主席胡锦涛（2007 年 2 月）等。

莫方访问中国的领导人有：总统萨莫拉（1978 年 5 月和 1984 年 7 月）、总统希萨诺（1988 年 5 月、1998 年 3 月和 2004 年）、总理马顺戈（1987 年 10 月和 1993 年 5 月）、议长桑托斯（1992 年 5 月）、外长希萨诺（1983 年 9 月）、外长莫昆比（1990 年 8 月和 1992 年 12 月）、总理莫昆比（1997 年 10 月）、外长西芒（1998 年 2 月和 2000 年 10 月）、莫解阵党总书记托梅（1996 年 1 月、1998 年 2 月和 2000 年 3 月）、矿产能源部长卡斯蒂戈·兰加（2000 年）、工贸部长莫尔加多（2000 年 10 月）、莫解阵党总书记格布扎（2003 年 4 月）、总理迪奥戈（2005 年 9 月）、外长阿布雷乌（2006 年 8 月）、莫解阵党总书记帕温德（2008 年 5 月）、议长穆伦布韦（2008 年 7 月）等。2006 年 11 月，格布扎总统来华出席中非合作论坛北京峰会。2008 年 8 月，格布扎总统访华出席北京奥运会开幕式，胡锦涛主席集体会见并宴请了包括格布扎总统在内的出席开幕式的非洲国家领导人。

在这些友好互访中，对推动两国关系不断发展的最重要的互访有 1997 年 5 月中国总理李鹏对莫桑比克进行的正式友好访问和莫桑比克总统希萨诺 1998 年 3 月对中国进行的国事访问。两国领导人在新世纪到来前后的友好互访，表明两国政府十分重视加强彼此团结与合作的愿望，为促进两国之间面向 21 世纪长期稳定、全面合作友好关系的进一步发展奠定了基础。2000 年 1 月 15 日，中国外长唐家璇作为江泽民特使应邀参加希萨诺总统第二任就职典礼，成为中莫传统友谊的一个标志。

在莫桑比克独立以后，中、莫两国在政治领域进行了成功的友好合作。随着中国经济改革开放的发展和深化，中国政府从自身经验出发，积极支持莫桑比克进行社会、经济和政治的改革探索。1988 年，希萨诺总统访问北京。邓小平在 5 月 18 日会见他时就如何建设自己的国家问题，发表了意义深远的谈话，表明中

国政府和领导人对莫桑比克的改革开放政策是积极鼓励和支持的，这对莫桑比克的社会经济改革、对外开放乃至政治改革都具有重大的意义。

莫桑比克在停止内战恢复和平之后，社会趋于稳定，面临着建设和改革的双重任务，因此必须适应新形势，探索新经验。在这种背景下，莫桑比克希望在实现经济迅速增长和社会协调方面，加强同中国的交流与合作。中国和莫桑比克从战时的战友关系向建设时期的伙伴关系转变。在冷战结束以后的新形势下，中国也希望进一步增强同莫桑比克的政治关系。李鹏总理在1997年5月访问莫桑比克时，曾在希萨诺总统的招待晚宴上表示："中莫友谊经受了时间和国际风云变幻的考验。……在当前新的形势下，我们要共同努力，进一步增进政治友好，拓展合作领域，以造福于两国人民。"① 在频繁的互访中，两国领导人就两国共同关心的国际和地区问题交换意见，探讨在新形势下扩大两国政治、经济合作的方式和途径。这些互访活动巩固两国间已有的传统友谊，增进相互了解，推动两国之间多年以来的友好合作关系进一步向前发展。

作为发展中国家，中国和莫桑比克在国际政治领域相互帮助，互相支持。莫桑比克政府在人权问题上一贯支持中国的立场和政策，在台湾问题上坚持"一个中国"的立场。在1997年5月李鹏访问莫桑比克期间，希萨诺曾强调，莫桑比克在人权问题上将继续坚定地支持中国，主张各国之间应该相互尊重，反对在国际上施加压力的做法。他还强调，莫桑比克在台湾问题上将继续坚持"一个中国"的原则立场。对于中国政府推行"一国两制"的政策恢复对香港和澳门行使主权表示支持和赞赏。

在国际关系问题上，中国和莫桑比克政府一致认为，发展中

---

① 新华社马普托1997年5月7日电。

国家为发展经济做出了巨大的努力，但是南北差距仍在扩大。两国都主张建立公正、合理的国际政治、经济新秩序，主张大小国家一律平等。中国政府支持莫桑比克政府奉行独立不结盟的和平外交政策、积极促进地区合作以及在国际事务中致力于维护发展中国家的共同利益所做的努力。对于包括莫桑比克在内的非洲国家的沉重外债问题，中国政府历来支持减免非洲国家的外债，主张发达国家应该为缓解非洲国家的债务负担做出更多的努力。

在非洲政治经济发展问题上，中国和莫桑比克拥有许多共同的观点，并且相互支持。中国支持非洲国家为联合自强所做的努力和区域合作的发展势头。对非洲大湖地区冲突问题，中国政府支持非洲国家主要依靠自己的力量寻求政治解决地区冲突的原则立场，主张通过协商对话政治解决战乱和冲突，通过民族和解实现国内和平与稳定。作为联合国安理会常任理事国，中国坚持为促进非洲和平与发展发挥积极作用。这些主张和政策都与莫桑比克的政策接近，得到了莫桑比克政府的赞同。

莫桑比克积极支持中国同南部非洲其他国家的合作关系。例如，2000年1月15日中国外长唐家璇作为江泽民特使参加希萨诺总统第二任的就职仪式，希萨诺总统表示，希望这一合作能扩大到所有南部非洲发展共同体国家。① 唐家璇表示，中国愿通过莫桑比克与南部非洲发展共同体和环印度洋地区合作联盟加强交往，为扩大中国与非洲和广大发展中国家的团结合作而共同努力。

中国和莫桑比克都处于改革开放年代，彼此之间相互学习和借鉴成功的经验和教训有利于两国社会经济建设和发展。中国在经济建设方面取得的巨大成就对于莫桑比克政府领导人产生了吸

---

① 新华社马普托2000年1月15日电。

引力。1998 年 3 月 25 日，希萨诺总统在访问中国前夕接受《人民日报》记者采访时表示："中国经济改革的方式，对外开放的经验，我们都很感兴趣。我上次访华（1988 年 5 月）时，两国都处于改革开放初期，现在这一进程在两国都取得了相当大的进展，我们将在这方面交流看法和经验。"

　　中国和莫桑比克的党际交往密切。莫桑比克解放阵线党总书记曼努埃尔·托梅率领的莫桑比克解放阵线党代表团先后于 1996 年、1998 年和 2000 年应邀访问中国。在 1998 年 2 月 16 日，中共中央政治局常委、书记处书记胡锦涛会见托梅时表示，两国和两国人民之间的友谊源远流长，中国共产党同莫解阵党早在莫桑比克争取民族解放斗争时期就结下了深厚的友谊，并对莫解阵和莫桑比克政府在台湾、人权问题上给予中国的支持表示感谢。托梅指出：莫桑比克解阵党和中国共产党的友谊已有 35 年的历史。几十年来，在双方共同努力下，莫、中两党、两国和两国人民之间的友好关系不断得到加强。托梅还表示，莫解阵在国际事务中将永远站在中国一边，并将继续坚持"一个中国"的立场，支持中国的统一大业。

　　中国同莫桑比克的军事合作关系也得到了加强和进一步的发展。1998 年 11 月 22 日，国务委员兼国防部长迟浩田上将抵达马普托进行访问。双方就两国军事领域的合作问题同莫桑比克国防部长马祖拉进行了会谈。迟浩田于 23 日在马普托会见希萨诺总统时表示，中国政府和军队十分珍视中、莫友谊，愿与莫桑比克一道，努力使两国友好合作关系向多层次、多领域、全方位的方向不断发展。[①]

　　2005 年是中、莫建交 30 周年，中国国家主席胡锦涛和莫桑比克总统格布扎利用 9 月出席联合国首脑会议的时机进行了会

---

① 　1998 年 11 月 25 日《人民日报》第 6 版。

谈，就双方友好合作的问题进行了广泛的交流。同月，温家宝总理会见了到访的莫桑比克总理迪奥戈。2007 年 2 月 8 ~ 9 日，胡锦涛主席对莫桑比克进行了国事访问。胡锦涛同格布扎总统就落实 2006 年中非合作论坛北京峰会的成果、双边关系以及涉及双方的国际和地区问题进行了友好坦诚地讨论，达成了广泛共识，这次访问为双边关系的发展开辟了广阔的前景。

二 双边经贸关系和经济技术合作

建交以来，双边经贸合作发展迅速，涉及基础设施建设、承包劳务、项目投资、商品贸易等领域。2001年，中、莫成立经贸联委会。中方已在中非合作论坛框架下免除莫桑比克截至 2005 年年底对华到期债务共计 2.94 亿元人民币。中国对莫桑比克的经济援助和援建项目取得了显著的成就。截至2008 年年底，中方援助了议会办公楼、外交部办公楼、国际会议中心等 20 个成套项目和服装厂等 18 个技术合作项目，在优惠贷款项下承担了对虾养殖和捕捞项目。中方援建的一批建筑矗立在首都马普托，成为中、莫友谊的象征。据中国驻莫桑比克大使田光风介绍，中方提供优惠贷款建设的莫桑比克国家体育场已于2011 年 3 月投入使用，中方无偿援建的 150 套经济适用房项目、3 所农村学校已经完工。利用中方贷款建设的马普托国际机场改造工程、检察院大楼、农村通电项目、农机和农副产品加工设备采购项目正在设施。这些项目的相继建成将大大改善莫桑比克基础设施落后的状况，惠及当地老百姓。至 2009 年年底，中方共为莫桑比克培训了各类技术人才 490 人。

中国在 80 年代援建的北方楠普拉棉纺织厂曾是莫桑比克全国最大的纺织厂之一，但由于经营不善等原因，在内战停止前后陷入停产的困境。为了使该纺织厂能够尽快恢复生产，中国政府在和平协议签署后，又接管了该项目。1994 年 11 月，中国援助

莫桑比克楠普拉纺织厂恢复生产项目工程落成。

莫桑比克是一个缺水国家。全国 80% 的人口生活在卫生用水严重缺乏的状态下，马普托市就更是水贵如油。当地的自来水工厂覆盖面有限，供水不足。有些区完全没有自来水，平均 1 万名居民才有 1 口水井。1986 年中国政府与莫桑比克政府签订协议，中方提供 360 万美元无偿援助，帮助打井，解决马普托部分市民的用水问题。1987 年，江苏地矿局的打井队来到马普托，此前已是多次来到这里从事打井工作。据该打井队的一位工程师介绍，10 年间，中国打井队经过艰辛工作，查阅当地大量水文资料，寻找水源，共打出了 60 口水井，机房、水塔、管道等配套设施齐全，解决了 18 万人口的用水问题。中国政府援建的水塔遍布全市 10 个区中的 5 个，成为中、莫友谊的象征。

1997 年 5 月，中国国务院总理李鹏向莫桑比克妇女和儿童捐赠了包括缝纫机、药品、电脑、童装、文具等物品。1998 年，中国政府为莫桑比克国防军提供了 200 万美元的援助，用于购买非杀伤性军事装备，如军靴和军服等。1999 年，中国同莫桑比克政府签署了一项协议，为莫桑比克国防军提供了 750 万美元的援助，在马普托郊区马戈阿尼内建设莫桑比克国防军军官住宅区。[1] 另外，中国为莫桑比克提供 600 万美元的援助，援建莫桑比克国会大厦部分主体工程。1999 年 10 月，中国外交部副部长吉佩定出席了竣工移交仪式。他还参加了中国政府援建莫桑比克外交部新楼的奠基仪式。江苏国际经济技术合作公司承建的大学教学大楼已经矗立在马普托市内。

为了帮助排除地雷隐患，2001 年 7 月 18 日中国和莫桑比克政府在马普托签署了《中国向莫桑比克捐赠扫雷器材议定书》。

---

[1] Mozambique-China Military Cooperation, Mozambique News Agency, AIM Reports, No. 148, December 8th, 1998.

根据议定书，中国政府向莫桑比克捐赠 90 套扫雷器材，其中包括地雷探测装置和排雷防护装具。[①] 莫桑比克国防部长托比亚斯·达伊（Tobias Joaquim Dai）和中国驻莫桑比克大使陈笃庆分别代表两国政府在议定书上签字，达伊对中国向莫桑比克扫雷工程提供援助表示衷心的感谢。

在双边贸易方面，发展势头良好。自从建立外交关系之后，两国之间就开始了贸易往来。1982 年 8 月两国政府签订了贸易协定。由于莫桑比克经济落后，可供我国进口的商品品种较少且货源不足，再加上我国外汇短缺和外贸体制等问题，两国贸易发展缓慢，贸易额不大。1975～1991 年，中国对莫桑比克年均出口额不足 500 万美元。自 1992 年莫桑比克结束内战以来，中国对莫桑比克出口获得了较大幅度增长，从 1993 年开始，中国对莫桑比克出口保持在 1000 万～2000 万美元。莫桑比克从中国进口商品主要通过国际招标的方式进行。1992 年双边贸易额曾达到 5900 万美元。1999 年双边贸易额为 2224 万美元，其中中国对莫桑比克出口 1894 万美元，从莫桑比克进口 330 万美元。中国向莫桑比克出口的主要商品有：机电产品、鞋类、医药品、纺织品、服装等；中国从莫桑比克进口的主要商品有：原木、锯材等。

进入 21 世纪以后，双边贸易发展迅猛。

2001 年中莫两国贸易额为 3323.5 万美元，其中，中方出口 2204.1 万美元，进口 1119.4 万美元。

2002 年中、莫两国贸易额为 4848.9 万美元，同比增长 45.9%，其中，中方出口 2593.2 万美元，同比增长 17.7%；进口 2255.7 万美元，同比增长 101.5%。

2003 年中莫两国贸易额创历史新高，进出口额达 7171 万美

---

① 刘彤：《中国向莫桑比克捐赠扫雷器材》，新华社马普托 2001 年 7 月 18 日电。

元，同比增长 47.9%，其中，中方出口 4503 万美元，增长 73.6%；中方进口 2668 万美元，增长 18.3%。

2004 年中莫两国贸易额为 1.1944 亿美元，同比增长 66.5%，其中，中方出口 7515 万美元、进口 4429 万美元，分别比上年同期增长 66.9% 和 66.5%

2005 年中莫两国贸易额为 1.65 亿美元，其中，中方出口 9147 万美元、进口 7353 万美元，同比分别增长 38.1%、21.7% 和 66%。从 2005 年 1 月 1 日起，莫桑比克 178 种输华商品享受零关税待遇。

2006 年中莫两国贸易额为 2.1 亿美元，其中，中方出口 1.3 亿美元、进口 0.8 亿美元，同比分别增长 27.2%、42.1% 和 8.7%。

2007 年中莫两国贸易额为 2.8 亿美元，其中，中方出口 1.6 亿美元，中方进口 1.2 亿美元，同比分别增长 33.3%、23% 和 50%。

2008 年中莫两国贸易额为 4.23 亿美元，其中，中方出口 2.88 亿美元、进口 1.35 亿美元，同比分别增长 51%、80% 和 12.5%。

2009 年中莫两国贸易额为 5.17 亿美元，同比增长 22.2%，其中，中方出口 3.39 亿美元，同比增长 17.1%，中方进口 1.78 亿美元，同比增 31.9%。

中方向莫方主要出口机械及运输设备、纺织品、鞋类、谷物及其制品、金属制品、医药品等，从莫桑比克主要进口木材、铁矿砂及其精矿、芝麻。

从上述情况看，2002～2009 年 8 年中，中、莫贸易额平均增幅达 39.65%。2007 年两国双边贸易额达到 2.8 亿美元，是 2001 年的 8 倍多。尤其是对莫方 400 多种产品实行零关税以来，莫方的对华贸易迅速增长，改变了过去单向贸易的格局。这是与中非合作论坛和中国—葡语国家经贸合作论坛（澳门），以及双边经贸关系发展是密不可分的。

双边贸易存在的主要问题是贸易不平衡，中方连年顺差。为了解决这一问题并促进莫桑比克对华出口产业的发展，从 2005 年 1 月 1 日起，中国政府对自莫桑比克进口的 190 种商品免征关税，从 2007 年 7 月 1 日起，莫方 454 种输华商品享受零关税待遇。

表 7 - 1　中莫两国贸易统计

单位：万美元

年份	总值	中国出口	中国进口	贸易平衡
1991	1413	164	1249	- 1085
1992	5912	2073	3839	- 1766
1993	2327	1655	672	+ 983
1994	1210	652	558	+ 94
1995	1262	1153	109	+ 1044
1996	1144	1124	20	+ 1104
1997	1668	1595	73	+ 1522
1998	1377	1334	43	+ 1291
1999	2224	1894	330	+ 1564
2000	3350	2473	878	+ 1595

资料来源：中华人民共和国对外贸易经济合作部。网站：http://www.moftec.gov.cn/moftec_cn/dsbgx/africa/a_msbk.html。

目前也存在一些不利于两国经贸关系发展的因素。由于莫桑比克经济落后，外汇和资金、技术管理人才都很短缺，到莫桑比克投资的企业，需要自带资金、技术设备，并且由中方进行管理。在贸易方面，莫方商人信誉较差，当地银行又缺乏外汇，所以为了保险起见，中国企业在同莫方进出口商签署协议之前，必

须要求其提供第三国银行开具的保单。同时，莫方境内从事进出口贸易的企业多为中、小公司，一般订货量小、所需商品品种多，往往提货较急，因而，中方的贸易公司为了能够长期开展业务，最好在该国本土建立保税仓库。

在工程承包、劳务合作领域，中、莫双方进行了富有成效的合作。中国在莫桑比克开展承包劳务业务始于 1985 年。截至 1999 年年底，中国公司在莫桑比克共签订承包劳务合同 76 份，合同总额达 7564 万美元，完成营业额 6175 万美元。2000 年上半年，中国公司在莫桑比克新签承包工程合同 504 万美元。中、莫承包劳务合作涉及建筑、机场改扩建、公路、桥梁、城市管网、石油工程、港口、学校、电信等多个领域，截至 2009 年年底累计签订承包劳务合同额 11.3 亿美元，完成营业额 6.3 亿美元。中国累计向莫桑比克派出各类劳务人员 3927 人。由于莫桑比克至今仍是世界上最穷的国家之一，国家的社会经济建设主要依靠国际的援助，加上国内失业人口众多，因而，虽然莫桑比克的承包劳务市场将来的开发潜力很大，但目前的承包劳务市场规模有限。中国公司现在在该国的承包劳务市场中，主要承揽的项目是以房建、维修为主的项目，规模不大，除少数项目的合同为数百万美元外，大部分为几十万甚至几百万美元的小项目，且往往因资金不到位而被迫停工。总的来看，中国公司近期内在该国承包劳务市场的业务状况是，有业务可做，但获得大型的建筑工程项目较难。

近年来，两国领导人都为推动相互间的经贸合作做出了努力。1995 年 7 月，中国政府负责经济方面工作的朱镕基副总理率领中国经济部门的官员访问莫桑比克，反映了中国政府对非洲经济关系的重视。同样，莫桑比克政府把发展同中国的经贸关系也放在了对华关系的首要位置。希萨诺总统在 1998 年 3 月访问中国前夕于 25 日接受《人民日报》记者采访时表示，他希望

"两国之间的经济关系能达到像政治关系那样好的水平"①。

1997 年 5 月 7～8 日，中国总理李鹏访问莫桑比克。李鹏在访问期间同希萨诺总统共同出席了《中华人民共和国政府和莫桑比克共和国政府经济技术合作协定》、关于中华人民共和国政府向莫桑比克共和国政府提供无偿援助的换文和中、莫政府关于打井供水维修项目的签字仪式。中国政府领导人的这两次访问成为及其两国经济、技术和文化交流的推动因素，促进中国经济界积极参与莫桑比克的经济发展。

1998 年 3 月 28 日至 4 月 3 日，希萨诺总统应邀携外交及合作部部长和工商界人士等 40 人访问中国。在两国领导人的会见过程中，双方对进一步拓展两国经贸合作深入交换了意见。希萨诺总统表示，近年来，莫桑比克政治实现了稳定，经济获得稳步发展，而且目前莫桑比克在实行改革开放的政策，希望两国在贸易、农业、渔业、教育、卫生以及公共基础设施等方面加强合作。江泽民主席和朱镕基总理在与希萨诺总统会见时表示，中、莫两国经贸合作的潜力很大，并且随着两国经济的发展，双方经贸合作的前景日益广阔，中国愿积极探索扩大两国经贸合作的新领域和新方式，鼓励中国企业到莫桑比克投资，开展合资、合作经营，并希望随总统来访的莫桑比克经济、企业界人士与中国同行见面洽谈，扩大两国经贸合作的领域，开展多种形式的合作。中国政府鼓励企业赴莫桑比克开展开发利用当地资源、市场前景看好的合作项目，特别是建立中小型的装配工厂。② 在希萨诺总统访问北京期间，两国政府签署了《中华人民共和国政府与莫桑比克共和国政府经济技术合作协定》和关于中国政府援建莫桑比克外交部办公楼项目的换文。

---

① 1998 年 3 月 28 日《人民日报》第 3 版。
② 1998 年 3 月 31 日《人民日报》第 1 版。

在近年来的高层互访中，中国领导人多次强调两国开展经济贸易合作的重要意义，鼓励中国企业同非洲国家企业开展形式多样的互利合作的项目。为了从资金方面支持中国公司和企业到非洲投资兴办实业，中国政府已经同莫桑比克及其邻国赞比亚、坦桑尼亚、津巴布韦、塞舌尔、毛里求斯、马达加斯加等签订了政府间优惠贷款框架协议，用于支持中国企业与这些非洲国家企业开展互利合作。中国公司和企业只要在这些国家找到了合适的经营项目，便可以申请使用这种优惠贷款。使用优惠贷款的项目需经中国进出口银行（The Export-Import Bank of China China Eximbank）评估通过。

为了推动和帮助中国企业到莫桑比克及其邻国开展投资和各种经贸活动、发展双边经贸关系、加强中国同东非国家经贸合作，中国有关部门已经在莫桑比克设立了"莫桑比克中国投资开发贸易促进中心"，专门为中国企业到莫桑比克及其附近的非洲国家开展经济贸易业务提供具体的服务。该中心是中国在非洲设立的11个"中心"之一。建设该中心的奠基仪式于1999年11月18日在马普托举行，但该项目在启动阶段进展缓慢。到2000年12月，该中心由安徽省外经建设（集团）公司下属的华安（莫桑比克）公司主办。2000年12月28日，破土动工开始兴建。

该中心建成后，将与已建成的华安大厦一起，为国内企业开拓莫桑市场，开展经贸活动，提供一流的办公生活设施、工作环境和服务。中心招待所和华安大厦宾馆，可为中资企业提供良好的合作机会和便利的生活条件。华出（莫桑比克）公司可为中资企业提供当地及其周边国家投资环境和政策信息，帮助办理在当地的注册、报关、商检等事宜，进一步发挥中心的桥梁和纽带作用。

近几年来，中国各类型企业在莫桑比克投资数千万美元，成立公司、建办事处。现有：中国（莫桑比克）投资开发贸易促进中心，华安（莫桑比克）公司，江苏地质工程有限公司莫桑比克分公司，甘肃华陇莫桑比克公司，河南国际公司莫桑比克办事处，中水电莫桑比克办事处，中国地质工程集团公司莫桑比克办公室，华为通信公司办事处，中兴通讯股份有限公司代表处等。截至 2008 年年底，中国在莫直接投资 3464 万美元，在莫桑比克投资的中资企业超过 30 家，主要投资于木材加工、水泥厂、矿产资源开发、建筑材料、钢厂等。中国成为莫桑比克第六大投资国。而在 2003 年中国在莫桑比克的投资额只有 1000 万美元，排在第九位。目前，中国在莫桑比克农业、公共工程和林业领域共有 69 个重要投资项目，也是在莫桑比克唯一建立投资促进中心的国家。

就目前两国经济发展水平和莫桑比克的整体条件来看，农业作为莫桑比克鼓励外国投资的重点部门，应当成为中、莫双方加强合作的主要领域之一。莫桑比克政府曾多次明确表示欢迎南非、中国等国到莫桑比克进行农业开发，还考虑吸引津巴布韦白人农场主开发其农业资源。至今，南非已有若干农场主进入莫桑比克开办农场。为了促进莫桑比克农业的发展，在 2006 年举行的中非合作论坛北京峰会上，中国允诺在莫桑比克建立一个"中国农业技术示范中心"。胡锦涛主席在 2007 年 2 月初访莫桑比克期间出席了该示范中心的揭牌仪式。

中国同莫桑比克之间多年来一直在文教、卫生等方面进行合作和友好交流。中、莫两国政府之间签有文化协定，两国文化和教育代表团曾多次互访。中莫双方积极发展在科学技术领域的交流与合作。

1992 年起中国每年向莫桑比克提供 5 个奖学金名额。两国之间还签有医疗卫生议定书。自 1976 年起中方先后向莫桑比克派出 17 批医疗队，共 259 人次。目前，中国在莫桑比克有医疗队员 14 人。为发展两国旅游合作，中方已决定将莫桑比克列为

中国公民出境旅游目的地国。两国文化和教育代表团曾分别互访。2008/2009 学年，享受中国政府奖学金的莫在华留学生共有70 名。2008 年，两国签署了《中华人民共和国政府和莫桑比克共和国政府科学技术合作协定》。

另外，莫桑比克是自然灾害频发的国家，台风、洪涝和干旱灾害对莫桑比克的社会经济危害极为严重。中国在自然灾害的预防和处理方面有成熟的经验，开展在这个领域的合作，帮助莫桑比克建立自然灾害的早期预警机制，对其社会经济建设也有重要意义。

第六节 同周边国家的关系

在历史上反对殖民统治和种族主义统治斗争中，莫桑比克同周边国家结成了密切友好的关系，不存在双边国际争端。莫桑比克独立后积极发展同非洲国家特别是南部非洲国家的关系，实行睦邻政策。由于经济上一直依赖邻国，尤其是南非，所以莫桑比克一向重视同周边国家关系。南非是莫桑比克第一大外来投资国，两国经贸关系密切。莫桑比克是南部非洲发展共同体成员国和东南非共同市场等地区组织成员国。莫积极参与地区政治、经济事务，主张加快地区经济一体化步伐、和平解决地区冲突，赞同成立非洲常备部队，对冲突国家和地区进行主动干预。2005 年，格布扎总统就任后遍访周边邻国，进一步巩固与南部非洲国家的传统关系。莫桑比克还与博茨瓦纳、南非、斯威士兰等签署了互免签证协议，方便人员流动。

一 同津巴布韦的关系

莫桑比克同津巴布韦在历史上关系密切。津巴布韦在独立以前称南罗得西亚，以伊恩·史密斯为首的少数白

人控制国家政权。^① 在白人统治南罗得西亚期间，两国关系一直紧张。在经济领域，莫桑比克支持联合国对南罗得西亚实施经济制裁，于 1976 年中断了南罗得西亚经莫桑比克港口贝拉港和马普托港的铁路运输，封锁了同津巴布韦的边界。莫桑比克为此付出了高昂的代价，包括铁路和港口运费收入损失以及运输工人失业等，估计总值超过 5 亿美元。^②

在津巴布韦的民族解放斗争中，莫解阵政府曾经发挥了重要作用。在促成前线国家联盟成立后不久，莫桑比克就向穆加贝领导的津巴布韦非洲民族联盟和恩科莫领导的津巴布韦非洲人民联盟开放了同南罗得西亚相邻的 1200 公里的边界，允许这两个组织在本国境内建立军事基地，为莫桑比克境内的非洲民族联盟游击队提供了急需的重型武器和装备。此外，莫桑比克为苏联东欧社会主义国家向津巴布韦民族解放力量输送武器提供了通道，还收留津巴布韦在民族解放战争期间逃到其境内的 15 万难民。^③

津巴布韦解放运动最终是爱国阵线取得了胜利。1979 年 9 月，津巴布韦民族解放组织、南罗得西亚政府和英国政府在英国伦敦的兰凯斯特宫签署协议，结束津巴布韦的白人少数统治，承认津巴布韦独立。在 1980 年 3 月的津巴布韦总统选举中，穆加贝获胜当选。津巴布韦于 1980 年 4 月赢得了完全的独立。此后，两国的双边关系得到了进一步的巩固和加强。为了相互支持，共

---

① 在历史上罗得西亚包括现在的赞比亚和津巴布韦两个国家。赞比亚在独立以前曾被称作北罗得西亚，津巴布韦在独立以前被称作南罗得西亚。由于赞比亚独立较早，所以在赞比亚独立以后，一般也将没有取得独立的津巴布韦称为罗得西亚。不过，为了方便起见，本书将独立前的津巴布韦统称为南罗得西亚。

② Mozambique: a Country Study/Foreign Area Studies, ed. By Harold D. Nelson; published by American University; 1985; 3rd ed. . p. 226.

③ Isaacman, Allen and Isaacman, Barbara, Mozambique from Colonialism to Revolution, 1900 – 1982, Published in 1983 by Westview Press Inc. . p. 173.

同进行反对南非种族主义政权的斗争，1981 年 1 月，莫桑比克同津巴布韦签署了一项防卫和安全协议，规定如果两国中的任何一国遭受南非的进攻即视为对两国的进攻。南非则支持莫抵运集中力量破坏莫桑比克港口通往内陆国家的铁路和石油管道。因而，自 1982 年起，津巴布韦应莫桑比克政府要求派兵驻守贝拉走廊，以后驻兵逐步增多，最多时达 1.3 万人。199□年以后津巴布韦领导人力促莫桑比克内战双方达成和平协议。罗马和平协议签订后，津巴布韦驻莫桑比克军队逐渐撤回本国。

二 同南非的关系

在获得独立时，莫桑比克与南非的关系面临着尴尬的选择。莫桑比克在铁路及港口运输和劳务出口方面一直长期依赖南非。马普托港在历史上一直是南非主要的工业区和矿业区的出海口。莫桑比克为南非提供铁路运输和港口运输所赚得的收入构成了其殖民地经济的一个支柱。另外，南非是莫桑比克的主要贸易伙伴之一。在南非矿井工作的莫桑比克合同工人总数超过 10 万人，他们每年寄回国内的工资收入占莫桑比克殖民政府外汇收入的很大比例。按照莫桑比克殖民政府同南非政府方面达成的长期合作协议，莫桑比克矿工收入按一定比例以黄金直接汇给马普托政府。因而在 20 世纪 70 年代中期，这笔黄金收入在一定时期内成为年轻的莫桑比克的主要外汇来源。如果莫桑比克对南非种族主义政权实施经济抵制政策的话，单就莫桑比克向南非征收的运输收入和莫桑比克矿工在南非矿井的工资收入而言，每年就要损失 1 亿美元。[①] 这种巨大的经济损失对于国家和民众都十分贫困的莫桑比克来说无疑是难以承受的。莫解阵当时第二

---

① Isaacman, Allen and Isaacman, Barbara, Mozambique from Colonialism to Revolution, 1900–1982, Published in 1983 by Westview Press Inc.. p. 174.

号决策人物马塞利诺·多斯桑多斯曾强调："我们缔造的革命不是为了使莫桑比克人民的贫困与苦难变得更糟。"[1]

　　正是由于在经济上严重依赖南非，因而出于经济利益上的考虑，莫桑比克完全断绝同南非的联系不太现实，更不用说参与针对南非经济的联合抵制活动。莫解阵的官员们本身也认为对南非进行经济抵制是幼稚的和不现实的。[2] 同时，南非政府对莫桑比克建立的倾向共产主义的新政权深感不安，但认识到与其保持适当的经济联系仍对本身有利。因而，虽然在独立之初，莫桑比克政府为了支持南非非洲人反对白人种族主义统治，断绝了同南非白人政权的外交关系，但在不情愿地同南非的交往过程中，莫桑比克政府完全采取了务实路线。在两国没有建立外交关系的情况下，南非继续通过莫桑比克的铁路和港口运输产品，但由于政治的和技术的原因，南非通过莫桑比克的运输量逐渐减少。为了解决莫桑比克的港口吞吐能力问题，南非的一些专家参与了港口的建设。1979 年两国还达成了一项协议，南非向莫桑比克提供贷款，用于修复铁路和装卸设施，以及购买新设备。莫桑比克港口的转运能力短期内超过了独立前的水平。但南非政府开始限制莫桑比克劳务输出的人数，仅为 4 万名莫桑比克矿工提供合同协议，而实际上，大约还有另外的 10 万名莫桑比克人非法停留在南非做农场劳工或家庭劳工。为了进一步控制国际黄金市场，避免莫桑比克政府对居高不下的黄金价格造成负面影响，南非同莫桑比克政府在 1978 年重新谈判了向莫桑比克矿工支付工资的条件。此外，莫桑比克的卡奥拉巴萨水电站可以向南非提供约占其国内总电力需求 10% 的电力，但由于受到莫抵运的干扰破坏，

① Isaacman, Allen and Isaacman, Barbara, Mozambique from Colonialism to Revolution, 1900－1982, Published in 1983 by Westview Press Inc.. p. 174.

② Isaacman, Allen and Isaacman, Barbara, Mozambique from Colonialism to Revolution, 1900－1982, Published in 1983 by Westview Press Inc.. p. 174.

无法正常地向南非输送电力。

由于在经济上对南非形成了特殊的依赖关系，莫桑比克直接参与反对南非种族主义政权以及南非非法占有纳米比亚的斗争相当有限。造成莫桑比克对南非实行这种政策的另一原因是两国军事实力相差悬殊。以 1981～1982 年度两国军事预算为例，莫桑比克的军事预算总额为 1.5 亿美元，而南非的军事预算总额则高达 27.5 亿美元。此外，南非还拥有世界上的一些最先进的武器系统。[①] 所以，莫桑比克根本无力抵抗南非的军事报复行动，例如南非突击队于 1981 年 3 月毫不费力地突袭到了马普托郊区，并于第二年在爱德华多·蒙德拉纳大学暗杀了南非著名的社会主义者、记者、政治活动家、非国大成员卢斯·佛斯特。1982 年 12 月南非突击队摧毁了贝拉港的储油库。此外，南非还不断侵犯莫桑比克领空。尽管莫桑比克拥有苏制防空系统，但仍然很难有效地保护本国境内的战略要地免遭南非的幻影喷气机和空降部队的攻击，因而马普托和位于林波波河的主要农工联合公司一直处在南非军队的打击范围之内。所有这些因素都限制了莫桑比克，迫使其避免直接卷入同南非的军事冲突。但莫桑比克的官员们并没有否认将来在对南非经济依赖程度减少的情况下和非国大的斗争进入决战阶段时，参与联合国倡导的制裁南非的活动。莫桑比克不情愿地拒绝非国大在本国领土上建立游击队基地，只是担心这样做会为南非发动大规模的侵略提供口实。显然，莫桑比克避免同南非发生直接的军事冲突，因为莫解阵担心这样的冲突一旦爆发将对其经济造成毁灭性的灾难，而且会加剧在冷战背景下的南部非洲冲突国际化——这是南非政权多年渴望的梦想。

独立以后，莫桑比克在政治上积极支持南非人民的解放运

① Isaacman, Allen and Isaacman, Barbara, Mozambique from Colonialism to Revolution, 1900-1982, Published in 1983 by Westview Press Inc.. p. 174.

动，是非国大流亡国外的后方基地。非国大在马普托设有办公室。奥利弗·坦博（Oliver Tambo）和乔·斯洛沃（Joe Slovo）等非国大著名领导人都曾在莫桑比克活动过，而且在莫桑比克境内得到了国家领导人规格的待遇。此外，莫桑比克还为许许多多的南非难民和南非工会大会的流亡者提供避难所和其他支持。在非统组织、不结盟运动和联合国会议上，莫桑比克外交代表曾多次坚持，非国大是南非人民的唯一合法代表，不断地谴责西方发达国家对南非种族主义政权的支持。在 1982 年 3 月举行的前线国家首脑会议上，莫桑比克代表团要求与会各国加强对非国大的军事和经济援助，呼吁进一步孤立南非政权。[①] 随后，非国大在莫桑比克接壤的德兰士瓦省和其他地区的军事活动有所增加。尽管莫桑比克坚决支持南非人民的反对种族隔离制度的斗争，但也意识到让非国大等组织利用其国土作为进攻跳板的危险性，所以莫桑比克官员们坚决否认允许非国大在其境内建立训练基地或中转通道。80 年代早期，非国大在南非境内的军事活动不断增加，导致南非对其确认是非国大基地的莫桑比克目标进行突袭或空袭。在公开否认允许非国大在莫桑比克境内开展活动的同时，莫桑比克领导人向南非民族解放组织说明，南非民族解放斗争的胜利将取决于非国大在国内动员群众参与的程度；在非国大赢得广大民众的支持以前，莫桑比克和其他前线国家的作用都是外在的。[②]

1980 年津巴布韦获得独立，南非开始为莫抵运提供后勤支持和指导。当时的莫桑比克政府没有预料到莫抵运基地会从津巴布韦转往南非，也低估了南非在经济和军事上对该组织的支持力

① Isaacman, Allen and Isaacman, Barbara, Mozambique from Colonialism to Revolution, 1900 – 1982, Published in 1983 by Westview Press Inc.. p. 175.

② Isaacman, Allen and Isaacman, Barbara, Mozambique from Colonialism to Revolution, 1900 – 1982, published in 1983 by Westview Press Inc.. p. 175.

度。南非则把莫抵运用作破坏莫桑比克社会、经济和政治，进而破坏南部非洲发展协调会议国家进行政治、经济合作的工具。从1981年开始，莫抵运在莫桑比克境内的破坏活动急剧增加。在1982年，莫抵运的活动范围扩展到莫桑比克南部省份，破坏那里的桥梁、铁路运输线路和开发工程项目等。莫桑比克不断谴责南非政府应对莫抵运日益升级的破坏活动负责。与此同时，为了促使南非减少对莫抵运的支持并缓和两国之间的关系，莫桑比克政府和南非政府从1982年底开始进行谈判，但毫无进展。到了1984年年初，南部非洲地区的安全形势出现了新的转机。这时的南非政府希望同邻国缓和冲突，同时争取在邻国禁绝非国大和其他的反政府组织的活动。这时的莫桑比克政府也正面临着经济萧条和莫抵运势力膨胀的压力，渴望寻求出路。1984年1月，两国的高级官员组成4个工作小组，分别讨论安全问题、旅游问题、经济问题以及关于卡奥拉巴萨电力系统的现存协议问题。接着，双方部长级会谈分别在马普托和开普敦举行，并最终于1984年3月16日签署了一项互不侵犯与睦邻友好协议，称作《恩科马蒂协定》。该协定规定，莫桑比克终止非国大及其他南非反政府组织在其领土上的活动，南非终止支持莫抵运的活动。但南非军方实质上对该协定一直阳奉阴违，在签署该协定之后，莫抵运在莫桑比克境内的破坏活动并没有减少。在80年代末和90年代初，南非启动政治改革进程，两国关系改善。南非对莫抵运的支持开始明显减少，莫抵运在莫桑比克境内的军事进攻明显下降。出于对南非政治民主化进程的肯定和支持，以及两国在政治经济方面的相互联系，1993年9月莫桑比克同南非建立了正式的外交关系。

在两国建交以后，尤其是南非于1994年实现民主化以后，高层领导人互访频繁，两国政治关系迅速得到了加强。为了对莫桑比克支持南非人民反对种族主义政权表示感谢，曼德拉总统出

访的第一个国家就是莫桑比克，而 1995 年初期南部非洲地区到南非访问的第一个国家元首是希萨诺总统。南非政府支持经由民主选举产生的希萨诺政府，促进莫桑比克正在进行的民主重建和发展进程。两国合作开发大型工程项目，包括马普托开发走廊项目以及两国与斯威士兰合作的三方跨界开发项目。

1994 年 7 月 20 日，莫桑比克同南非就建立联合常设合作委员会问题达成了协议。为了加强两国间的经济合作，1997 年两国建立了两国国家首脑经济论坛。该论坛每季度由南非或莫桑比克总统主持召开，两国相关部门的部长或官员参加，两国之间战略性的项目要经过两国首脑经济论坛讨论。此外，莫桑比克在南非总统坦博·姆贝基的非洲复兴计划中发挥着重要作用，两国之间经常举行总统会议、部长会议和官员会议。南非企业在莫桑比克占有重要的位置，承揽重要的工程项目，也促进了两国关系的发展。

莫桑比克最重要的外交伙伴是南非，来自南非的进口额在莫桑比克进口总额中已占居首位。南非还是莫桑比克的第一大投资国，截至 1998 年年底，南非在莫桑比克直接投资额达 7.62 亿美元。

莫桑比克和南非间的公路和铁路网络将彼此间的经济紧密地联系在一起。目前，更新扩建南非的豪廷省、姆帕玛兰加省通往莫桑比克的公路、铁路和港口是两国经济建设的核心，成为两国重点合作领域。

按照南部非洲发展共同体目前推行的实现经济一体化的计划和政策措施，南非、莫桑比克和斯威士兰三国政府已经开始实施边界地区开发计划，例如卢伯姆博跨界开发计划、大林波波跨界公园、贝拉走廊和纳卡拉走廊，等等。这些合作开发的基础设施项目和边界地区开发项目，可以利用互补优势，共享基础设施、便利条件、自然资源和人力资源，加强本地区的市场竞争能力和

提高这些开发工程吸引国际投资的能力。马普托开发走廊的一项边界地区开发项目已经启动，并设立了一个边界地区委员会，下设一系列的专门小组以调查解决跨界问题和机遇。莫桑比克已经同南非和斯威士兰确定了一些亟待开发的跨界工程项目，并处于实施过程之中。

在 2000 年和 2001 年莫桑比克发生洪水灾害期间，南非积极援助莫桑比克受灾群众，多次派军队和飞机深入莫桑比克灾区抢险救灾。此外，南非向莫桑比克提供了大量的食品和医药物品援助。2001 年 4 月，希萨诺总统访问比勒陀利亚，同南非总统姆贝基商谈经济发展、贸易和投资问题，双方就采取措施方便跨境交流和两国间的雷萨诺—噶西亚关卡问题进行会谈，最后签署了莫桑比克向南非出口天然气的协议。

三　同坦桑尼亚的关系

尼雷尔领导下的坦桑尼亚同莫解阵领导下的莫桑比克结成了亲密的联盟，但双方对社会主义原则在非洲背景下如何具体实施存在着不同的看法。在坚决反对殖民统治和种族主义统治的立场方面，坦桑尼亚和莫桑比克同样始终如一并患难与共，莫解阵组织就是在尼雷尔的大力推动之下在达累斯萨拉姆建立的。如果没有坦桑尼亚对莫解阵早期斗争的有力支持和无私的援助，莫桑比克的民族解放斗争，尤其是长期的游击战争，根本不可能顺利展开、持久存在并得到深入发展。在莫桑比克解放战争初期，莫解阵高级官员在坦桑尼亚的首都建立了办公系统。坦桑尼亚还为莫解阵游击队提供训练基地和后勤供应线，以及其他一些军事援助，并为躲避战火的莫桑比克难民提供营地和教育中心，等等。

在莫桑比克独立以后，为了加强两国之间在银行、卫生、财政和贸易等领域的协调与合作，莫桑比克同坦桑尼亚建立了联合协调委员会，由双方各派 8 名内阁部长组成。两国还试图从1984 年开始逐渐建立一个自由贸易区。但由于莫桑比克长期陷入内战，再加之两国之间的陆路交通条件恶劣，这方面的进展十分缓慢。坦桑尼亚还积极支持莫桑比克政府打击莫抵运的军事斗争，坦桑尼亚的军事教官曾到楠普拉省的军事学院执教，并一度派军队直接参加莫桑比克政府军对莫抵运的战争。

在 2000 年莫桑比克发生特大洪水灾害期间，虽然坦桑尼亚在过去的 3 年期间主要粮食作物玉米严重歉收，但还是决定从本国的粮食库存中向莫桑比克水灾难民捐赠 1000 吨玉米。坦桑尼亚外交部的一位发言人说："坦桑尼亚政府决定捐赠这些粮食，以示同莫桑比克人民同甘共苦。"①

四　同赞比亚的关系

莫桑比克同赞比亚的关系一直比较和谐。在 20 世纪 70 年代早期，赞比亚是莫解阵的可靠基地。赞比亚的支持对莫解阵的民族解放事业的胜利发挥了重要作用。赞比亚的国际贸易需要利用莫桑比克的沿海港口，这又有利于两国的经济发展，进而构成了双方关系的牢固基础。1976 年，两国签署协议，成立类似于莫桑比克同坦桑尼亚之间的联合协调委员会，以加强两国之间的合作。

在促成莫桑比克结束内战的和谈过程中，赞比亚领导人曾经发挥积极的协调作用。1990 年 12 月，德拉卡马到卢萨卡的政府宾馆同赞比亚总统肯尼斯·卡翁达举行会晤，商讨结束莫桑比克内战的问题。在他们的第一次会晤中，卡翁达没能成功地说服德拉卡马结束内战，并同希萨诺进行面对面的会谈。在第二轮磋商中，德拉卡马向卡翁达提交了同希萨诺进行直接会谈的前提条件

---

① IRIN, Johannesburg, 8 Mar 2000.

清单，请他转交希萨诺。当时，卡翁达同意转达德拉卡马的请求：希萨诺在其讲话中停止指称莫抵运为"匪帮"，国家控制的媒体同样要放弃用"匪帮"这一称谓，以此作为和解的象征。卡翁达于1991年1月会晤希萨诺，讨论其与德拉卡马会谈的结果。

在1991年以后，为了协调在莫桑比克和平进程中同津巴布韦的关系，卡翁达逐渐淡化了在该进程中的影响。

五　同马拉维的关系

莫桑比克同马拉维之间的关系在历史上比较微妙。在莫桑比克民族独立战争期间，葡萄牙殖民政权曾以破坏马拉维通过莫桑比克境内港口的贸易活动为要挟，阻止其支持莫解阵的民族解放斗争，所以，马拉维在莫桑比克解放战争期间一直同葡萄牙保持外交关系，而且没有为莫解阵提供支持和援助。莫桑比克独立以后，有报道透露，马拉维支持莫桑比克境内的莫桑比克统一战线和其他的反莫解阵组织的活动。莫抵运成立以后，不断在马拉维境内开展活动，甚至建立基地。这引起了莫桑比克政府的不满。马拉维总统卡马祖·班达历来是非洲最保守的领导人之一，马拉维也是同南非种族主义政权建有外交关系的唯一非洲国家。所以在非洲政治舞台上，莫桑比克同马拉维是两个极端相左的国家。从1983年开始，马拉维开始同莫桑比克合作打击莫抵运反政府势力，但由于两国边境地区山高林密，而且相同的族体跨境而居，这种情况决定了两国的合作效果难如所愿。1986年，在莫桑比克和其他南部非洲国家的压力下，马拉维政府允诺驱逐莫抵运在其境内的活动。

在莫桑比克内战结束以后，两国加紧在经济领域的合作与交流，不断取得新的进展。其中的成果之一就是两国铁路运输走廊的重新开通。内战期间遭严重破坏的纳卡拉走廊，经多年修建于

2000 年 9 月正式开通。该走廊的正式开通促进了两国的农业、矿业和旅游业的发展。马拉维公共工程部部长布朗·姆宾甘伊拉在该走廊正式开通前夕曾在布兰太尔向记者透露，马拉维使用距离较短和费用较低廉的纳卡拉走廊每年将节省 7.2 亿美元。① 此外，马拉维同莫桑比克还积极开辟其他经济领域的合作。在马拉维南部地区的姆兰耶山脉中蕴藏着大型的铝土矿，马拉维政府希望将这些铝土矿出售给莫桑比克的莫扎尔炼铝厂。这既有益于马拉维创造就业机会，又可削减莫桑比克从澳大利亚进口铝原材料所需的成本。

六　同其他非洲国家的关系

莫桑比克和纳米比亚相距遥远，但莫桑比克在独立以后积极支持纳米比亚西南非洲人民组织的斗争。在迫使西方国家压迫南非接受联合国第 435 号决议过程中，莫桑比克外交官员发挥了积极的作用。按照该决议，纳米比亚确定了多数统治的原则，并举行国际监督下的全国大选。该协议的实施，最终结束了南非的殖民地统治，确立了西南非洲人民组织的胜利和纳米比亚的最终独立。

莫桑比克同非洲其他的葡语国家存在着天然的内在联系。安哥拉和几内亚比绍是同莫桑比克具有共同经历的两个非洲国家——共同遭受葡萄牙的殖民统治，并肩进行民族解放斗争。莫解阵曾经一度将安哥拉人民解放运动看做非洲唯一真正的马克思列宁主义党派，因而双方在意识形态领域一直是密切的伙伴。

在莫桑比克独立不到 10 年的时间内，非洲 5 个葡语国家安哥拉、佛得角、几内亚比绍、莫桑比克和圣多美普林西比举行了多次首脑会议，协调其外交政策，并在经济和贸易合作方面制定

---

① IRIN, Johannesburg, 24 Aug 2000.

共同遵守的规则。

患难之中见真情。作为居于同一非洲大陆的兄弟国家，在莫桑比克 2000 年发生特大洪水期间，不少非洲国家向受难的莫桑比克民众伸出了热情的援助之手，体现了非洲人民同舟共济的兄弟情谊。据泛非新闻社 2000 年 3 月 6 日报道，加纳为莫桑比克水灾难民捐赠了 300 袋米、300 袋玉米、30 捆衣物和 1000 条毯子，派货机运往莫桑比克。加纳外交部长宣布，这些捐赠"表示加纳政府和人民同处在艰难困苦环境中的莫桑比克兄弟姐妹们站在一起"[①]。肯尼亚政府也在同一时期全国大部分地区普遍遭受旱灾的情况下，于 2000 年 3 月 7 日向联合国粮食计划署莫桑比克水灾紧急行动捐赠 7.5 万美元。[②] 乌干达向莫桑比克捐赠 10 万美元。[③]

---

① IRIN，Johannesburg，6 Mar 2000.

② IRIN，Johannesburg，8 Mar 2000.

③ IRIN，Johannesburg，30 Mar 2000.

参考文献

1. Abrahamsson, H. and A. Nilsson. *Mozambique: The Troubled Transition. From Socialist Construction to Free Market Capitalism*, Zed Books, London, 1995.

2. Acordo Entre o Governo de Moçambique e as Nações Unidas Sobre o Estatuto da Operação das Nações Unidas em Moçambique, Nova Iorque, 14 de Maio de 1993.

3. AcordoGeral de Paz, Protoclo I, paragrafo I, Lei N. 13, 14 e 15/92.

4. Adams, Juanita. Mozambique. U. S. Department of State Publication 7965. Bureau of Public Affairs. Washington D. C. , May 1989.

5. Africa Information Afrique (AIA) news stories are filed electronically in IPEnet through an agreement with AIA (Zimbabwe/Canada). Under the terms of the agreement, stories are filed with a fourteen day delay. Annual subscriptions for individuals are only MYM50 (newsfeed directly from Harare). For more information please contact Stephanie Wells at aiacan@ web. apc. org.

6. Africa, South of the Sahara 2000, 29th edition, Europa Publications Limited.

7. Ajello, A. , *O papel da ONUMOZ no Processo de Democratização*, in B Mazula (ed.), Moçambique: Eleições, Democracia e Desenvolvimento, Inter-Africa Group, Maputo, 1995.

8. Azevedo, Mario. *Historical Dictionary of Mozambique*. Metuchen,

NJ: Scarecrow Press, 1991.

9. Bancode Mocambique, 1996.

10. Barker C. The Mozambique pharmaceutical policy. *Lancet*, 1 October: 780782, 1983.

11. Berman, E Managing Arms in Peace Processes, UNIDIR, New York, 1996.

12. Berman, E. "Managing Arms in Peace Processes: Mozambique", *Disarmament and Conflict Resolution Project*, United Nations Institute for Disarmament Research (UNIDIR), United Nations, Geneva, 1996.

13. Birmingham, D. *Front-line Nationalism in Angola and Mozambique*, James Currey, London, 1993.

14. Borges Coelho, " *The Reintegration of Ex-Combatants in Maputo Province*" , Refugee Studies Programme, University of Oxford, UK, 1997.

15. Cabaço, J. L. *A Longa Estrada da Democracia Moçambicana*, in Mazula.

16. Cahen, M. *Mozambique: La Révolution Implosée-études sur 12 ans d'indépendence 1975 – 1987* , Editions l'Harmattan, Paris, 1987.

17. Cahen, M. 'Entrons dans la Nation. Notes pour une étude du Discours Politique de la Marginalité: le cas de la Renamo du Mozambique, *Politique africaine*, No. 67, 1997.

18. Cahen, Michel. "état et pouvoir populaire dans le Mozambique indépéndant". *Politique Africaine* 19: 36 – 60, 1985.

19. Caughey, Grant J. DOD Africa Affairs Divison of the Joint Staff. Personal Interview about U. S. Military Involvement in Mozambique. Pentagon, Washington D. C. , 26 February 1991.

20. Chachiua, M. Status of Arms Flows in Mozambique, ISS

Monograph Series, forthcoming.

1. Chan, Steve and Moisés Venancio. *War and Peace in Mozambique.* Basingstoke: Macmillian, 1998.

22. Chingono, M. *The State, Violence and Development: the Political Economy of War in Mozambique* , Avebury, Aldershot, UK, 1996.

23. Christie, Ian. *Samora Machel: A Biography.* London: Panaf, 1989.

24. CliffJ, Kanji N and Muller M. Mozambique Health Holding the Line. *Review of African Political Economy* , No. 36, 1986.

25. Cliff J. Noormahomed AR 1988. Health as a target: South Africa's destabilization in Mozambique. Soc. Sci. Med. 1988; 27: 71722.

26. Cliff J. Donordependence or donor control? The case of Mozambique. *Community Development Journal* 28: 237244, 1993.

27. The Constitution of the Republic of Mozambique and the Standing Orders of the Assembly of the Republic of Mozambique, approved and enacted in November 1990.

28. Crocker, C. *High Noon in Southern Africa: Making Peace in a Rough Neighbourhood*, W. W. Norton, New York, 1992.

29. Davies, Robert. *South Africa Strategy Towards Mozambique in the Post-Nkomati Period. A Critical Analysis of Effects and Implications.* Uppsala: Research Report 73, Scandinavian Institute of African Studies, 1985.

30. DeBrito, Luís. "Une relecture nécessaire: la genèse du parti-état FRELIMO". *Politique Africaine* 29: 15 – 27, 1988.

31. Dolan, C. and Schafer, J. "The Reintegration of Ex-Combatants in Mozambique. Manica and Zambézia Provinces", *Final Report to USAID-Mozambique* , Refugee Studies Programme, University of Oxford, 1997.

32. The Economist Intelligence Unit, Country Profile: Mozambique, 1997 – 98, 1998 – 99, 2000.

33. Edis, R. "Mozambique's Successful Peace Process-An Insider's View", *Cambridge Review of International Affairs* , Vol. 9, No. 2, 1995.

34. Education in Mozambique 1983 – 1992. Statistical Summary. Ministerio da Educacao, Direccao de Planificacao.

35. Egero, B. *Mozambique: A Dream Undone. The Political Economy of Democracy 1975 – 84* , Scandinavian Institute of African Studies, Uppsala, Sweden, 1987.

36. European Parliamentarians for Southern Africa (AWEPA), *Mozambique Peace Process Bulletin*, 1992 – 97.

37. Fact File on Telecommunications Regulation in Africa, Telecommunications Foundation of Africa (TFA), Nairobi, Kenya, January 1996.

38. FAO Liasion Officers Report, Harare, October 1998, M. Moiani.

39. Finnegan, W., *A Complicated War: The Harrowing of Mozambique*, University of California Press, Berkeley, 1992.

40. Flower, K., *Serving Secretly: Rhodesia into Zimbabwe 1964 – 81* , John Murray, London, 1987.

41. FriedenJ. External support and management of the health sector in Mozambique. Unpublished draft report, 1991.

42. Gamba, V. (ed.), Society under Siege: Crime, Violence and Illegal Weapons, Institute for Security Studies, Halfway House, 1997.

43. Gann, Lewis H. and Thomas H. Henriksen. *The Struggle for Zimbabwe: Battle in the Bush*, New York: Praeger Publishers, 1981.

44. Gaspar, A. C., *O Papel da ONUMOZ na Pacificação e Democratização*

de Moçambique, paper read at the Seminar on Political Transition in Mozambique, Maputo, 19 – 21 April 1995.

45. Gaspar MC Cossa HA Santos CR Manjate RM Schoemaker J. 1998. Moçambique, Inquérito Demográfico e de Saúde, 1997. Calverton, Maryland, USA: Instituto Nacional de Estatística e Macro International Incorporation.

46. Geffray, C., 1990 *Le cause des armes au Mozambique: anthropologie d'une guerre civile*, Editions Karthala, Paris.

47. Geffray, C. and M. Pedersen. "Nampula en Guerre", *Politique africaine*, No. 29, Special edition (Mozambique: guerre et nationalismes), 1988.

48. Gersony, Robert. "Summary of Mozambican Refugee Accounts of Principally Conflict-Related Experience in Mozambique: Report Submitted to Ambassador Moore and Dr. Chester A. Crocker", Bureau for Refugee Programs, US Department of State, April 1988.

49. Global Policy Forum. " The World Economic and Social Development Ranking List ". (18 March 2000). http: // www. globalpolicy. org/nations/kaiswork. htm (16 December, 2001).

50. Government of the People's Republic of Mozambique, *Central Committee Report to the Third Congress of FRELIMO*. London, Great Britain: Mozambique, Angola and Guiné Information Centre, 1978.

51. Grundy, Kenneth. " Pax Pretoriana: South Africa's regional policy", *Current History* 84: 501: 150 – 154, 1985.

52. Hall, Margaret and Tom Young. *Confronting Leviathan. Mozambique Since Independence.* Athens, Ohio: Ohio University Press, 1997.

53. Hanlon, J. *Beggar Your Neighbours: Apartheid Power in Southern Africa*, Catholic Institute of International Relations in association with James Currey, London, 1986.

54. Hanlon, Joseph. *Mozambique: Who Calls the Shots?*, James Currey, London, 1991.

55. Hanlon, Joseph. *Mozambique. The Revolution Under Fire*. London: Zed Books, 1984.

56. Hanlon, Joseph. *Peace Without Profit. How the IMF blocks rebuilding in Mozambique*, James Currey, Oxford, 1997.

57. Hargreaves, John D. *Decolonization in Africa*, Singapore: Longman Singapore Publishers, 1988.

58. Hay R Walker B. Sector Investment Programmes in Africa: an Evaluation. Case Study: Mozambique Health Sector Recovery Programme. Unpublished report, 1996.

59. Hedges, David. "Notes on Malawi-Mozambique Relations", *Journal of Southern African Studies* 15: 4 (1989): 617 – 644.

60. Henderson, Robert. "Relations of neighbourliness-Malawi and Portugal, 1964 – 1974", *Journal of Modern African Studies* 15: 3 (1977): 425 – 455.

61. Henrikson, Thomas H. *Revolution and Counter-Revolution: Mozambique's War of Independence 1964 – 74*, Greenwood Press, Connecticut, 1983.

62. Henriksen, Thomas H. *Mozambique: a History* South Hampton, Great Britain: The Camelot Press, 1978.

63. Hughes, David McDermott. "Refugees and Squatters: Immigration and the politics of territory on the Zimbabwe-Mozambique border", *Journal of Southern African Studies* 25: 4 (1999): 533 – 552.

64. Hoile, D. (ed.), *Mozambique 1962 – 1993*: *A Political Chronology*, The Mozambique Institute, London, 1994.

65. HumanRights Watch. *Conspicuous Destruction*: *War, Famine and the Reform Process in Mozambique*, Human Rights Watch, New York, 1992.

66. Hume, C. *Ending Mozambique's War*: *The Role of Mediation and Good Offices*, United States Institute of Peace Press, Washington, D. C. , 1994.

67. IntegratedRegional Information Networks (IRIN), part of the UN Office for the Coordination of Humanitarian Affairs (OCHA). IRIN, Which Was Born out of the 1994 Crisis in the Great Lakes Region of Central Africa.

68. Isaacman, Allen and Barbara Isaacman. Mozambique From Colonialism to Revolution, 1900 – 1982, Westview Press. Boulder, Colorado, 1983.

69. Isaacman, Allen. *The Tradition of Resistance in Mozambique. Anti-colonial Activity in the Zambezi Valley 1850 – 1921* . London: Currey, 1976.

70. Jabri, V. *Agency Structure and the Question of Power in Conflict Resolution*, The Kent Journal of International Relations, 9 (2), 1995.

71. Jallov, Birgitte. "Creating Sustainable Community Radio Stations-A Major Challenge！: UNESCO's Experience in Mozambique", Nov 2001 and "Community Waves", A Publication Prepared by UNESO/UNDP Media Development Project, June 2001.

72. James, R. S. Mozambique, Philadelphia: Chelsea House, 1999.

73. James, Climent, Angola and Mozambique: Postcolonial Wars in Southern Africa; New York: Facts on File, c1997; ISBN

0816035253.

74. Jett, D. C. Lessons Unlearned-Or Why Mozambique's Successful Peacekeeping Operation might not be Replicated Elsewhere, Journal of Humanitarian Assistance, 5 December 1995, < www - jha. sps. cam. ac. uk/ freps/FR002. Htm >

75. Jett, D. "Cementing Democracy: Institution Building in Mozambique," *The South African Journal of International Affairs*, Vol. 3, No. 2, 1996.

76. Jorge, Lídia. *Die Küste des Raunens* . Frankfurt: Suhrkamp, 1993.

77. *Journalof Southern African Studies*, Special Edition on Mozambique, Vol. 24, No. 1, 1998.

78. Lecocq, Randy. Changes in Mozambique Since 1987. African Affairs Desk Officer, U. S. State Department. Washington D. C., 1991.

79. Louw, A. and M. Shaw, *Dubious Distinctions? Comparing Crime Across Countries* , Nedcor/ISS Crime Index, Vol 2, No 3.

80. Maccari, D. and P. M. Mazzola, *La Fatica Di Sperare, Lettere dal Mozambico in Guerra* , Editrice Missionaria Italiana, Torino, 1992.

81. MacFarquhar, Emily. "The killing fields of Mozambique. " U. S. News & World Report, 104 (2 May 1988).

82. MacraeJ Zwi AB Forsythe V 1995. Aid policy in transition: a preliminary analysis of 'post' conflict rehabilitation of the health sector. Journal of International Development: Vol. 7, No. 4, 669684.

83. MacraeJ Zwi AB Gilson L 1996. A triple burden for health sector reform: "post" conflict rehabilitation in Uganda. Soc.

Sci. Med. Vol. 42, No. 7, pp 10951108.

84. Magaia, L. *Dumba Nengue: Run For Your Life. Peasant Tales of Tragedy in Mozambique* , Africa World Press, Trenton, NJ, 1988.

85. Maier, Karl. "Mozambique's Leader Urges Rebels to Take Fight to Ballot Box." The Washington Post, 4 Nov 1990, Section C.

86. Manuel da Costa Gaspar and Annababette Wils. *Population Development in Mozambique.* Laxenburg, Austria: IIASA, unpublished, 2000.

87. Maritz, Chris. "Pretoria's reaction to the role of Moscow and Peking in Southern Africa", *Journal of Modern African Studies* 25: 2 (1987): 321 – 344.

88. Martin, David and Phyllis Johnson. *The Struggle for Zimbabwe* . London: Faber and Faber, 1981.

89. Marshall, Judith Maureen. War, Debt and Structural Adjustment in Mozambique: the Social Impact. Ottawa: North-South Institute, 1992.

90. Metz, Steven. "The Mozambique National Resistance and South African Foreign Policy", *African Affairs* 85: 341 (1986): 491 – 507.

91. Ministério da Saúde. Cuidados de Saúde Primários em Moçambique. Maputo, 1979.

92. Ministérioda Saúde. Informação Estatística Sumária. Unpublished Report, 1998.

93. Ministério da Saúde Direcção dos Recursos Humanos 1998. Avaliação Anual do PRSS Outubro de 1998. Unpublished Report.

94. Ministryof Health 1992. Health Manpower Development Plan.

Unpublished report.

95. Ministry of Health 1998. Mozambique Health Sector Profile. Unpublished report.

96. Minter, W. "The Mozambican National Resistance (Renamo) as described by Ex-Participants", *Development Dialogue*, No. 1, 1989.

97. Minter, W. *Apartheid's Contras and the Roots of War: An Inquiry in the Modern History of Southern Africa*, Zed Books, London, 1994.

98. Mondlane, Eduard. *The Struggle for Mozambique*. London: Zed Books. 9. Moorcraft, Paul L. "Mozambique's long civil war." International Defense Review, 20 (October 1987).

99. Mozambique American Embassy Maputo. " Foreign Economic Trends and Their Implications for the United States." U. S. Department of Commerce Printing, May 1989.

100. MozambiqueFile, 17 December 1992.

101. Mozambique Government website: http: //www. mozambique. mz/ governo/ emocumbi. htm.

102. Mozambique: Land of Peace and Promise, Iain Christie, published by Bureau de Informacao Publica, 780 Avenida Francisco, 1996.

103. Mozambique News Agency AIM Reports, http: //www. poptel. org. uk/ mozambique-news/

104. Mozambique out of Underdevelopment to Socialism, IV Congress Portido Frelime.

105. MozambiquePeace Process Bulletin, Issue 23 − 8 October 1999, http: //www. mozambique. mz/ awepa/ awepa23/ awepa23. htm, 2002/3/13.

106. Msabaha, I. "Negotiating an End to Mozambique's Murderous

Rebellion" in Zartman, I. W. (ed.) *Elusive Peace: Negotiating an End to Civil Wars*, The Brookings Institute, Washington, D. C. , 1995.

107. The National Tourism Policy and the Strategy for Tourism Development in Mozambique (1995 – 1999), May 1995, Ministry of Industry, Commerce & Tourism.

108. Nelson, Harold D. ed. . Mozambique: a Country Study/Foreign Area Studies, American University, Washing, D. C. , 1985.

109. NoormahomedAR Segall M 1992. The Public Health Sector in Mozambique: A postwar strategy for rehabilitation and sustained development. (Portuguese original, 1992; English version printed by WHO in 1993).

110. Newitt, Malyn Dudley Dunn. *A History of Mozambique* . Bloomington, Indiana: Indiana University Press, 1995.

111. Newitt, Malyn. *A History of Mozambique* . Hurst & Company, London, 1995.

112. Official SADC Trade, Industry and Investment Review 2001, Special 5th Anniversary Edition, published by Southern African Marketing Co. (Pty) Ltd. , website: http: //www. sadcreview. com.

113. O'Laughlin, B. "Interpretations Matter: Evaluating the War in Mozambique", *Southern African Report* , 1992.

114. Oosthuysen, G. , Small Arms Proliferation in Southern Africa, South African Institute of International Affairs, Johannesburg, 1996.

115. Opello, W. "Pluralism and Elite Conflict in an Independence Movement: Frelimo in the 1960s", *Journal of Southern African Studies*, Vol. 2, No. 1, 1975.

116. OrcamentoGeral do Estado para o ano de 1995. Ministerio do

Plano e Financas. Lei No 3/95 de 19 Mayo 1995. Imprensa Nacional de Mocambique, Maputo.

117. Pavignani E Durão JR 1997. Aid, Change and Second Thoughts: Managing External Resources to the Health Sector in Mozambique. LSHTM.

118. Potgieter, J. *The Price of War and Peace: A Critical Assessment of the Disarmament Component of United nations Operations in Southern Africa*, in V Gamba (ed.), Society under Siege: Crime, Violence and Illegal Weapons, Institute for Security Studies, Halfway House, 1997.

119. Ranger, Terence. "War, Violence and Healing in Zimbabwe". *Journal of Southern African Studies* 15: 4 (1992): 698 – 707.

120. Reed, William. "International Politics and National Liberation: ZANU and the politics of contested sovereignty in Zimbabwe", *African Studies Review* 36: 2 (1993): 31 – 59.

121. Thereport of the Secretary-General, S/25518, 2 April 1993.

122. ReportS/25518, 2 April 1993, in UNDP, United Nations and Mozambique 1992 – 1995, Maputo, 1996.

123. Rifkin SB Walt G. Why health improves: defining the issues concerning 'comprehensive primary health care' and 'selective primary health care'. Soc. Sci. Med. Vol. 23, No. 6, 1986.

124. Roesch, O. "Renamo and the Peasantry in Southern Mozambique: A View from Gaza Province", *Canadian Journal of African Studies*, Vol. 26, No. 3, 1992.

125. Schneidman, Whitney. "Frelimo's Foreign Policy and the process of liberation", *Africa Today* 25: 1 (1978): 57 – 67.

126. Schneidman, W. "Conflict Resolution in Mozambique" in Smock, D. (ed.), *Making War and Waging Peace: Foreign*

Intervention in Africa, US Institute of Peace Press, Washington, D. C. , 1993.

127. Sengulane, D. *Vitória Sem Vencidos: A História do Processo de Paz para Moçambique do Ponto de Vista do Conselho Cristão de Moçambique*, Bispo das Libombos, Maputo, 1994.

128. Serapiao, L. B. & El-Khawas, M. A. , Mozambique in the Twentieth Centry: From Colonialism to Independence, Washington, University Press of America, Inc. 1979.

129. Serapãio, Luís Benjamín. "Mozambican Foreign Policy and the West, 1975 – 1984", *Munger Africana Library Notes* 76 (1985): 3 – 15.

130. Shchedrin, Vladimir. , Major. "USSR—Mozambique." Soviet Military Review, 8 (25 August 1986).

131. Sheehan E. & M. Croll. Landmine casualties in Mozambique. London: The Halo Trust, 1993.

132. Simpson, M. "Foreign and Domestic Factors in the Transformation of Frelimo", *Journal of Modern African Studies*, Vol. 31, No. 2, 1993.

133. Sinclair, Paul J. *Space, Time and Social Formation: A Territorial Approach to the Archaeology and Anthropology of Zimbabwe and Mozambique c0 – 1700 AD*. Uppsala: Societas Archaeologica Upsaliensis, PhD Thesis, 1987.

134. Smith, Allan. "The idea of Mozambique and its enemies", *Journal of Southern African Studies* 17: 3 (1991): 496 – 524.

135. Soul, John S. . The State and Revolution in Easern Africa: Essays, New York: Monthly Review Press, 1979.

136. Synge, R. "*Mozambique: UN Peacekeeping in Action*", US Institute of Peace, Washington, D. C. , 1997.

137. Taimo, J. U. *Papel das ONG's para o Desenvolvimento no Processo de Democratizacao*, paper read at the Seminar on Political Transition, Maputo, 19 – 21 April 1995.

138. Telematics in Africa-Field research report Teleccmmunications Foundation of Africa, Nairobi (Kenya) February 1996.

139. Torp, J. E. , Mozambique, Sao Tome and Principe: Economics, Politics and Society/J. E. Torp, L. M. Denny and D. I. Ray. – London: Pinter Publishers, 1989.

140. Towards Collaborative Peace project, Rural and Urban Oral Survey: South Africa, Mozambique and Swaziland, Institute for Security Studies, Halfway House, 1996, survey number 96 – Swazi – 01 (unpublished).

141. UNHCR 1995. *The State of the World's Refugees. In Search for Solutions.* Oxford: Oxford University Press.

142. UNHCR 1998. *Refugees Magazine. Issue 112*, http: //www. unhcr. ch/pubs/rm112/rm11202. htm

143. United Nations, "The United Nations and Mozambique 1992 – 1995", *UN Blue Book Series* , Vol. 5, UN Department of Public Information, New York, 1995.

145. US Department of State: http: //www. state. gov/r/pa/ei/bgn/7035. htm#foreign.

146. U. S. State Department Background Notes 1996: *Mozambique.* http: //dosfan. lib. uic. edu/ERC/bgnotes/af/mozambique9607. html.

147. Venancio, M. "Mediation by the Roman Catholic Church in Mozambique 1988 – 91", in Chan, S. and Jabri. V. (ed. s), *Mediation in Southern Africa*, Macmillan, London, 1993.

148. Vines, A. RENAMO: *From Terrorism to Democracy in Mozambique?*

(revised and updated edition) , Centre for Southern African Studies, University of York, UK / Eduardo Mondlane Foundation, Amsterdam in association with James Currey, London, 1996.

149. Vines, A. and K. Wilson, "Churches and the Peace Process in Mozambique" in Gifford, P., (ed.) , *The Christian Churches and Africa's Democratisation*, Brill, Leiden, Netherlands, 1995.

150. Walt G Melamed A. Mozambique Towards a people's health service. London: Zed Books, 1983.

151. Waterhouse, Rachel. *Mozambique. Rising From the Ashes* . Oxford: Oxfam, 1996.

152. Weimberg J Simmonds S. Public health, epidemiology and war. Soc. Sci. Med. Vol. 40, No. 12, 1995.

153. Weissman, F. "Mozambique: La Guerre du Ventre", in Jean, F. and Rufin, J-C *Economie des Guerres Civiles* , Hachette, Paris, 1996.

154. Who's Who in the Government 1994, Bureau de Informação Pública, Maputo 1996

155. Wilson, K. " Cults of Violence and Counter-Violence in Mozambique", *Journal of Southern African Studies* , Vol. 18, No. 3, 1992.

156. World Bank. Staff Appraisal Report Republic of Mozambique Health Sector Recovery Project. Unpublished report, 1995.

157. Young, T. and M. Hall, *Confronting Leviathan: Mozambique Since Independence*, Hurst and Co. , London, 1997.

158. Zartman, I. W. (ed.), Elusive Peace: Negotiating an End to Civil War, The Brookings Institution, Washington, D. C. , 1995.

《列国志》已出书书目

2003 年度

《法国》，吴国庆编著

《荷兰》，张健雄编著

《印度》，孙士海、葛维钧主编

《突尼斯》，杨鲁萍、林庆春编著

《英国》，王振华编著

《阿拉伯联合酋长国》，黄振编著

《澳大利亚》，沈永兴、张秋生、高国荣编著

《波罗的海三国》，李兴汉编著

《古巴》，徐世澄编著

《乌克兰》，马贵友主编

《国际刑警组织》，卢国学编著

2004 年度

《摩尔多瓦》，顾志红编著

《哈萨克斯坦》，赵常庆编著

《科特迪瓦》，张林初、于平安、王瑞华编著

421

《新加坡》，鲁虎编著

《尼泊尔》，王宏纬主编

《斯里兰卡》，王兰编著

《乌兹别克斯坦》，孙壮志、苏畅、吴宏伟编著

《哥伦比亚》，徐宝华编著

《肯尼亚》，高晋元编著

《智利》，王晓燕编著

《科威特》，王景祺编著

《巴西》，吕银春、周俊南编著

《贝宁》，张宏明编著

《美国》，杨会军编著

《国际货币基金组织》，王德迅、张金杰编著

《世界银行集团》，何曼青、马仁真编著

《阿尔巴尼亚》，马细谱、郑恩波编著

《马尔代夫》，朱在明主编

《老挝》，马树洪、方芸编著

《比利时》，马胜利编著

《不丹》，朱在明、唐明超、宋旭如编著

《刚果民主共和国》，李智彪编著

《巴基斯坦》，杨翠柏、刘成琼编著

《土库曼斯坦》，施玉宇编著

《捷克》，陈广嗣、姜琍编著

2005 年度

《泰国》，田禾、周方冶编著

《波兰》，高德平编著

《加拿大》，刘军编著

《刚果》，张象、车效梅编著

《越南》，徐绍丽、利国、张训常编著

《吉尔吉斯斯坦》，刘庚岑、徐小云编著

《文莱》，刘新生、潘正秀编著

《阿塞拜疆》，孙壮志、赵会荣、包毅、靳芳编著

《日本》，孙叔林、韩铁英主编

《几内亚》，吴清和编著

《白俄罗斯》，李允华、农雪梅编著

《俄罗斯》，潘德礼主编

《独联体（1991～2002）》，郑羽主编

《加蓬》，安春英编著

《格鲁吉亚》，苏畅主编

《玻利维亚》，曾昭耀编著

《巴拉圭》，杨建民编著

《乌拉圭》，贺双荣编著

《柬埔寨》，李晨阳、瞿健文、卢光盛、韦德星编著

《委内瑞拉》，焦震衡编著

《卢森堡》，彭姝祎编著

《阿根廷》，宋晓平编著

《伊朗》，张铁伟编著

《缅甸》，贺圣达、李晨阳编著

《亚美尼亚》，施玉宇、高歌、王鸣野编著

《韩国》，董向荣编著

2006 年度

《联合国》，李东燕编著

《塞尔维亚和黑山》，章永勇编著

《埃及》，杨灏城、许林根编著

《利比里亚》，李文刚编著

《罗马尼亚》，李秀环编著

《瑞士》，任丁秋、杨解朴等编著

《印度尼西亚》，王受业、梁敏和、刘新生编著

《葡萄牙》，李靖堃编著

《埃塞俄比亚　厄立特里亚》，钟伟云编著

《阿尔及利亚》，赵慧杰编著

《新西兰》，王章辉编著

《保加利亚》，张颖编著

《塔吉克斯坦》，刘启芸编著

《莱索托　斯威士兰》，陈晓红编著

《斯洛文尼亚》，汪丽敏编著

《欧洲联盟》，张健雄编著

《丹麦》，王鹤编著

《索马里 吉布提》，顾章义、付吉军、周海泓编著

《尼日尔》，彭坤元编著

《马里》，张忠祥编著

《斯洛伐克》，姜琍编著

《马拉维》，夏新华、顾荣新编著

《约旦》，唐志超编著

《安哥拉》，刘海方编著

《匈牙利》，李丹琳编著

《秘鲁》，白凤森编著

2007 年度

《利比亚》，潘蓓英编著

《博茨瓦纳》，徐人龙编著

《塞内加尔 冈比亚》，张象、贾锡萍、邢富华编著

《瑞典》，梁光严编著

《冰岛》，刘立群编著

《德国》，顾俊礼编著

《阿富汗》，王凤编著

《菲律宾》，马燕冰、黄莺编著

《赤道几内亚 几内亚比绍 圣多美和普林西比 佛得
　　角》，李广一主编

《黎巴嫩》，徐心辉编著

《爱尔兰》，王振华、陈志瑞、李靖堃编著

《伊拉克》，刘月琴编著

《克罗地亚》，左娅编著

《西班牙》，张敏编著

《圭亚那》，吴德明编著

《厄瓜多尔》，张颖、宋晓平编著

《挪威》，田德文编著

《蒙古》，郝时远、杜世伟编著

2008 年度

《希腊》，宋晓敏编著

《芬兰》，王平贞、赵俊杰编著

《摩洛哥》，肖克编著

《毛里塔尼亚　西撒哈拉》，李广一主编

《苏里南》，吴德明编著

《苏丹》，刘鸿武、姜恒昆编著

《马耳他》，蔡雅洁编著

《坦桑尼亚》，裴善勤编著

《奥地利》，孙莹炜编著

《叙利亚》，高光福、马学清编著

2009 年度

《中非　乍得》，汪勤梅编著

《尼加拉瓜　巴拿马》，汤小棣、张凡编著

《海地　多米尼加》，赵重阳、范蕾编著

《巴林》，韩志斌编著

《卡塔尔》，孙培德、史菊琴编著

《也门》，林庆春、杨鲁萍编著

2010 年度

《阿曼》，仝菲、韩志斌编著

《华沙条约组织与经济互助委员会》，李锐、吴伟、
　金哲编著

图书在版编目（CIP）数据

莫桑比克/张宝增编著. —北京：社会科学文献出版社，2011.12
（列国志）
ISBN 978 - 7 - 5097 - 2805 - 5

Ⅰ.①莫…　Ⅱ.①张…　Ⅲ.①莫桑比克 - 概况
Ⅳ.①K947.1

中国版本图书馆 CIP 数据核字（2011）第 216056 号

·列国志·
莫桑比克（Mozambique）

编　　著／张宝增
审 定 人／杨立华　王成安　温伯友

出 版 人／谢寿光
出 版 者／社会科学文献出版社
地　　址／北京市西城区北三环中路甲 29 号院 3 号楼华龙大厦
邮政编码／100029

责任部门／人文科学图书事业部（010）59367215　　责任编辑／孙以年
电子信箱／renwen@ssap.cn　　　　　　　　　　　责任校对／师敏革
项目统筹／宋月华　范　迎　　　　　　　　　　　责任印制／岳　阳
总 经 销／社会科学文献出版社发行部（010）59367081　59367089
读者服务／读者服务中心（010）59367028

印　　装／三河市尚艺印装有限公司
开　　本／787mm×1092mm　1/32　　　　　　　印　张／13.875
版　　次／2011 年 12 月第 1 版　　　　　　　　彩插印张／0.25
印　　次／2011 年 12 月第 1 次印刷　　　　　　字　数／362 千字
书　　号／ISBN 978 - 7 - 5097 - 2805 - 5
定　　价／49.00 元

本书如有破损、缺页、装订错误，请与本社读者服务中心联系更换
▲ 版权所有　翻印必究

《列国志》 主要编辑出版发行人

出　版　人　谢寿光

项目负责人　杨　群

发　行　人　王　菲

编辑主任　宋月华

编　　　辑　（按姓名笔画排序）

　　　　　　孙以年　朱希淦　宋月华

　　　　　　宋培军　周志宽　范　迎

　　　　　　范明礼　袁卫华　黄　丹

　　　　　　魏小薇

封面设计　孙元明

内文设计　熠　菲

责任印制　岳　阳

编　　　务　杨春花

责任部门　人文科学图书事业部

电　　　话　（010）59367215

网　　　址　http://www.ssap.com.cn